이 책에 쏟아진 찬사

"클라우스 슈밥  볼 것을 격려해왔다. 시선을 멀리 둘 때 　　　　　　　　　　 수 있기 때문이다. 이번 책에서 그는 이 　　　　　　　　　　 을 통해 더 밝고, 포용적이고, 지속가능한 　　　　　　　　　　 문의 구성원으로 행동할 것을 권고한다."

　　　　　　　　　　　　　　　　　　사티아 나델라, 마이크로소프트 CEO

"쉬우면서도 흥미로운 이 책은 왜 오늘날 기후 변화와 생물다양성 붕괴라는 두 가지 저주가 그토록 만연해 있는지, 그리고 무엇이 지속가능하고 평등한 세계경제의 달성을 방해하는지 잘 설명해준다. 클라우스 슈밥은 미래 세대와 우리의 집, 지구의 안녕을 위해 머리(지성, 합리성)와 가슴(사랑, 존중, 이해)이 조화롭게 작동해야 함을 알려준다."

　　　　　　　　　　　제인 구달, 제인 구달 연구소 설립자·유엔 평화사절

"50년 전 클라우스 슈밥은 기업이 주주들뿐만 아니라 모든 이해관계자들에게도 책임이 있다는 이론을 처음으로 제안했다. 세계경제 체제가 깊은 분열과 불평등을 야기하는 이때, 그는 모두를 위해 작동하고 기업들이 사회로부터 빼앗기만 하지 않고 진정으로 돌려주고 긍정적인 영향을 주는 자본주의 형태를 다시 요구한다. 이 책은 행동을 촉구하는 긴급 요청이다."

　　　　　　　　　　　　　　　　마크 베니오프, 세일스포스 회장 겸 CEO

"신자유주의 경제 체제가 수십억 명의 존엄과 지구 보호보다 억만장자와 착취 기업에 어떻게 특권을 부여하는지 보여주는 시의적절한 분석을 담고 있는 책이다. 코로나19가 경제적·성적·인종적 불평등을 심화시키는 지금, 정부는 이해관계자들과 함께 주주자본주의에서 벗어나 우리 경제의 중심에 인권이 자리할 수 있도록 단호히 행동해야 한다."

　　　　　　　　　　　　가브리엘라 부커, 옥스팜 인터내셔널 총재

"이 책이 그저 코로나 이전과 이후를 다룬 또 하나의 저작물이라고 생각한다면 다시 생각하라. 클라우스 슈밥은 그의 방대한 경험을 바탕으로 '전후 자본주의의 흐름'이라는 롤러코스터에 우리를 탑승시킨다. 경제 이야기를 풀어가는 그의 재능은 우리가 어디로 향하고 있는지, 무엇을 목표로 해야 하는지에 대한 실질적이고 깊은 통찰을 제공하기에 충분하다."

알렉산더 드 크루, 벨기에 총리

"나의 훌륭한 친구 슈밥 교수는 세계경제를 보다 공정하고 지속가능하며 미래지향적으로 만드는 효과적 방법을 설명한다. 오랫동안 더 나은 세상을 만들기 위해 기울여온 그의 모든 노력과 완벽하게 일치하는 비전이다. 슈밥 교수는 이 매혹적인 책으로 다시 한 번 우리에게 생각과 성찰이라는 양식을 선사한다."

마르크 뤼터, 네덜란드 총리

"반세기 동안 클라우스 슈밥은 상장 기업이 주주들에게 큰 이익을 가져다주는 동시에 우리 사회의 우선순위 문제 역시 해결할 수 있다는 믿음을 일관되게 유지해왔다. 이 책을 통해 독자들은 그가 구상한 이해관계자 자본주의라는 시스템이 다른 어떤 방식보다 자본을 잘 사용할 수 있는 방법임을 이해하게 될 것이다."

브라이언 모이니한, 뱅크 오브 아메리카 CEO

"슈밥 교수의 이 책은 우리에게 세계 경제사는 물론, 오늘날 직면하고 있는 가장 큰 도전인 기후변화에 대한 통찰력 있는 관점을 제공한다. 아울러 미래의 청사진을 제시하며 이해관계자 자본주의를 대폭 수용하여 더 포용적이고, 번영하고, 건강하며, 친환경적인 세상을 건설하기를 권한다."

나타라잔 찬드라세카란, 인도 타타선즈 회장

"1970년대에 밀턴 프리드먼은 그 유명한 '주주자본주의'의 정의를 제시했고, 기업들은 주주들을 위한 수익이라는 단일 목표를 향해 나아가도록 부추겨졌다. 하지만 지난 수십 년 동안 우리가 직면한 문제들을 통해, 기업이 여러 목표 사이에서 균형을 잡으려면 보다 광범위한 접근 방식을 취해야 한다는 것을 알게 되었다. 이는 쉽지 않은 일이다. 그래서 클라우스 슈밥의 이 책은 필수 지침서다. 우리가 직면한 도전과제의 깊이를 설명해주고 21세기에 기업이 번창하기 위해 나아가야 할 방향을 알려준다."

파리드 자카리아, CNN '파리드 자카리아 GPS' 진행자

"수십 년 동안 클라우스 슈밥은 세계 경제와 기업의 역할에 대한 토론의 장을 제공해왔다. 코로나 위기에서 벗어나려는 지금, 예리하고 시의적절한 이 책은 우리가 직면한 수많은 도전과제를 분석하고, 혁신과 공정한 경쟁, 책임 있는 기업을 기반으로 하여 앞으로 나아갈 길을 제시한다. 자본주의는 시급한 재설정이 필요하다. 이 책은 행동하라는 촉구다. 지금 행동해야 한다."

아나 보틴, 스페인 방코 산탄데르 회장

"가치 중심의 정치와 경제에 대한 비전을 제시하는 책이다. 클라우스 슈밥이 시의 적절하게 내놓은 이 책은 우리에게 진실, 신뢰, 봉사와 같은 요소로 만들어진 '포용적이고 도덕적인 경제 체제'에 대해 이야기한다. 지구를 돌보는 하나의 종으로 인류가 결속할 수 있음을 역설하며 미래에 대한 희망을 준다."

요요마, 첼리스트

"우리는 더 이상 단기적으로 생각할 수 없다. 기업은 주주 그 이상을, 그리고 더 높은 도덕성에 대해 책임을 져야만 한다. 코로나19 위기의 한가운데에 있는 지금 클라우스 슈밥은 이제 우리는 예전으로 돌아갈 수 없음을 보여준다. 그는 위기에 맞선 전 세계의 국민, 기업, 정부의 연대 대응을 보면서 이를 기후 위기와 불평등 증가 문제를 해결하기 위한 새로운 패러다임으로 여길 것을 촉구한다."

앙젤리크 키조, 가수·유니세프 친선대사

자본주의 대예측

모두를 위해 일하는 세계 경제 시스템

자본주의 대예측

클라우스 슈밥 · 피터 반햄 지음 ㅣ 김미정 옮김

Stakeholder Capitalism

클라우스 슈밥이 제안하는 자본주의의 미래

메가스터디BOOKS

교육, 협력, 이해관계자 원칙을
몸소 가르쳐주신 내 부모님, 故 유겐 빌헬름 슈밥과
故 에리카 에프레흐트께 이 책을 바친다.

리딩 가이드

이 책을 좀 더 스마트하게 읽기 위한 안내문

더 나은 세상을 만들기 위한
현명한 대안을 찾아

● **김남국** 동아일보 미래전략연구소장

"기업의 목적은 주주 이익 극대화다."

대학 경영학원론 수업에서 이런 내용을 배운 사람이 많을 것이다. 기업의 주인은 주주이고, 경영자는 주주의 대리인일 뿐이며, 기업은 주주 이익 창출이란 목적을 실현하기 위한 '수단'이라는 생각이 한때 정설로 받아들여졌다.

하지만 이런 통념과 달리 새로운 경영 사상을 선도해 온 연구자들은 수십 년 전부터 전혀 다른 이야기를 해왔다. '기업의 사회적 책임CSR, corporate social responsibility'이라는 어젠다가 등장한 것이 대표적인 사례다. 기업은 사회의 중요한 구성원인 만큼 단기적으로 주주에게 돌아갈 이익이 줄어들더라도 어려운 이웃을 돕거나 다양한 환경·사회문제를 해결하기 위해 노력해야 오히려 기업의 지속가능성이 높아진다는 논리다. 일례로 경영 저술가인 존 엘킹턴은 1994년 기업 회계장부의 맨 마지막 줄bottom line에 세후순이익만 기록하지 말고 사회적 성과, 환경적 성과까지 함께 적어야 한다는, 이른바 '트리플 보텀 라인TBL, triple bottom line'의 필요성을 지적했다.

이런 흐름은 경영전략 분야의 대가인 마이클 포터 하버드대 교수가 2011년 CSVcreating shared value, 공유 가치 창출를 주창하면서 더욱 가속화됐다. 포터 교수는 기존 CSR 활동이 연말에 불우이웃돕기 성금을 내는 것과 같은 인도주의적 접근philanthropic approach에 머무는 경우가 많다고 지적했다. 물론 기부를 하는 것도 의미가 있지만 기업이 이익을 내지 못하면 기부 활동이 중단될 수 있다. 또 실제로는 환경과 사회에 악영향을 끼치는 기업이 기부 활동을 통해 이미지를 세탁하는 소위 '워싱washing' 논란도 일었다.

포터 교수가 주창한 CSV는 기업이 적극적으로 이윤 추구 활동을 하면서 환경·사회문제를 동시에 해결하자는 것이다. 경제적 가치와 사회적 가치를 모두 추구하자는 의미인데, 자동차 회사라면 친환경 자동차를 개발해 회사 수익도 올리면서 환경에 기여할 수 있다. 비누 회사라면 손 씻기 캠페인을 벌여 개발도상국의 위생 문제를 해결하면서 동시에 비누도 더 많이 팔 수 있다. 이렇게 본업 자체의 혁신을 통해 수익을 창출하면서 환경·사회문제 해결에 기여해야 지속성과 진정성 모두 확보할 수 있다는 게 CSV 관점이다.

세계 최대 자산 운용사인 블랙록의 래리 핑크 회장이 보낸 연례 서한을 계기로 급속하게 확산된 ESG환경, 사회, 지배 구조 역시 이런 흐름과 맞닿아 있다. 한국에서도 ESG는 대기업 총수의 신년사에서 빠지지 않고 등장하는 용어가 될 정도로 단기간에 대중화됐다. CSV가 기업 전략 관점에서 접근한 것이라면, ESG는 철저하게 투자자 관점에서 만들어진 개념이다. 투자자들이 투자 대상을 고를 때 환경과 사회에 긍정적 영향을 미쳤는지, 그리고 이런 활동을 뒷받침할 수 있는 적절한 지배 구조를 갖추고 있는지 고려하겠다는 것이다. 실제로 투자자들은 모건 스탠리 캐피털 인터내셔널

MSCI의 ESG 지수나 한국 KCSG한국기업지배구조원의 ESG 평가 지표 등을 활용해 투자 포트폴리오를 조정하고 있다.

주주 이익 극대화가 기업의 목적이라는 과거 사고방식은 '주주자본주의shareholder capitalism'에 기초하고 있다. 반면, CSR, TBL, CSV, ESG 등은 '이해관계자 자본주의stakeholder capitalism'라는 사고방식에 기반하고 있다. 이해관계자 자본주의는 기업을 주주의 소유물로 보지 않는다. 한국에서 기업을 '법인法人'으로 부르는데, 마치 사람처럼 사회 구성원으로서 법률적 책임 외에 도덕적 책임까지 가진 독립적 실체entity로 기업을 바라본다. 기업은 여러 이해관계자들의 도움을 받아 가치를 창출하며 창출된 가치를 다양한 형태로 이해관계자들에게 재분배한다. 예를 들어 기업은 주주뿐만 아니라, 임직원, 공급 업체, 지역·시민사회, 학교, 정부가 구축한 다양한 정책과 인프라, 고객 등을 통해 가치를 만들고 있다. 그 대가로 주주에게는 배당을, 임직원에게는 임금과 인센티브를, 공급 업체에는 납품가를, 지역·시민사회에는 다양한 경제적 파급효과를, 학교에는 산학 협력 지원이나 기부금을, 정부에게는 세금을, 고객에게는 가격 이상의 가치를 주고 있다.

물론 주주가 없으면 기업이 없다. 하지만 고객이나 종업원이 없어도 기업은 존재할 수 없다. 지역사회나 정부가 강하게 반대하면 기업은 생존 기반을 잃게 된다. 또 주주가 자기 지분을 시장에서 자유롭게 팔 수는 있지만 기업에 가서 자기 지분만큼 현금이나 자산을 가져올 수는 없다. 이처럼 주주는 주요 사안에 대한 투표권과 배당권 등 제한된 권한을 갖고 있으며 책임 역시 제한적으로 지게 된다. 이런 관점에서 보면 기업은 주주의 독점적 소유물이 아니다. 주주만큼 중요한, 혹은 더 중요한 이해관계자도 존재한다. 주주는 여러 이해관계자 중 하나이며, 기업은 이해관계자 모두에게 도움을 주는 방향으로 의사 결정을 해야 기업의 지속가능성이 높아지고 결국 주주에게도 장기적으로 이익이 된다는 게 이해관계자 자본주의의 핵심 논리다. 그래서 현대의 많은 투자자들은 자신들에게 단기적으로 더 큰 이익을 줄 수 있는 주주자본주의 이념보다는, 장기적으로 더 큰 이익을 줄 수 있는 이해관계자 자본주의 관점의 ESG를 수용하고 있다.

4차 산업혁명의 개념을 정리한 저서로 많은 독자들에게 알려진 클라우스 슈밥 세계경제포럼다보스포럼 창립자 겸 집행위원장은 이 책을 통해 이해관계자 자본주의의 역사와 개념을 정리했다. 세계경제포럼을 운영하면서 얻은 많은 지혜와 통찰을 토대로 이해관계자 자본주의의 탄생 배경과 정부와 기업, 시민사회 등에 주는 시사점을 종합적으로 정리했다.

| 세계경제의 역사 |

저자는 2차 세계대전 이후 세계경제 성장사부터 시작해 이야기를 풀어 간다. 그는 챕터 1에서 세계경제가 전후 혼란에서 회복하면서 베이비 붐과 신기술 등장 등에 힘입어 급격히 성장하는 과정을 설명한다. 하지만 오일 쇼크 등을 경험하면서 지구의 제한된 자원을 고려한 새로운 경제 체제의 필요성이 제기됐다고 밝힌다. 실제 1973년 다보스 선언문에서 경영자는 고객과 주주, 노동자, 사회에 기여하고 이해관계자들의 상이한 이해관계를 조율해야 한다고 강조한 것은 이런 문제에 대응하기 위한 노력의 일환이다. 이후 급속한 글로벌화, 전 세계적인 금융 위기와 반글로벌화 시위, 닷컴 버블 붕괴 등 격랑이 이어지면서 자본주의의 다양한 문제점이 터져 나

왔고 이해관계자 자본주의 관점은 점차 확산됐다.

챕터 2에서는 대표적인 경제성장의 척도로 활용되는 GDP국내총생산의 문제점을 집중적으로 지적했다. 과거 자본시장에서 투자자들이 기업의 매출이나 이익 같은 지표만 고려하다가 최근 이해관계자 자본주의 관점을 받아들여 ESG 지표를 고려하기 시작한 것처럼, 국가 차원의 대표적인 성장 지표인 GDP 역시 많은 문제를 갖고 있기 때문에 새로운 대안이 필요하다는 지적이다. 러시아 태생의 미국 경제학자 사이먼 쿠즈네츠가 1937년 제안한 GDP는 수많은 국가나 자치단체 등에서 경제성장을 측정하고 평가하는 핵심 지표로 활용해 왔다. 하지만 정작 쿠즈네츠 자신은 GDP가 정책 입안에 활용하기에 너무나 빈약한 지표라고 말했다고 한다. 저자는 이런 현상을 '쿠즈네츠의 저주'로 명명했다.

쿠즈네츠가 GDP를 불신했던 이유는 GDP 성장률이 실질적인 국가의 웰빙 수준을 제대로 알려주지 못한다는 점 때문이다. 우선 고성장 시대가 끝나면서 대부분 선진국은 3% 이하의 저성장을 경험하고 있다. 그런데 1.5% 정도에 달하는 인구 증가율을 감안하면 3%대 성장이 이뤄졌다고 해도 많은 국민들은 저성장이나 마이너스 성장을 경험했다고 볼 수 있다. 많은 국민들에게 3% 성장은 허상이라는 얘기다. 또 많은 나라에서 국가 부채가 급속히 늘어나고 있는데 경제적 파급효과가 큰 SOC사회간접자본나 교육 투자로 인한 게 아니라, 소비 진작을 위한 소위 '헬리콥터 머니' 살포 때문에 생긴 악성 부채가 급증하고 있다. 선진국 인구 구조가 급속히 고령화하면서 국가 채무의 상환 가능성도 낮아지고 있다. 게다가 저금리로 인한 인플레이션, 주요 선진국에서의 생산성 증가 둔화 등을 감안하면 맹목적 GDP 성장 추구는 갈수록 의미가 없어진다는 게 저자의 주장이다.

또 다른 쿠즈네츠의 저주는 불평등이다. 쿠즈네츠는 1950년대 미국에서 경제 호황이 이어졌을 때 불평등이 감소했다는 사실을 발견했다. 하지만 불행하게도 시간이 지나면서 쿠즈네츠가 발견한 트렌드는 더 이상 이어지지 못했다. 중국과 인도에서 불평등이 줄어들었지만 대부분의 선진국에서는 불평등이 증가했다. 토마 피케티의 《21세기 자본》에 따르면 1971년에는 상위 10% 소득자가 국민소득의 3분의 1을 가져갔지만, 2010년에는 절반을 가져갔다. 《세계 불평등 보고서》에 따르면 상위 1%의 소득 점유율은 1971년에서 2010년 사이 두 배로 늘었다. 그러다 보니 '프레카리아트precariat'(불안정한precarious과 프롤레타리아트proletariat를 합한 조어로 비정규직이나 파견직, 실업자 등을 총칭)라는 신조어가 만들어지기도 했다. 불평등 심화는 상류층 진입과 같은 경제적 이동성mobility을 제한했고, 열악한 경제적 지위와 관련한 건강 문제나 죽음을 뜻하는 '절망의 죽음deaths of despair' 현상까지 확산시켰다. 실제 코로나19 확산 시 상류층은 별장이나 개인 병원으로 피신할 수 있었지만 가난한 시민들은 바이러스에 훨씬 많이 노출될 수밖에 없었다.

세 번째 쿠즈네츠의 저주는 환경 파괴다. 화석연료 소비는 20년마다 두 배로 늘었고, 물과 공기, 토양 오염은 심각해지고 있다. 2050년에는 바다에 물고기보다 폐플라스틱이 더 많아질 것으로 추산된다. 또한 지구상 동식물 800만 종 가운데 100만 종이 멸종 위기에 처해있다고 한다.

사실 쿠즈네츠는 GDP가 생산 능력 측정에 적합하게 만든 지표이기 때문에 광범위한 사회 진보의 척도로 삼기에 크게 부족하다고 말했으며, 경제성장이 지속되면 환경오염이 결국 줄어들 것이라는 소위 '환경 쿠즈네츠 곡선'에 동의한 적도 없다고 한다.

이어 챕터 3에서는 세계경제의 핵심 축으로 떠오르고 있는 아시아의 부상과 이 과정에서 발생한 부작용을 분석했다. 경제특구의 성공과 수출 중심 정책으로 중국은 단기간에 급속도로 경제성장을 이뤄냈지만 최근에는 성장률 둔화와 채무 과잉, 무역 갈등 같은 문제를 경험하고 있다. 한때 제조업 중심의 중국 경제성장으로 원·부자재를 공급한 인접 국가(러시아, 일본, 한국, 아세안 국가 등)들이 큰 혜택을 입었지만 지금은 중국 경제의 성장률 둔화로 인한 영향을 받고 있다. 인도 역시 IT 아웃소싱 기지로 급성장했다가 코로나19 확산으로 성장세가 둔화됐다. 중국과 인도를 필두로 아시아의 세기가 시작됐지만 오염이 가장 심한 20개 도시 모두 아시아에 존재하고 불평등 문제 역시 심각해지고 있다.

챕터 4에서는 사회 분열을 다루고 있다. 공산주의 붕괴 후 유럽에서 사회민주당 같은 중도좌파의 지지 기반이 약화됐다. 또 우파는 중도 노선에서 급격히 벗어나 더 우경화되는 추세를 보였으며, 비주류였던 극우 정당들은 주류로 부상했다. 세계 여러 나라에서 중도파는 힘을 잃고 있으며 민족주의, 포퓰리즘, 권위적 리더십 스타일이 부상하는 트렌드가 목격된다. 한국에서도 진영 대결 양상이 심화된 것과 유사하게 전 세계 많은 국가에서 정치적 분열이 깊어지고 있으며 사회 불안 역시 가중되고 있다.

| 세계화와 기술 발달의 명과 암 |

경제적으로 큰 진보를 이뤄냈지만 만만치 않은 문제가 발생한 이유는 무엇일까. 저자는 이 책 파트 2에서 문제의 원인을 분석했다. 챕터 5에서는 세

계화의 역사와 현황을 토대로 문제에 다가갔다. 증기기관과 직조기 기술 등을 바탕으로 이뤄진 1차 세계화(19세기~1914년) 기간 중 대외무역이 급증했지만 두 차례 세계대전으로 인해 무역 비중은 급락했다. 2차 세계대전 종식 이후부터 1980년대 말까지의 경제성장기에 다시 무역이 급증하면서 2차 세계화 시기가 이어졌고, 베를린 장벽 붕괴와 중국의 세계무역기구 WTO 가입, 인터넷 기술 확산을 바탕으로 1990년대 이후 강력한 3차 세계화 물결이 일었다. 이어 최근 4차 산업혁명 기술과 함께 세계화 4.0 시대를 우리는 경험하고 있다.

저자는 세계화가 모두에게 이익이 되려면 세 가지 조건이 필요하다고 강조한다. 첫째는 사회 협약이 성립돼야 한다. 기업은 납세 의무를 준수하고 부자에게 최고 세율을 적용해 정부가 교육과 의료, 주택 등 공공투자를 적절히 수행할 수 있어야 한다. 둘째는 정치 리더십이다. 정치 지도자들이 국민을 돌보고 경제 정책의 방향을 제시하면서 동시에 개방을 추구하는 등 균형을 유지해야 한다. 셋째, 지배적인 기술과 특정 국가의 비교 우위가 일치하면 세계화로부터 이익을 얻을 수 있다. 과거 냉동 화물선 기술이 개발되자 쇠고기 생산에 비교우위를 가진 아르헨티나가 큰 부를 축적한 게 대표적인 예다. 문제는 이 세 가지 중 하나라도 없을 때 세계화는 혼란을 유발한다. 최근 많은 나라에서 사회 협약이 무너지고 기업도 조세 회피를 적극적으로 모색하고 있으며 정부가 양질의 주택 및 교육 서비스를 제공하지 못하는 사례가 나오면서 세계화의 부작용이 증폭하고 있다.

챕터 6에서 분석한 기술의 파급효과도 흥미롭다. 신기술은 종종 일터에서 사람을 몰아낸다. 공장에 로봇이나 인공지능이 도입되면 일자리는 줄어들 확률이 높아진다. 실제 미국은 1990년부터 2016년까지 제조업 분야 일자리 560만 개가 사라졌고 새로 생긴 일자리 대부분은 저임금 서비스 분야였다. 하지만 덴마크는 양상이 다르다. 덴마크 금속노조 위원장은 "낡은 기술을 써서 부자가 된 나라는 없다. 과거 150년을 돌아보면 신기술이 도입될 때마다 고용이 늘었다"고 말한다. 실제 덴마크에서 많은 노동자들은 신기술을 활용해 더 좋은 일자리를 확보했다. 미국과 덴마크의 차이는 무엇일까. 바로 재교육 시스템이다. 덴마크는 근로자 1인당 교육과 리스킬링reskilling 등 적극적인 노동시장 정책 예산이 미국보다 열다섯 배나 많다. 반면 미국에서는 예산도 많지 않은 데다 워드나 아웃룩 사용법 같은 기초 IT 강좌 정도만 제공된다. 평생교육 시스템을 통해 전 연령대의 국민들에게 신기술을 습득할 기회를 준 싱가포르 역시 기술 변화 속에서 고용이 오히려 늘어난 사례다.

기술과 관련해서 또 주목해야 할 이슈는 정부 규제다. 한국에서 네이버, 카카오 등의 골목 상권 침해 논란과 빅테크(미국 IT 산업에서 가장 크고 지배적인 기업인 구글, 아마존, 메타, 애플, 알파벳을 일컫는 말) 규제 이슈가 등장했듯, 빅테크의 독점적 지배력에 대한 정부 규제 정책은 주요 국가에서 논란이 되고 있다. 이 역시 역사를 통해 교훈을 얻을 수 있다. 1차 산업혁명 후 록펠러나 카네기 등 독점적 사업을 운영하는 기업가가 등장하자 미국 정부는 강력한 독점금지법을 제도화했고 스탠더드 오일을 34개 회사로 분할하는 등 적극적으로 반독점 정책을 펼쳤다. 내연기관과 전기 기술이 촉발한 2차 산업혁명 이후에도 미국 정부는 벨전화회사를 분할해 경쟁을 촉진했으며 유럽은 전력 및 통신을 아예 국가 독점 사업으로 운영했다. 물론 국영기업의 방만과 비효율 문제가 도마 위에 오르기도 했다.

컴퓨터와 인터넷 기술이 촉발한 3차 산업혁명으로 지리적 한계를 뛰어넘는 아웃소싱과 급격한 세계화가 이뤄지면서 1, 2차 산업혁명기에 상대적으로 소외됐던 신흥국 근로자 계층이 큰 부를 축적했다. 소위 '코끼리 곡선'이 그 효과를 잘 보여준다. 인터넷 도입이 본격화된 1998년부터 2008년까지 최상위 1%는 소득이 크게 늘고 신흥국 중산층 역시 소득이 높아졌지만, 선진국 중산층과 최빈국 국민들의 소득 증가율은 매우 낮았다. 이를 그래프로 표현하면 코끼리 모양이 된다. (230쪽 참조) 3차 산업혁명이 가져온 또 다른 영향은 대다수 사용자를 네트워크에 붙잡아 둬서 네트워크 효과가 극대화됐다는 점이다. 마이크로소프트MS의 오피스나 인터넷 익스플로러 사용자 수를 생각해 보면 이를 쉽게 알 수 있다. 당연히 독점 논란이 일었다. 미국 워싱턴 DC 지방법원은 MS의 분할을 선고했다. 유럽연합은 MS에 5억 유로의 과징금을 부과했다. MS는 유럽에서 벌금을 납부했지만 회사 분할에 대해서는 소송을 벌여 2001년 한 회사로 계속 운영해도 된다는 판결을 미국에서 받아냈다.

이 사건은 미국과 유럽이 반독점 조치와 관련해 서로 다른 길을 가게 하는 계기가 됐다. 유럽은 반독점 정책을 더욱 강화하며 경쟁 제한 행위에 대해 강력한 벌금을 부과했다. 2022년 현대중공업과 대우조선해양의 합병을 유럽연합이 불허한 것도 이런 일련의 흐름을 반영한 사례다. 반면 미국은 독점 규제 당국이 거의 수수방관했다고 저자는 설명한다. 이런 정책 흐름의 상반된 결과도 무척 흥미롭다. 유럽은 효과적 독점 규제로 경쟁 활성화를 통한 소비자 후생 증가 같은 긍정적 효과를 얻었다. 하지만 빛이 있으면 항상 그림자도 생긴다. 2020년 기준으로 가장 가치가 높은 기술 기업 열 개 중 여섯 개가 미국, 네 개가 아시아 기업으로 유럽 기업은 단 하나도 없다. 경쟁 활성화로 인한 이점과 자유로운 기업 활동 보장으로 인한 혁신의 이점 사이에서 절묘한 줄다리기가 필요함을 잘 보여주는 사례다.

　인공지능 등 4차 산업혁명 기술 역시 불평등과 사회적 정치적 균열을 심화시킬 수 있다. 페이스북 알고리즘이 분열을 조장하고 있다는 비판이 제기되고 있으며 생명공학 발전으로 부자들은 신체 상태까지 개선할 수 있다. 사이버 전쟁은 최악의 결과를 가져올 수도 있다. 이런 부작용을 최소화하기 위해 정부는 혁신을 지원하면서 규제의 끈도 놓아서는 안 된다.

　챕터 7에서는 인류가 직면한 가장 심각한 위협인 기후변화를 집중적으로 다뤘다. 인류를 가난에서 벗어나 인간다운 생활을 할 수 있게 만들어 준 경제 체제는 탄소를 너무 많이 배출했고 결국 미래 세대의 지구 거주 가능성을 파괴하고 있다. 에티오피아는 2003년 500달러였던 1인당 GDP가 2018년 2,000달러로 증가했는데, 이 과정에서 이산화탄소 배출량은 세 배 늘어났다. 가난한 나라의 산업화를 추진하면서 동시에 탄소 발자국을 억제하는 마법의 공식을 인류는 아직까지 찾지 못했다. 저자는 단순히 시장이나 정부 실패 때문이 아니라고 말한다. 번영이라는 우리의 선천적 욕구를 기후 위기의 가장 큰 원인으로 봐야 한다. 그렇기 때문에 장기적으로 생명을 위협한다는 사실을 뻔히 알면서도 우리는 오늘도 화석연료를 사용하고 있으며 소득 증가를 갈구한다. 실제로 인도네시아 해안가 주민들은 집이 물이 잠기고 있지만 화석연료 기반의 일상생활을 이어가고 있으며, 프랑스 노동자들은 유류에 환경세를 부과하겠다는 계획을 무산시켰다.

　그렇다면 우리는 희망을 찾을 수 있을까? 친환경 도시 정책, 인구 증가세 둔화, 환경 관련 기술 발전과 부에서 건강으로 옮겨 가고 있는 사회적 선호도 변화 등에서 희망의 씨앗을 찾을 수 있다. MS가 미래뿐만 아니라 과거 탄소 배출량까지 상쇄하겠다고 한 약속, 탄소 배출 기업의 주식을 투자 포트폴리오에서 **빼겠다**는 블랙록 CEO 래리 핑크의 약속 등 기업의 노력도 주목할 만하다.

| 이해관계자 자본주의와 혁신 사례 |

새로운 이해관계자 자본주의 모델이 파트 III에서 자세히 설명된다. 과거에는 서구의 주주자본주의, 공산권 국가가 채택했던 국가자본주의가 지배적 모델이었다. 두 모델은 주주, 국가 같은 특정 이해관계자의 이익만 고려하고 다른 이해관계자를 배제했기 때문에 앞서 언급했던 수많은 문제가 생겼다. 이해관계자 자본주의는 주주, 대출 기관, 고객, 공급 업체, 직원, 국가와 사회, 경제, 기업 등 다양한 이해관계자들의 이익을 균형감 있게 고려해야 한다는 관점에서 출발했다. 저자는 이 같은 과거 이해관계자 모델에 추가해야 할 요소가 생겼다고 강조한다. 글로벌화가 급격히 진행됐기 때문에 이제 지구라는 가장 큰 이해관계자의 이익을 고려해야 하며, 모든 이해관계자는 지구의 건강을 최적화하는 의사 결정을 해야 한다는 것이다. 저자는 지구의 웰빙을 최적화해 줄 핵심 이해관계자로 정부, 시민사회, 기업, 국제사회를 들었으며, 정부는 공정한 번영을, 국제사회는 평화를, 시민사회는 목적을, 기업은 이익과 장기적 가치를 추구해야 한다고 강조했다.

이해관계자 자본주의 구현을 위한 가장 중요한 요소로 저자는 보완성을 제시했다. 보완성이라는 목표 설정은 전 지구적으로, 구체적 오염 감축 방법은 개별 국가나 지역 차원에서 계획되고 실행되어야 한다는 것이다. 전 세계적 목표 설정이 없다면, 특정 국가나 지역이 참여하지 않게 된다.

참여하지 않은 국가나 지역은 투자비를 줄이면서 개선된 환경으로 인한 이익까지 보기 때문에 참여한 국가보다 훨씬 큰 이익을 얻게 되며, 이에 따라 참여하지 않겠다고 의사 결정을 하는 국가나 지역이 승자가 되는 모순적 상황이 발생한다. 따라서 국제 협약을 통한 전 지구적 목표 설정이 필요하다. 구체적인 탄소 감축 계획과 실행은 개별 국가나 지역 차원에서 서로 다른 현실을 반영해 이뤄져야 한다. 그래야 빠짐없이 참여가 이뤄지면서 지역별 상황에 맞는 대책이 추진될 수 있다.

이해관계자 자본주의의 기본 신념 중 하나는, 소수가 아닌 구성원 모두가 번창할 때 사회가 가장 잘 작동한다는 것이다. 하지만 최근 경제 체제는 일부 테크 기업과 금융회사에만 과도한 보상을 해주고 있다. 반면 기초과학 연구자나 사회복지 종사자들처럼 정말 중요한 역할을 하는 사람들의 기여는 지나치게 과소평가하고 있다. 이런 문제를 해결하기 위해서는 첫째, 모든 이해관계자가 의사 결정에 참여하는 시스템을 만들어야 한다. 기업 이사회의 경우 대표성을 강화해 더 다양한 이해관계자들의 의견을 반영해야 한다. 또 GDP나 매출, 이익 같은 단순한 지표에 집착하지 말고 보다 완전한 모습을 보여주는 지표들로 보완해야 한다. 예를 들어 "2030년까지 유엔 지속가능 발전 목표SDG를 달성하고, 30년간 파리기후변화협약을 이행한다"와 같은 목표를 세우고 세부 지표를 관리해야 한다. 마지막으로 견제와 균형이 필요하다. 어느 한쪽의 힘이 세질 수 있기 때문에 다른 이해관계자가 소외되지 않도록 조율해 주는 강력하고 독립적인 기관이 필요하다. 예를 들어 아일랜드는 사회적 쟁점이 된 낙태 문제에 대한 합의를 이끌어 내기 위해 99명의 시민을 무작위로 선정해 다양한 이해관계자의 관점이 반영되도록 했고 결국 낙태 합법화 권고안이 발표됐으며 국민투표 후 법률로 제정됐다. 글로벌 차원에서는 국제기구의 권한 강화 같은 대안이 논의될 수 있다.

기업은 이해관계자 자본주의에서 매우 중요한 역할을 수행해야 한다. 저자는 챕터 9에서 기업의 전략을 포괄적으로 제시하기보다 구체적인 사례를 통해 기업의 역할을 상징적으로 보여줬다. 첫째 사례는 글로벌 해상 운송 시장의 15%를 장악한 머스크다. 이 회사는 리더십이 바뀌고 나서 자신들의 사명에 대한 재정립을 시작했다. 많은 구성원들은 컨테이너 박스 운송이 머스크의 사명이라고 생각했다. 하지만 왜 사람들이 상품을 옮기는지 더 깊게 고민해 보니 새로운 통찰을 얻을 수 있었다. 머스크는 세계 무역이 이뤄지는 데 기여했다. 열대지방에서 생산된 바나나가 온대지방의 국가에 배송되면서 열대지방 농민들은 번영을 누렸고 온대지방 소비자들은 가치를 얻었다. 냉동 컨테이너에 효율적으로 바나나를 운반하면 음식물 쓰레기를 줄일 수 있어 환경에도 기여한다. 이런 사명에 대한 통찰을 기반으로 머스크는 친환경 연료 사용을 확대해 2050년 순배출량 제로 목표를 달성하기 위해 노력하고 있다. 국제무역을 통한 번영의 혜택이 소수 다국적 기업을 넘어서 더 많은 중소기업에 미치도록 매출의 10%는 중소기업에서 나오게 한다는 목표도 세웠다. 온라인 거래 활성화가 또 다른 번영의 원천이 되도록 전자 상거래 물류 비중 30%를 달성하기 위해 노력하고 있다. 무역 활성화에 직접 도움을 주지 못할 뿐 아니라 환경에도 악영향을 끼치는 석유 탐사, 시추, 운반 사업은 과감하게 매각하거나 분사를 추진했다. 이로 인해 단기적 매출 압박이 있지만 장기적으로 옳은 방향이고, ESG를 강조하는 투자자들도 이 전략에 동의하고 있다.

마크 베니오프 세일즈포스 창업자는 다르게 접근했다. 기술 기업들의 전략은 한마디로 빠른 전략 변화와 혁신으로 요약된다.《제로 투 원》의 저자 피터 틸은 혁신을 통해 빠르게 독점기업이 돼야 한다고 강조한다. 하지만 마크 베니오프는 신용이나 평판, 책임, 지배 구조 같은 과거 패러다임에 집중했다. 독점 지위를 얻은 테크 기업에 대해서는 과감하게 규제해야 한다는 입장을 공공연히 표명했다. 또 사내 관행을 조사해 성별 간 임금 격차가 존재한다는 사실을 파악해 개선하기도 했다. 세일즈포스는 샌프란시스코에 근거지를 두고 있는데, 수익을 많이 내는 기업이 세금을 추가로 내서 노숙자 문제를 해결해야 한다고 역설했다. 이처럼 기업의 사명에 대한 깊은 고민과 통찰을 통해서, 혹은 창업자의 철학과 소신을 행동에 옮기는 방법을 통해서 이해관계자 자본주의의 이념을 실천하는 기업들이 늘어나고 있다.

마지막으로 공동체 혁신 사례를 챕터 10에서 제시하고 있다. 뉴질랜드는 GDP의 한계를 보완하기 위해 '삶의 질 프레임워크Living Standards Framework'라는 지표를 만들었다. 이 지표는 자연 자본(토지, 토양, 물, 식물, 동물, 광물, 에너지자원 등), 인적 자본(사람들이 일이나 오락, 공부, 사회 활동을 할 능력과 역량), 사회적 자본(신뢰, 상호주의, 법치, 문화, 공동체 의식 등), 금융 및 물적 자본(GDP와 유사한 개념)을 모두 포괄해 종합적인 발전의 수준을 점검할 수 있도록 했다. 이렇게 포괄적인 지표를 활용하면 정부의 가장 중요한 세 가지 역할(균등한 기회를 제공하고 불평등을 억제하는 역할, 공정한 시장 경쟁을 위한 중재자 역할, 환경보호를 통한 미래 세대의 수호자 역할)을 더 잘 수행할 수 있다. 싱가포르 정부는 여러 민족에게 공공 아파트를 할당하고 탁월한 유지 보수를 통해 빈민가 느낌이 나지 않도록 했으며, 99년 장기 임대가 가능하도록 해 자산 형성 기회를 많은 사람들에게 제공했는데, 정부의 역할을 잘 보여주는 흥미로운 사례다.

노조나 비정부기구, 인권 단체 등 시민사회의 역할도 적극적인 변화가 요구되고 있다. 개인 데이터 소유권을 데이터를 수집한 빅테크 기업이 아니라 소비자에게 부여하자고 주장한 시민 단체처럼 새롭게 등장한 이슈에 적극적으로 대응해야 한다는 것이다.

세상은 더 연결되고 있고 기후 위기는 심화하고 있으며 독점과 불평등 이슈 역시 미래의 발전과 번영을 위협하고 있다. 위기는 심각한 문제를 유발하지만 동시에 새로운 기회를 제공하기도 한다. 이해관계자 자본주의라는 철학은 위기를 기회로 만드는 데 크게 이바지할 수 있다. 이 책의 저자는 정계와 재계, 문화계, 국제기구와 NGO의 실질적 리더들이 참여해 세계 정치와 경제의 변화를 조망하며 대안을 모색하는 다보스포럼의 창립자로 글로벌 트렌드의 변화를 가장 생생하게 체험한 인물이다. 다보스포럼이 제시하는 국가 경쟁력 평가나 미래 기술, 리스크 보고서, 차세대 글로벌 리더 등은 미디어에서 집중적으로 분석하고 다양한 이슈들의 기준점으로 인용할 정도로 강한 파급효과를 갖고 있다. 따라서 클라우스 슈밥은 4차 산업혁명이나 이해관계자 자본주의같이 근본적인 인식의 전환을 요구하는 새로운 패러다임을 대중들에게 소개하는 데 있어 최고의 적임자라고 할 수 있다.

클라우스 슈밥은 현재가 아닌 과거로부터 시선을 돌려 이해관계자 자본주의의 필요성을 설명하고 있다. 국가자본주의와 주주자본주의라는 양극단의 시스템이 서로 경쟁하다가 사회주의 국가의 몰락으로 주주자본주의가 승리하는 듯했지만, 불행하게도 수많은 환경 및 사회 관련 문제들이 등장했다. 이해관계자 자본주의가 등장할 수밖에 없었던 배경은 자본주의의 역사를 살펴보지 않으면 포괄적으로 이해하기 힘들다.

이 책은 저자가 다보스포럼을 통해 만난 글로벌 리더들의 관점과 사례를 접해볼 수 있다는 점에서 가치를 가진다. 특히 GDP 같은 단순한 숫자 중심의 지표가 가지는 한계는 많은 매출이나 이익 같은 숫자 목표에 집착하는 조직들에게 교훈을 준다. 개인에게 벼락출세나 로또 당첨처럼 예상치 못한 큰 행운이 불행의 씨앗이 되는 경우가 많다. 개인에게 건강한 신체와 정신을 유지하며 하루하루 의미 있는 삶을 살아가는 것이 장기적 행복에 중요하듯 조직과 국가도 매출이나 GDP로 담을 수 없는 다양한 요소들을 고려하고 관리해야 지속가능성을 확보할 수 있다.

기술 규제와 관련한 논란도 많은 시사점을 준다. 한국에서는 예전에는 존재하지 않았던 규제를 뒤늦게 만들어서 운송 서비스 혁신을 추진하던 '타다'의 영업을 금지하기도 했다. 이런 접근은 당장 이해관계자를 보호할 수 있지만 혁신에는 큰 장애물이 된다. 기업 조직에서도 유사한 일이 자주 생긴다. 기존 사업부의 이익을 해칠 수 있는 혁신적 아이디어를 죽이는 것이 당장 수익에 도움을 주지만, 긴 관점에서 외부 위협에 대한 적응력을 약화시킬 수 있다.

ESG 전략을 모색하고 있는 기업은 이 책에 제시된 이해관계자 자본주의에 대한 이론적 근거와 사례를 통해 다양한 전략 대안을 고민해 볼 수 있을 것이다. 정책 입안자들이나 시민 단체 역시 이해관계자 자본주의 관점을 반영한 정책 대안을 고민해 볼 수 있다. 이 책에서 제시된 관점과 다양한 사례를 기반으로 공공이나 기업 조직 모두 보다 효과적으로 이해관계자들의 이익을 조율하고 보다 나은 세상을 만들기 위한 현명한 대안을 찾길 바란다.

우리가 만들어 가야 할
코로나19 이후의 세계

2020년 2월 제네바에서 동료와 이 책에 대해 논의하기 위해 앉았는데 사무실 전화가 울렸다. 그것은 코로나19 이전 시대에서 코로나19 이후 시작된 현실로 관심이 옮겨 간 순간이라고 할 수 있다. 그 전화를 받기 전 나와 동료는 기후변화와 불평등을 포함한 세계경제의 장기적 난제에 사로잡혀 있었다. 나는 2차 세계대전이 끝난 이후 75년 동안 그리고 세계경제포럼을 창설한 이후 50년 동안 만들어진 세계경제 체제에 대해 성찰하고 있었다. 오늘날 세계화된 세계의 이점과 균형점, 위험 등을 검토했다. 그리고 미래 세대를 위해 더 공정하고, 더 지속가능하고, 탄력적인 체제가 되게 하려면 앞으로 50년 또는 75년 동안 어떤 변화가 필요한지 생각했다. 그러나 전화 한 통으로 그런 장기 어젠다가 뒤집혔다. 나의 초점은 지구상의 모든 국가가 직면하게 될 목전의 위기로 옮겨 갔다.

전화를 건 사람은 중국 베이징 사무소의 책임자였는데, 그 겨울 초반 중국을 강타한 감염병 코로나19에 관한 최신 정보를 알려 주었다. 대개 심한 호흡기 질환을 유발하는 이 신종 코로나바이러스는 처음엔 우한 시에 국한되었으나 빠르게 전국적인 공중 보건 문제가 되고 있었다. 동료는 베이징 시민 대부분이 음력설을 쇠러 도시 밖으로 나갔다가 이 신종 코로나바이러스와 함께 돌아오는 바람에 수도에 환자가 발생하고 그에 따라 봉쇄 조치가 내려졌다고 설명했다.

동료는 도시 봉쇄로 인해 직원들과 사무실은 어떻게 되는 건지 침착하게 객관적인 사실을 알렸지만 그의 목소리는 걱정에 잠겨 있었다. 그의 가족과 그가 아는 모든 사람이 감염의 위험과 봉쇄 조치로 바이러스의 영향을 받고 있었다. 중국 당국은 극단적 조치를 취했다. 직원들은 무기한 집에서 일해야 하며 매우 엄격한 조건에서만 집 밖으로 나올 수 있었다. 증상을 보이는 사람이 있으면 즉시 검사를 받고 격리되었다. 그러나 이런 극단적 조치에도 이 위협적 바이러스가 저지될지 확신할 수 없었다. 전염이 너무 빠르게 진행되어 사람들은 집 안에 갇혀 있으면서도 바이러스에 감염될까 봐 두려워했다. 한편 병원에서 들려오는 소식으로는 이 질병이 매우 공격적이고 치료가 어려워 의료 체계를 압도하고 있다고 했다.

스위스에 있는 우리는 2020년 연차 총회 이후로 코로나19 원인균인 SARS-CoV-2제2형 중증급성호흡기증후군 코로나바이러스에 대해서 알고 있었다. 그것은 아시아에서 오거나 거기에 주요 사업체가 있는 참가자들 사이의 공중 보건 논의 주제였다. 하지만 그 통화 전에는 코로나바이러스가 원인이었던 사스나 메르스가 제압되었듯이 이번 감염병의 지속 기간이나 지리적 확산도 제한적이기를 바랐다. 나의 동료와 친구, 가족에게는 영향을 크게 미치지 않기를 바랐다.

통화를 하는 동안 세계 공중 보건 위협에 대한 내 이해가 바뀌었다. 그 후 몇 개월 동안 나는 이 책을 준비하는 작업을 중지했고 세계경제포럼은 위기 모드로 들어갔다. 우리는 특별 대책위원회를 설치하고, 모든 직원에게 재택근무를 부탁하고, 오직 국제사회의 비상 대응을 돕는 데 모든 노력을 기울였다. 일주일 후 바이러스로 인해 유럽 여러 지역이 봉쇄될 수밖에 없었고, 그로부터 몇 주일 후에는 미국을 포함하여 세계 대부분 나라가 비슷한 상황에 직면했다. 그 후 몇 개월 동안 수백만 명이 사망하거나 입원했고, 수억 명이 일자리나 수입을 잃었으며, 수많은 사업체와 정부가 물리적으로 또는 실질적으로 파산했다.

2020년 가을 코로나19 1차 파동으로 인한 세계 비상사태는 대부분 진정되었지만, 새로운 감염자 급증이 다시 한 번 전 세계를 초비상 상태로 몰아넣고 있다. 세계 각국은 조심스럽게 사회·경제생활을 재개했지만 경기회복은 고르지 않다. 전 세계적으로 많은 이들이 생명과 생계를 잃었고, 수십억 달러가 개인, 기업, 정부의 존속을 위해 사용되었다. 기존의 사회 분열은 심화되고 새로운 분열이 나타났다.

초기 위기에서 어느 정도 벗어난 지금 나를 포함한 우리 다수는 감염병 대유행과 그 영향이 우리가 이미 파악한 기존의 세계경제 체제의 문제점과 깊이 연관되어 있음을 깨닫게 되었다. 우리가 이전에 작업했던 많은 분석 결과가 그 어느 때보다 사실로 드러났다. 여러분은 이 책에서 그 내용들을 확인할 수 있을 것이다. 나는 불평등 심화, 성장 둔화, 생산성 저하, 견딜 수 없는 부채 수준, 기후변화의 가속화, 사회문제 심화, 그리고 가장 시급한 세계적 문제들에 대한 국제 협력 부족에 대한 관찰 결과를 제시할 것이다. 이러한 관찰 결과는 코로나19 이전과 마찬가지로 이후에도 유효하다.

그러나 코로나19 위기 전후로 한 가지는 바뀌었다. 더 나은 세상을 만들기 위해서는 시민, 경영자, 정부가 서로 협력해야 한다는 생각이 커졌다는 것이다. 코로나19 이후로는 세상을 다르게 재건해야 한다는 생각이 널리 공유되고 있다. 기후변화나 불평등 증가의 점진적 영향보다 훨씬 더 갑작스럽고 포괄적인 코로나19의 영향으로 인해 이기적이고 단기적 이익에 의해 주도되는 경제 체제가 지속될 수 없다는 사실을 이해하게 됐다. 그러한 경제 체제는 불안정하고 취약하며 사회, 환경, 공중 보건 재해가 발생할 가능성이 크다. 코로나19 위기가 보여주듯이 재난이 발생하면 공공 시스템에 감당하기 힘든 부담을 준다.

이 책에서 나는 우리가 단기적인 이윤 극대화, 세금 및 규제 회피, 환경 피해의 외면과 같은 이기적 가치에 의해 움직이는 경제 체제를 계속할 수 없다고 주장할 것이다. 대신에 우리는 모든 사람과 지구 전체를 돌보도록 설계된 사회, 경제, 국제사회가 필요하다. 구체적으로는 지난 50년간 서구에 팽배했던 '주주자본주의'와 아시아에 두드러지게 나타나며 국가 우선주의를 중심으로 하는 '국가자본주의'에서 '이해관계자 자본주의'로 나아가야 한다. 그것이 이 책의 핵심 메시지다. 다음에서는 그러한 시스템이 어떻게 구축될 수 있는지, 그리고 왜 지금 구축해야 하는지 보여준다.

파트 1의 챕터 1부터 챕터 4까지는 1945년 이후 서구와 아시아의 경제사를 개괄한다. 경제성장과 불평등의 증가, 환경 훼손, 미래 세대에 남겨진 부채 등 우리가 살고 있는 경제 체제의 주요 성과와 단점을 탐구한다. 또한 정치적 양극화의 증가 같은 사회적 추세가 경제 상황 및 우리의 거버넌스governance 시스템과 어떻게 관련되어 있는지 살펴본다. 파트 2의 챕터 5에서 챕터 7까지는 우리 경제의 문제 및 발전의 원인과 결과가 무엇인지 더 깊이 파헤친다. 기술 혁신, 세계화, 무역, 천연자원의 사용을 살펴본다. 마지막으로 파트 3, 챕터 8부터 챕터 10까지는 세계경제 체제의 변화 가능성을 살펴본다. '이해관계자 자본주의'의 정의를 제시하고, 그것이 실제로 기업, 정부, 국제기구, 시민사회에 무엇을 의미하는지 보여준다.

이 책 전반에 걸쳐 나는 공정하고 공평하게 우리가 직면한 세계적인 문제들, 그 원인과 결과들, 그리고 앞으로 더 나은 세상을 만들기 위한 해결책을 제시하려고 노력했다. 그러나 여기 제시한 내용은 나의 견해이며, 필연적으로 내 개인적 삶의 경험으로 채색되어 있다는 말을 바로 덧붙여야겠다. 이 책의 첫 챕터는 어린아이, 학생, 젊은 학자로 나를 형성해 온 경험을 이야기한다. 사회와 경제의 가장 좋은 결과는 공공과 민간 또는 전 세계 국가와 국민의 협력에서 나온다는 믿음에 기초한 내 세계관을 이해하는 데 그것들이 도움이 되었으면 한다.

포용성, 지속가능성, 평등에 기반한 경제 체제를 구축하기 위해 협력함으로써 우리는 코로나19의 유산을 바꿀 수 있다. 죽음과 황폐해진 삶이 남은 것은 어쩔 수 없지만, 우리가 좀 더 회복력 있는 세상을 향해 나아가는 데 도움이 될 수도 있는 것이다. 2차 세계대전 이후의 시대가 우리 부모님 세대에게 현재와 미래는 모든 사람이 번영할 수 있는 세상을 만들 기회임을 극명하게 상기시켜 단결하게 하였듯이, 코로나19 위기 이후의 세계가 우리에게 그럴 수 있기를 희망한다.

종전 후 수십 년 동안 우리는 유럽의 사회주의 시장경제와 미국의 '위대한 사회'를 포함한 사회 협약을 국내에 구축함으로써 더 나은 세상으로 가기 위해 노력했다. 또한 평화를 유지하고, 협력을 촉진하며, 금융 본부를 만드는 것을 목표로 하는 다자 체제로 세계은행, 국제통화기금, 국제연합 등을 만들었다.

이제는 우리가 코로나19로부터의 회복기를 통해 국내에 이해관계자 자본주의를, 세계적으로는 보다 지속가능한 세계경제 체제를 제정하기를 바란다.

이 책의 독자들께 감사드리며

클라우스 슈밥

차례

Stakeholder
Capitalism

우리가 살아온
세상

01

—

75 Years of Global Growth and Development

성장과 발전의 75년

제2차 세계대전 이후 75년 동안 세계 경제는 급격히 발전했다. 하지만 이런 성장에도 불구하고 세계는 두 가지 현실을 살아가고 있다.

우리는 오늘날처럼 부유했던 적이 없었다. 우리는 비교적 평화롭고 절대적으로 부유한 시대에 살고 있으며, 이전 세대에 비해 많은 사람이 더 오래, 대체로 건강한 삶을 산다. 자녀들은 대개 대학까지 교육을 받고 컴퓨터와 스마트폰 및 첨단 기기가 우리와 세계를 연결해 준다. 우리 부모와 조부모 세대에게 우리 다수가 지금 누리고 있는 생활방식과 풍부한 에너지, 기술 발전, 세계 교역이 가져온 호사는 꿈에서나 가능했다.

다른 한편으로 우리 세계와 시민사회는 심각한 불평등과 지속 불가능성unsustainability에 시달리고 있다. 코로나19로 인한 공중 보건 위기는 모든 사람에게 삶의 기회가 똑같이 주어지는 게 아니라는 사실을 보여주는 여러 사건 중 하나일 뿐이다. 더 많은 돈과 더 나은 인맥을 가지고 있거나 더 근사한 거주 지역에 사는 사람들은 코로나바이러스에 감염되는 비율이 훨씬 낮다. 그들은 재택근무를 하고, 인구 밀집 지역을 벗어나고, 감염되더라도 더 나은 치료를 받을 가능성이 훨씬 더 크다. 많은 사회에서 이런 패턴이 지속되고 있다. 가난한 사람들은 세계적 위기의 영향을 받는 반면 부유한 사람들은 쉽게 고비를 넘길 수 있다.

어떻게 하다 이런 상황에 이르렀고, 어떻게 해야 여기서 벗어날 수 있는지 이해하려면 세계 경제 체제의 기원까지 시간을 거슬러 올라가야 한다. 전후 세계 경제 발전의 그림을 다시 돌려보면서 주요 이정표들을 살펴보아야 한다. 현대 세계 경제의 논리적 출발점은 '원년Year Zero'인 1945년이다. 그리고 그해가 진정 새로운 시작이었던 독일이야말로 이 이야기를 풀어나가기에 더할 나위 없이 좋은 곳이다.

전후 세계 경제 질서의 기초

—

1945년 독일 초등학교에 입학했던 내 또래 아이들은 너무 어려서 자신이 사는 나라에 왜 전쟁이 났는지 또는 그 후 몇 년간 왜 그토록 큰 변화가 일어났는지 이해하지 못했다. 그러나 앞으로 전쟁은 어떻게든 피해야 한다는 사실만큼은 너무나 잘 알고 있었다. 1차 세계대전 이후처럼 "전쟁은 이제 그만Nie Wieder Krieg"이 독일 전역의 슬로건이 되었다. 사람들은 전쟁이 지긋지긋했다. 그들은 평화로웠던 삶을 재건하고 더 나은 생활 수준을 만들기 위해 함께 노력하기를 원했다.

독일이든 다른 국가든 재건이 쉬운 일은 아니었다. 2차 세계대전이 끝났을 때 독일은 폐허가 되어 있었다. 독일 주요 도시의 역사적 건축물들은 겨우 5분의 1만 남았다. 파괴된 주택은 수백만 채에 이르렀다. 내가 성장한 독일 남부의 슈바벤Swabia 지역도 예외가 아니었다. 슈바벤 지역에서 가장 공업화된 도시 프리드리히스하펜Friedrichshafen의 공장들은 거의 모두 초토화되었다. 그중에는 전쟁 중에 나치 정부에 의해 군용 생산 시설로 징발됐던 전설적인 자동차와 항공기 생산 회사인 마이바흐Maybach와 체펠린Zeppelin도 있었다.

프리드리히스하펜에서 불과 18km 떨어진 부모님 집 지붕에서 그 도시가 폭격으로 파괴되는 광경을 목격했던 일은 내 가장 오래된 기억 중 하나다. 우리는 고향까지 공습당하지 않기를 기도했고 다행히 그런 일은 일어나지 않았다. 하지만 프리드리히스하펜에서는 마지막 공습 때만 700명이 사망했고, 거기 사는 지인들 걱정에 부모님이 공습 소식을 듣고 많이 우셨던 기억이 난다. 전쟁이 끝났을 때 원래 프리드리히스하펜에 거주했던 2만 8,000명 중 4분의 1만 남아 있었다.[1] 나머지는 피난 갔거나 실종되었거나 사망했다.

내가 살았던 라벤스부르크Ravensburg는 연합군의 폭격이 비껴간 소수의 도시 중 하나였는데 군사 및 산업 시설이 없었던 덕분이었을 것이다. 그러나 전쟁의 결과는 어디에서나 볼 수 있었다. 전쟁이 끝나갈 무렵 프랑스 연합군이 들어오면서 라벤스부르크는 내국인 피난민, 강제 징용 노동자, 전범, 부상병들의 거대한 수용소가 되었다.[2] 도시는 완전한 혼란 상태였다. 1945년 5월 8일 자정, 유일한 희망은 전쟁이 정말 끝났다는 것뿐이었다. 독일에서는 이 순간을 '제로 시점Stunde Null' 이라고 부르게 되었다. 그 후 이안 부루마Ian Buruma 같은 역사학자들은 그 해를 '원년'이라고 불렀다.[3] 독일의 경제는 폐허가 되었고 새롭게 다시 시작할 수 있기를 바랄 수밖에 없었다.

다른 추축국Axis Powers, 2차 세계대전 때 독일, 이탈리아, 일본을 주축으로 하는 침략을 일으킨 진영인 이탈리아와 일본도 비슷한 도전에 직면했다. 추축국의 생산 능력은 급감했다. 토리노, 밀라노, 제노바 등의 이탈리아 도시들은 광범위하게 폭격당했고 히로시마와 나가사키는 원자폭탄 투하로 유례없는 참화를 입었다. 다른 유럽 국가들도 전쟁의 충격으로 종전 초반에 혼란을 겪었다. 더 동쪽의 중국과 동남아시아의 많은 국가는 내부 갈등에 빠져 있었다. 아프리카와 중동, 남아시아의 경제는 여전히 식민 지배에 속박되어 있었다. 소비에트연방은 2차 세계대전 중에 막대한 손실을 보았다. 아메리카합중국이 이끄는 아메리카 대륙의 경제만 전쟁 기간에 별다른 손실이 없었다.

전후에는 워싱턴 D.C.와 모스크바가 각 세력을 이끌었다. 연합군이 점령한 독일 지역에 속했던 슈바벤의 미래는 주로 미국의 선택에 달려 있었다. 미국은 까다로운 균형 잡기에 직면했다. 미국은 1차 세계대전의 종전을 가져온 베르사유조약의 실수를 반복하지 않기로 결심했다. 1919년에 조인된 베르사유조약은 패전한 동맹국(독일, 오스트리아-헝가리, 오스만 제국, 불가리아)에 감당할 수 없는 채무를 부과했다. 이것이 패전국들의 경제 발전을 저해하고 회복을 불안정하게 한 탓에 2차 세계대전의 씨앗이 되었다.

2차 세계대전 후 미국 정부는 다른 접근 방식을 취했다. 영국, 프랑스, 미국 점령 하의 독일 지역을 비롯하여 미국의 영향권 안에 있는 유럽 경제를 되살리고자 한 것이다. 미국은 유럽 내의 무역과 통합, 정치적 협력을 증진하기를 원했다. 1944년에 이미 미국과 연합국은 국제통화기금IMF, International Monetary Fund과 국제부흥개발은행IBRD, International Bank for Reconstruction and Development[4] (현재는 세계은행의 일부) 같은 경제 기구를 설립했다. 그 후 수십 년 동안 그들은 서독과 서유럽 전역에서 안정적이고 성장하는 경제 체제를 정착시키기 위한 노력을 계속했다.

또한 미국과 캐나다는 1948년부터 특정 지역에 대한 원조를 제공했다. 미국은 당시 국무장관이었던 조지 마셜George Marshall의 이름을 딴 마셜 플랜Marshall Plan을 통해 독일과 이탈리아를 포함한 서유럽 국가들이 미국의 상품을 구입하고 산업을 재건하도록 도왔다. 전 추축국에 대한 원조 제공은 논란의 여지가 있는 결정이었지만, 독일의 산업 동력 없이는 강력한 유럽 산업국가란 불가능했기에 필요한 조치로 간주되었다. (OECD의 전신인 유럽경제협력기구OEEC, Organization for European Economic Cooperation and Development는 마셜 플랜의 중요한 집행 기관이었다.)

미국의 노력은 원조에 국한되지 않았다. 유럽의 석탄, 철강 및 기타 원자재 시장을 조성해 무역도 장려했다. 그 결과 현재 유럽연합 European Union의 초기 형태인 유럽석탄철강공동체European Coal and Steel Community가 탄생했다. 미국은 일본, 중국, 대한민국, 필리핀을 포함한 아시아 국가에도 원조와 차관을 제공했다. 다른 지역에서는 소련이 중앙 집중식 개발 계획과 생산 시설의 국유화에 기초한 경제 모델을 장려하며 세력을 확대해 나갔다.

지방정부와 산업계, 노동자들 또한 재건 노력에 한몫했다. 예를 들어 체펠린 재단은 회사와 직원들의 장밋빛 미래가 재현되길 바라며 1947년에 거의 모든 자산을 프리드리히스하펜으로 이전했다.[5] 동시에 프리드리히스하펜 시민들은 자신들의 집을 다시 짓느라 장시간 일했다. 여성들은 이런 재건과 초기 복구 작업에서 특별한 역할을 했다. 훗날 독일 시사 주간지 《슈피겔Der Spiegel》은 "전쟁에서 남자들이 너무 많이 죽었기 때문에 연합군은 전후 정리 작업 시 여성에게 의존했다"[6]고 회상했다.

퍼즐의 모든 조각이 제자리에 정확히 놓여야 그림이 완성되듯이 재건 작업에 모든 자원과 인력이 동원되었다. 재건 작업은 사회 전체가 마음을 모아야 하는 과업이었기 때문이다. 라벤스부르크에서 가장 크고 성공적인 제조업체 중 하나는, 후에 회사 이름을 라벤스부르거 Ravensburger로 바꾼 가족 기업이었다.[7] 라벤스부르거는 퍼즐과 아동 도서 생산을 재개했고 이는 오늘날까지 이어지고 있다. 그리고 프리드리히스하펜에서는 체펠린 재단의 계열사인 ZF가 자동차 부품 생산 회사로 다시 부상했다. 독일의 유명한 미텔슈탄트Mittelstand, 즉 독일 경제의

중추를 형성하고 있었던 중소기업들은 전후 경제 재건에 결정적 역할
을 했다.

서구의 영광스러운 30년
——

나 자신을 포함하여 유럽에 살고 있던 많은 사람들에게 전쟁이 끝났
다는 안도감은 곧 또 다른 전쟁에 대한 공포에 자리를 내주었다. 미국
이 점령한 서독과 나머지 서유럽 지역의 자유시장경제 모델은 동독과
나머지 동유럽 지역을 지배했던 소련의 중앙계획경제 모델과 충돌했
다. 어느 쪽이 우세할까? 평화로운 공존이 가능할까, 아니면 정면충돌
로 끝나게 될까? 그 답은 오직 시간만이 알려 줄 수 있었다.

그 당시에는 결과가 불분명했다. 이것은 이데올로기, 경제 체제, 지
정학적 패권 싸움이었다. 수십 년 동안 미국과 소련, 두 강대국 간에
체제 경쟁이 이어졌다. 아시아, 아프리카, 라틴아메리카에서도 자본주
의와 공산주의 간의 이데올로기 싸움이 벌어졌다.

시간이 지난 지금 우리는 자본주의와 자유시장을 기반으로 미국
이 만든 경제 제도가 유례없는 경제적 번영의 토대임을 알고 있다. 많
은 사람의 재건 의지와 함께 자본주의와 자유시장경제는 수십 년간의
경제 발전과 '나머지 지역'에 대한 서구의 경제적 지배의 기틀을 마련
해 주었다. 소련의 중앙계획경제도 처음에는 결실을 보고 번영을 가져
왔으나 결국에는 무너지고 말았다.

현시대의 형성에는 경제적 변화 외에 다른 요소들도 작용했다. 평화로운 시대를 맞아 미국과 유럽을 포함한 전 세계 많은 지역에서 베이비 붐이 일어났다. 노동자들은 전시 생산의 공허한 요구에서 벗어나 사회적으로 가치 있고 생산적인 노동을 하게 되었다. 교육과 산업 활동이 확대되었다. 독일의 콘라트 아데나워Konrad Adenauer, 일본의 요시다 시게루Yoshida Shigeru 같은 정부 수장들의 리더십 또한 결정적인 퍼즐 조각이었다. 그들은 1차 세계대전 이후 지배적인 정서였던 복수심에 불타는 대신 포괄적으로 경제와 사회를 재건하고, 평화 유지를 목표로 연합국과의 강력한 관계를 발전시키기 위해 개인 및 정권 차원에서 노력했다. 온 국가가 지역사회와 경제 재건에 집중했으므로 사회적 결속이 강화되었다. (이는 챕터 4에서 더 깊이 논의될 것이다.)

1945년부터 1970년대 초반까지 이런 요인들이 함께 작용하면서 독일과 나머지 유럽 국가들은 경제 기적을 일으켰다. 미국과 일본, 한국에도 (그리고 초기에는 소련에도) 비슷한 호황이 찾아왔다. 서구는 자본주의의 황금기에 진입했고 2차 산업혁명의 혁신들이 널리 구현되었다. 자동차와 트럭 운송을 위한 고속도로가 일제히 건설되었고, 상업 비행의 시대가 도래했으며, 컨테이너 선박들이 세계의 해로를 채웠다.

슈바벤에도 이런 경제 기적에 힘입어 새로운 기술들이 시행되었다. 예를 들어 라벤스부르거는 1950년에 판매가 세 배로 증가하면서 1962년부터 제품 대량 생산 단계에 들어섰다. 가족용 보드게임인 '라인강 여행Rheinreise'은 베이비 붐 세대 어린이들이 성인이 되면서 인기가 매우 높아졌다.[8] 라벤스부르거는 1960년대에 퍼즐을 제품 라인에 추가하면서[9] 규모가 더 커졌다. ZF 프리드리히스하펜은 1950년대에 자동차변속기 제조업체로 재등장하여 1960년대 중반에는 자동 변속기까지 제품군에 보탰다.[10] ZF 덕에 BMW, 아우디, 메르세데스, 포르쉐 같은 자동차 생산 회사는 유럽 자동차 산업의 호황기에 정상에 오를 수 있었다. (ZF의 성공은 오늘날까지 이어져 2019년 전 세계에서 400억 달러 이상의 매출을 올렸고, 전 세계에 15만 명에 가까운 직원을 거느리고 있으며, 40개국 이상에 지사를 두고 있다.)

세계 주요 국가들의 경제 지표를 보면 모두가 승자인 듯했다. 연간 경제성장률은 평균 5~6%, 심지어 7%에 이르렀다. 국내총생산GDP, gross domestic production은 해당 국가 안에서 생산된 재화와 용역의 금전적 가치를 말하는데, 한 국가의 경제활동을 측정하는 데 흔히 쓰이는 GDP가 일부 서구 국가에서는 그 후 10~20년 동안 두 배, 세 배, 심지어 네 배까지 증가했다. 더 많은 사람이 고등학교에 진학하여 중산층 직업을 갖게 되었으며, 베이머 부머의 다수는 그 집안 최초로 대학에 진학하여 사회·경제적 지위가 높아졌다.

여성의 사회·경제적 지위 향상에는 또 다른 면이 있었다. 서구의 경우 처음에는 서서히, 이후로는 꾸준히 여성 해방에 진척이 있었다. 더 많은 여성이 대학에 진학했고, 직장에 들어가 계속 일했으며, 자기 일과 삶의 균형을 의식한 결정을 내렸다. 경기 호황으로 여성을 받아들일 여유가 충분히 있기도 했지만, 피임법의 발달, 이용 가능한 가전제품의 증가, 그리고 당연히 여성해방운동도 이를 뒷받침했다. 미국을 예로 들면 여성의 경제활동 참가는 1950년에서 1970년 사이에 약

28%에서 43%로 15%나 증가했다.[11] 독일에서는 1948년에 12%였던 여자 대학생의 비율이 1972년에는 32%로 증가했다.[12]

라벤스부르거에서도 여성들이 전면에 등장했다. 회사 설립자의 손녀인 도호티 헤스마이어Dorothee Hess-Maier는 1952년에 회사의 첫 여성 경영자가 되어 사촌인 오토 줄리어스Otto Julius와 함께 경영에 나섰다. 이것은 광범위한 추세의 예시로, 서구 사회의 여성해방은 20세기에 이어 21세기까지 지속됐다. 2021년 미국과 사우디아라비아[13](!)를 포함한 전 세계 많은 국가에는 여자 대학생이 남자 대학생보다 많으며, 여성이 노동 인구의 거의 절반을 차지하고 있는 국가도 많다. 이런 상황에도 불구하고 급여 및 기타 요인과 관련된 불평등은 여전하다.[14]

전후 수십 년 동안 횡재와도 같은 경제적 이득을 사회적 시장경제social market economy의 기초를 쌓는 데 사용한 국가들이 많았다. 특히 서유럽에서는 국가가 실업수당, 아동 및 교육 지원, 보편적 의료 서비스, 연금을 제공했다. 미국에서는 유럽보다 친사회적 정책들이 덜 유행했지만 급격한 경제성장 덕분에 그 어느 때보다 많은 사람이 중산층으로 올라섰다. 특히 1950년에서 1970년까지 20년 동안 사회보장 프로그램이 확대되어 수혜자 수와 그들에게 배정된 기금 둘 다 늘었다.[15] 임금 중앙값은 급격히 올랐고 빈곤은 감소했다.

프랑스, 독일, 베네룩스 3국, 스칸디나비아 국가들 역시 단체교섭을 장려했다. 예를 들어 1952년의 노동위원회법Works Council Act에 따라 대부분의 독일 기업은 감사회의 3분의 1을 근로자들이 선정하게 되었다. 가족 소유 기업은 예외였는데, 일반적으로 가족 소유 기업의 경우 지역사회와 경영진 간의 유대가 강하고 사회적 갈등이 드물었기 때문이다.

나는 그런 황금기에 성장하면서 미국이 독일과 다른 유럽 국가에서 수행한 계몽 역할에 대해 깊이 인식하게 되었다. 나는 경제적 협력과 정치적 통합이 평화롭고 번영된 사회를 건설하는 열쇠라는 확신이 들었다. 또한 독일과 스위스 양국을 연구하면서 유럽 국가들 사이의 국경이 언젠가는 사라질 것이라는 믿음을 갖게 되었다. 또한 1960년대에 미국에서 1년간 공부하며 미국의 경제와 경영 모델에 대해 더 많이 배울 수 있었고, 그 경험은 나의 기반이 되어주었다.

우리 세대의 많은 사람처럼 나 역시 유럽 국가들이 발전시킨 중산층, 사회 결속의 수혜자였다. 일찍부터 나는 기업과 정부가 국가의 미래를 형성하는 데 상호 보완적 역할을 하는 데 대해 흥미를 느꼈다. 그런 까닭에 논문 중 하나의 주제가 '민간투자와 공공투자 간의 적절한 균형'이 된 것은 자연스러운 일이었다. 생산 현장에서 1년 이상 일하면서 블루칼라의 일을 실제로 경험한 덕에 나는 경제적 부의 발전에 기여하는 노동자들에게 특별한 존경심도 갖게 되었다. 나는 사회의 다른 이해관계자들stakeholders(기업, 행정 등에 직·간접적으로 이해관계를 갖는 개인, 집단, 주주, 고객, 노동자 등을 통칭하는 말 – 역주)처럼 기업은 공동의 번영을 창출하고 유지하는 역할을 해야 한다고 믿게 되었다. 그리고 그 역할을 하려면 기업들이 주주들뿐만 아니라 사회에 봉사하는 이해관계자 모델을 채택하는 것이 가장 좋은 방법이라고 생각하게 되었다.

나는 기업의 리더들, 정부 대표들, 학자들이 만날 수 있는 경영 포럼을 조직하여 그 아이디어를 행동으로 옮기기로 했다. 빅토리아 시대에 (이소니아지드와 리팜핀[16] 같은 항생제가 발명되기 전) 결핵 치료 요양지로 유명해진 스위스의 산간 마을인 다보스Davos는 일종의 지구촌[17]을 위한 최적의 환경이 되어 줄 듯했다. 공기가 깨끗하기로 유명한, 높은 산속의 그림 같은 마을에서 참가자들은 최상의 실천 방법과 새로운 아이디어들을 교환하고 지구의 시급한 사회, 경제, 환경 문제들을 서로 알릴 수 있었다. 그래서 1971년 그 자리에서 하버드경영대학원의 조지 피어스 베이커George Pierce Baker 학장, 컬럼비아대학교의 바버라 워드Barbara Ward 교수, IBM의 자크 메종루즈Jacques Maisonrouge 회장, 유럽연합 집행위원회European Commission의 몇몇 위원 등의 내빈들과 함께 세계경제포럼의 전신인 유럽경영포럼European Management Forum의 첫 회의를 구성했다.[18]

격동의 1970년대와 1980년대

—

그러나 바로 그 1970년대 초부터 경제 기적이 지속되지는 않으리라는 사실이 분명해지고 있었다. 우리가 다보스에 모였을 때 경제 체제의 균열이 이미 겉으로 드러났다. 전후 호황은 정체기를 맞았고 사회, 경제, 환경 문제들이 드러나고 있었다. 하지만 나는 미국의 성공적인 경영 관행을 더 적극적으로 배움으로써 유럽의 기업인, 정치인, 학자들이 유럽 대륙의 번영에 계속 박차를 가할 수 있기를 희망했다.

많은 유럽 기업들이 실제로 인접 국제 시장을 향한 발걸음을 내디뎠다. 이름이 암시하듯 몇 가지 핵심 자원의 공동 시장에 집중했던 유럽석탄철강공동체ECSC, European Coal and Steel Community는 이전 몇 년 동안 더 포괄적인 유럽경제공동체EEC, European Economic Community로 진화했다. 이는 유럽 대륙 전체에 걸쳐 보다 자유로운 재화와 용역의 교역을 가져왔다. 많은 미텔슈탄트는 그러한 개방을 활용해 인접 EEC 국가들에 자회사를 설립하고 영업을 시작했다. 1970년대에도 성장이 지속될 수 있었던 것은 부분적으로는 이러한 지역 내 무역의 증가 덕분이었다.

그러나 에너지 가격과 같이 성장과 고용, 인플레이션에 결정적 영향을 미치는 몇몇 경제 변인들은 호의적이지 않았다. 석탄과 함께 전후 호황의 연료가 되었던 원유가 경제 체제에 첫 번째 충격을 주었다. 과거 유럽 열강의 식민지였던 중동과 아랍 국가가 다수 포함된 주요 석유 산출 및 수출국OPEC들이 세를 과시함에 따라, 세계에서 가장 중요한 에너지원의 가격이 1973년에 네 배로 뛰었다가 1979년에 다시 그 두 배로 인상됐다. 세계 석유 공급의 대부분을 통제했던 OPEC 국가들은 욤 키푸르 전쟁Yom Kippur War(유대교 명절인 욤 키푸르, 즉 속죄의 날에 이집트와 시리아가 이스라엘을 공격하여 일어난 4차 중동전쟁. 기습당했던 이스라엘이 반격에 성공하고 서방, 특히 미국이 이스라엘을 지원하자 OPEC 국가들이 석유 생산을 줄이고 가격을 인상해 1차 석유파동이 발생한다. - 역주)에 대항하여 석유 수출 금지 조치를 시행하기로 했다. 욤 키푸르 전쟁에서 OPEC의 많은 아랍 회원국이 이스라엘과 대립했으나 이스라엘은 무력 충돌 중에 그리고 후에도 영토를 더 확장했다. 미국과 영국 등 이스라엘의 서방 동맹국들을 주로 겨냥한 석유 금수 조치는 매우 효과적이었다.

OPEC 국가들이 새로 획득한 시장 지배력을 활용한 것은 당연한 일이다. OPEC 회원국 중에는 과거 유럽의 식민지였다가 욤 키푸르 전쟁이 발발하기 전 20년 사이에 마침내 독립을 쟁취한 아시아, 중동, 아프리카 국가들이 많았다. 그러나 그 시대의 서방 국가 대부분과 달리 이 개발도상국들은 정치적, 사회적 혼란에 휩싸이는 경우가 많았다. 아시아, 중동, 아프리카의 많은 신생 독립국들은 여전히 유럽과 미국의 경제 호황에 근접할 수 없었다. OPEC 국가들은 몇 안 되는 예외에 속했다. 그들의 주요 자원인 석유가 세계 경제의 연료였기 때문이었다.

지난 수십 년 동안 서구의 경제 및 산업이 크게 발전하는 동안 그런 팽창은 지속될 수 없고 지구와 지구의 제한된 자원, 최종적으로는 인간을 위해 지속가능성을 높여 줄 새로운 경제 체제가 필요하다고 경고하는 사람들 또한 있었다. 이런 목소리를 낸 사람들 가운데는 로마클럽의 유럽 과학자와 실업가들도 있었는데, 그들은 세계의 상태, 특히 지구의 환경 악화가 인간 사회의 주요 문제라고 생각하게 되었다. 사실 경고 신호는 주의를 기울이는 사람 누구에게나 보였고, 다보스에서의 세계경제포럼 회의에서도 이 문제를 예의 주시 했다. 1973년 로마클럽의 아우렐리오 페체이Aurelio Peccei는 다보스 총회의 기조연설에서 성장의 종말이 임박했다는 로마클럽의 조사 결과들에 관해 이야기 했다.

그렇지만 여러 번 불황을 견뎌내고 서머 타임과 차 없는 일요일 제도 등의 에너지 절약 조치를 도입한 세계는, 얼마 후인 1980년대에 익숙한 성장 경로로 복귀했다. GDP가 5~6% 성장하던 시기는 끝났지만 (적어도 서구에서는) 3~4%의 성장률은 전혀 특이한 일이 아니었다. 아시아의 호랑이(한국, 타이완, 홍콩, 싱가포르)를 포함한 다른 국가들이 부족분을 보충해 준 까닭이었다.

하지만 1980년대부터 무엇이 전후 경제성장을 가능하게 했는지에 관한 관점에 근본적인 변화가 일어나기 시작했다. 종전 직후에는 모든 사람이 경제적 번영의 증대에 이바지했으므로 모두가 번영을 나눠 가져야 한다는 믿음이 있었다. 그것은 회사 소유주와 직원 간의 동반자 관계를 기반으로 하는 산업 발전 모델이 되었다. 이와는 대조적으로 1980년대의 성장 국면에서는 정부의 개입과 사회 계약 구축보다는 시장 근본주의market fundamentalism와 개인주의에 더 기반을 두었다.

나는 이것이 오류라고 생각한다. 이해관계자 모델은 기업이 직접적이고 일차적인 이익을 넘어 종업원들과 지역사회의 관심사를 포함하여 의사 결정을 내릴 것을 요구한다. 다보스 회동 초창기에 참가자들은 '다보스 선언문'에서 이를 약속하기까지 했다.[19]

1973년 다보스 선언문

A 전문 경영의 목적은 고객과 주주, 노동자와 종업원뿐만 아니라
사회에 기여하고 이해관계자들의 상이한 이해관계를 조화시키
는 데 있다.

B 1. 경영진은 고객을 만족시켜야 한다. 고객의 요구를 충족시키
고 최대 가치를 제공해야 한다. 기업 간의 경쟁은 고객이 최
상의 가치 선택을 할 수 있게 보장해 주는, 통상적으로 용인
되는 방법이다. 경영진의 목적은 새로운 아이디어와 기술 발
전을 상품과 서비스로 변환시키는 것이다.

2. 경영진은 국채 수익보다 높은 투자 수익을 제공함으로써 투
자자들에게 도움이 되어야 한다. 리스크 프리미엄risk premium
을 자본 경비capital costs로 통합하기 위해서는 이런 높은 수
익이 필요하다. 경영진은 주주들의 수탁자이다.

3. 경영진은 직원들을 섬겨야 한다. 자유 사회에서 지도자는 자
신이 이끄는 사람들의 이익을 통합해야 하기 때문이다. 특히
경영진은 지속적 고용, 실질소득의 증가, 인간적인 직장 문화
를 보장해야 한다.

4. 경영진은 사회에 이바지해야 한다. 경영진은 미래 세대를 위
한 물질계material universe의 수탁자 역할을 해야 한다. 경영진
은 재량에 맡겨진 비물질적, 물질적 자원을 최적의 방식으로
사용해야 한다. 경영진은 경영과 기술에 대한 지식의 지평을
계속 넓혀가야 한다. 경영진은 지역사회가 목표를 달성할 수

있도록 기업이 지역사회에 적절한 세금을 납부하도록 보장해
야 한다. 또한 자신의 지식과 경험을 지역사회에 제공해야 한
다.

C 경영진은 자신이 책임지고 있는 기업을 통해 이상의 목표들을
달성할 수 있다. 이런 이유로 기업의 장기적 존립을 보장하는 것
이 중요하다. 장기적 존립은 충분한 수익성 없이 보장될 수 없
다. 그러므로 수익성은 경영진이 고객과 주주, 종업원과 사회에
기여할 수 있게 하는 데 필요한 수단이다.

그러나 다보스 선언문과 그것이 주창하는 이해관계자 중심 접근법
에 대한 초기의 열광에도 불구하고 특히 미국에서는 더 협소한 패러
다임이 우세했다. 그것은 시카고대학교의 경제학자이며 노벨상 수상자
인 밀턴 프리드먼Milton Friedman이 1970년부터 내놓은 주장이었다. 그는
"기업의 유일한 사회적 책임은 이윤을 증가시키는 것이며"[20] 자유시장
이 다른 무엇보다 중요하다고 주장했다. (이에 대해서는 챕터 8에서 더 논
의될 것이다.)

그 결과는 불균형 성장이었다. 1980년대에 와서 경제는 다시 성장
했지만, 그 혜택을 누리는 인구는 훨씬 줄었고 경제성장을 달성하기
위해 지구에 끼친 피해는 더 커졌다. 노동조합 가입은 감소하기 시작했
고 단체교섭은 덜 통상적인 일이 되었다. (독일, 프랑스, 이탈리아를 포함
한 유럽 대륙의 다수 국가는 2000년대 초반까지 노동조합 가입을 고수했고

벨기에 같은 나라는 오늘날도 비슷한 상황이다.) 서구의 두 주요 경제 대국인 영국과 미국의 경제 정책은 규제 완화, 자유화, 민영화, 그리고 보이지 않는 손이 시장을 최적의 상태로 만들어 줄 것이라는 믿음 쪽으로 크게 기울었다. 그 후 다른 많은 서방 국가들도 두 나라의 길을 따랐는데, 좌파 성향의 정부가 경제성장을 촉진하는 데 실패한 후 영향을 받은 경우도 있었다. 좀 더 긍정적인 점은 새로운 기술이 경제성장에 이바지하면서 3차 산업혁명을 이끌었다는 것이다. 개인용 컴퓨터가 발명되었고 모든 조직의 핵심 요소 중 하나가 되었다.

전환기

—

이러한 추세가 한 지역에만 나타난 게 아니었다. 1980년대에는 동유럽 경제가 붕괴하기 시작했는데, 산업 전환기에 동유럽 경제가 실패한 것은 소비에트연방이 제시한 국가 주도 경제 모델이 서방에서 추진한 시장 기반 모델보다 회복력이 떨어진다는 걸 보여 주었다. 중국은 1979년 새로운 지도자 덩샤오핑이 독자적인 개혁과 개방을 단행하면서 점진적으로 자본주의와 시장 기반 정책을 도입했다. (챕터 3 참조)

1989년 독일은 동독과 서독을 갈라놓았던 베를린 장벽이 무너졌고, 그로부터 얼마 후에 독일의 정치적 통일이 마침내 이루어졌다. 그리고 1991년에는 소비에트연방이 공식적으로 해체되었다. 동독, 발트 3국, 폴란드, 헝가리, 루마니아를 포함하여 그 영향권에 있던 많은 국가가 서구와 서구의 자본주의 자유시장 모델로 눈을 돌렸다. 나중에 프랜시스 후쿠야마_{Francis Fukuyama}가 칭한 대로 '역사의 종말'(실제로 역사가 끝났다는 말이 아니라 지금까지와는 다른 인류사가 기록되어야 한다는 인식으로 후쿠야마는 자본주의와 민주주의가 사회주의와 권위주의와의 경쟁에서 승리함으로써 냉전 후의 역사는 이제 새로운 시점에서 씌어야 한다고 했다. - 역주)[21]이 도래한 듯이 보였다. 유럽 경제는 또 한 번 힘을 얻었다. 이번에는 더 깊은 정치적, 경제적 통합과 공동 시장과 화폐 동맹으로 이어지면서 유로화가 그 정점을 찍었다.

다보스에서도 변화의 바람이 느껴졌다. 유럽경제포럼은 처음에는 주로 유럽과 미국의 학자들, 정책 입안자들, 기업인들의 회동 장소였으나 1980년대가 지나면서 세계적인 모임이 되었다. 1980년대에는 중국, 인도, 중동 및 다른 지역 대표들도 포럼에 들어왔고 세계 공동의 어젠다를 다루게 되었다. 1987년에 이르러서는 명칭 변경이 필요해졌다. 그때부터 세계경제포럼으로 알려지게 되었는데, 그 후 이어진 세계화 시대에 적합한 이름이었다.

1990년대와 2000년대의 세계화

—

소비에트연방 붕괴 후 10년 이상 세계 경제는 긴밀하게 연결되었다. 전세계 국가들이 자유무역협정을 체결하기 시작했고 성장의 동력은 그 어느 때보다 다양해졌다. 유럽의 중요성은 상대적으로 감소했고, 한국과 싱가포르 같은 소위 이머징 마켓emerging market 또는 신흥 시장뿐만 아니라 브라질, 러시아, 인도, 남아프리카공화국, 중국 같은 더 큰 시장이 전면에 등장했다. (신흥 시장이라는 용어는 민간 금융기관이 만든 분류이기 때문에 공식적인 정의는 없다. 하지만 그들이 공유하는 한 가지 특성은, 대개 수년 동안 평균 이상의 성장률을 보였기 때문에 시간이 지나면서 선진국의 지위를 얻거나 되찾을 수 있는 비서구 국가라는 것이다.)

이리하여 세계화, 즉 재화와 용역, 사람과 자본의 흐름의 증가로 대변되는 세계 경제의 상호 의존성이 증가하는 과정은 지배적인 경제적 힘이 되었다. 세계 GDP 대비 국제 무역의 비율로 측정한 무역 세계화는 원년인 1945년에 4%로 최저였으나 2001년에는 15%로 사상 최고 수준에 도달했다.

슈바벤의 유명 기업들도 이런 세계화의 물결을 탔다. 당시 ZF의 경영자였던 지그프리트 골Siegfried Goll은 회사의 연혁 소개에서 이렇게 증언했다.[22] "중국은 ZF의 최상위 어젠다였다. 중국과의 비즈니스는 1980년대에 이미 라이선스 계약을 통해 발전하기 시작했다. 2006년 내가 은퇴했을 때는 중국에 20개 이상의 생산 시설이 있었다." 회사 자체 기록에 따르면 "최초의 합작 법인은 1993년에 설립되었고" 1998년까지 "중국에서 ZF의 지위가 아주 굳건해져서 최초로 완전한 소유권을 가진 자회사 ZF 드라이브테크 주식회사를 쑤저우에 설립할 수 있었다."

그러나 일부 국가의 경우 세계화가 너무 지나쳤고 너무 빨랐다. 1997년 아시아의 몇몇 신흥 경제국은 심각한 금융 위기를 경험했는

데, 주요인은 금융 세계화 또는 핫 머니hot money, 즉 수익과 느슨한 자본 통제, 채권 투기를 좇아 한 나라에서 다른 나라로 이동하는 국제 투자자의 자금 흐름이었다. 동시에 서구에서는 다국적 기업들이 국가 경제를 통제하기 시작함에 따라 반反세계화 운동이 일어났다.

라벤스부르거도 세계화에 대한 반발을 피하지 못했다. 1997년 회사 경영진은 "국가 및 국제 경쟁력을 유지하기 위해 '생산 현장 보호 협약' 도입을 희망"한다고 발표했는데, 이는 훗날 유럽정년감시국European Observatory of Working Life의 사례 연구에서 확인되었다.[23] 결국 회사가 고용 안정을 제공하는 이른바 라벤스부르거 협약이 체결되었다.

대부분의 근로자들이 이 협약을 받아들였지만, 이는 노사 관계의 악화도 가져왔다. 산별노조industry union는 이 협약이 단체교섭 협약에 위배되며, 회사의 경제적 성과가 좋은데도 이런 협약을 체결한 것은 불필요한 일이었다고 주장했다. 협약 체결로 인한 뜨거운 논란으로 인해 결국 모든 당사자는 서로의 관계를 재고하게 되었다. 일반적으로 가족 소유 기업에서는 약했던 노조가 점점 강해졌고 경영진은 노사협의회의 활동에 더 적극적으로 접근하기 시작했다.

독일에서는 경제성장, 고용 및 동독 주들의 통합을 둘러싼 사회와 기업의 스트레스로 인해 결국 2000년대 초에 새로운 사회적 협약과 함께 노사 공동 결정, 미니잡mini-job(주당 15시간 미만의 초단시간 고용 형태 – 역주), 실업수당에 관한 새로운 법률을 제정하게 되었다. 그러나 새로운 균형이 모두에게 유익한 것은 아니어서 그 후 독일은 고도 경제성장기로 돌아섰지만 다른 많은 선진국의 상황은 금세 더 위태로워졌다.

첫 번째 경고 신호는 2000년 말과 2001년 초 미국의 기술주가 폭락했던 닷컴 붕괴였다. 그러나 미국 사회와 국제 경제 체제에 더 큰 충격이 찾아온 것은 2001년 후반이었다. 그해 9월, 2차 세계대전 때 진주만 공격 이후 미국 본토에 대한 최대 공격인 9·11 테러가 발생했다. 미국의 경제적·군사적 심장부인 맨해튼의 트윈 타워와 워싱턴 D.C.의 펜타곤이 공격당했다.

그날 나는 업무차 유엔을 방문하러 뉴욕에 있었고, 그곳에 있었던 모든 사람들과 마찬가지로 엄청난 충격을 받았다. 사망자만 수천 명이었다. 미국은 정지 상태가 되었다. 연대의 표시로 우리는 다음 해 1월 뉴욕에서 세계경제포럼 연례 회의를 개최했다. 다보스 외의 장소에서 연례 회의가 열린 것은 처음이었다. 닷컴 붕괴와 9·11 테러 이후 서구 경제는 침체에 빠졌다. 무역과 기술 발전을 통한 경제성장의 길은 한동안 불안정 상태에 빠졌다.

하지만 또 한 번 경기 활성화가 이뤄질 씨앗이 이미 뿌려져 있었다. 중국 내에서 ZF의 존재감이 상승한 것에서 알 수 있듯이 인구 기준 세계 최대 국가인 중국은 개혁·개방 20년 만에 가장 빠르게 성장하는 국가의 하나가 되었고, 2001년에는 세계무역기구WTO, World Trade Organization에 가입했다. 다른 국가들이 경제적 가속을 잃은 영역에서 중국은 가속을 얻고 다른 국가들을 추월했다. 중국은 '세계의 공장'이 되었고 수억 명의 중국인들이 가난에서 벗어났다. 중국의 성장이 최고조에 달했을 때는 세계 경제성장의 3분의 1 이상을 담당할 정도였다.

그 과정에서 라틴아메리카와 중동, 아프리카의 원자재 생산 회사들부터 서구의 소비자들까지 혜택을 입었다.

한편 닷컴 붕괴에서 살아남은 회사들과 새로운 기술 회사들이 그 폐허 위에서 4차 산업혁명의 기초를 닦기 시작했다. 사물 인터넷 같은 기술이 세상의 주목을 받았고, 현재 인공지능으로 불리는 머신 러닝 machine learning이 부활하여 빠르게 견인력을 얻었다. 다시 한 번 무역과 기술이 세계 경제성장의 쌍발 엔진twin engines으로 돌아왔다. 2007년 쯤에는 세계화와 세계 GDP가 새로운 정점에 도달했다. 하지만 그것이 세계화의 마지막 환호였다.

세계 경제 체제의 붕괴

——

2007년부터 세계 경제가 악화되기 시작했다. 세계 주요 국가들의 성장 동력이 덜컹거리기 시작했다. 미국은 주택과 금융 위기가 대침체로 이어지면서 몇 분기나 지속됐다. 그 뒤를 이어 유럽에서는 2009년에 시작된 부채 위기가 몇 년이나 지속됐다. 2019년의 경제 불황으로 다른 국가 대부분도 그 중간에 끼어 그 후 10년 동안 실질 경제성장률이 2~3%를 맴돌았다. (세계은행 통계상 2011년과 2019년 모두 2.5%로 최저였고 2017년에는 3.3%로 최고였다.)[24]

경제성장의 원동력인 생산성 향상이 부족해지면서 이제 느린 성장이 뉴 노멀처럼 보인다. 많은 서구인들은 저임금의 불안정한 일자리에

갇혀 있고 나아질 전망도 별로 없다. IMF는 코로나19 위기가 닥치기한참 전에 세계가 감당할 수 없는 부채 수준에 도달했다고 지적하기도 하였다.[25] 1970년대의 경제 위기 때 최고치를 기록한 바 있는 공공부채가 2020년에 다시 거의 기록적인 수준에 도달하거나 그에 근접한국가가 많다. IMF의 2020년 재정 모니터에 따르면 코로나19 위기의여파로 선진국의 공공 부채는 단 1년 만에 15% 이상 증가하여 GDP의 120%가 넘었고, 개발도상국에서는 (2019년에는 50%를 살짝 상회했으나) GDP의 60% 이상으로 급증했다.[26]

마지막으로, 진보의 지표로 성장을 추구하는 것이 얼마나 유용한지에 대해 의문을 제기하는 사람들이 점점 늘어나고 있다. 세계생태발자국네트워크Global Footprint Network에 따르면[27] 1969년이 세계 경제가 지구의 천연자원을 '과다 사용' 하지 않은 마지막 해였다고 한다. 50년이지난 지금 우리의 생태 발자국(인간이 지구에서 삶을 영위하는 데 필요한의식주, 에너지, 시설 등의 생산 및 폐기물의 발생과 처리에 들어가는 비용을토지의 면적으로 환산한 수치 – 역주)은 어느 때보다 크다. 지구가 다시채워놓을 수 있는 천연자원의 1.75배 이상을 우리가 써버리고 있기 때문이다.

이 모든 거시경제, 사회, 환경 동향은 개인, 기업, 지방 및 중앙 정부가 내린 결정의 점진적 영향을 그대로 반영하고 있다. 그리고 이를통해 우리 사회는 불쾌한 새로운 현실, 즉 부유해지기는 했지만 대신불평등과 지속 불가능성을 대가로 치렀다는 현실과 마주하게 됐다.

◆　　◆　　◆

　　21세기의 슈바벤은 높은 임금과 낮은 실업률, 많은 여가 활동 등
여러 면에서 그 어느 때보다 풍요롭다. 라벤스부르크와 프리드리히스
하펜의 아름다운 도심은 1945년의 비참한 상태와는 전혀 다르다. 라
벤스부르크는 여전히 난민들을 환영하지만, 이번에는 전장과 멀리 떨
어져 있다. 이 도시의 퍼즐 제조사인 라벤스부르거도 국제 공급망과
디지털 게임이 퍼즐을 위협하는 세상에 적응해 왔다.

　　하지만 이 지역의 주축 세력과 퍼즐 제조사, 또 세계 다른 지역의
사회적 이해관계자들이 풀어야만 하는 퍼즐은 간단하지 않다. 그것은
복잡하고 상호 의존적인 많은 조각들로 구성된 세계적인 퍼즐이다. 그
러므로 그것을 해결하려 하기 전에 그 조각들을 나열할 필요가 있다.
다음 챕터에서 다룰 것은 이 과제다. 매우 유명한 경제학자가 그 안내
를 맡을 것이다.

CHAPTER

02

—

Kuznets' Curse:
The Issues of the World Economy Today

쿠즈네츠의 저주: 오늘날 세계 경제의 쟁점들

오늘날 세계 경제의 퍼즐을 맞춰줄 사람으로 1985년에 사망한 러시아 태생[1] 미국 경제학자 사이먼 쿠즈네츠Simon Kuznets만 한 이도 없을 것이다.

1980년 중반에 작고한 사람이 현재의 경제 난제에 적임자라는 말이 약간 이상하게 들릴 수 있을 것이다. 하지만 노벨 경제학상 수상자인 이 학자의 가르침에 우리가 더 주의를 기울였다면 오늘날 우리가 직면한 쟁점들이 이토록 문제가 되지는 않았으리라 생각한다.

사실 쿠즈네츠는 80년도 전에 GDP가 경제 정책 입안에 사용하기에는 빈약한 도구라고 경고했다. 아이러니하게도 그는 그 몇 년 전에 GDP 개념을 제창했고 그것을 경제 발전의 성배로 만드는 데 가담했다. 그는 또한 경제가 발전함에 따라 소득 불평등이 해소된다는 것을 보여주는 자신의 쿠즈네츠 곡선Kuznets curve이 '취약한 데이터'[2], 즉 1950년대에 일어난 전후 서구의 경제 기적 시대라는 비교적 짧은 기간의 데이터를 기반으로 하고 있다고도 경고했다. 이 연구 기간이 이례적인 것으로 밝혀진다면 쿠즈네츠 곡선 이론은 다른 평가를 받게 될 것이다. 아울러 쿠즈네츠는 이 곡선에서 파생된 소위 환경 쿠즈네츠 곡선environmental Kuznets curve, 즉 특정 개발 단계에 이르면 환경 훼손이 감소할 것이라는 주장도 해결하지 못했다.

오늘날 우리는 미흡한 분석과 독단적인 신념의 결과를 안고 살고 있다. GDP 성장은 매우 강력한 목표가 되었고 동시에 정체되었다. 우리 경제가 이렇게 발전한 적도 없지만 불평등이 이보다 심했던 적도 드물다. 그리고 기대와 달리 환경 오염이 줄어드는 대신 우리는 세계적인 환경 위기의 한가운데에 있다.

우리가 이토록 무수한 위기에 직면해 있다는 것은 쿠즈네츠의 저주일지 모른다. 쿠즈네츠가 "내가 그렇다고 했잖아"라고 말할 법한 현재의 위기 속에서 사람들은 지도자에 대한 배신감을 느낀다. 하지만 이 저주에 대해 더 깊이 들여다보기 전에 사이먼 쿠즈네츠가 어떤 사람인지 정확히 살펴보고 사람들이 그를 어떻게 기억하는지 알아보도록 하자.

첫 번째 쿠즈네츠의 저주: 발전의 척도, GDP

사이먼 스미스 쿠즈네츠는 1901년 러시아 제국의 한 도시인 핀스크 Pinsk에서 유대인 부모의 아들로 태어났다.[3] 학교에 다니는 내내 수학에 재능을 보였던 그는 지금의 우크라이나에 있는 하르키프대학교 University of Kharkiv에서 경제학과 통계학을 공부했다. 하지만 뛰어난 학업 성과에도 불구하고 그는 성인이 된 후 자신이 태어난 나라에 머물지 못했다. 1922년 수년간 이어졌던 내전에서 블라디미르 레닌의 붉은 군대가 승리한 탓이었다. 소비에트연방이 창설되는 가운데 쿠즈네츠는 미국으로 이민을 갔다. 그 후 컬럼비아대학에서 경제학 박사 학위를 취득한 후 경제 싱크 탱크인 전미경제연구소NBER, National Bureau of Economic Research에 들어갔다. 이곳에서 그는 빛나는 경력을 쌓았다.

그가 이민 온 후 수십 년 동안 미국은 세계 경제를 주도하는 국가로 성장했다. 그는 미국의 위상을 이해하는 데 큰 역할을 했는데, 오늘날까지 경제학과 경제 정책 입안을 지배하고 있는 국민소득(GDP의 전신)과 연간 경제성장annual economic growth 같은 핵심 개념을 개척하면서 세계에서 가장 저명한 경제학자 중 한 명이 되었다.

그 기간 미국 경제는 격변했다. 1920년대 미국의 경제 발전은 최고조에 달했다. 1차 세계대전이 끝났을 때도 경제는 활기찼다. 미국은 정치 및 경제 대국으로 부상하면서 이미 약해진 대영제국과 나란히 발을 맞추게 되었다. 영국은 1차 산업혁명 기간에 세계를 지배했고 1914년까지 세계의 3분의 1을 통치했다. 그러나 1차 세계대전 이후 본격적으로 시작된 2차 산업혁명에서는 영국 대신 미국이 선두가 되었다. 미국의 제조 회사들은 자동차와 라디오 같은 상품들을 거대한 국내 시장에 선보여 현대 상품에 굶주린 대중에게 팔았다. 또한 자유무역 정신과 자본주의 원칙에 힘입어 투자, 혁신, 생산, 소비, 무역이 급증했고 1인당 GDP 기준으로 미국은 세계에서 가장 부유한 국가가 되었다.

그러나 '광란의 20년대Roaring Twenties'의 의기양양했던 경험은 대공황의 재앙으로 변해 갔다. 1929년이 되면서 호황을 누리던 경제는 통제 불능 상태에 빠졌다. 불평등이 극심해져 존 록펠러John D. Rockefeller 같은 소수의 개인은 엄청난 부와 경제적 자산을 거머쥐었지만 많은 노동자는 여전히 월급이나 농업 수확에 의존하며 훨씬 더 불안정한 생활을 했다. 게다가 금융 투기가 극에 달해 실물경제가 비슷한 추세로 뒷받침되지 않은 채 주가가 계속 상승했다. 1929년 10월 말 주가가 대폭락하면서 전 세계에 연쇄반응이 일어났다. 사람들은 채무를 상환하지 못하고, 신용 대출 시장은 고갈되고, 실업률은 치솟고, 소비자들은 소비를 중단하고, 보호주의가 강화되면서 세계는 위기에 빠져 2차 세계대전 후까지도 회복하지 못했다.

미국의 정책 입안자들이 위기를 진정시키고 끝낼 방법에 대해 고심했을 때 "상황이 실제로 얼마나 안 좋은가? 그리고 정책 대응이 효과가 있을지 어떻게 아는가?"라는 근본적인 질문에 대한 답을 찾지 못했다. 당시에는 경제지표가 드물었고, 오늘날 우리가 경제를 평가하기 위해 사용하는 지표인 GDP도 고안되기 전이었다.

이때 사이먼 쿠즈네츠가 등장했다. 통계, 수학, 경제 전문가인 그는 미국의 총국민소득GNI, Gross National Income 또는 국민총생산GNP, Gross National Product을 측정할 표준 방식을 개발했다. 그는 이 평가 기준이 해당 연도에 미국인이 소유한 기업에서 상품과 서비스가 얼마나 생산됐는지 제대로 알려 주리라고 확신했다. 그는 또한 1937년 미국 의회에 제출한 보고서에서 약간 다른 개념인 GDP를 제시하여 'GDP의 아버지'라는 호칭을 얻게 되었다.[4] (GDP는 오직 국내에서 생산된 재화와 용역만 고려하는 반면에 GNI와 GNP는 미국 시민이 소유한 회사가 해외에서 만든 소득이나 생산품도 포함한다.)

그것은 천재적 발상이었다. 1930년대 후반기에 걸쳐 다른 경제학자들이 이 경제 산출의 척도를 표준화시키고 대중화하는 데 도움을 준 결과 1944년 브레턴우즈 회의Bretton Woods Conference(1944년 미국 뉴햄프셔 주의 브레턴우즈에서 개최된 국제 통화 금융 정책 회의로 이때 IMF와 IBRD가 설립되었다. - 역주)가 개최될 무렵에는 GDP가 경제를 측정하는 주요 도구로 확정되었다.[5] 그때 사용된 GDP의 정의는 현재도 유효하다. GDP는 한 국가에서 생산된 모든 재화의 총가치를 무역 수지에 맞춰 조정한 것이다. GDP를 측정하는 방식은 다양하지만 가장 일반적인 방식은 아마도 이른바 지출 접근법일 것이다. 그것은 국내의 최종 생산물에서 파생된 소비의 합으로 GDP를 계산한다.

국내총생산 = 소비 + 정부 지출 + 민간 투자 + 수출 − 수입

그때부터 GDP는 세계은행과 IMF의 보고서에서 한 국가의 경제에 대한 지표로 쓰였다. GDP가 성장할 때는 사람들과 회사들이 희망을 갖고, GDP가 감소할 때는 정부에서 그런 추세를 역전시키기 위해 온갖 정책을 내놓는다. 위기와 후퇴도 있었지만 세계 경제는 전반적으로 성장 스토리를 쓰고 있었기에 성장은 좋은 것이라는 생각이 지배했다.

그러나 이 이야기의 결말은 고통스럽다. 우리가 사이먼 쿠즈네츠의 말에 더 귀를 기울였더라면 그러한 결말을 예견했을 것이다. 브레턴우즈 협정이 체결되기 훨씬 이전인 1934년, 쿠즈네츠는 미국 의회에 너무 편협하게 GNP/GDP에만 초점을 맞추지 말라고 경고했다. "국가의 웰빙은 국민소득 척도로는 유추하기 어렵다"라고 그는 말했다.[6] 그의 말은 옳았다. GDP는 소비에 대해 알려 주지만 웰빙에 대해서는 알려 주지 않는다. 또 생산에 대해 알려 주지만 공해나 자원 사용에 대해서는 알려 주지 않는다. 정부 지출과 민간 투자에 대해 알려 주지만 삶의 질에 대해서는 알려 주지 않는다. 옥스퍼드대학의 경제학자 다이앤 코일Diane Coyle은 2019년 8월 필자와 인터뷰하면서[7] 사실 GDP는 '전시戰時의 측정 기준'이라고 말했다. 그것은 전쟁 중일 때 경제가 무엇을 생산할 수 있는지 말해 주지만 평화로운 시기에 어떻게 사람들을 행복하게 만들 수 있는지 말해 주지는 않는다는 것이다.

그러나 아무도 쿠즈네츠의 경고에 귀를 기울이지 않았다. 정책 입안자들과 중앙은행은 GDP 성장을 지원하기 위해 할 수 있는 모든 조치를 했다. 이제 그들의 노력은 바닥났고, GDP는 예전처럼 성장하지 않고 웰빙은 오래전에 성장을 멈췄으며 사회는 영구적인 위기감에 사로잡혔다. 거기에는 충분한 이유가 있다. 쿠즈네츠가 알고 있었듯이 우리는 정책을 입안할 때 GDP 성장에만 초점을 맞추지 말았어야 했다. GDP 성장은 여전히 주요 측정 항목이지만 영구히 둔화되었고 그것이 현재 우리의 상황이다.

GDP 성장률의 둔화

———

챕터 1에서 언급했듯이 지난 75년 동안 세계 경제는 여러 차례 급속한 팽창기와 중대한 침체기를 겪었다. 하지만 2010년에 시작된 세계 경제 팽창은 미미한 수준이다. 1970년대 초반까지 세계 경제성장[8]은 연간 6% 이상에 달했고 2008년까지 여전히 평균 4% 이상이었지만 이후 3% 이하 수준으로 떨어졌다.[9] (도표 2.1 참조)

숫자 '3'은 중요하다. 그것은 오랫동안 표준 경제 이론에서 합격 또는 불합격의 기준이 되어 왔기 때문이다. 실제로 약 10년 전까지만 해도 "과거 IMF의 수석 경제학자들은 세계 경제성장률이 3% 또는 2.5% 이하면 (수석 경제학자가 누구인가에 따라) 경기 침체로 칭했다"고 《월스트리트 저널》은 지적했다.[10] 이것은 간단한 계산으로 설명될 수 있다. 1950년대부터 1990년대 초반까지 세계 인구 성장은 꾸준히 연간 1.5% 이상을 유지했다.[11] 겨우 인구 성장률을 조금 넘는 세계 경제성장률은 세계 인구의 다수가 사실상 제로 또는 마이너스 경제성장을

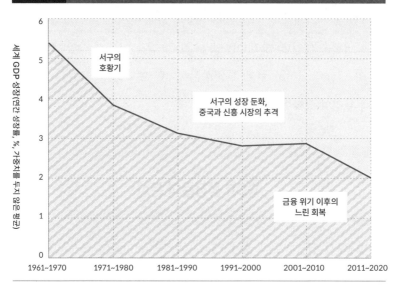

서구의
호황기

서구의 성장 둔화,
중국과 신흥 시장의 추격

금융 위기 이후의
느린 회복

세계 GDP 성장(연간 성장률 %, 가중치를 두지 않은 평균)

1961~1970   1971~1980   1981~1990   1991~2000   2001~2010   2011~2020

출처: 세계은행 GDP 성장(연간 %), 1960~2019 내용으로 재구성

경험하고 있다는 뜻이다. 그러한 경제 환경에서는 발전의 기회가 거의
없기 때문에 노동자와 회사, 정책 입안자 모두 실망할 수밖에 없다.

경제성장 둔화에 대한 대응으로 그 후 경제학자들은 세계적인 경
기 침체에 대한 정의를 바꾸었다. 하지만 그걸로 세계 경제성장이 미
미하다는 사실이 달라지지는 않았다. 이제는 연간 3% 이하의 경제성
장이 뉴 노멀이 된 듯하다. 코로나19 위기 이전에도 IMF는 향후 5년
간 세계 GDP 성장이 다시 3% 선을 넘어서지는 않을 것으로 예상했
으며,[12, 13, 14] 금세기 최악의 공중 보건 위기는 이러한 전망에 더 부정
적인 영향을 끼쳤다.

경제성장에 익숙해져 있는 종래의 경제 지식 관점에서 볼 때 이러

한 현상은 시스템적인 설계 오류가 있음을 의심할 수 있다. 거기에는 두 가지 이유가 있다.

첫째, 세계 GDP 성장은 총계를 알려주는 척도이므로 여전히 상황이 좋지 않은 국가 및 지역의 여러 현실을 숨긴다. 예를 들어 유럽, 라틴아메리카, 북아프리카는 실제 성장이 거의 0에 가깝다. 인접한 서유럽 또는 북유럽 국가를 경제적으로 따라잡아야 하는 중유럽 또는 동유럽 국가로서는 그러한 저성장은 실망스럽다. 의욕적이고 교육 수준이 높은 사람들은 고소득 국가에서 경제적 기회를 찾고자 하는 만큼 저성장으로 인해 인재 유출이 가속화되고 문제가 악화될 수 있다. 많은 사람들이 중산층의 생활 방식을 온전히 누리지 못하는 데다 경제적 안정을 제공하는 직업이나 사회보장 보험, 연금이 부족한 중동, 북아프리카, 라틴아메리카 같은 지역도 마찬가지다.

둘째, 성장률이 평균 이상인 사하라 사막 이남 아프리카 같은 지역은 인구 성장률도 똑같이 높다는 사실을 고려하면 연간 3%가 넘는 높은 성장률도 1인당 소득의 빠른 증가를 가져오기에는 충분하지 않다. 최근 몇 년 동안 비교적 높은 성장률을 기록한 저소득 또는 중하 소득 국가로는 케냐, 에티오피아, 나이지리아, 가나가 있다.[15] 하지만 설령 가까운 미래에 연간 5%씩 꾸준히 성장한다고 해도 이들 국가의 1인당 국민소득이 두 배가 되기까지는 한 세대(15~20년)가 걸릴 수 있다. (그것도 경제성장의 과실 대부분이 널리 공유된다고 가정할 때의 이야기로 현실은 그렇지 않은 경우가 많다.)

최빈개발도상국이 21세기 초반의 중국처럼 급속한 발전과 경제성장을 달성하려면 6~8%의 실질 성장률이 필요하다. 이런 급성장 없이는 일부 경제학자들이 예측한 것과 같은 남반구와 북반구의 경제적 생활 수준의 대수렴great convergence이 설령 일어난다 하더라도 그 속도는 매우 느릴 것이다. 국제금융협회IIF, Institute of International Finance(유럽, 미국, 일본 등 주요 민간 은행들이 개발도상국 채무 문제에 대한 은행 간 협조를 촉진하기 위해 설립한 연합체 - 역주)의 수석 경제학자 로빈 브룩스Robin Brooks가 1991년 《파이낸셜 타임즈》에서 말했듯이 "신흥 시장의 성장 스토리는 이제 끝났다는 논의가 점점 나오고 있다. 더 이상 성장 프리미엄은 없다."[16]

GDP 이외의 것을 살펴보아도 전망이 밝아 보이지는 않는다. 다른 경제지표, 특히 부채와 생산성 역시 부정적 방향을 가리킨다.

부채의 증가
——

우선 부채의 증가를 고려해 보자. 국제금융협회에 따르면 공공 부채, 회사 부채, 가계 부채를 포함하여 세계 부채는 2020년 중반까지 258조 달러로[17] 세계 GDP의 세 배 이상이었다. 너무 큰 액수인 데다 국채를 통해 팔린 공적 부채에서부터 개인 소비자의 대출에 이르기까지 온갖 종류의 부채를 포함하고 있어 분석이 쉽지 않다.

하지만 최근 몇 년 사이에 부채가 빠르게 증가하고 있고, IMF의 제프리 오카모토Geoffrey Okamoto가 2020년 10월에 말했듯이 이것은 분명히 걱정스러운 일이다. 《월스트리트 저널》의 추산에 따르면 2차 세계대전 이후로 선진국의 부채가 이토록 많았던 적이 없었고,[18] 2차 세계대전 후와 달리 미래에는 '더 이상 급속한 경제성장의 혜택'이 이들 국가의 부담을 줄여주지도 않는다.

물론 코로나19의 세계적 유행도 전 세계 국가, 특히 정부의 부채 부담을 이례적으로 가속화했다. IMF에 따르면 2021년 중반까지 단 18개월 만에 "부채 중앙값이 코로나19 이전에 비해 선진국의 경우 17%, 개발도상국은 12%, 저소득 국가는 8% 증가할 것으로 예상된다."[19]

그러나 코로나19의 유행 없이도 부채는 지난 30년 사이에 서서히 증가하고 있었다. 일례로 선진국의 공공 부채는 1991년에 약 55%, 2001년에 70% 이상, 그리고 2011년에는 100% 이상 증가했다. 그리고 2021년에는 증가율이 120% 이상 될 것으로 추정된다.[20]

특히 선진국의 경우 지난 수십 년 동안 경제성장 둔화에 직면했는데도 정부, 회사, 가계 모두 부채를 늘려왔다. 이것이 좋은 생각이었을 수도 있을까? 이론적으로는 그렇다. 생산적 자산에 투자하는 데 사용됐을 때 부채는 미래의 경제성장과 번영을 위한 지렛대가 될 수 있다. 하지만 모든 부채는 어느 시점이 되면 당연히 상환해야 한다. (인플레이션으로 증발해 버리지 않는 한 그렇다. 하지만 지난 20년 동안 선진국에서 인플레이션은 평균 2% 미만이었다.)[21] 유일한 대안은 채무불이행 선언이지만 그것은 러시안룰렛과 비슷하다.

그렇다면 최근 수십 년 동안 어떤 종류의 부채가 생겼을까? 정부의 부채는 흔히 양성 및 악성 부채가 혼합되어 있다. 양성 부채는 예컨대 사회 기반 시설 건설이나 교육에 사용된 것들이다. 양성 부채는 일반적으로 시간이 지나면서 회수되고 투자 수익까지 얻을 수 있다. 이와는 대조적으로 소비 진작을 위한 적자 지출과 같은 악성 부채는 시간이 지나도 수익을 창출하지 못한다. 이런 종류의 부채는 피해야 한다.

그런데 현재 전반적으로 악성 부채가 증가하고 있는 상황이다. 부분적으로는 서구의 낮은 금리가 대출을 장려하여 대출자들이 지출에 신중하지 않게 된 것이 원인이다. 정부의 적자 지출이 지난 몇십 년 동안 예외가 아니라 표준이 된 것도 원인 중 하나다. 2020년 초에 터진 코로나19 위기로 인해 상황은 더 악화되었다. 많은 정부가 경제를 지탱하기 위해 사실상 '헬리콥터 머니helicopter money(중앙은행이 경기 부양을 위해 화폐를 새로 찍어내 시중에 공급하는 비전통적인 통화정책 – 역주)'를 사용했다. 또한 중앙은행에 더 많은 부채를 발생시키며 돈을 찍어내어 시민들과 기업들에 일회성 보조금과 소비 자금의 형태로 나눠줌으로써 위기를 무사히 헤쳐 나갈 수 있게 했다. 단기적으로 볼 때 더 심각한 경제 붕괴를 방지하기 위해 이런 접근 방식이 필요했다. 그러나 장기적으로 보면 이 부채 역시 상환해야 한다. 장기적 경제성장을 촉진하거나 지속가능한 경제 체제로 전환하는 데 사용되지 않은 많은 부채가 이로 인해 최근 몇 년간 더욱더 늘어났다. 이러한 부채는 많은 나라의 정부들에게 무거운 짐이 될 것이다.

신흥 시장과 개발도상국에서 한 가닥 희망을 찾을 수 있다. 코로나19 위기 이전에 이들 국가의 공공 부채는 50~55% 정도로 비교적 낮은 수준이었고,[22] 그중 상당 부분이 사회 기반 시설에 투자되었다. (코로나19 위기 중에 부채 수준이 약 10% 증가하기는 했다.) 이 국가들 가운데 일부는 인구의 평균 연령이 20대 초반으로 청년층으로 심하게 기울어 있어 인구 배당 효과demographic dividend(전체 인구에서 생산 가능 인구 비율이 높아짐에 따라 부양률이 감소하여 경제성장이 촉진되는 효과 −역주)가 있을 것으로 볼 수 있다. 앞으로 생산 연령 인구가 급증할 때 일자리도 급증한다면 이런 인구 피라미드는 부채 상환 가능성을 더 높여줄 수 있다. (하지만 일자리 증가는 아랍과 아프리카 일부 국가에서 문제로 판명됐다. 일자리 부족에 직면했을 때 이런 인구 분포는 오히려 시한폭탄으로 변할 수 있다.)[23, 24]

한편 노령화된 일부 서구 국가들이 경기 침체 속에서 어떻게 부채를 상환할지는 더 의심스럽다. 정부 부채 부담이 가장 높은 국가는 역사적으로 일본과 이탈리아였다. 부채 문제와 더불어 두 나라는 인구가 세계에서 가장 빠르게 감소하고 노령화하는 국가다. 일본 가계의 민간 저축 덕분에 이러한 추세로 인해 야기되는 심각한 문제들이 많이 완화될 수 있긴 하지만, 향후 30년 동안 인구가 1억 2,700만에서 1억 이하로 줄어들고 퇴직자 대비 근로자의 비율이 훨씬 더 떨어지게 되면 국가 부채가 일본을 괴롭힐 것이다. 1인당 부채 부담이 1.25~1.3배로 쉽게 증가할 수 있다.[25]

총 공공 부채가 GDP의 110%가 넘는[26] (또는 그보다 높을 때가 많은) 프랑스, 스페인, 벨기에, 포르투갈 같은 다른 유럽 국가들도 언젠가 비슷한 운명에 처할 수 있다. 미국도 2010년대 초반에 부채가 GDP의 100%가 넘는 국가 대열에 합류했는데, 최근에 부채가 더 급속히 늘어나면서 2020년에는 130%를 넘어섰다.[27] 미국의 국채는 세계에서 가장 많이 거래되는 편이고 미국 달러는 사실상 세계의 준비통화reserve currency(대외 지급에 대비하여 각국이 보유하고 있는 기축통화 – 역주)이므로 이러한 미국의 상황은 특유의 불확실성을 야기한다. 미국 연방준비은행이 화폐를 발행한다는 점을 고려할 때 미국 정부의 디폴트국제 채무불이행 선언 가능성은 낮지만, 혹시라도 그렇게 된다면 우리가 아는 세계 경제 체제가 붕괴될 수도 있다.

재정적 관점에서 정말 문제가 되는 상황은 높은 부채와 낮은 성장의 조합이다. 3% 이상의 성장이 예상되는 환경에서는 정부 부채가 금방 사라질 수 있다. 과거의 부채는 GDP 증가 앞에서 상대적으로 중요성이 감소할 것이다. 최근에도 양호한 경제성장에 힘입어 독일과 네덜란드 같은 국가들은 부채 부담을 상당히 낮출 수 있었다. 그러나 낮은 성장이 뉴 노멀로 남는다면 (그럴 공산이 커 보인다.) 국가들이 누적된 부채를 쉽게 상환할 메커니즘은 없다. 외면한다고 해서 문제가 해결되는 것은 분명 아니다.

낮은 금리와 낮은 인플레이션

—

지금까지는 저성장과 부채에 대한 구명부표가 있었다. 바로 낮은 금리다. 많은 주택 소유자나 학자금 대출자들이 알고 있듯이 낮은 대출 이자는 축복이다. 이는 부채가 점점 늘어날 것을 걱정하지 않고 부채를 갚을 수 있게 해 준다.

금융 위기 이후 중앙은행들은 정부와 회사, 소비자를 구제하기 위한 수단으로 대출 금리를 낮춰줌으로써 저금리 시대를 열었다. 목표는 사람들이 더 소비하고, 기업이 더 투자하고, 정부가 더 지출하게 하여 궁극적으로 높은 경제성장을 회복하는 데 있었다.

미국의 연방준비은행은 2009년부터 2016년까지 이자율을 거의 0으로 유지했다. 그런 다음 점진적으로 과거의 정상 이자율의 절반인 2.5%로 다시 올렸다. 그러나 2019년 연방준비은행은 다시 이자율을 여러 번 낮췄고,[28] 코로나바이러스가 덮쳤을 때 다시 0.25%로 낮췄다.[29] 어려운 거시경제 환경을 고려할 때 곧 고금리 시대로 복귀할 가능성은 매우 낮다. 다른 선진국의 이자율은 더 낮다. 유럽중앙은행 European Central Bank은 유로존의 주요 대출 금리를 2012년 이후 1% 이하로, 2016년 이후로는 0으로 유지해 왔다. 다른 유럽 국가 대부분의 이자율도 이와 비슷하게 낮다. 심지어 일본과 스위스는 채권을 사는 예금자들에게 수수료를 받는다. 이자율이 사실상 마이너스라는 이야기다.

앞서 지적했듯이 이는 새로운 대출을 받을 의향과 능력이 있는 정부, 기업, 개인이나 과거 부채를 재융자받기를 원하는 정부 모두에게 축복이다. 심지어 일부 관측통들은 부채를 영구히 재융자받을 수 있으므로 GDP 대비 과거 부채 부담이 보이는 것만큼 큰 문제는 아니라고까지 말한다.

그러나 이런 견해는 다른 부채에 대한 정부의 자금 조달 공백이 증가함에 따라 상환을 감당할 수 없는 사태가 빠르게 전개될 수 있음을 고려하지 못하고 있다. 정부가 소비자에게 석유와 가스 가격의 일부를 지급해 주는 것과 같은[30] 소비 장려금은 물론이고 연금, 건강보험, 사회 기반 시설과 관련된 비용으로 인해 정부의 부담이 계속 늘고 있다. 이로 인해 저신용 부채가 계속 만들어지지만, 유권자들에게 인기가 있어 되돌리기도 어렵다.

세계보건기구WHO, World Health Organization에 따르면 특히 공공 의료 지출은 코로나19 위기가 덮치기 훨씬 전인 2000년부터 2016년 사이에 이미 66% 증가했다.[31] 같은 기간에 OECD 국가의 GDP 성장은 겨우 19%였다. 종합하면 OECD 국가의 공공 의료 지출은 현재 GDP의 거의 7%에 가깝고, 미국과 스위스는 그 두 배로 최고치를 보이며, 인구 고령화 및 더 많은 바이러스 또는 비전염성 질병이 인구를 위협함에 따라 그 비율은 더 높아질 것으로 예상된다. 정부가 이러한 비용을 국민들에게 넘길 수 없다면 많은 국가가 재정 균형을 맞추는 데 점점 더 어려움을 겪게 될 것이다.

정부 부채의 증가를 가져오는 요인들은 또 있다. 글로벌 인프라 허브Global Infrastructure Hub는 2016년부터 2040년 사이에 세계가 15조 달러의 사회 기반 시설 자금 조달 공백에 직면할 것으로 추산했다.[32] 하지만 사회 기반 시설은 수익을 낼 수 있는 투자를 나타낸다. 연금과 퇴직금으로 인한 부채 문제는 규모가 훨씬 크고 수익률은 훨씬 낮다. 세계경제포럼은 정책이 변하지 않는다면 2050년까지 세계 최대의 연금 제도를 가진 8개국에서 연금 저축 부족분이 400조 달러로 급증할 것이며, 무담보 공적 연금 보증이 그 부족분의 가장 큰 부분을 차지할

것으로 추산한다.[33]

이런 부채 부담에 낮은 인플레이션까지 가세하고 있다. 역사적으로 금리와 인플레이션은 역상관 관계를 보이는 경향이 있고 중앙은행은 금리 결정 권한을 인플레이션을 억제하거나 자극하는 수단으로 써왔다. 즉, 금리를 높게 설정함으로써 사람들과 기업, 정부가 지출하기보다 저축하도록 인센티브를 제공하여 물가 상승 압박을 완화했다. 또는 금리를 낮게 설정함으로써 사람들에게 반대되는 인센티브를 제공했다. 즉, 저축해도 이자가 발생하지 않으므로 지출을 하게 하고 가격이 오르게 했다.

하지만 약 10년 전부터 서구에서는 이런 역상관 관계가 거의 소멸하다시피 하였고, 유럽과 일본의 상황은 특히 심각하다. 수년간 금리가 거의 0임에도 불구하고 인플레이션 또한 0에 가까운 상태를 유지할 때가 많았다. 이것은 단기적으로는 문제가 되지 않지만, 장기적으로는 부채 부담을 완화해 주는 지렛대를 앗아가는 셈이다. 물가가 오르면 명목 부채nominal debt는 상대적으로 부담이 줄어드는 경향이 있다. 하지만 물가가 오르지 않으면 과거의 부채는 미래에도 현재만큼 무거운 부담으로 남게 된다.

그러나 저성장, 낮은 금리, 낮은 인플레이션, 채무 증가 간의 관계에는 한 가지 요소가 더 있고, 그것이 가장 치명적일 수 있다. 그건 바로 생산성 증가의 둔화다.

생산성 증가의 둔화

최근 몇 년간의 낮은 생산성 증가로 인해 이 챕터에서 개관한 많은 구조적 쟁점이 복잡해졌다. 사실 2차 세계대전 후 몇십 년 동안 서구 중산층의 소득이 빠르게 증가한 것은 인구 성장보다 생산성 증가 덕이었을 것이다.

생산성은 사물을 만들거나 일을 하는 방식의 혁신을 통해 증가할 때가 가장 많다. 가장 유명한 생산성 증가의 예로는 1900년대 초반 포드사가 도입한 조립 라인, 1970년대와 1980년대에 타자기 대신 도입된 디지털 컴퓨터, 최근에는 웨이즈Waze(소셜 기반 음성 길 안내 서비스 앱 - 역주) 같은 앱을 이용한 택시 경로의 최적화 등이 있다. 이 모든 혁신은 근로자가 훨씬 짧은 시간에 동일한 산출물을 생산하거나 동일한 작업을 할 수 있게 해준다. 그 결과 기업은 임금을 인상할 수 있게 된다.

과거 세계 각지에서는 생산성이 크게 향상된 시기가 있었고 이는 높은 임금 상승으로 이어졌다. 예를 들어 미국의 자본주의 황금기였던 1950년대와 1960년대에는 연간 생산성 증가율이 3%였다.[34] 하지만 그 후로 생산성 증가율은 더 낮은 수준으로 떨어졌고, 더 큰 문제는 생산성이 반등할 때도 미국 근로자들이 집으로 가져가는 급여로 전환되지 않았다는 것이다. 대신 그것은 기업주와 임원에게 돌아갔고, 이는 임금과 생산성의 '분리' 현상으로 알려졌다.[35]

2007~2009년의 금융 위기 이후 미국의 생산성 증가는 연간 1.3%

라는 빈약한 수준으로 떨어졌다. 그것은 더 이상 모두를 위한 파이를 키울 수 없다는 뜻이므로 문제다. 오늘날 경제적 이익의 분배는 제로 섬 게임과 유사하다. 독일, 덴마크, 일본 같은 국가들은 생산성 증가의 유지나 그것이 임금 상승으로 이어지게 하는 면에서 미국보다는 나았다. 그러나 추세 그래프는 서구의 생산성 향상이 감소하고 있음을 확실히 보여준다.

종합하면 이 챕터에 제시된 지표들, 즉 성장, 금리, 부채, 생산성은 서구의 경제 발전 모델에 시스템적인 설계 오류가 있음을 가리킨다. 서구의 번영 모델은 상당 부분 영구적인 경제성장과 생산성 향상에 기반하고 있다. 이제 성장이 서서히 멈추고 있고 표면 아래서 곪아오던 문제들이 날이 갈수록 더 심각해지고 있다.

쿠즈네츠의 저주가 다시 돌아와 우리를 괴롭히고 있다. GDP는 웰빙을 측정해 주는 완벽한 척도가 결코 아니었다. 그리고 GDP를 성장시키는 것이 어려워진 지금, 높은 성장을 추구하느라 우리가 만든 온갖 문제들을 해결해야만 한다.

두 번째 쿠즈네츠의 저주: 불평등

근래에 나타난 쿠즈네츠의 저주는 GDP 성장을 맹목적으로 추구한 결과이다. 그런데 두 번째 쿠즈네츠의 저주도 있다. 이 저주는 그를 유명해지게 해준 현상인 쿠즈네츠 곡선과 더 직접적으로 관련이 있다.

1950년대에 경제학자로 연구를 계속하면서 쿠즈네츠는 흥미로운 현상을 이론화하기 시작했다. 그는 전후에 경제 호황이 이어지면서 미국의 소득 불평등이 감소하기 시작했다는 사실을 알아차렸다. 그것은 미국이 주요 경제 대국이 되었으나 소득과 부가 소수의 손에 집중됐던 전쟁 전과 대조가 됐다. 정도는 덜했지만 다른 선진국에서도 유사한 현상을 관찰할 수 있었다.

쿠즈네츠는 미국경제학회에 제출한 논문과 학회장 연설에서 그가 발견한 수치들에 대한 이론을 제시했다.[36] 시간이 흘러도 결과가 사실일 경우 그의 통찰은 개발경제학development economics의 판도를 바꿀 수 있을 만한 것이었다. 사실 그것은 한 국가가 발전하기 시작할 때 불평등은 심화되지만 발전이 계속되면 그 상황이 진정된다는 일종의 경제 법칙을 암시했다. 다시 말해서 개발 초기에 사회가 치르는 불평등이라는 대가는 나중에 더 고도의 개발과 낮은 불평등으로 상쇄된다는 것이다.

쿠즈네츠가 제시한 이론은 세계적으로 센세이션을 일으켰고, 1971년 그가 (쿠즈네츠 곡선 이론보다) 국민소득 계산에 공헌한 공로로 노벨 경제학상을 수상한 후로는 더욱더 그랬다. 1980년대 내내 경제학자들은 쿠즈네츠의 낙관적 이론을 바탕으로 그것이 다양한 국가와 시대에 어떻게 적용되는지 보여주는 그래프를 만들고 그에 따른 경제 발전 모델들을 처방했다.

다만 한 가지 문제는 시간이 지나면서 그의 이론이 더 이상 들어맞지 않았다는 것이다. 오늘날 우리가 직면한 몇몇 사실들이 이를 보여

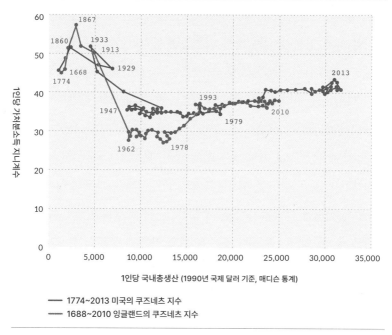

도표 2.2　쿠즈네츠 곡선: 장기적인 소득 불평등의 증가와 감소

1인당 국내총생산 (1990년 국제 달러 기준, 매디슨 통계)

── 1774~2013 미국의 쿠즈네츠 지수
── 1688~2010 잉글랜드의 쿠즈네츠 지수

출처: Linbert, P.H., & Williamson, J.G.(1985), Growth, equality, and history. 《Exploration in Economic History》, 22(4), 341~377 내용으로 재구성

준다.

　고도로 발달한 선진국에서 불평등이 다시 증가하기 시작했다. 2016년 경제학자 브랑코 밀라노비치Branko Milanovic는 현재의 불평등 증가를 '두 번째 쿠즈네츠 곡선' 또는 '쿠즈네츠 파동'으로 볼 수 있다고 주장했다. (도표 2.2 참조)

소득 불평등

―

우리의 세계 경제 체제는 소득 불평등의 증가라는 곪은 상처를 갖고 있다.

이야기는 뜻밖의 반전으로 시작된다. 전 세계 모든 사람의 소득을 도표화하여 측정한 세계 소득 불평등은 사실 지난 30년 동안 꾸준히 감소하고 있다.[37](도표 2.3 참조) 많은 국가에서 그 반대가 사실이라고 인식하고 있음을 감안할 때 이는 많은 독자에게 놀라운 이야기가 될 수 있다. 하지만 세계적 동향은 분명하다. 전 세계 사람들은 덜 평등한 소득이 아니라 더 평등한 소득을 얻고 있다.

소득 불평등의 감소는 믿을 수 없을 정도로 강력한 하나의 요인에 의해 발생했다. 그것은 바로 세계에서 가장 크고 (그리고 과거에는 가장 가난했던) 몇몇 국가들의 소득이 엄청나게 증가한 덕분이었다. 특히 중국은 개혁과 개방 이후로 저소득 국가에서 중상위 소득 국가가 되었다.[38] 자체 추산에 따르면 중국에서는 7억 4,000만 명이 빈곤에서 벗어났다.[39] 인도 역시 다양한 고속 성장의 시기가 있었고 그로 인해 많은 국민의 소득이 증가했다.

이 두 나라는 세계 불평등 증감에 지대한 영향을 미쳤다. 브뢰겔연구소Bruegel Institute의 경제학자 졸트 다르바스Zsolt Darvas는 중국과 인도의 변화가 없었다면 세계 불평등은 계산법에 따라 정확히 그대로 유지됐거나 심지어 상당히 증가했으리라는 것을 보여주었다. (도표 2.3 참조)

이는 오늘날 불평등 문제의 실체를 명료하게 해준다. 즉, 세계 불평

소득 불평등 지니계수 - 1988~2015 세계 및 선택된 국가들
0은 완전 평등, 100은 완전 불평등(즉, 한 사람이 모든 소득 독차지한 경우)을 의미

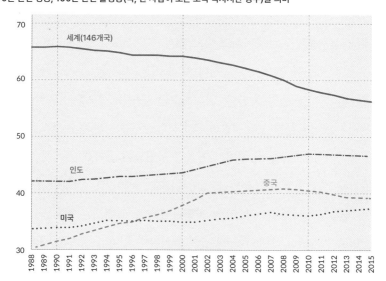

중국과 인도가 세계 소득 불평등 전개에 미친 영향

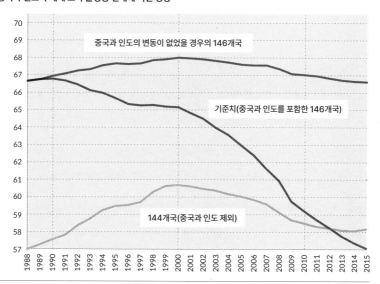

출처: Zsolt Darvas, Global income inequality is declining-largely thanks to China and India, April 18, 2018 내용으로 재구성

등은 감소했을지 몰라도 한 국가 내의 불평등은 극도로 악화되었다.

많은 사람들의 경험으로 볼 때 다른 세상 사람들보다 동료나 친구와 비교한 자신의 형편이 훨씬 더 중요하다. 소수 국가를 제외한 모든 국가에서 국내 불평등은 증가하고 있고 대개 증가 속도도 상당히 빠르다.

전통적인 불평등 척도인 지니계수Gini's coefficient는 문제의 심각성을 충분히 드러내 주지 못한다. 지니계수는 불평등 정도를 0(모두의 소득이 동일한 경우)부터 1(한 사람이 국가 소득 전부를 가진 경우)까지로 나타낸다. 시간이 흐르면서 수치가 커지면 불평등이 증가했다는 것을 말해 주지만 그것이 실제로 무엇을 의미하는지 이해하기는 힘들다. 예를 들어 미국의 지니계수는 1971년 저점인 0.43에서 현재는 전후 최고치인 0.58로 증가했다.[40] 증가한 건 맞지만 각각이 얼마나 좋거나 나쁜 수치인 걸까?

프랑스 경제학자인 토마 피케티Thomas Piketty는 문제를 더 나은 방식으로 설명해 준다. 2013년에 출판한 책《21세기 자본Capital in the Twenty-First Century》[41]에서 그는 상위 10% 소득자들의 소득 점유율이 시간이 지나면서 어떻게 변화했는지 밝혔다. 그의 데이터는 1971년 상위 10% 소득자가 국민소득의 3분의 1을 가져갔다는 것을 보여준다. 2010년대 초반에는 그들이 절반을 가져갔다. 이는 근로자 대다수, 즉 나머지 90%가 국민소득의 남은 절반을 나눠 가져야 한다는 말이다. 피케티가 공동 저자로 참여한《세계 불평등 보고서World Inequality Report》의 수치들은 그런 추이가 상위 1%에서는 얼마나 더 뚜렷하게 나타나는지 보여주었다. 같은 기간인 1971년부터 2010년대 초반까지 그들의 소득 점유율은 두 배,[42] 소득은 세 배 이상 증가했다. 즉, 2010년대 초반에 국민소득의 20% 이상이 상위 1% 소득자에게 돌아갔다. 소득 피라미드의 가장 아래에 있는 사람들에게는 상황이 훨씬 암울해졌다. 많은 근로자들의 실질소득과 구매력은 1980년대 초부터 감소했다. (도표 2.4 참조) 영국에서도 비슷한 변화가 일어났다.

이러한 불평등 심화로 인한 사회적, 경제적 결과는 미국에서 큰 문제가 되어왔다. 미국에는 많은 근로 빈곤층(일을 하지만 먹고 살 만큼의 수입을 올리지 못하는 사람들 – 역주)이 존재하며, 이는 세계에서 역대 최고로 부유한 국가에게 무척이나 고통스러운 결과이다. 이에 영국의 경제학자 가이 스탠딩Guy Standing은 "불안한 삶에 직면하고 의미가 거의 없는 직업을 전전하는 사람들로 구성된 신흥 계층"[43]을 가리키는 '프레카리아트precariat'라는 용어를 만들었다.

이런 측면에서 2011년 불평등 시정을 촉구하는 한 사회운동 잡지에 실린 한 쪽짜리 글이, 이번 세기에 미국에서 가장 지지를 받은 시위 중 하나로 이어진 것은 놀랄 일이 아니다. 온라인 잡지 《애드버스터스AdBusters》에 "9월 17일. 월스트리트. 텐트 지참"이란 글이 실렸다. 그 날 로어맨해튼에 정말로 시위자들이 텐트를 들고 모습을 나타냈고, 그렇게 월스트리트 점령 시위가 탄생했다. 미국의 극심한 불평등을 지적하는 "우리가 99%다"가 이 시위의 구호가 되었으며, 시위자들은 미국에서 가장 부유한 1%의 개인들과 기업들이 축적한 부와 소득, 권력을 욕했다. 도표 2.4에서 볼 수 있듯이 상위 1%와 나머지 소득자 간의 이런 양분화는 상상 속에 존재하는 게 아니다.

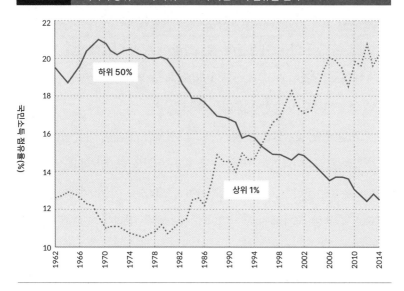

도표 2.4 　미국의 상위 1%와 하위 50%의 국민소득 점유율 변화

출처: Piketty, Saez, and Zucman(2018), World Inequality Report 2018 내용으로 재구성

　세계 다른 지역에도 똑같은 패턴이 존재하며, 일부 국가에서는 이러한 불평등에 대한 분노가 영어권과 같은 강도로 표출되었다. 월스트리트 점령 시위 창시자 중 한 명인 칼레 라슨Kalle Lasn은 이 시위에 영감을 준 것은 사실 지중해와 중동 지역의 운동이었다고 2012년 필자와의 인터뷰에서 말했다.[44] 2010년 초 분노한 스페인 사람들은 거리 시위에 나섰다. 1년 뒤 튀니지, 이집트, 시리아 등 '아랍의 봄'(2010년 12월에 발생한 북아프리카 및 중동 국가들의 반정부 시위 운동 - 역주) 시위자들은 거리로 나와 자국 내의 경제적 불평등에 대한 분노를 표출했다. 튀니지의 시위자들은 결국 정권을 교체했다.

"우리는 정권 교체 등 튀니지에서 일어난 일을 보면서 미국이라면 어떨지 브레인스토밍을 하기 시작했습니다"라고 라슨은 말했다. 그는 미국에서의 '비폭력 정권 교체'는 '내 삶의 모든 부분'을 결정하는 대기업의 권력과 돈을 축소하는 것일 거라고 말했다. "청년들의 실업, 엄청난 학자금 대출금, 좋은 일자리의 부재, 그리고 우리의 미래를 위해 싸우지 않으면 미래가 없는 상황에 도달했다고 느꼈습니다. 그것이 월스트리트 점령 시위 이면의 핵심 정서였습니다."

다른 국가들, 특히 신흥 아시아 국가에서는 불평등 심화에 대한 사회적 격분이 덜 두드러졌다. 중국, 인도, 그리고 동남아시아국가연합 ASEAN의 국가들에서도 국내 불평등은 증가했다. 그러나 그 지역의 전반적인 경제성장률이 훨씬 높아서 대부분이 성장의 혜택을 입었다. 그렇지만 계층 갈등의 망령은 이들 국가 중 일부에도 다가오고 있었다. (챕터 3 참조)

제임스 크랩트리James Crabtree가 저서 《억만장자 라지The Billionaire Raj》에서 강조했듯이 인도는 새로운 도금 시대Gilded Age(미국 남북전쟁 이후 1890년경까지 미국의 자본주의가 급속하게 발전하면서 엄청난 양의 부가 축적된 동시에 갖가지 부정과 불평등이 난무하던 시기로 마크 트웨인의 동명 소설에서 유래한 명칭 – 역주)를 구현한다고 할 정도로 세계에서 가장 불평등한 사회 중 하나다. 인도와 달리 중국은 세계시장에 개방되었을 때 인구의 대부분이 같은 기반에서 출발했다. 그런데도 현재 상위 10%가 국가 수입의 41%를 차지할 정도로 불평등이 급증했다.[45] 많은 신흥 시장 국가들은 상황이 더 심각하다. 미국에서처럼 중동, 사하라 사막 이남 아프리카, 브라질을 포함한 라틴아메리카 전역의 국가들에서는 상위 10%가 국가 수입의 절반 이상을 가져가고 있다.

유럽 대륙의 불평등은 그보다는 약간 덜해서 상위 소득자 10%가 소득의 37%를 차지하고 있다. 불평등이 증가하고 있긴 하지만 그 속도는 대부분의 다른 주요 국가보다 상당히 느리다. 이것은 부분적으로는 소득 분배와 재분배를 촉진하는 유럽의 견제와 균형 시스템이 더 뛰어나기 때문이다.

하지만 여기에도 몇 가지 불편한 현실은 남아 있다. 예를 들어 남유럽과 동유럽 여러 국가의 실업률, 특히 청년층의 실업률은 여전히 높은 수준에 머물러 있다. 이들 국가의 경우 보수가 좋은 일자리를 구하기가 점점 더 어려워져서 블루칼라 노동자와 대학 교육을 받은 청년 모두 피해를 본다. 유럽의 부채 위기로 2010년 기준 유럽 전역의 성장이 주춤한 후에도 괜찮은 성장 속도를 유지해 온 북유럽 경제조차 과거 10년 사이 소득 불평등 수준이 증가했다. 불평등 정도가 감소하고 있는 벨기에,[46] 에스토니아, 루마니아, 체코[47] 같은 반대 사례는 예외에 속한다.

부와 건강, 사회 이동

다른 불평등 지표들을 살펴봐도 쿠즈네츠 곡선은 틀렸음이 입증되었다. 개인이 보유한 저축, 투자 및 기타 자본을 반영하는 부의 불평등은 많은 국가에서 훨씬 더 편향되어 있다. 그리고 이러한 부의 불평등에 발맞추어 많은 돈이 소요되는 사교육과 양질의 의료는 상류층과 상위 중산층만을 위한 특권이 되어 가고 있다. 적절한 대안이 될 만한 공적 자원이 없는 국가의 경우 특히 그렇다.

이러한 현실은 미국에서, 그리고 선진국보다는 인도와 멕시코의 신흥 시장 국가에서 더 절실히 느껴질 것이다. 경제학자 이매뉴얼 사에즈Emmanuel Saez와 게이브리얼 저크먼Gabriel Zucman은 가장 부유한 1%의 미국인이 보유한 부가 1970년대에는 15% 미만이었지만 2010년 초에는 40% 이상으로 증가했다고 추산했다.[48] 이처럼 부의 불평등은 소득 불평등보다 두 배 더 심하다.[49]

부의 불평등과 소득 불평등, 이 두 가지는 서로 영향을 주면서 악순환을 만든다.[50] 2020년 《파이낸셜 타임즈》에서는 2019년 9월 기준 21조 4,000억 달러에 달하는 미국 주식의 무려 56%를 상위 1%의 부유한 가구가 보유하고 있다고 발표했다. 그 기사를 다시 읽어보자. '1%'가 사실상 미국 전체 주식의 절반 이상을 소유하고 있다. 이 비율은 지난 30년 동안 꾸준히 증가해 왔고, 이러한 증가는 "지난 10년 동안 많은 미국인의 임금이 오르지 않아 주식시장의 이익에 참여하지 못하게 된 데서 주로 기인한다."

상위 0.1%는 더 큰 부를 축적했다. 그들은 미국 부의 5분의 1이 훨씬 넘는 부를 쌓았는데 이 비율은 1970년대 중반보다 거의 세 배가 높다. 반면에 소득 최하층의 경우 부의 점유율과 저축이 급감하여 건강상 응급 상황과 교육에 필요한 비용조차 감당할 수 없는 지경이며,[51]

이는 2020년 코로나19 대유행 기간에 고통스러울 만큼 분명해졌다.

이러한 빈부 격차 때문에 미국의 경제적 이동성economic mobility(개인이나 가족의 경제적 지위가 자기 세대 또는 다음 세대에 개선될 수 있는 정도 – 역주)은 점점 과거의 일이 되고 있다고 노벨 경제학상 수상자인 조지프 스티글리츠Joseph Stiglitz는 주장한다. 그는 《불만 시대의 자본주의: 공정한 경제는 불가능한가People, Power, and Profits: Progressive Capitalism for an Age of Discontent》에서 이런 상황을 비난했고, 그에 앞서 대중 과학 잡지 《사이언티픽 아메리칸Scientific American》에 기고한 글 '하위 50% 가정은 비상 상황에 대처할 현금 보유액이 거의 없다'에서도 이렇게 말했다. "신문에는 자동차 고장이나 질병을 시작으로 다시는 회복하지 못할 하향 곡선을 그리는 사람들의 이야기가 가득하다. 애초에 이례적으로 낮았던 미국의 기대 수명은 상당 부분 심한 불평등으로 인해 계속해서 줄어들고 있다."[52]

실제로 앤 케이스Ann Case와 앵거스 디턴Angus Deaton이 '절망의 죽음deaths of despair'[53]이라고 부르는 현상이 미국에서 (그리고 영국에서도 점차)[54] 증가하고 있다. 사람들은 경제적 지위 상승에서 탈락한 후 마약류, 우울증, 또는 열악한 경제적 지위와 관련된 다른 건강 문제 때문에 시들거나 죽어가고 있다.

코로나19만큼 미국의 이러한 부와 건강의 관계를 더 잘 보여 주는 현상은 없다. 코로나바이러스는 수입이 적은 사람들에게 훨씬 큰 영향을 미쳤다. 그 단적인 예로 뉴욕 시의 상황을 들 수 있다. 코로나19 대유행 초반 몇 주 동안 부유한 맨해튼 사람들 다수는 업스테이트나 다른 주의 별장으로 피신하거나 개인 병원에서 치료를 받는 등의 방법으로 바이러스로부터 자신을 보호할 수 있었다. 이와는 대조적으로 가난한 뉴욕 시민들은 바이러스에 훨씬 더 많이 무방비 상태로 노출되어 있었다. 그들은 위험한 환경에서 일하고 생활할 가능성이 더 높았고, 적절한 건강 관리를 받을 가능성은 더 낮았으며, 대부분이 물리적으로 다른 곳으로 이동할 수도 없었다. 그 결과 코로나 발생 초반 한 연구에 따르면 "아프리카계 미국인의 비율이 가장 높고(38.3%), 연간 가계소득 중앙값(3만 8,467달러)과 대졸 이상 거주자 비율(20.7%)이 가장 낮은 브롱크스 지역의 코로나바이러스와 관련된 입원과 사망이 가장 많았다."[55] 그러한 패턴은 미국의 다른 지역 및 전 세계에서 반복됐다.

하지만 이처럼 코로나 같은 질병이 빈곤한 지역에 더 심한 타격을 주는 세계적인 추세에도 불구하고, 다른 선진국의 건강 격차는 지금까지 훨씬 제한적이었고 기대 수명은 계속 증가하고 있다. 미국 이외의 거의 모든 선진국은 어떤 형태로든 보편적인 의료 서비스를 제공하고 있는 만큼 이런 현상이 그리 놀라운 일은 아니다. 예를 들어 경제협력개발기구OECD의 36개 회원국 중 멕시코만 미국보다 의료보험 보장률이 낮고, 다른 국가들은 대부분 공공 또는 1차 민간 의료보험을 통해 100% 보장률에 도달했다.[56]

전 세계의 사회적, 경제적 이동성은 좀 더 엇갈리는 기록을 보인다. 세계경제포럼의 2020 글로벌 사회 이동성 지수Global Social Mobility Index에 의하면 "사회 이동성을 육성하는 적절한 조건을 갖춘 국가는 소수"이며 더 높은 수준의 사회 이동성을 달성하는 것이 이해관계자 기반 자본주의 모델의 구현에 중요한 부분임에도 "대부분의 국가는 공정한 임금, 사회적 보호, 근로조건, 평생 학습의 네 가지 영역에서 저조한 성과를 보이고 있다." 구체적인 보고서 내용은 다음과 같다.

모든 국가의 평균 소득 수준을 보면 덜 부유한 가정에서 태어난 아이들은 일반적으로 더 부유하게 태어난 아이들보다 성공을 가로막는 더 큰 장벽을 경험한다. 게다가 급속한 성장을 경험해 온 국가들에서도 불평등이 증가하고 있다. 역사상 대부분의 국가에서 특정 집단의 개인은 불리한 처지에 놓이게 되었고 낮은 사회 이동성은 그러한 불평등을 영구화하고 악화시킨다. 이러한 불평등은 결국 경제와 사회의 응집력을 떨어뜨릴 수 있다.[57]

다른 연구들도 유사한 역학 관계를 발견했다. 2018년 세계은행 보고서를 보면 아프리카와 남아시아 같은 지역의 젊은이들 가운데 자기 부모보다 교육을 더 많이 받는 이들은 12%에 불과하다. 이것이야말로 사회·경제적 계층 상승을 위한 전제 조건인데도 말이다.[58] 이 보고서에 따르면 동아시아, 라틴아메리카, 중동, 북아프리카 등지에서는 평균적인 경제적 이동성이 향상됐다. 그러나 이런 경고 또한 있다. "국가가 부유해질수록 이동성이 향상되는 경향이 있지만 이 과정이 필연적인 것은 아니다. 기회가 더 균등하게 주어지면 경제가 발전하면서 이동성이 증가할 가능성이 큰데, 이를 위해서는 일반적으로 더 많은 공공 투자와 더 나은 정책이 필요하다."[59] 다시 말해서 예산에 제약을 받는 정부의 경우 공공 투자가 부족할 가능성이 크고, 이로 인해 많은 국가의 경제적 이동성은 오히려 악화될 수 있다.

그렇다면 사이먼 쿠즈네츠는 자신의 이론에 반하는 이 모든 연구 결과들에 대해 뭐라고 말할까?

우리는 추측할 필요가 없다. 전미경제연구소의 동료인 로버트 포겔 Robert Fogel에 의하면 쿠즈네츠는 "언급했던 단편적인 데이터는 증거가 아니라 순전히 추측"[60]이라고 거듭 경고했다고 한다. 다시 말해서 쿠즈네츠는 1950년대 그의 연구 결과가 특정 상황에서만 유효할 수도 있다는 것을 잘 알고 있었고, 실제로 이 자본주의 황금기는 특별한 상황이었음이 밝혀졌다. 또한 포겔은 쿠즈네츠가 당시에도 "성장 과정에서 발생하는, 불평등을 증가시키거나 감소시키도록 압박을 가하는 요인들"을 발견했다고 지적했다.

전 세계은행 수석 경제학자인 브랑코 밀라노비치는 최근에 이러한 통찰에 비추어 새로운 쿠즈네츠 곡선을 그려보고자 했다. 쿠즈네츠는 불평등에 긍정적 또는 부정적 영향을 미칠 수 있는 요인으로 특히 기술을 지목했다. 밀라노비치는 이에 착안해 불평등 곡선을 만들어 냈는데, 최근 수십 년 동안 보아 온 진화를 고려할 때 이 불평등 곡선은 훨씬 더 완전해 보인다. 그가 쿠즈네츠 파동이라고 부르는 이 그래프는 기술 발전의 물결과 그에 대한 정책적 대응에 따라 불평등 수준에 변동이 일어난다는 것을 보여준다. (도표 2.5 참조)

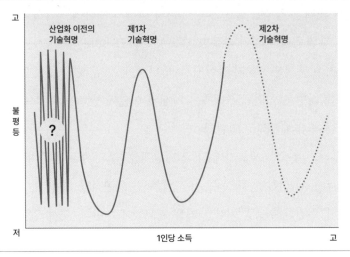

출처: Piketty, Saez, and Zucman(2018), World Inequality Report 2018 내용으로 재구성

이 그래프에서 밀라노비치의 제1차 기술혁명은 기차와 증기 동력, 내연기관과 전기 사용으로 각각 특징지어지는 1차와 2차 산업혁명에 대략 해당된다. 제2차 기술혁명은 여러 혁신 가운데서도 컴퓨터와 인공지능을 우리에게 선사한 3차와 4차 산업혁명에 대략 해당된다. 그의 논지는 분명하다. 기술은 불평등을 증가시키는 경향이 있지만 우리가 기술에 적응하고 그것이 낳은 불평들에 대처할 조치를 취함에 따라 나중에는 불평등을 감소시킬 수 있다는 것이다. 이 견해에 대해서는 파트 II에서 다시 다룰 것이다.

그러나 일찌감치 쿠즈네츠가 했던 경고와 최근의 밀라노비치의 연구에도 불구하고 전 세계의 정책 입안자들은 포괄적인 개발보다 매출

성장을, 좀 더 신중한 기술 관리보다 신속한 기술 배포를 선호하는 정책을 추진하고 시행했다. 그것은 실수였다. 현재의 급속한 기술 발전 시대는 자연스럽게 불평등을 증가시키는 경향이 있기 때문이다. 그 결과 정책 입안자들이 이런 경향을 늦추거나 중단시킬 대응 조치를 취하는 것이 훨씬 더 중요해졌다. 쿠즈네츠의 두 번째 저주인 현재 우리의 현실은 전 세계의 많은 사람들이 최근에 이룬 기술적 진보에 대해 매우 큰 대가를 치르고 있음을 암시한다.

세 번째 쿠즈네츠의 저주: 환경

마지막 세 번째 쿠즈네츠의 저주는 환경과 관련 있다. 1960년대와 1970년대에 쿠즈네츠의 곡선이 설득력을 얻고 있었을 때 일부에서는 서구의 높은 경제성장률로 인한 외부 효과, 즉 공해, 환경 파괴, 자원 고갈에 대해 걱정하기 시작했다. 소비지상주의가 서구를 사로잡고 전 세계의 인구가 빠르게 증가함에 따라 우리 사회의 경제 체제가 글로벌 코먼스global commons(기상, 오존층, 삼림 등의 지구 환경을 인류의 공동 재산으로 보는 국제환경법상의 개념 – 역주)에 어떤 피해를 줄지 묻는 것이 타당했을 것이다. 이때는 자동차와 공장이 내뿜은 연기가 두껍게 도시를 뒤덮고, 지구의 하늘을 보호하는 오존층에 점점 더 많은 구멍이 발견되고, 핵 발전소가 도입되면서 폐기물이 생기고, 플라스틱과 건축용 석면 같은 해로운 물질이 광범위하게 사용되던 시대였다.

그러나 불평등에 대한 쿠즈네츠의 일시적 관찰과 같은 맥락에서 일부 경제학자들은 별로 걱정할 것이 없다고 생각했다. 환경오염이 증가하고 있다는 것을 발견하자마자 이 역시 시간이 지나면서 줄어들 것이라는 희망적인 조짐이 있었던 탓이다. 사실 생산 방식이 더 정교화됨에 따라 더 깨끗해지고 자원 효율성도 더 높아졌다. 제품별 환경 피해는 환경 쿠즈네츠 곡선을 따르는 듯했다. 이전의 불평등 문제에 대해 생각했듯이 몇 년 또는 몇십 년만 있으면 환경 문제도 저절로 해결될 것으로 기대했다. 유감스럽게도 상황은 그렇게 전개되지 않았다.

환경 훼손

———

우리가 마주해야 할 마지막 현실이자 아마도 가장 충격적일 현실은 우리의 경제 체제로 인한 환경 훼손의 지속과 증가, 그리고 지구온난화와 기상이변, 폐기물과 오염의 지속적인 과잉생산에서 비롯된 생명을 위협하는 위험 요소들이다.

오늘날 환경에 관한 보고서들 대부분이 지구온난화에 초점을 두지만 이는 훨씬 더 큰 문제의 일부일 뿐이다. 환경 쿠즈네츠 곡선의 희망적인 신호에도 불구하고 우리가 만든 경제 체제는 지속가능성이 거의 없다. 세계경제포럼이 처음으로 이 새로운 문제에 대한 인식을 제기한 것은 1973년이었다. 그때 싱크탱크 로마클럽의 회장이었던 아우렐리오 페체이Aurelio Peccei가 다보스에 와서 그 유명한 보고서《성장의 한계

The Limits to Growth》에 대해 연설했다. 1년 전 이 보고서의 출판은 세계 경제성장의 지속가능성에 의문을 제기하여 큰 파장을 일으켰다. 세계 경제의 여러 시나리오를 검토했던 이 보고서의 저자들은 다보스에서 "경제 개발과 환경 제약environmental constraints을 조화시키기 위해 사회가 해야 하는 선택들"[61]에 관해 설명했다.

그들은 현재의 성장 궤적으로는 향후 몇십 년 안에 경작할 수 있는 토지의 "갑작스럽고 심각한 부족"이 있을 거라고 경고했다.[62] 지구의 담수 공급이 한정되어 있으므로 수요 증가와 함께 누가 그것을 사용할지를 놓고 경쟁과 갈등이 일어나리라는 우려도 했다.[63] 그리고 석유와 가스 등 많은 천연자원이 과도하게 사용되면서 오염률이 기하급수적으로 증가하리라고 경고했다.[64]

그러나 그들의 경고는 아무런 효과가 없었다. 로마클럽이 제시한 최악의 시나리오가 현실로 나타나지 않자 메시지의 많은 부분이 잊혔다. 1970년대에 소강상태를 보인 후 경제 생산은 거의 매년 기록적 수준에 도달했고, 점점 더 큰 생태 발자국을 남겼다. 금방 자원이 고갈될 것이라던 로마클럽의 예측은 부정확했지만, 오늘날 우리는 로마클럽이 얼마나 선견지명이 뛰어났는지 알 수 있다. 《성장의 한계》가 출판되기 불과 2년 전인 1970년, 인류의 생태 발자국은 근소한 차이이긴 하지만 지구가 재생할 수 있는 수준보다 아직 낮았다. 만약 그때처럼 계속 생산하고 소비했다면 인류는 대대로 지구에서 살 수 있고 지구는 비옥함을 유지하며 평형 상태를 이룰 수 있었을 것이다.

하지만 세계 인구가 계속 증가함에 따라 상황이 바뀌었다. 현재 전

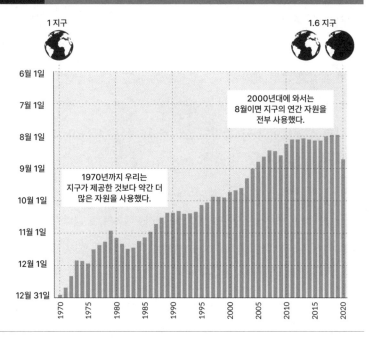

| 도표 2.6 | 1970년 이후 "지구 생태 용량 초과의 날" 변화 추이 |

1 지구   1.6 지구

2000년대에 와서는 8월이면 지구의 연간 자원을 전부 사용했다.

1970년까지 우리는 지구가 제공한 것보다 약간 더 많은 자원을 사용했다.

출처: Global Footprint Network and Biocapacity Accounts 2019, Earth Overshoot Day 내용으로 재구성

세계 인구는 1970년대 초반보다 약 두 배에 이른다. 생활 수준도 향상되면서 2020년까지 매년 인류는 1년 치 천연자원 예산을 8월 중이면 다 소진해 버렸다고 국제 환경 단체인 세계생태발자국네트워크에서는 추산했다.[65] 이는 매년 4~5개월 치의 천연자원을 초과해서 사용했다는 뜻이다. (도표 2.6 참조) (수개월 동안 격리 생활이 의무화되고 많은 경제 활동이 중단된 코로나19 위기 상황은 '생태 용량 초과의 날overshoot day' [지구 자원에 대한 수요와 폐기물의 방출 규모가 지구의 생산 및 자정 능력을 초과

하게 되는 날로 이날을 기준으로 그 해 주어진 생태 자원을 모두 소진하고 이후부터 연말까지는 미래 세대가 사용할 자원을 끌어다 쓰는 것으로 계산하게 된다. - 역주][66]에 긍정적 영향을 미치긴 했지만, 이런 상황이 지속될 수 없는 건 분명하다.) 세계생태발자국네트워크의 최고 과학 책임자인 데이비드 린이 우리에게 말했듯이, 주의할 점은 생태 발자국은 평가 척도일 뿐 우리의 경제 생산과 소비 과정이 실제로 얼마나 환경에 해를 끼치는지 확실히 말할 방법은 없다는 것이다. 하지만 세계의 천연자원 사용은 지속될 수 없고 지구온난화처럼 해로운 여러 가지 추세를 악화시키고 있는 것만은 분명하다. 이러한 측면에서 우리의 기록은 정확히 어떨까?

첫째로 몇백만 년 정도만 재생성될 수 있는 화석연료부터 생각해 보자. 비록 한 번만 사용할 수 있지만, 석탄과 석유, 천연가스는 세계의 1차 에너지 소비primary energy consumption(1차 에너지란 천연 상태에서 얻을 수 있는 형태의 에너지를 말한다. - 역주)의 85%,[67] 세계 전력 생산의 3분의 2를 차지한다.[68] 사실 화석연료 소비는 지난 세기에 약 20년마다 거의 두 배로 늘었다. 화석연료 사용을 단계적으로 삭감하라는 사회적 요구에도 불구하고 2018년에는 생산량이 증가하기까지 했다. 석유 회사 BP의 수석 경제학자 스펜서 데일Spencer Dale조차 이런 통계를 보면서 불안해졌다.[69] 그는 BP의 2019 통계 리뷰에 "저탄소 에너지 체제로의 전환을 서두르라는 사회적 요구가 증가하고 있는 이때 2018년의 에너지 데이터는 우려스럽다"라고 썼다.

화석연료만이 아니다. 유엔환경계획의 국제자원자문단International

Resource Panel에 따르면 천연자원 전체 사용량이 지난 50년 동안 세 배로 늘었다고 한다.[70] 천연자원의 추출과 가공은 지난 20년 동안 가속화되었고, 이런 현상을 통해 "생물 다양성 손실biodiversity loss과 물 부족의 90% 이상과 기후변화 영향의 약 절반이 설명된다"라고 자문단은 경고했다.

이러한 추세는 물, 공기, 토양 등 적어도 세 종류의 오염 증가와 일치하는데, 우선 물 문제부터 생각해 보자. 유엔에서 물과 위생에 관한 업무를 관장하는 유엔물기구UN Water는 전 세계적으로 20억 명이 물 부족 국가에 살고 있다고 추정한다.[71] 이는 대체로 기후변화 때문이다. 이런 곳에서는 물을 구할 수 있다 해도 심하게 오염되어 있는 경우가 많다. 유엔물기구에서는 세계적으로 "폐수의 80% 이상이 적절한 처리 없이 환경에 방출될 가능성이 크고" 흔히 "집약적인 농업, 공업 생산, 광업 및 처리되지 않은 도시 유수와 폐수" 때문에 오염이 발생한다고 말했다.[72] 그것은 도시에서 농촌 지역에 이르기까지 모든 지역에서 깨끗한 물의 이용을 위협하고 건강에 심각한 위험을 초래한다.

플라스틱 문제도 있다. 전 세계의 바다에 쌓이고 있는 플라스틱은 무수히 많은 방식으로 육지의 생명체에 영향을 미칠 수 있는 데다 분해되는 데 수십 년이 걸리는 만큼, 폐플라스틱의 영향은 앞으로 수십 년 동안 가장 극적으로 나타날 것이다. 미세 플라스틱은 전 세계의 바다 어디에서나 발견되고 있다. 현재와 같은 추세로는 2050년 무렵이면 바다에 물고기보다 플라스틱이 더 많아질 것으로 추산된다.[73] 대중의 상상을 자극하는 가장 유명한 예는 태평양 상의 플라스틱 조각들로 이루어진 '태평양 거대 쓰레기 섬Great Pacific Garbage Patch'이다. 이뿐만 아니라 폐플라스틱은 전 세계 모든 수역에 영향을 미치는 세계적인 문제다.

둘째, 세계 도시의 거의 3분의 2가 WHO의 대기오염 권고 기준을 초과한다고 그린피스는 말한다.[74] 아시아의 많은 대도시는 대기오염이 너무 심해서 밖에서 걷는 것조차 건강에 해롭다.[75] 이는 그곳에서 살고 있거나 살았던 사람들이 증언할 수 있을 것이다. 셋째, 유엔의 식량농업기구Food and Agricultural Organization에 따르면[76] 토양 오염은 전 세계의 숨겨진 현실이며 인간의 건강에 직접적인 위협이 되고 있다고 한다.

이러한 급속도의 난개발과 오염 역시 자연 생태계에 대혼란을 일으키기 시작했고, 지구온난화가 통제 불능으로 치달을 조짐을 보이면서 심각한 기후변화가 나타난 지역 주민들과 미래 세대에 중대한 결과를 초래하고 있다. 다른 데이터 역시 인간이 환경에 미치는 영향을 보여준다.

유엔 산하의 생물다양성과학기구 또는 생물 다양성과 생태계 서비스에 관한 정부 간 플랫폼IPBES, Intergovernmental Platform on Biodiversity and Ecosystems Services은 2019년 보고서에서 "인류 역사상 전례 없는 속도로 전 세계의 자연이 피폐해지고 있으며" 이미 생물 종들의 멸종이 "지난 1,000만 년 동안의 평균보다 최소 수십 배에서 수백 배 빠른 속도로 진행되고 있다"[77]고 결론지었다. 《파이낸셜 타임즈》도 이 연구를 인용하면서 "지구상의 동식물 약 800만 종 중에서 100만 종이 멸종 위

기에 처해 있다"고 했다.[78]

2018년 후반 유엔의 또 다른 특별 기구인 기후변화에 관한 정부 간 협의체IPCC, Intergovernmental Panel on Climate Change는 만약 2030년까지 주요한 감축 없이 현재의 추세대로 이산화탄소 배출이 지속된다면 지구온난화를 막을 수 없게 될 것이며 지구의 생명체에 큰 혼란을 줄 것이라고 경고했다. IPCC는 "지구 온도 상승을 1.5℃로 제한하기 위해서는 에너지, 토지, 도시와 기반 시설(교통과 빌딩 포함), 산업 체제의 신속하고 광범위한 변화가 필요할 것"[79]이라고 말했다. 그러나 지구 온도 상승을 1.5℃로 제한하는 길도 2년 후에는 희망이 거의 사라졌다. 2020년 7월 또 다른 유엔 산하 기구인 세계기상기구WMO, World Meteorological Organization는 향후 5년(2020~2024) 이내에 1℃ 상승이 현실이 될 것이라고 했으며 그 기간에 이미 1.5℃ 상승할 가능성도 20%나 된다고 추정했다.[80]

기후변화를 일부라도 경험하지 않은 사람은 없다. 내가 이 글을 쓰는 현재 직전의 두 해 여름은 역사상 가장 더운 여름으로 기록됐다.[81] 기온이 적당한 스위스 알프스의 산간 마을 체르마트Zermatt에도 지구온난화와 기상 이변이 강타하고 있다. 테오둘 빙하Theodul Glacier는 해마다 줄어들고 있어서 2019년 여름에 내가 방문했을 때는 며칠 동안 비가 한 방울도 내리지 않았는데도 빙하 녹은 물로 인해 계곡에 홍수가 났을 정도였다.[82]

오래전부터 이러한 변화에 직면해 온 사람들의 대응은 단순했다. 이주하기 시작한 것이다. 유엔의 국제이주기구IOM, International Organization for Migration는 "점진적 그리고 급격한 환경 변화로 인해 이미 상당한 인구 이동이 일어나고 있다. 지난 30년간 폭풍, 가뭄, 홍수의 발생 횟수가 세 배 증가하면서 취약한 지역사회, 특히 개발도상국의 지역사회가 엄청난 피해를 입었다"고 경고한다.[83] 국제이주기구는 2050년까지 전체 기후 이주자climate migrant의 수가 지금의 전체 국제 이주자 수인 2억으로 증가하리라고 예상한다.[84]

세계경제포럼의 연례 '글로벌 리스크 보고서'에서 환경 리스크의 순위가 점점 올라가고 있는 만큼 기업인들 역시 환경 위험이 증가하고 있다는 것을 알고 있다. 2020년 보고서에는 "기후에 대한 심각한 위협이 글로벌 리스크 보고서의 최상위 장기 리스크를 독차지하고 있다"고 처음으로 언급되어 있다.[85] 이 보고서는 심각한 자원 고갈과 주요 자연재해를 초래하는 기상이변, 기후변화 완화와 적응의 실패, 주요 생물 다양성 손실과 관련된 위험들을 지적했다.

우리는 1970년대에 그랬던 것처럼 이러한 위험을 가볍게 여겨서는 안 된다. 특히 다음 세대가 우리를 지켜보고 있기 때문이다. 스웨덴 학생인 그레타 툰베리Greta Thunberg 같은 동료에게 크게 고무된 수십만 명의 기후 활동가들은 거리로 나가 귀를 기울여주는 사람만 있으면 연설을 하고 가능한 부분에서 자신들의 습관을 바꾸고 있다. 필자는 그들의 우려를 이해하며, 그런 연유로 그레타 툰베리를 2019년 연례 회의에 초청해 연설하게 했다. 툰베리의 가장 중요한 메시지는 "우리들의 집이 불타고 있으므로"[86] 극도로 긴박하게 행동해야 한다는 것이었다.

1973년 아우렐리오 페체이가 다보스 총회에서 기조연설을 한 지

수십 년이 흘렀다. 그때보다 더 긴박하게 지속가능한 경제 체제를 만들어달라는 다음 세대의 요구에 주의를 기울일 필요가 있다. 그때 이후로 우리는 충분한 결과를 가져올 조치를 취하는 데 실패했고, 그래서 미래 세대를 위한 경제, 보건, 환경 전망을 악화시켰다. 그리고 경제적으로 뒤처진 사람들도 여전히 많다. 그것이 쿠즈네츠의 마지막 저주다. 그는 우리 경제 체제가 무한정 지속가능하다고 말한 적이 결코 없었다.

우리는 사이먼 쿠즈네츠의 조심스러운 경고에 귀를 기울이지 않았다. 그는 GDP가 다른 번영의 징후보다 생산능력의 측정에 적합하게 만든 개념이므로 폭넓은 사회 진보의 척도로 삼기에는 빈약하다고 우리에게 경고했다. 또한 그는 1950년대에 나타난 소득 불평등 감소가 영구적 특성이라고 확신하지 않았고 당시의 포괄적 성장을 뒷받침해준 특정 기술 발전이 가져온 일시적 효과라고 보았다. 그리고 그는 경제가 발전함에 따라 환경 훼손이 감소할 것이라고 가정하는 '환경 쿠즈네츠 곡선' 개념에 동의한 적도 결코 없다. 지금 우리는 그 대가를 치르고 있다.

그러나 경제 발전의 오류를 만회하기 전에 먼저 다음과 같이 질문해 봐야 한다. 다른 경제 발전의 길이 이미 있는가? 그리고 부상하는 아시아에서 그 길을 얼마만큼 발견할 수 있을까?

Stakeholder
Capitalism

—

The Rise of Asia

아시아의 부상

중국 남부의 선전 강 양쪽의 풍경은 극명한 대조를 이룬다. 남쪽 강변
으로는 눈길이 닿는 곳까지 논이 펼쳐지는 반면, 북쪽 강변으로는 고
층빌딩이 스카이라인을 형성하고 있다. 줄곧 그랬던 것은 아니다. 40년
전에는 양쪽 강변에 거의 아무것도 없었다. 가장 많이 개발된 부분은
홍콩 도심이 몇 킬로미터 떨어져 있는 남쪽 강변이었다. 영국 통치하의
영토와 강 건너의 중국 본토를 연결해 주는 기차선로가 거기 있었고,
중국 경비병 혼자 강을 건너는 지점에서 사람들을 검문했다. 40년이
지난 지금의 풍경은 과거엔 상상조차 할 수 없었다. 여전히 남쪽의 논
은 아시아의 오랜 금융 수도인 홍콩에 속한다. 그러나 북쪽의 고층빌딩
들은 난데없이 나타난 도시, 현대 중국의 기술 수도인 선전의 일부다.

40년 동안 선전 강 북쪽에서 일어난 변화는 역사상 가장 위대한 경제 기적을 상징한다 해도 과언이 아니다. 1979년 이곳 주민들의 평균 소득은 하루 1달러 미만이었다. 오늘날 선전의 1인당 GDP는 거의 3만 달러로 1979년에 비해 거의 100배 증가했다. 이곳은 화웨이, 텐센트, ZTE[1] 같은 기술 거대 기업과 신생 벤처 기업들의 '메이커 운동 maker movement'(아이디어를 자신의 힘으로 직접 구현하고 네트워크를 통해 프로세스와 노하우를 공유, 확산시켜 나가는 메이커들의 문화 - 역주)의 본거지다. 홍콩도 변화했지만 이제 대단한 쌍둥이가 옆에 생긴 것이다.

어떻게 180도 전환이 일어났을까? 그리고 이것은 세계 경제의 동양으로의 광범위한 이동에 대해 무엇을 말해주는가?

중국의 경제특구

나는 1979년 4월 중국을 처음으로 방문했다. 덩샤오핑이 정권을 잡은 지 1년가량 됐던 그때 내가 마주친 땅은 여전히 매우 가난했다. 중국은 외세의 침략과 내전, 경제 발전을 이끌어 내지 못한 정책으로 오랜 기간 고통받았다.

그런 안 좋은 상황이 150년 동안 이어지고 있었다. 과거 수천 년 동안 중국은 인도와 함께 경제 초강대국이었지만 19세기에 와서 상황이 달라졌다. 첫째, 1840년부터는 중국에게 굴욕의 시대였다. 과거에 자랑스럽고 강력한 문명을 일으켰던 중국은 이 기간에 영국과의 아편

전쟁에서 패배했다. 또한 주요 항구와 도시, 인도차이나 반도의 영토를 영국, 프랑스, 일본에 이양하였으며, 2차 세계대전 중에는 일본에 점령당했다. 이러한 패배의 주요 이유는 산업혁명이 중국에서 확산되지 않아 적대국에 경제적, 군사적, 기술적 우위를 내주었기 때문이다.

이런 혼란으로 인해 기존 정치 체제도 몰락했다. 1912년 청 왕조는 멸망했다. 그 후 1930년대와 1940년대의 일본 강점기를 거치고 2차 세계대전이 끝날 때까지 수십 년 동안 다양한 정치 집단이 권력을 차지하기 위해 다퉜다. 처음에는 장제스의 국민당이 우세했다. 일제 강점기가 끝난 후 처음 몇 년 동안 장제스가 거국 내각을 이끌었으나, 일본군 철수 후에 발생한 혼란을 완전히 통제하지 못하고 강력한 내부 반발에 직면했다. 내전이 계속되었고 결국 국민당은 마오쩌둥의 공산당에 패배했다.

1949년부터 1975년까지 마오 주석의 리더십 아래 중국 공산당은 일당 체제를 확립하여 정치적 혼란을 종식시켰다. 중국 공산당은 중화인민공화국을 일당제 국가로 만들었고, 민주주의의 자유를 대가로 지불하고 체제 안정을 이뤘다.

사회적, 경제적 측면에서 초기 중화인민공화국은 미국, 서유럽, 소련을 포함한 다른 지역이 누렸던 진보를 이루지 못했다. 중국은 식량 자급자족을 위한 농업, 중앙 집중식 계획에 의한 공업 생산, 정치적·문화적 자유의 엄격한 제한으로 되돌아갔다. 덩샤오핑이 마오의 후계자로 권력을 잡은 1970년대 후반, 중국 경제는 옛 모습을 거의 찾아볼 수 없었다. 중화中華를 자처했던 중국은 개발도상국 상태였고 많은 국민은 빈곤선 이하의 삶을 살았다.

그런 상황을 바꾸고 싶었던 덩샤오핑은 1978년 싱가포르를 방문했다. 섬에 위치한 이 도시 국가는 해외 직접투자, 외국과의 경쟁으로부터의 핵심 산업 보호, 수출 주도 성장을 기반으로 1960년대와 1970년대에 급속한 성장을 이룬 아시아의 호랑이 4개국 중 하나였다. 싱가포르를 본보기 삼아 덩샤오핑은 1979년부터 '개혁과 개방Reform and Opening-Up'이라는 새로운 경제 모델을 추구했다. 이 모델에서 경제 발전을 위한 핵심은 홍콩을 포함한 이웃 국가들로부터 해외 직접투자를 유치하고, 이 투자자들이 인구가 많은 광둥 성의 남부 해안을 따라 다양한 지역에 설치된 경제특구에서 기업을 설립할 수 있게 하는 것이었다. 선전 강 북쪽의 선전은 그런 경제특구 중 하나였다.

경제특구는 중국에서 개인 사업을 할 수 있는 샌드박스(제한된 공간 안에서 규제를 받지 않고 새로운 사업을 시도할 수 있도록 하는 제도 - 역주)였다. 다른 지역은 개인 소유, 법인 설립, 이윤에 대한 규제가 몇 년 더 유지되었다. 어쨌든 중국은 공산국가였다. 그러나 경제특구에서는 외국 투자자들이 수출이 목적이라면 얼마든지 기업을 설립하고, 부동산을 소유하거나 최소 임대하고, 법률 및 세제 혜택을 누릴 수 있었다.

선전에 있는 중국개발연구소China Development Institute의 류귀홍Liu Guohong 연구원은 2019년 필자와의 인터뷰에서[2] 경제특구의 목적은 중국이 '시장 지향 경제market-oriented economy'를 맛보게 하는 데 있었다고 말했다. (덩샤오핑은 이를 '중국적 특성을 가진 사회주의'라고 불렀고 그의 후계자인 장쩌민은 '사회주의 시장경제'라고 했다.) 그러나 경제 발전을 위한 자금이 사실상 없었기 때문에 자본과 제조 시설이 있는 홍콩 가까이에 경제특구를 설립하는 것이 차선책이었다.

이 대담한 계획은 효과가 있었다. 1982년 한 중국인 이민자가 홍콩에 설립한 금융기관, 난양상업은행Nanyang Commercial Bank이 홍콩에서 불과 몇 킬로미터 거리의 선전에 지점을 개설했다. 그것은 중국 최초의 상업은행이었고,[3] 상업은행 도입은 중국 발전의 분수령이 되었다. 이 홍콩 은행은 중국 지점에 국외 대출을 신설했는데, 이는 선전 지점이 선전 내의 장기 토지 임대와 공장 설립 자금을 대출해 줄 수 있게 한 것이었다.

선전 당국도 본분을 다했다. 그전에 중국의 토지는 국가 소유여서 개인 투자자가 접근할 수 없었다. 그러나 이때부터 선전에서는 외국인 투자자들이 상업 및 공업 목적으로 토지를 사용하는 것이 허용됐다. 1987년 선전 경제특구는 공공 토지 경매까지 열었는데, 1949년 중화인민공화국이 설립된 이후 최초의 일이었다.[4]

1980년대에 선전은 전체 경제성장의 핵심이었다. 선전은 홍콩과 싱가포르의 본보기를 따라 처음에는 저비용, 저가의 제조업을 전문으로 했다. 하루 1달러 미만의 임금으로 시작했으므로 수출 상품을 생산하는 근로자들에게 경쟁력 있는 급여를 제공하기는 어렵지 않았다.

중국의 낮은 임금에 주목하고 제일 먼저 생산 시설을 옮긴 나라들은 바로 아시아의 호랑이들이었다. 대만, 홍콩, 싱가포르, 한국 회사들이 이전하여 수출을 목적으로 하는 100% 외국 기업을 세우거나 부분적 소유권을 갖는 중국 투자자와의 합작 회사를 설립하여 중국 내에서도 상품을 판매하였다.

그 결과 일자리와 새로운 성장의 일부가 되고자 하는 마음에 이끌려 중국 전역의 사람들이 경제특구로 몰려들기 시작했다. 1980년대 초반 주민 수가 약 3만이었던 선전은 인구가 1,000만 명 이상으로 늘어 베이징, 상하이, 선전 북서쪽에 있는 광둥 성의 성도 광저우와 함께 완전한 1선 도시tier 1 city가 되었다. 선전이 논 옆에 있는 조용한 어촌 마을이었던 시절은 지나갔다.

경제특구가 엄청난 성공을 거두자 중국 정부는 주로 동부 해안을 따라 경제특구를 더 만들었다. 1984년 한국과 일본에 가까운 다롄, 베이징의 주요 항구 도시인 톈진(현재 두 도시 모두 세계경제포럼의 하계 다보스 회의 개최지임), 그리고 싱가포르로 이주한 많은 중국인의 고향인 푸저우가 경제특구로 추가되었다. 1990년에는 상하이의 푸둥 지구가 추가되었고 그 뒤로도 10여 개의 경제특구가 추가되었다.

수출 모델은 촉매제 기능을 했다. 더 나은 봉급을 주는 공장이나 건설 회사, 서비스업종의 일자리가 기다리고 있을 것이라는 믿음으로 수억 명이 해안에 위치한 경제특구로 이주했다. 중국의 도시 인구는 폭발적으로 증가했고 내륙의 도시는 텅 비었다. 연간 경제성장률은 10% 이상으로 최고치에 도달했다. 중국은 1980년에 GDP가 2,000억 달러에 불과했던 가난한 나라에서 GDP가 그 여섯 배에 달하는 (2000년에 1조 2,000억 달러) 국가로 성장했다.

중국이 개혁·개방 정책에 착수하면서 국내외의 일부 인사들은 소련과 그 영향권에 있었던 폴란드, 헝가리, 체코슬로바키아, 동독 등과 같이 정치체제도 바뀌기를 희망했다. 그러나 유럽에서의 이런 움직임은 결국 정권의 붕괴와 민주적인 정권의 탄생을 가져왔지만, 중국 정부는 정치와 경제 문제에서 중추적 역할을 유지했다. 많은 서구 기업들이 중국에 생산 시설을 두어 고용, 급여 인상, 소비를 촉진하면서 중국은 1990년대에 호황기를 맞이했다.

2001년까지 중국은 수출 강국으로 크게 성장하여 세계무역기구에 가입하기에 적절한 때가 되었다고 느꼈고, 이 상황은 또 다른 수출 주도 성장의 물결을 부채질했다. 이전에는 중국에서의 생산 가능성에 대해 조심스러워하거나 잘 몰랐던 서구 기업들이 아시아의 호랑이 4국의 뒤를 이었다. 미국, 유럽, 일본 기업들은 중국과 대만 제조업체의 주요 고객이 되거나 합작회사를 설립했다.

하지만 중국의 원조 스타 기업들도 현상만 유지하고 있지는 않았다. 시간이 흐르면서 선전의 산업 활동 양상이 달라졌다. 처음에는 값싼 전자 제품 제조와 국내산 모조품 생산으로 유명했던 이 도시는 하드웨어의 실리콘밸리이자 《와이어드Wired》(미국의 기술 잡지)지의 표현처럼 '기술 메이커 운동'의 본거지가 되었다.[5] 중국 전역, 그리고 점차 전 세계의 스타트업 기업가들이 선전에서 만나 아이디어를 교환하기 시작했고 그 과정에서 혁신적인 회사들을 창업했다. 오늘날 여전히 많은 외국 기업들이 선전에 제조 시설을 보유하고 있다. 가장 유명한 시설은 수십만 명의 직원을 고용하여 애플의 아이폰 대부분을 생산하는 대만 전자 회사인 폭스콘Foxconn일 것이다. (최근에는 지정학적 우려로 인도에 새로 지은 폭스콘 공장을 포함하여 애플이 '조용히 중국 밖으로 점진적인 생산 시설의 이전'을 진행 중이다.)[6] 그 외에도 많은 대만과 홍콩 기업들이 선전의 초기 산업 확장의 중추가 되었고 여전히 그곳에 주요 시설을 두고 있다.

하지만 이제 선전은 자생적인 기술 회사로 더 유명하다. 예를 들어 화웨이는 5세대(5G) 모바일 네트워크 전체를 작동시키는 하드웨어를 만드는 세계 최대 통신 장비 생산업체다. 최근 중국과 미국의 무역 전쟁으로 확장에 제동이 걸리기는 했지만 화웨이가 생산한 스마트폰은 (미국을 제외한) 전 세계에서 볼 수 있다.

화웨이가 성공하기까지는 오랜 시간이 걸렸다. 화웨이의 설립자인 런정페이Ren Zhenfei는 1983년 중국 군대에서 나온 후, 많은 이주자 중 한 명으로 번창하던 선전의 전자 산업 분야에서 일하며 행운을 시험했다. 4년 후 그는 홍콩 장비 딜러에게 하청받아 생산하는 소규모 회사, 화웨이를 설립했다. 그 후 30년 동안 화웨이가 성공한 이야기는 여러 면에서 중국 전체의 성장 이야기를 반영한다.

그런 스타트업 성공 사례가 선전에는 더욱 많다. (괄호 안은 창립 연도)

- ZTE(중싱통신, 1985) 휴대전화를 포함한 다양한 통신 장비를 생산하는 업체다.
- 핑안보험(1988) 중국 최대 보험 회사이자 인공지능 분야의 주역으로 현재 고객 수는 2억 명, 직원 수는 40만 명, 공고된 수익은

1,600억 달러에 이른다.[7]

- **BYD(1995)** 'Build Your Dreams'의 약어인 BYD는 블룸버그에 따
  르면 현재 세계 최대 전기차 제조업체로 "중국에서 매달 3만 대 정
  도의 순수 전기 차와 하이브리드 차를 판매하고 있다."[8]
- **텐센트(1998)** 인기 있는 중국 소셜 미디어 앱 QQ와 전자 상거래
  웹사이트 제이디닷컴 JD.com의 많은 지분을 소유하고 있고, 인기 게
  임 '리그 오브 레전드' 개발사인 기술 대기업이다. 현재 CEO인 마화
  텅을 포함한 선전 거주자들이 설립했다. 세계 최대의 게임 회사이자
  소셜 미디어 및 전자 상거래 회사 중 하나다.

선전은 오래전에 값싼 제조업 기지이기를 그만두었지만, 완전히 새
로운 국면에 접어든 중국의 발전에 있어서 여전히 중요한 역할을 하고
있는 남쪽의 스타 도시다. 세계의 공장이었던 시대를 지나 중국은 새
로운 페이지로 넘어왔다. 이제 중국은 세계 2위의 경제 대국이며 아시
아와 다른 신흥 시장의 많은 국가들을 끌어당기는 자극磁極이다.

이 단계에서도 수출에 중점을 둔 경제특구는 계속 중요한 역할을
한다. 반면 기존 특구들은 첨단 과학 연구 단지, 스타트업 인큐베이
터, 혁신 허브 같은 새로운 실험적 특구들에 의해 점차 가려지고 있다.
실험적 특구에서는 기술 스타트업들과 혁신가들이 점점 더 최신 기
술에 능숙해지고 있는 부유한 중국 소비자와 기업을 위한 상품을 궁
리하고 있다. 선전은 이 분야에서 다시 선두를 차지하고 있지만, 베이

징 시 하이뎬 구(틱톡을 만든 바이트댄스ByteDnace가 출범한 곳)의 중관춘 Zhongguancun 인근과 상하이의 장지앙 첨단 기술 지구 등 다른 지역도 선두 자리를 놓고 경쟁하고 있다.

진보의 대가

—

오늘날 선전 강을 건너면 콘크리트 정글, 계속 뻗어나가는 대도시, 선전으로 들어가게 된다. 그러나 더운 여름날 거리에는 이전에 조용한 어촌 마을일 때보다 사람이 더 적게 눈에 띌 것이다. 지구온난화의 영향으로 여름 기온이 너무 높을 때가 많아서 땀을 흘리지 않고 도시를 걸을 수 없게 되었다. 그래서 사람들은 지상 대신 지하로 이동한다. 냉방이 되는 지하상가 링크 시티Link City 통로로 다니거나 수많은 고층빌딩 안 시원한 사무실에 머문다. 선전 사람들은 돌발 홍수로 고생하기도 하는데,[9] 기후변화가 심해지면서 악화하고 있는 또 다른 현상이다. 도시는 부유해졌지만, 그 모든 부도 자연의 위력으로부터 도시를 구해주지는 못한다.

중국의 부상은 놀라운 사건이지만 그로 인해 더 큰 그림을 놓쳐서는 안 된다. 챕터 2에서 설명했던 세계적 추세는 서구뿐 아니라 아시아에도 유효하다. 전 세계는 지속 불가능한 성장 경로를 밟아오면서 환경과 미래 세대를 위태롭게 만들었다. 게다가 최근에 중국, 인도 및 기타 국가들이 달성한 경제성장의 결실은 서구만큼이나 불공평하게 분배되는 경우가 많다.

중국에도 불평등 문제가 똑같이 존재하지만, 더 큰 문제는 곧 닥쳐올 부채 부담일 수 있다. 《파이낸셜 타임즈》의 마틴 울프Martin Wolf가 2018년 기사에서 지적했듯이 2008년 금융 위기 때까지 중국의 GDP 대비 총부채 비율은 170%로 다른 신흥 시장 국가와 비슷했다.[10] 그러나 그 뒤 10년 동안 부채 비율이 기하급수적으로 증가했다. IMF 추산에 따르면 2019년 7월에는 303%, 코로나19 위기가 닥치고 몇 개월 후에는 317%로 급증했다.[11]

중국 부채의 상당 부분이 비금융 국영기업과 지방자치단체의 부채여서 이러한 증가 추세는 상당히 위험하다. 이 기관들은 단기적으로 경제 생산량을 늘리기 위해 부채를 사용했을 수 있다. 그러나 최근 몇 년 동안 공공 및 민간 투자의 한계수입이 급격히 감소하고, 그 결과 최상급 경제성장률top-line economic growth이 둔화하면서 채무 과잉이 점점 근심거리가 되고 있다. 무역 갈등, 인구 증가의 둔화, 또는 기타 요인들이 성장의 둔화를 더 촉발할 수 있다. 만약 그렇게 되면 중국의 위기가 전 세계에 영향을 줄 수 있다.

마지막으로 중국이 지난 몇 년 동안 새로운 풍력과 태양광 시설 설치에서 세계를 선도했고, 2020년 9월 유엔 총회에서 시진핑 주석이 2060년 이전에 탄소 중립carbon neutrality(이산화탄소를 배출한 만큼 그것을 흡수하는 대책을 세워 실질적인 이산화탄소 배출량을 0으로 만든다는 개념 - 역주)을 달성하기를 원한다고 발표했지만,[12] 그 목표에 도달하기까지 주요한 장애물 몇 가지가 아직 남아 있다. 첫째, 중국의 새로운 야망에도 불구하고 중국 내의 새로운 재생에너지 시설 건설은 2019년에 와서 감소했고, 이러한 추세는 2020년대에 들어와서도 계속되고 있다.[13] 둘째, 코로나19 위기 이후 중국의 석유 수요는 다른 국가보다 빠르게 반등해 2020년 초여름에는 코로나19 위기 이전 수요의 90%로 회복됐다. 이는 세계 경제 회복에는 좋은 신호이지만, 배기가스 측면에서는 그리 좋은 소식이 아니다. 중국은 미국에 이어 세계 2위 석유 소비국이기 때문이다. 셋째, 전 세계 석탄 수요에서 아시아의 점유율이 지금의 약 77%에서 2030년까지 약 81%로 높아질 것으로 블룸버그 통신은 보도했다.[14] 영국 석유 회사 BP가 발간한 2020 세계 에너지 통계 보고서에 따르면 세계 석탄의 약 절반을 생산하고 소비하는 중국과 세계 최대 석탄 생산국인 인도네시아 양국은 2019년에 전년도보다 석탄 생산량이 크게 늘었다.[15]

중국의 뒤를 잇는 신흥 시장

중국 경제만 지난 수십 년 동안 엄청난 도약을 한 것은 아니다. 중국의 성장에 편승해 라틴아메리카부터 아프리카, 중동, 남동아시아 국가들까지 부상했다. 중국은 원자재가 필요했고 많은 신흥 시장 국가들이 이를 제공할 수 있었기 때문이다.

사실 중국은 지정학적 측면이나 인구 측면에서 거대 국가지만 자원 보유량은 그리 많지 않다. 아마 희토류 광물 정도가 예외일 것이다.

중국이 성장하면서 새로운 도시를 건설하고, 공장을 가동하고, 기반 시설을 확장함에 따라 필요한 자원을 공급해 줄 다른 국가의 도움이 필요했다.

이는 다른 신흥 시장 국가들, 특히 중국에 인접한 국가들(러시아, 일본, 한국, ASEAN 국가, 호주 등)과 이전에 높은 성장률을 달성하기 위해 고군분투했던 국가들(라틴아메리카와 아프리카의 개발도상국들)에게는 축복이었다.

사실 중국의 부상은 신흥 시장 국가들에게는 엄청난 노다지였다. 세계은행과 유엔의 2018년 무역 통계 데이터베이스[16]를 언뜻 보기만 해도 중국의 부상이 다른 나라의 성장에 얼마나 공헌했는지 이해할 수 있다. 오늘날 중국은 세계 2위 상품 및 서비스 수입국으로 그 규모가 무려 약 2조 달러에 이른다. 그런 엄청난 규모에 도달하는 동안 중국은 매년 엄청난 원자재를 수입하면서 여러 나라의 경제를 크게 활성화했다.

예를 들어 2018년[17] 중국은 엄청난 양의 석유를 러시아(370억 달러), 사우디아라비아(300억 달러), 앙골라(250억 달러)에서 수입했다. 철광석은 호주(600억 달러)를 비롯해 브라질(190억 달러)과 페루(110억 달러)에서 수입해 왔다. 다이아몬드와 금 같은 보석을 주로 수입해 오는 곳은 스위스이며 2위는 남아프리카공화국이다. 또한 구리는 칠레(100억 달러)와 잠비아(40억 달러)에서, 다양한 형태의 고무는 주로 태국(50억 달러)에서 수입해 왔다.

원자재만이 아니다. 중국이 가치 사슬value chain(기업 활동에서 부가 가치가 생성되는 과정 – 역주)에서 윗단계로 올라가면서 일부 제품의 생산은 외주를 주기 시작했고, 공장들은 베트남, 인도네시아, 에디오피아 등 새로운 저비용 국가로 이전됐다. 중국은 과거 외국과의 합작 투자 회사를 통해 기술을 수입해야 했지만 이제는 독자적으로 기술을 개발해 해외에서 완제품을 만들어 수입해 오기도 하고 다른 나라 소비자들에게 수출도 하는 국가가 되었다.

그렇다면 지난 20년 동안 중국처럼 경이로운 세월을 경험한 신흥 시장 국가가 많았다는 사실은 놀라울 게 없다. 그러한 추세는 세계가 자유무역으로 이동했던 1990년대에 서서히 시작되었고, 2001년 중국이 WTO에 가입한 후 몇 년간 가속화되었다. 2002년부터 2014년까지 10여 년 동안 경제성장에서뿐만 아니라 1인당 GDP 성장에서도 신흥 시장은 꾸준히 선진국들을 능가한 것으로 《파이낸셜 타임즈》는 추산했다.[18] (도표 3.1 참조) 그 결과는 경제학자 리처드 볼드윈이 말하는 이른바 '대수렴'[19]으로, 소득과 GDP 면에서 더 가난한 신흥 시장이 더 부유하고 발전된 시장에 더 가까워졌다.

유감스럽게도 중국과 인도를 제외한 대부분의 신흥 시장에서는 최근 몇 년간의 그런 추세가 이제 끝났다. 2015년 이후 30대 신흥 시장의 1인당 GDP 성장률은 22개 선진국의 성장률 아래로 떨어졌다. 중국도 예외 없이 그 기간에 성장률이 7% 이하로 떨어졌다. 중국의 원자재 수요가 더 이상 예전처럼 많지 않아 가격과 거래량에 제동이 걸렸다.

그렇다고 해서 모든 국가의 성장이 둔화한 것은 아니다. 특히 세 지역은 계속 좋은 성과를 내고 있다. 첫째는 인구도 많고 경제도 성장

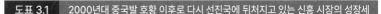

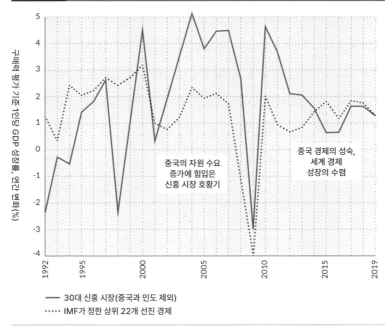

구매력 평가 기준 1인당 GDP 성장률, 연간 평균화(%)

중국의 자원 수요
증가에 힘입은
신흥 시장 호황기

중국 경제의 성숙,
세계 경제
성장의 수렴

—— 30대 신흥 시장(중국과 인도 제외)
······ IMF가 정한 상위 22개 선진 경제

출처: IMF, 2020 실질 GDP 성장 내용으로 재구성

중인 인도네시아(인구 2억 6,400만), 필리핀(1억 700만), 베트남(9,500만), 태국(6,800만), 말레이시아(5,300만) 등을 포함하여 6억 5,000만 명이 거주하는 아세안경제공동체ASEAN Economic Community다.[20, 21] 문화적으로나 경제적으로나 대단히 다양한 국가 집단이지만 아세안경제공동체 전체가 코로나19 위기가 닥치기 전 몇 년 동안 구축한 연평균 5%의 GDP 성장 경로로 돌아갈 채비를 하고 있다.[22] 2020년 10월에 나온 IMF의 최신 경제 전망 보고서에 따르면 아세안경제공동체에서 가장

큰 다섯 국가는 실제로 2020년 세계 평균보다 낮은 경기 위축을 경험했으며 (-3.4%) 2021년에는 6.2%의 성장률을 회복할 것이라고 한다.[23]

아세안 국가들이 성장을 지속할 수 있었던 중요한 이유 중 하나는 앞서 중국이 했던 세계의 공장 역할을 이어받을 가능성이 가장 크다는 것이다. 태국, 인도네시아, 미얀마, 라오스, 캄보디아 같은 국가는 임금이 대체로 중국보다 낮고, 중국 및 세계에서 가장 중요한 해로 중 일부와 인접해 있어 전 세계 소비자에게 쉽게 수출할 수 있다. 이미 중국, 미국, 유럽, 한국, 일본의 다국적 기업 수백 개가 이 지역에서 생산을 하고 있다.

아세안 국가들이 경제성장을 지속할 수 있었던 또 다른 이유는 세계 양대 경제 대국에 우호적인 중립 지역이라는 것이다. 미국과 중국 간에 진행 중인 무역 갈등으로 인한 관세를 피하고자 많은 기업이 생산 시설을 중국 외의 국가로 이전하는 방안을 고려하고 있다. 지금까지 무역 전쟁에서 멀리 떨어져 있던 아세안 국가들은 매력적인 대안으로 입증되었다. 이 점에서 베트남은 확실한 승자였다.[24]

아세안 국가의 지속적인 긍정적 경제 전망의 세 번째이자 마지막 이유는 지역 통합과 기술 혁신의 조합에 있다. 아세안경제공동체는 유럽연합 이후 가장 성공한 지역 경제 공동체이다. 역내무역이 늘고 통합이 증대되고 있다. 또한 국내 기술 유니콘(기업 가치가 10억 달러 이상인 비상장 기업을 지칭하는 용어)도 여러 개 만들어졌다. 싱가포르에 본사를 둔 차량 호출 서비스 기업인 그랩Grab이 가장 유명하지만, 인도네시아의 고젝Go-Jek, 토코페디아Tokopedia, 트래블로카Traveloka, 싱가포르의 몇몇 스타트업, 베트남의 VNG, 필리핀의 레볼루션 프리크래프티드Revolution Precrafted 또한 (적어도 코로나19 위기 이전에는) 유니콘 기업이 되었다고 컨설팅 회사인 베인 앤드 컴퍼니는 말한다.[25] (도표 3.2 참조)

인도의 성장

인도는 코로나19 대유행 기간에 대부분의 나라들보다 더 큰 타격을 받기는 했지만, 코로나19 위기가 닥치기 전에 확고한 성장이 전망됐었다. 독립 후 수십 년 동안 인도는 '저성장'의 완곡한 표현인 이른바 힌두 성장률과 씨름했다. 독립에 대한 열정과 젊은 노동력에도 불구하고 인도 경제는 아시아의 호랑이나 중국처럼 엄청난 성공을 거둔 적이 없었다. 사실상 독점을 야기한 관료주의, 소위 '라이선스 라지 시스템Licence Raj system'과 함께 인도가 추구한 보호주의 정책들은 그러한 발전을 가로막았다.

또한 인도는 대체로 산업화가 진행되지 않아 수억 명이 시골에 살면서 소규모 농업으로 얻을 수 있는 수입만 올리고 있다. 그 결과 1990년대까지 인도는 사회경제적 측면에서 빈곤선에 가깝거나 그 이하로 사는 농촌 인구가 대단히 많은 나라 중 하나였다. 대도시로 들어오려고 애쓰는 인도인 역시 많지만, 대도시에서도 일본이나 아시아의 호랑이, 중국만큼 발전의 기회가 제공되지 않았다.

하지만 1980년대부터 일부 기업가들이 산업화가 덜 된 시골 같은

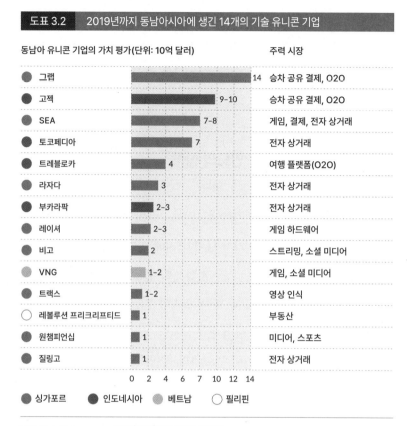

| 도표 3.2 | 2019년까지 동남아시아에 생긴 14개의 기술 유니콘 기업 |

동남아 유니콘 기업의 가치 평가(단위: 10억 달러)   **주력 시장**

기업	가치	주력 시장
그랩	14	승차 공유 결제, O2O
고젝	9-10	승차 공유 결제, O2O
SEA	7-8	게임, 결제, 전자 상거래
토코페디아	7	전자 상거래
트레블로카	4	여행 플랫폼(O2O)
라자다	3	전자 상거래
부카라팍	2-3	전자 상거래
레이셔	2-3	게임 하드웨어
비고	2	스트리밍, 소셜 미디어
VNG	1-2	게임, 소셜 미디어
트랙스	1-2	영상 인식
레볼루션 프리크리프티드	1	부동산
원챔피언십	1	미디어, 스포츠
질링고	1	전자 상거래

0 2 4 6 7 10 12 14

● 싱가포르   ● 인도네시아   ● 베트남   ○ 필리핀

출처: Bain & Company, 2019년 11월 내용으로 재구성

인도의 얼굴을 점차 바꾸어 가기 시작했다. 컴퓨터 혁명이 시작되면서 종종 인도공과대학Indian Institute of Technology 출신의 몇몇 기업가들이 인포시스Infosys와 위프로Wipro 같은 세계에서 가장 성공한 IT 아웃소싱 회사들을 설립할 수 있었다. 선도적인 기업가들은 타타 컨설턴시 서비스Tata Consultancy Services (1968년에 설립)를 비롯해 테크 마힌드라Tech

Mahindra 같은 회사까지 추가로 설립함으로써 급성장하는 기술 분야에 힘을 보탰다.

처음에는 원자재, 화학, 섬유 등 기초 제품에 주력하다가 나중에는 통신과 인터넷 같은 현대 기술로 확장한 생산업체들도 여럿 등장했다. 가장 잘 알려져 있고 가장 큰 회사는 아마도 무케시 암바니Mukesh Ambani가 이끄는 릴라이언스 인더스트리Reliance Industries일 것이다. 릴라이언스와 다른 인도 대기업들은 4차 산업혁명 기술을 중심으로 한 대규모 신규 프로젝트로 사업을 다각화하고 이에 투자함으로써 인도의 디지털 시대를 여는 실질적 역할을 하고 있다. 전자 상거래에서 은행 업무, 인터넷, TV까지 모든 것을 제공하는 이 기업들의 사업 범위는 중국의 기술 대기업에 비견할 만하다.

코로나로 타격을 입기 전에 인도는 굴곡진 거시경제의 유산을 없애기 위해 구조적인 노력을 기울이고 있었다. 2014년에 집권한 모디Modi 총리 지휘 아래 중앙 정부는 상품과 서비스에 대한 통일된 과세, 다양한 산업에 대한 외국인 투자의 허용, 통신 주파수의 보다 투명한 경매 운영 등 실질적인 시장 개혁을 단행해 왔다.[26] 2020년 이전 몇 년간 인도의 GDP 성장률은 연간 6~7%를 맴돌며 중국과 동등하거나 더 높은 수준을 기록했다.

하지만 코로나19 때문에 그런 상승세가 돌연 중단됐다. 2020년 10월 IMF는 인도 경제가 10% 이상 위축되어 스페인, 이탈리아와 맞먹는 최악의 경제적 타격을 입을 것으로 예상했다.[27] 2020년 3월 24일 봉쇄령이 내려지자 수백만 명의 가난한 도시 거주자들이 걸어서 시골에 있는 고향 집으로 돌아갈 수밖에 없는 극단적인 상황이 벌어졌는데, 1,000만 명의 이주 노동자가 고향으로 돌아가면서[28] 지금까지 21세기의 최다 국내 이주 중 하나로 기록되었다. 이 긴 여정의 결과 신체적 건강과 안전의 문제뿐만 아니라 많은 추가적인 문제들이 발생했다.

그렇지만 장기적으로는 인도에 대해 낙관적 견해를 견지할 이유도 몇 가지 있다. 인도는 곧 세계 최대 생산 가능 인구(평균 25세)를 보유하게 될 것이며, 인도 정부는 성장의 최대 장애 요인 몇 가지를 제거했다. 이전에 많은 상품의 공급과 경쟁을 사실상 제한했던 라이선스 라지가 폐지되고 통합된 내수 시장을 만들기 위한 더 많은 조치가 진행 중이다.

그럼에도 불구하고 인도의 13억 인구는 현대적 노동 인구에 합류할 준비가 덜 되어 있다. 준비 부족의 주요한 이유 하나는 2020년 현재 여전히 77.7%에 불과한 문해율literacy rate로서[29] 이는 상당 부분 학교 교육을 받는 여자아이들의 비율이 낮기 때문이다. 사실 인도의 문해력이 이런 수준에 머물 이유가 없다. 미국에서는 구글의 순다르 피차이Sundar Pichai, 마이크로소프트의 사티아 나델라Satya Nadella, 어도비 시스템즈의 샨타누 나라옌Shantanu Narayen과 같은 인도 이민자들이 세계 최대 기술 기업들을 이끌고 있다. 최근 몇 년 동안 페이티엠Paytm과 플립카트Flipkart 같은 기술 유니콘 기업이 인도에서 시작되었다.

그러나 모든 국민이 잠재력을 최대로 발휘할 기회를 얻게 하려면 국가는 교육, 의료, 사회 기반 시설을 크게 개선하고 계속 증가하는 불평등을 없애야 할 것이다. 최근 수년, 수십 년간 외형적 성장이 가속화되었을 때도 인도의 소득과 부의 불균형은 통제가 되지 않았기 때문이다. 인도가 해온 거시경제 개혁은 국내에서나 국제적으로나 많은 산업 분야들이 더 경쟁력을 갖는 데 도움을 주었다. 그러나 이런 개혁이 시골 농부들과 도시 노동자 계층이 교육이나 의료, 소득 면에서 발전하는 데는 거의 도움이 되지 않았다.

더큰그림

—

2020년 이후로 아프라시아Afrasia(아프리카 북부와 아시아 남부를 일괄적으로 부르는 이름 - 역주)의 유대도 계속 깊어질 것이며, 이는 중국의 부상에 보탬이 될 수 있다. 수십 년 동안 아프리카 국가들은 기본적인 사회 기반 시설, 교육, 의료뿐만 아니라 자금도 부족했다. 그러나 중국이 준선진국으로 변모하면서 아프리카에 투자할 의향을 보임에 따라 지금은 그러한 제약의 일부가 사라지고 있다.

중국은 동남아시아에서 기회가 고갈될 경우 아프리카를 다음 제조업 중심지로 고려할 수도 있다. 사실 중국이 서방 국가들에게 해주었던 역할을 아프리카가 중국에 해줄 수 있다. 앙골라, 에티오피아, 케냐 등은 이미 중국의 투자 수혜를 받은 나라들이다.[30] 브루킹스연구소 Brookings Institution에 따르면, 이러한 투자는 주로 운송과 에너지 부문에 집중되고 있지만 일단 도로와 철도, 전기를 사용할 수 있게 되면 제조업 기반도 되어줄 수 있을 것이다.

그러므로 신흥 시장의 성장이 전반적으로 더뎌졌을지 몰라도 중국이 주요 지분을 가지고 있는 국가들을 포함한 일부 아프리카 시장은 계속 빠르게 발전할 것이다.[31] 예를 들어 동아프리카의 에티오피아, 케냐, 탄자니아, 우간다는 부분적으로는 중국과의 관계 덕분에 앞으로 몇 년간 6~8%의 성장률을 보일 것으로 예상된다. 서아프리카의 코트디부아르, 가나, 니제르의 경제 전망 또한 긍정적이다. 반면에 아프리카에서 가장 인구가 많은 두 나라인 나이지리아와 남아프리카공화국은 성장으로 가는 길이 더 좁다. 남아프리카공화국은 코로나19 위기로 인한 타격이 특히 컸으며 나이지리아는 코로나19 대유행 전부터 성장세가 둔화되고 있었다.

서구와는 대조적으로 다른 지역, 특히 동아시아와 동남아시아의 전반적인 경제 발전 실적은 아주 긍정적이었다. 이는 국내외에서 많은 사람들의 부를 증가시켜 준 중국의 덕이 컸다. 이 챕터에서 보았듯이 중국은 자체 추산으로 7억 4,000만 국민을 빈곤에서 벗어나게 해 주었다. 또한 다른 많은 신흥 시장이 더 높은 성장률을 달성하게 했으며, 그 후 다소 줄어들기는 했으나 성장률이 정점을 찍었을 때 세계 경제의 대수렴을 가져왔다.

중국이 세계 경제에 미친 효과 가운데 가장 중대한 결과는 '아시아의 세기'가 이미 시작됐다는 것이다. 발렌티나 로메이Valentina Romei와 존 리드John Reed가 2019년 3월 《파이낸셜 타임즈》의 기사에서 밝힌 바에 따르면 구매력 평가 지수purchasing power parity 기준 세계 GDP에서 차지

하는 비중으로 볼 때 2020년은 2세기 만에 처음으로 아시아의 GDP
가 세계 다른 지역보다 높은 해로 기록될 것이라고 한다.[32] (도표 3.3 참
조) 그리고 코로나19 위기는 그런 전망을 확인시켜 줬다. 2020년 10월
IMF는[33] 중국은 주요 국가 중 유일하게 2020년 내내 경제가 성장할
것이며, 아세안 국가들은 제한적 손실을 보는 유일한 지역이 되리라고
예측했다. 이와는 대조적으로 서구의 선진 경제 대부분, 특히 유럽 국
가들은 역사적인 경기 위축을 겪게 될 것으로 예상했다.

도표 3.3이 묘사하고 있는 이러한 통계의 중요성을 과소평가해서
는 안 된다. 아시아가 마지막으로 세계 경제를 지배했던 때는 1차 산

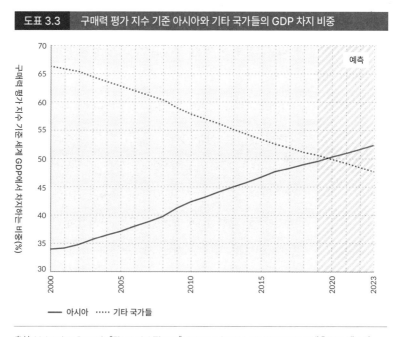

도표 3.3 구매력 평가 지수 기준 아시아와 기타 국가들의 GDP 차지 비중

출처: Valentina Romei, 《Financial Times》, International Monetary Fund 내용으로 재구성

업혁명이 막 시작됐던 19세기 초반이었다. 2000년에 아시아는 여전히 세계 생산량 가운데 겨우 3분의 1을 차지하고 있었다. 4차 산업혁명의 여명기인 현재는 아시아가 수천 년 동안 차지했었던 지배적 위치를 되찾고 있다. 그리고 중국의 발전에 따라 아시아는 사물 인터넷에서부터 인공지능까지 모든 면에서 나머지 세계를 능가하며 수십 년 동안 우위를 굳힐 것이다.

중국의 부상과 그 뒤를 이은 다른 신흥 시장 국가들의 부상은 매우 획기적인 이정표다. 하지만 그렇다고 해서 더 큰 그림을 놓치면 안 된다. 우리가 챕터 2에서 설명했던 세계적 추세는 서구와 마찬가지로 아시아에도 유효하다. 전 세계는 지속 불가능한 성장 경로를 걸어 오면서 환경과 미래 세대의 운명을 위험에 빠뜨렸다. 더욱이 중국, 인도 및 기타 국가들이 최근 몇 년간 이룬 성장은 서구의 성장과 마찬가지로 편향된 경우가 많다.

제일 먼저 아시아의 환경부터 고려해 보자. 중국, 동남아시아 및 다른 신흥 시장 국가들의 많은 도시는 최악의 환경 훼손, 공해, 기후변화의 영향을 경험하고 있다. 세계 인구의 90% 이상은 세계보건기구가 안전하지 않다고 간주하는 공기를 마시고 있다는 발표가 2019년에 있었다.[34] 그런데 오염이 가장 심한 20개 도시는 모두 아시아에 있다. 수도인 뉴델리를 포함한 인도의 열다섯 개 도시, 중국과 파키스탄의 각각 두 개 도시, 마지막으로 방글라데시의 수도인 다카까지 총 20개 도시다. 최근 몇 년간 중국에서는 상황의 심각성에 대한 인식이 많이 높아졌고, 최근의 정책 변화는 그런 우려를 반영하고 있다. 하지만 대규모 산업 도시라면 어디든지 오염이 여전히 주요 문제임이 틀림없다.

세계불평등연구소World Inequality Lab에서 작성한 도표 3.4의 두 그래프에서 볼 수 있듯이 불평등 문제 역시 아시아 경제에 주요 난제로 남아 있다.

세계불평등연구소의 보고에 의하면, 인도의 경우 "규제 완화와 개혁·개방의 시행에 따른 경제의 중대한 변화에 따라 1908년부터 불평등이 상당히 증가했다."[35] 지금의 정부가 집권한 2014년, 인도는 '사상 최대' 수준의 소득 불평등에 직면했다. 마찬가지로 중국의 소득 불평등은 개혁·개방 정책의 시작부터 2010년 무렵까지 거의 계속 증가했다. 중국의 정책들은 '전례 없는 국가 소득의 증가'뿐만 아니라 '소득 분배에도 중대한 변화'를 초래했다고 세계불평등연구소는 지적했다. 거의 모든 계층의 소득이 향상됐지만, 소득이 가장 높은 집단이 개방으로 인한 혜택을 점점 더 많이 받고 있다. 거의 10년 전부터 불평등의 심화가 느려지거나 멈춘 듯이 보이긴 하지만, 도표를 보면 중국은 여전히 불평등 수준이 높은 국가 중 하나다.

코로나19 위기는 아시아를 포함한 전 세계 경제에 단기적 혼란을 더했다. 초기 지표들이 맞는 것으로 증명된다면 중국과 일부 아세안 국가, 동아시아는 많은 서구 국가들보다 이 위기에서 빨리 반등하여 소위 V형 경기 회복을 이뤘다. 하지만 우리가 본 바와 같이 불평등 문제, 지속가능성의 부재, 회복력 부족 가능성은 코로나19 위기가 물러간 후에도 여전히 서구와 아시아 사회 공통의 문제가 될 것이다.

우리는 아시아가 회복한 정치·경제적 힘을 기후변화, 다자주의의

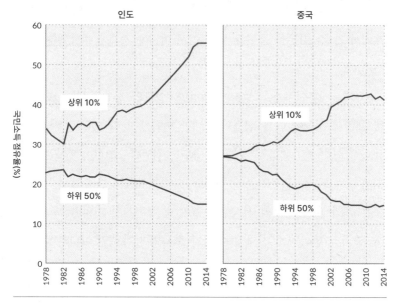

도표 3.4   중국과 인도의 상위 10%와 하위 50%의 소득 점유율

출처: 샹셀, 피케티, 양, 주크먼,《세계 불평등 보고서》 내용으로 재구성

부재, 사회·경제적 불평등 등 세계가 직면한 주요 난제들을 해결하는
데 사용하기를 희망할 수 있다. 원론적으로 조화의 추구라는 유교 정
신을 바탕으로 아시아가 더 도덕적인 세계를 만드는 데 기여할 수도
있다. 하지만 아직 거기에 이르진 못했다. 세계 경제 체제는 통제 불능
상태로 떨어졌고, 우리는 방향을 바꾸기 전에 또 다른 고통스러운 현
실에 직면해야 한다. 그건 바로 우리가 분열된 사회에 살고 있다는 사
실이다.

Stakeholder
Capitalism

CHAPTER

04

—

Divided Societies

분열된 사회

1961년 8월 12일 베를린 사람들은 아침에 눈을 뜨자마자 가혹한 새로운 현실과 맞닥뜨렸다. 도시 한가운데를 갈라놓는 장벽이 생긴 것이었다. 오랫동안 엇갈려 온 지정학적 이해관계에 정점을 찍은 이 사건은 많은 사람들에게 잔혹한 충격이었다. 베를린 장벽은 이후 거의 30년간 서 있으면서 독일의 여러 세대에게 상처를 남겼다.

15년 전 2차 세계대전이 끝나갈 무렵 독일은 연합군에 점령당했다. 소비에트연방, 미국, 영국, 프랑스는 나치 지도부를 무너뜨리고 역사상 가장 파괴적이었던 전쟁을 끝냈다. 그러나 한 전쟁의 끝은 또 다른 전쟁의 시작을 의미했다. 독일은 둘로 나뉘었고 베를린도 둘로 나뉘었다. 동베를린은 결국 소련의 영향권 아래에 있는 독일 동부의 독일

민주공화국DDR, Deutsche Demokratische Republik의 일부가 되었다. 그리고 연합군에 점령된 서베를린은 독일 서부와 남부 지역을 아우르는 서구 지향의 독일연방공화국BRD, Bundesrepublik Deutschland의 일부가 되었다.

베를린은 난처한 처지에 놓였다. 그때까지 독일 전체의 수도였던 베를린은 각각 미국·프랑스·영국 점령 지구와 러시아 점령 지구에 살고 있던 서독 주민과 동독 주민의 고향이었다. 그러나 새로 형성된 두 나라 간의 긴장이 고조되면서 공산주의 국가 동독에서 자유 국가 서독으로의 탈출이 점점 더 문제가 되었고, 이에 동독은 1961년 국경에 장벽을 쌓기로 했다. 장벽은 도시 한가운데를 갈라놓으면서 동독 시민이 서독으로 접근하는 걸 막았다. 그것은 수십 년 동안 독일의 지정학적 분단을 고착시켰다.

독일의 분단과 통일

—

모든 독일인과 전 세계 많은 사람들과 마찬가지로 나는 베를린 장벽이 나타난 순간을 생생하게 기억한다. 당시 스물세 살이었던 나는 내가 태어난 나라의 현실, 나아가 유럽의 정치적 현실을 잘 알고 있었다. 나는 젊었을 적에 여러 달 동안 자유로운 서유럽 구석구석을 여행했고, 독일인, 프랑스인, 영국인, 이탈리아인을 불문하고 모두가 공유하고 있던 유럽 공통의 정체성을 찬양하는 청년운동에 가담했다. 우리는 공동의 정체성을 정치적, 사회적 현실로 바꾸고 싶었다. 그것은 나중에 유럽연합으로 변모한 유럽경제공동체European Economic Community가 내세운 계획이었다.

그러나 그때 또 다른 현실이 모습을 드러냈다. 유럽 국가들이 하나로 뭉치지 않고 각자의 길을 가고 있었다는 점이다. 베를린 장벽 건설은 그런 전개에 꼭 들어맞았다. 그것은 소련이 이끄는 동구권과 미국이 이끄는 서구권 간에 벌어진 냉전의 일부였다. 세계 곳곳에서 갈등이 발생했다. 베를린 장벽이 건설되기 몇 개월 전 미국의 도움을 받은 쿠바 망명자가 피델 카스트로의 새로운 공산국가 쿠바의 전복을 꾀하는 쿠데타를 시도했다. 피그스 만 침공Bay of Pigs으로 알려진 이 쿠데타 시도는 실패로 끝났고, 이는 2년 뒤 쿠바의 미사일 위기로 이어졌다. 그 후 몇 년 동안 소련과 미국은 각각 대량 살상 무기의 비축을 늘렸고 세계를 핵전쟁 직전까지 몰고 갔다.

이 두 진영 간의 장벽을 극명히 보여주는 베를린 장벽은 브란덴부르크 문 앞에 세워졌다. 이 상징적인 문 바로 앞을 지나는 베를린 장벽은 민주주의 진영의 서베를린에서 도시 바깥 브란덴부르크 주로 가는 길을 말 그대로 차단했다. 장벽과 철조망 뒤에 있어 접근할 수 없는 브란덴부르크 문은 진정한 기준점이 되었다. 독일과 다른 국가 지도자들은 상징적으로 브란덴부르크 문을 뒤로하고 연설을 하고는 했다. 1963년 미국의 존 F. 케네디 대통령이 모든 베를린 사람에 대한 지지를 시사하는 "나는 베를린 사람입니다Ich bin ein berliner" 연설을 한 장소도 이곳이었다.[1] 1985년 서베를린 시장 폰 바이체커von Weiszacker가 "브란덴부르크 문이 닫혀 있는 한 독일 문제는 미해결 문제다"라고 말한 장소도 이곳이었다. 1987년 로널드 레이건 미국 대통령이 소련의 미하일 고르바초프 서기장에게 "이 문을 열고 이 장벽을 허물자"[2]고 요청한 장소도 이곳이다.

장벽은 거의 30년 동안 양쪽을 가로막고 있었다. 서베를린에 사는 서독 주민은 브란덴부르크 문을 멀리서만 볼 수 있었고, 브란덴부르크 주에 동독 주민인 친구나 가족이 있는 사람들은 수십 년 동안 그들을 보지 못했다. 장벽이 건설된 후 몇 년 동안은 수백 명이 장벽을 건너려다 죽기도 했다. 이처럼 베를린 장벽은 곧 베를린과 독일뿐 아니라 유럽 전체를 갈라놓은 철의 장막이 되었다. 오직 서베를린 사람들만 자유와 민주주의를 계속 경험했다. 동베를린과 브란덴브루크 등 인근 지역에 살고 있던 동독인들은 현저히 다른 환경에서 살았다. 말 그대로 분리된 사회였다.

1989년 11월 9일 모든 것이 바뀌었다. 곧 국경이 다시 열릴 것이라는 소문이 퍼진 후 그날 양쪽에서 수천 명이 장벽을 타고 올라갔다. 소련은 힘없는 거인 상태였고 폴란드에서 헝가리까지 국경이 붕괴되기 시작했다. 그토록 오랫동안 분단되어 있던 사회에 그것은 결정타였다. 경비병이 옆에 서 있는데도 들뜬 군중은 브란덴부르크 문이 내려다보이는 장벽으로 올라가 두 세대 만에 처음으로 반대편으로 넘어갔다. 베를린 장벽에 올라간 사람들은 물리적 장벽 이상을 올라탄 셈이었다. 동독과 서독 주민들이 보낸 메시지는 분명했다. 지금부터 우리는 통일된 국가의 국민이라는 것이었다. 베를린 장벽에 올라선 사람들의 모습이 전 세계 그리고 여전히 공산당 통치하인 동독으로 퍼졌다.

11월의 그날 밤을 기점으로 많은 이들이 기억할 일련의 역사적 사건들이 벌어졌다. 그 후 몇 개월 사이에 이른바 철의 장막이 무너지면서 바르샤바조약기구의 중유럽과 동유럽 국가 정부를 포함한 철의 장막 뒤의 정부들도 무너졌다. 180도 바뀐 동독은 특히 인상적이었다. 1989년 12월 베를린 장벽은 완전히 해체되었고 브란덴부르크 문은 공식적으로 다시 열렸다. 수십만 명이 동독에서 서독으로, 그리고 그 반대로 건너가 친구와 가족을 수십 년 만에 만났다. 이는 세계경제포럼의 역사에서도 중요한 순간이었다. 포럼의 역사를 다룬 이전 책에서 나는 이렇게 회상했다.[3]

1990년 (다보스에서의) 연례 회의는 독일 통일 과정을 촉진하기 위한 중요한 플랫폼이 되었다. 다보스에서의 헬무트 콜Helmut Kohl 서독 연방 총리와 새로 선출된 동독의 한스 모드로Hans Modrow 수상의 첫 번째 만남은 독일의 통일 진행 절차를 정하는 데 결정적이었다. 콜 총리는 조치가 시급함을 인식하고 있었다. DDR은 내부 붕괴 중이어서 재정적 안정 유지를 위한 즉각적인 경제 지원이 필요했다. 이런 사정을 통감한 모드로는 더 이상 독일의 통일 후 중립을 주장할 수 없다는 것을 깨달았다. 본으로 돌아온 콜 총리는 신속히 움직였다. 며칠 후인 2월 7일 서독 내각은 두 독일의 통화 통합 제안을 공식적으로 승인했다. 8개월 후 절차는 마무리되었고 1990년 10월 3일 독일은 통일되었다.[4]

독일 통일 후 몇 년 동안 독일인들은 동·서독의 관계를 진정으로 회복하여 분단되었던 국가를 재통합하기 위한 정부의 정책을 지지했다. 베를린을 둘러싸고 있는 브란덴부르크 주 사람들은 빅 텐트 정당 big tent party(특정 계급이나 이념에 한하지 않고 다양한 계층이나 이념을 가진 사람들이 모인 정당 - 역주)인 기독민주당과 사회민주당에 일제히 투표했다. 최초의 자유 선거에서 두 당은 브란덴부르크 주 총투표 수의 3분의 2를 얻었다. (이전의 공산당은 3위를 차지했다.) 독일의 다른 주들도 마찬가지였다. 이러한 폭넓은 대중의 지지 덕분에 독일은 정치적, 사회적, 경제적으로 통합될 수 있었다. 과거 동독 지역은 경제 통합의 충격으로부터 회복하기 위해 상당한 재정 지원이 필요했고, 40년간의 단절로 인해 어쩔 수 없이 사람들의 사이도 멀어져 있었다. 그러나 통일에 대한 열광은 압도적이었다.

이런 상황에서 30년 뒤에 상황이 재역전되어 다시 분열이 일어날 거라고는 아무도 예측하지 못했다. 그렇지만 그렇게 됐다.

중도 다수당과 그들이 주창한 공동의 발전을 지지한 지 20년이 지난 후 옛 동독 주들의 상황은 극적으로 달라졌다. 불과 몇 년 사이에 정치 중심이 와해됐다. 2019년 9월의 선거 후에는 예전에는 생각도 할 수 없었던 일이 발생했다. 두 주요 정당은 총투표 수의 절반에도 못 미치는 42%의 득표율을 기록했다. 전통적인 좌파(옛 공산당) 정당인 제3당을 더해도 득표율은 크게 다르지 않았다. 3대 정당은 브란덴부르크 유권자의 거의 절반을 잃으며 정점에서 바닥으로 떨어졌다.

승자는 사회적, 정치적 스펙트럼의 반대편에 있는 두 정당이었다.

기후 문제에 집중하는 녹색당Die Grünen이 브란덴부르크 표의 약 10%를 가져갔는데, 이는 기후변화에 대한 사회적 관심의 증가를 상징했다. 다른 정당들은 녹색당의 정치 무대 진입을 대체로 환영했다. 그러나 반이민 정책을 내세운 급진 우파 정당인 '독일을 위한 대안AFD, Alternative für Deutschland'이 역대 최고인 23.5%를 득표했다는 사실은 좀 걱정스러웠다. 이는 1930년대 이후 민주 선거에서 독일 극우 정당이 거둔 최고의 결과였다.

코로나19 위기에 잘 대처한 덕택에 메르켈 총리가 속한 독일의 전통적 중도 정당인 기독민주당의 인기가 여론조사에서 다시 급증할 때까지 독일의 전반적 상황은 비슷하게 전개되었다. 그러나 중도의 부활도 우파의 급진화와 좌파의 분열을 숨길 수 없었다. 메르켈 총리가 평론가들과 대중의 찬사를 받으며 코로나19 위기를 훌륭히 관리했음에도 불구하고 독일 국민 상당수는 마스크 착용, 거리 두기, 백신 접종 가능성 등 공중 보건 조치에 회의적이었다.

베를린 장벽 붕괴 30주년은 2019년 주의회 선거와 연이은 코로나19 위기로 시작됐다. 과거 통일과 희망의 상징이었던 문이 있는 브란덴부르크 주는 이제 더 양극화되고 매우 회의적인 사회라는, 전혀 다른 현실을 상징하게 되었다. 사회의 한가운데를 나누는 장벽은 더 이상 없지만 많은 사람이 중도 정당을 떠나 더 극단적이고 급진적이거나 분열된 정당에서 피난처를 찾고 있다. 어떻게 된 일일까?

정치적 중도의 붕괴와 포퓰리즘, 정체성 정치identity politics(인종·성·종교·계급 등의 기준으로 분화된 집단이 각 집단의 권리를 주장하는 데 주력하는 정치 – 역주), 기타 분열을 조장하는 이데올로기의 급증은 브란덴부르크, 나아가 독일에 국한되지 않는다. 전 세계적으로 주요 중도 정당에 투표하는 사람들은 줄어들고 더 극단적이거나 분열을 조장하는 정당과 후보자에 투표하는 사람들이 늘어나고 있으며, 이는 결국 정치와 사회를 양극화하고 마비시키고 있다. 이것은 제1당은 대부분 당원이나 견해에서 포용적인 경향이 있었던 전후 서구의 오랜 전통과의 단절이다. 그리고 경험으로 알고 있듯 분열하는 경향이 강한 대안 정당들은 더 조화로운 미래보다는 더 큰 균열을 가져올 때가 많다.

이런 양극화를 완전히 설명해 주는 한 가지 요인을 추려 내기는 힘들다. (다음 챕터에서 사회적, 경제적 원인 몇 가지를 살펴볼 것이다.) 하지만 양극화는 기존의 사회·경제적 문제들의 결과이자 그 문제들의 원인일 가능성이 크다.

그렇다면 우리가 직면하고 있는 사회적 분열이 얼마나 광범위하게 퍼져 있고 이는 어디에서 왔을까? 그 질문들에 답하기 위해 유럽과 전 세계의 예들을 좀 더 살펴보자.

중도 정치의 약화

—

대다수는 서구에서 가장 미디어화한 두 사회, 미국과 영국의 사회적, 정치적 발전에 대해 익히 알고 있다. 2016년 미국에서는 현존하는 사람들의 기억으로는 최초로 비정치권 인물이 대통령으로 선출되었다.

그리고 2016년 유럽연합 잔류 여부(브렉시트)를 놓고 진행한 영국의 국민투표도 사회를 거의 양분시켰다. 두 나라 모두 사회 분열이 지속되었고, 그 후로 더 심해지기까지 했다. 그러나 양극화 경향은 앵글로색슨 국가를 넘어섰으며, 더 깊고 심각해졌다.

유럽 대륙의 의회민주주의 국가들의 상황을 고려해 보자. 이곳의 정치 지형은 오랫동안 독일 정당들과 유사한 중도좌파와 중도우파 정당들에 의해 지배되어 왔다. 그러나 과거의 유력 대중 정당Volksparteien은 최근 몇 년 사이에 해체되거나 더 극단적인 정당으로 대체되는 경우가 많았다. 혹은 내부로부터의 변화를 거쳐 더 급진적인 정당으로 재탄생했다.

먼저 중도좌파를 고려해 보자. 철의 장막이 무너지고 유럽에서 공산주의가 붕괴된 후 이전의 사회주의 정당 다수가 처음에는 더 실용적인 중도좌파 정당으로 이미지를 쇄신했다. 그들은 다양한 유권자들로부터 표를 얻었고 그럼으로써 진정한 초당파 연합, 즉 광범위하고 종종 비이념적인 호소력을 갖는 주요 정치 세력이 되었다. 그러나 그렇게 새로 얻은 균형은 오래가지 못했다. 2000년대 후반부터 여러 유럽 나라에서 사회민주당이 지지 기반을 잃기 시작했다. 국가 부채의 증가 또는 위기와 그에 따른 급격한 경기 침체 기간에 사회민주당이 정부의 일원이었기 때문에 유권자들은 중도좌파 정치에 대한 신뢰를 잃었다.

이후 투표에서 사회민주당의 지지도 하락은 극적일 정도였다. 독일에서는 1998년 독일 게르하르트 슈뢰더Gerhard Schröder 총리의 사회민주당이 통일 후 최고인 40% 이상 표를 얻었다. 반면에 2019년의 득표율은 15% 미만이었다. 프랑스의 사회민주주의 정당인 사회당Parti Socialiste은 2012년까지 정기적으로 의석의 과반수와 대통령직을 차지했지만 2017년에는 거의 해체되었다. (마크롱Macron 대통령의 '전진하는 공화국당'La République en Marche'이라는 새로운 중도 정당이 등장하기는 했다.) 이탈리아의 중도좌파 민주당은 더 빠르게 몰락했다. 2013년 마테오 렌치Matteo Renzi 총리의 민주당Partito Democratico은 의석의 거의 절반을 차지함으로써 수월하게 다수당이 되었다. 그러나 5년 후에는 의석의 겨우 6분의 1을 차지할 정도로 무너졌다.

중도좌파를 지지했던 유권자들이 어디로 갔는지는 나라마다 다르지만, 유권자들의 표심을 가장 많이 얻은 것은 전통적인 중도파가 아니라 대내적으로는 급진적인 개혁을 지지하고 대외적으로는 유럽연합과 세계 경제 체제를 거부하는 정당들이었다. 예를 들어 프랑스에서는 좌파 포퓰리즘 정당인 '굴복하지 않는 프랑스'La France Insoumise'가 2017년 대통령 선거에서 2차 결선 투표에 진출하기에는 득표율이 약간 모자랐지만, 사회당 후보를 3대 1로 앞섰다. 이 정당의 목표 중 하나는 전후의 '제5공화국'을 대체하는 '제6공화국'을 건설하는 것이다. 그리스에서는 2010년대 초 국가 부채 위기가 통제 불능 상태가 된 후 긴축에 반대하는 좌파 정당 시리자Syriza가 집권했다. 이 정당은 국제통화기금과 유럽연합을 포함한 채권단들과 상환 이행 조건에 이의를 제기하며 논쟁을 벌인 것으로 유명하다. 그리고 스페인에서는 분개한 청년들의 거리 시위 직후 '우리는 할 수 있다'는 뜻의 포데모스Podemos라는 새로운 정당이 좌익 정당인 사회민주당에 도전장을 내미는 데 성공했다. 이 정당들 모두를 하나로 묶는 것은 기존의 국제 무역 협정에서 탈퇴하고자 하는 소망, 유럽연합의 개혁 또는 탈퇴 요구, 엘리트들에 대한 일반적인 혐오였다.

두 번째로 유럽의 중도우파는 중도 노선에서 더 급격히 벗어났다. 상당 기간 동안 보수적인 기독민주당은 진정한 대중 정당이었다. 그들은 산업혁명이나 계몽주의에서 탄생한 어느 하나의 이데올로기(사회주의 또는 자유주의)를 고수하지 않고 사회에 대한 인본주의적 비전과 중도적인 정치적 역할을 내세웠다. 최근 역사에서 앙겔라 메르켈 총리만큼 실용적 정치 방식을 상징하는 사람은 없다. 그러나 그녀가 집권하기 훨씬 전에 기독민주당-기독사회당 연합은 독일의 주 대중 정당이었다. 기독민주당의 우세는 1980년대부터 1990년대까지 16년 동안 총리였던 헬무트 콜과 2차 세계대전 후의 선거에서 거의 절반 또는 그 이상의 지지를 받으며 (다당제 대의 민주주의에서 인상적인 위업) 거의 15년 동안 독일을 이끌었던 콘라드 아데나워Konrad Adenauer로까지 거슬러 올라간다.

그러나 최근 몇 년 동안 기독민주당은 우파로부터 인본주의와 중도주의로부터 벗어나라는 압박을 받아왔다. 이런 상황을 촉발한 것은 유럽 난민 위기였다. 2015년과 2016년에 중동과 아프리카에서 유럽으로 넘어온 100만 명 이상의 정치적, 경제적 난민을 수용한 독일에 주요한 사회적, 정치적 과제를 안겨줬다. 메르켈과 기독민주당-기독사회당 연합은 처음에는 이 문제에 관대하게 대응했다. 몇십 년 전에 있었던, 철의 장막과 베를린 장벽 붕괴 같은 드라마를 염두에 두었을 게 분명한 메르켈은 국경 개방을 주장했다. "우리는 해낼 수 있습니다Wir Schaffen Das"라고 메르켈 총리는 말했다. 독일 통일 후 통합을 이뤄낸 경험이 있으니 다시 할 수 있다는 것이었다. 그러나 통합이라는 난제가, 많은 지역사회가 감당할 수 있는 수준 이상임이 드러나면서 포용과 환대라는 접근법에 대한 대중의 지지는 곧 약해졌다. 독일어를 쓰지 않는 젊은 남성 이민자들 다수는 새로운 기술을 배우고 언어를 익히고 행정적 장애물을 통과하는 다소 긴 과정을 거치고서야 노동 인구에 합류할 수 있었기 때문에, 많은 도시의 사회복지 프로그램에 부담을 주었다. 게다가 이주민 위기 초반에 다양한 도시의 신년 축하 행사 도중 갱이 여성을 공격한 사건이 발생하자[5] 언론에서 이주민이 저지른 범죄를 집중적으로 보도했고,[6] 이주민에 대한 여론은 등을 돌렸다. 독일을 위한 대안 정당이 등장하여 국경 폐쇄와 더 엄격한 통합 정책을 요구하면서 여론조사에서 상승세를 이어갔다. 우파의 측면 공격을 받은 기독민주당-기독사회당 연합은 좀 더 강경한 당의 입장을 내놓을 수밖에 없었고 2016년 메르켈 총리는 "우리는 해낼 수 있다"는 구호를 취소했다. "가끔은 그 구호가 좀 과장되었고 너무 중시되는 듯해서 그것을 되풀이하지 않는 편이 낫겠다는 생각입니다"라고 메르켈은 유력 경제지 《비어트샤프트보헤Wirtschaftswoche》와의 대담에서 말했다. 유럽연합의 다른 국가에서도 비슷한 사건들이 발생했으므로 유럽 각국의 선도적인 대중 정당들과 그것들이 속한 유럽인민당European People's Party의 종말이 시작된 듯했다. 그러나 코로나19 위기에서 메르켈의 리더십은 매우 성공적이었다. 그녀의 실용적이고 포용적인 접근법 덕분에 2020년에 재기할 수 있었다. 과학자로 교육받은 메르켈은 데이터와 증거에 입각하여 엄격히 공중 보건 위기를 관리했고, 그 결과 독일은 프랑스, 스페인, 이탈리아를 비롯한 여타 국가들보다 코로나19 대유행의 여파가 적었다. 이에 독일 국민들은 다시 한 번 실용적이고 중도적인 지도자를 지지하며 결집했다.

하지만 다른 유럽 국가들의 기독민주당은 독일처럼 회복력 있는 정부 기관과 공중 보건 체계, 메르켈처럼 경험 많은 지도자의 통솔력이 없었던 까닭에 코로나19 위기 동안 세력을 다시 회복하지 못했다. 대신 유럽 대륙 전역의 중도 우파 다수당들은 난감한 딜레마에 직면했다. 즉, 대중의 지지를 유지하기 위해 우경화하거나 강경 노선의 대안 정당에 유권자의 대다수를 빼앗길 수밖에 없었던 것이다. 어느 쪽이든 결과는 선도적 중도 대중 정당으로서의 기독민주당의 종말을 의미했다.

이런 상황은 인본주의의 위축을 야기했다. 이탈리아에서는 전후 이탈리아 역사 대부분에서 그랬듯이 중도우파 연합이 명목상으로는 오늘날까지 가장 강력한 정치 세력으로 남아 있다. 그러나 그 내부 조직은 극히 달라졌다. 파시즘 이후 첫 선거에서는 보수 중도우파 정당인 기독교민주당Democrazia Cristiana이 연립정부를 이끌었다. 그러나 2000년대에는 실비오 베를루스코니Silvio Berlusconi의 포퓰리즘 정당, 포르차 이탈리아Forza Italia, 전진 이탈리아가 집권했다.

최근 몇 년 동안 강력한 대중의 지지를 받아온 무소속의 주세페 콘테Giuseppe Conte 총리가[7] 유지해 온 이탈리아의 연립정부는 훨씬 더 우경화되었다. 이전에 포르차 이탈리아 연립정부의 소수당이었던 우익 민족주의 정당 레가Lega, 즉 동맹당은 2018년 총선에서 돌풍을 일으켰다. 동시에 기성 정치에 반대하는 비이념적 정당인 오성운동당Five Star Movement이 또 다른 주요 정당이 되면서 이탈리아에는 검증되지 않은 우익과 반체제 정당의 연립정부가 구성되었다.

유럽의 다른 민주주의 국가에서도 비슷한 일이 일어났다. 1980년대 레흐 바웬사의 연대 자유 노조 운동이 민주주의의 문을 열었던 폴란드에서는 법과정의당Law and Justice Party이 최근 몇 년 사이에 여당으로 부상했다. 이 정당은 여전히 기독민주당이라고 자칭하지만, 엄밀히 따지면 폴란드의 이전 정당들보다 훨씬 우익 성향을 띠고 있으며, 훨씬 더 인기 있고 대중에 영합하는 정당이다. 헝가리의 상황도 비슷해 보인다. 우익과 기독민주당의 연합인 청년민주동맹-기독민주인민당 Fidesz-KNDP 연합은 단연 지배적인 정치 세력이다. 청년민주동맹도 원칙적으로 기독민주당이며 유럽 의회의 유럽국민당European People's Party에 소속되어 있다. 그러나 이전 선거에서 청년민주동맹의 강경한 이민 반대 정책과 유럽연합 반대 선거 운동은 유럽국민당에 포함된 보다 중도적인 정당들과 상당한 마찰을 일으켰다.

경제학자 브랑코 밀라노비치는 점점 더 걱정스러워지고 있는 이런 추세를 그래프로 요약했다. (도표 4.1 참조) 이 그래프에서는 중도우파 정당들이 더 우경화되고 있는 경향 외에 2000년까지만 해도 민주국가에서 비주류였던 극우 정당들이 이제 유럽 전역에서 빠르게 주류가 되고 있음을 볼 수 있다.

다른 국가의 상황에서도 민족주의, 포퓰리즘, 권위적인 리더십의

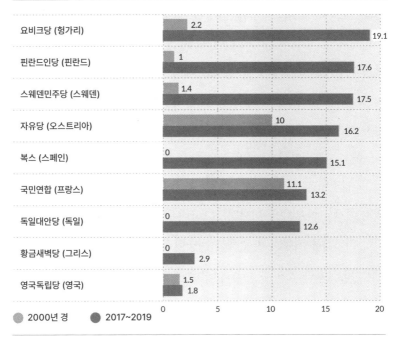

도표 4.1 　2000년경과 최근(2017~2019) 의회 선거에서의 우익 포퓰리즘 정당 득표율(%)

정당	2000년 경	2017~2019
요비크당 (헝가리)	2.2	19.1
핀란드인당 (핀란드)	1	17.6
스웨덴민주당 (스웨덴)	1.4	17.5
자유당 (오스트리아)	10	16.2
복스 (스페인)	0	15.1
국민연합 (프랑스)	11.1	13.2
독일대안당 (독일)	0	12.6
황금새벽당 (그리스)	0	2.9
영국독립당 (영국)	1.5	1.8

● 2000년 경　　● 2017~2019

출처: 브랑코 밀라노비치 자료 내용으로 재구성

부상이라는 몇몇 유사점을 도출할 수 있다. 지역 간 정치 추세의 비교
는, 사회·경제적 상황이 다를 때는 더욱더 힘들지만, 많은 나라의 유
권자들은 인본주의 대신 민족주의, 개방 대신 보호주의, 그리고 사회
와 세계 전체에서 외부인으로 인식하는 '그들'과 '우리'를 대비시키는 관
점으로 더 기우는 듯하다.

　예를 들어 라틴아메리카에서 인구가 가장 많은 브라질에서는 보수
파 의원 자이르 보우소나루Jair Bolsonaro가 브라질 사회와 정치에 '규칙

과 질서를 가져올 정치적 아웃사이더라는 전제하에 대통령에 선출되었다. 그는 다선 의원이지만 2018년 선거까지 그의 민족주의 및 전통주의 입장은 다수 의견이 아니었다. 1988년 군사 독재가 무너진 후 브라질은 중도좌파 또는 좌파 성향의 대통령을 선출해 왔다. 보우소나루의 당선은 그런 역사를 바꿔 놓았다. 유권자들이 그의 극단적인 보수정치 브랜드에 표를 몰아 주었기 때문이다.

중국, 인도, 러시아, 터키 같은 다른 G20 국가 지도자들의 민족주의, 권위주의로의 전환을 지적하는 사람들도 있다. 각국의 사회적, 경제적 배경은 다르지만, 더 강하고, 국내 문제와 민족에 더 집중하는 정치적 리더십을 지향하는 추세는 비슷하다. 이제 두 번째 질문을 해보자. 이런 분열적 정치 스타일을 불러온 사회 분열의 원인은 무엇인가?

사회 불안

사회적 분열의 씨앗은 최소 1990년대 이후로 존재해 왔고 지난 몇십 년간 지배적이었던 경제 모델에서 상당 부분 찾을 수 있다. 예전에도 누구에게나 보이는 분열의 징후는 있었지만, 몇십 년이 흐른 후 분열이 완전히 주류가 되었다.

필자는 이미 1996년 《뉴욕 타임스》의 칼럼에서 이렇게 지적했다. "경제 세계화는 위기 국면에 들어섰다. 산업 민주주의 국가에서 특히 경제 세계화의 영향에 대한 반발이 거세지고 있어 많은 나라의 경제

활동과 사회 안정에 매우 파괴적인 영향을 미칠 조짐을 보인다. 이러한 민주국가의 분위기는 무력감과 불안을 불러일으키고 있으며, 이로 인해 포퓰리즘 정치인이라는 새로운 브랜드가 부상하고 있다."[8] 중도 정당들이 아직은 측면에서 공격을 받을 뿐이고 대부분의 사람들이 여전히 경제적으로 부유하여 항의의 목소리가 미미하던 때에 이미 이런 예측이 나왔었다.

그럼에도 중도주의 정부는 근본 문제들을 해결하지 않았고 분열은 커질 수밖에 없는 상황이었다. 그 후 몇 년 동안 나는 세계경제포럼 행사에 나타난 많은 시위자들, 그리고 활동가들과 이야기를 나눴다. 나는 그들이 탄광 속 카나리아(과거 광부들이 유해가스를 감지하기 위해 유해가스에 유독 민감한 카나리아를 탄광에 놓아두고 그 이상행동을 탈출 경고로 삼은 데서 유래한 말 – 역주)고 광범위한 사회적 불만이 도래할 징조라고 보았고, 자본주의와 세계화, 경제 발전 모델에 대한 체계적인 개혁이 필요하다는 것을 깨달았다. 그러나 앞서 지적한 바와 같이 나와 다른 사람들이 제기한 이해관계자 자본주의 및 좀 더 포용적인 정책에 대한 요구는 대부분 무시되었다. 돌이켜보면 주장을 입증하기 위해 필자는 더 많은 일을 할 수 있었고, 했어야만 했다. 그러나 2008년에 시작된 세계 금융 위기 전까지 많은 산업 사회에 나타난 균열은 여전히 다수의 번영으로 극복되는 경우가 많았다.

하지만 2008년 금융 위기가 닥치고, 긴 경기 침체가 뒤따랐을 때 체제, 엘리트, 이주민에 반대하는 대중의 아우성은 막을 수 없는 눈사태처럼 터져 나왔다. 금융 위기로 피해를 본 많은 사회는 인디그나도

스Indignados('분노한 사람들'이라는 뜻으로 금융 위기 후 스페인 정부가 긴축 정책을 펼치자 서민과 노동자층이 일으킨 반정부 시위 - 역주)와 월스트리트 점령 시위에 고무되어 시위에 나섰다. 또한 사회의 다른 부분에서도 분노가 끓어올랐다. 예를 들어 이탈리아에서는 "대형 트럭 운전사, 농부, 영세 자영업자, 학생, 실업자들이" 이탈리아의 주요 정치 계급, 유럽연합, 조세 및 세계화에 반대하는 집회를 열기 위해 2013년 12월 거리로 나왔다.[9] 시칠리아에서 농민들의 민족주의 운동으로 출발한 소위 쇠스랑 시위대는 이탈리아 북부에서 급속히 탄력을 받으면서 "우파 단체와 '과격한' 축구팬들까지 끌어들였다"고 이탈리아 국영 통신사 ANSA가 보도했다.[10]

2017부터 환경 위기라는 또 다른 요인도 전면에 나타났다. 그러나 모든 사람이 이 논쟁에서 같은 편에 섰던 건 아니었다. 프랑스를 예로 들어보자. 한편에서는 '청소년 기후 운동Youth Climate Movement'의 청년 시위자들이 정부와 국회의원들에게 기후 문제에 대해 훨씬 더 강력한 조치에 나서라고 주장한다. 그들 중 가장 유명한 스웨덴의 그레타 툰베리는 프랑스 의회에서 연설을 하기도 했다. 하지만 다른 한편으로는 마크롱 정부가 환경을 위해 유류세를 인상하자 '노란 조끼 시위대Gilets Jaunes'가 이에 반대하며 파리 거리로 나왔다. 노란 조끼 시위대도 처음에는 이념에 의해 주도되지 않았다. 그들은 전통적인 좌파나 우파 정치를 옹호하지 않았고 정당을 거부했다. 그러나 해외에서 이 운동이 관심을 끌면서 대안 우파들이 종종 이들을 끌어들였다.[11]

2020년, 반대 목소리를 내는 마지막 집단이 나타났다. 1918~

1919년의 스페인 독감 이후 사람들의 생명과 생계에 최대의 피해를 준 코로나19 대유행에 대한 정부의 대응에 분노한 사람들이 그들이다. 세계 각지에서 이 감염병의 실체에 대한 음모론이 퍼지기 시작했다. 어떤 사람들은 코로나바이러스를 중국이 의도적으로 만들고 퍼뜨렸다고 믿었다. 어떤 사람들은 그 안에서 국민을 억압하려는 자국 정부의 움직임을 보았고 그러한 이유로 공중 보건 조치에 반대했다. 심지어 우리 세계경제포럼이 코로나19 대유행에 관여하고 있다는 주장까지 있었다. 독일에서는 정부의 코로나19 방역 조치로부터의 자유를 요구하는 시위에 신나치 세력이 관여하고 있다는 언론 보도가 있었다.

그러나 최근 몇 년간 등장한 많은 시위대, 유권자, 정당을 이념적 시각으로만 봐서는 무슨 일이 일어나고 있는지 완전히 설명할 수 없다. 사회와 정치에서 극우나 극좌가 중도우파나 중도좌파를 대체하는 것뿐만 아니라, 유권자들이 더 이상 기성 정당이나 현재의 민주주의 체제 자체를 지지하거나 믿지 않는 경우가 많다는 것도 문제다. 많은 사람들이 투표를 하지 않거나 비민주적인 정당을 선택한다. 더 큰 문제는 민주 제도에 대한 공격이 전 세계적으로 널리 퍼져 있다는 점이다. 경제적 이념과 상관없이 민주주의를 옹호하는 모든 사람들이 이런 상황에 대해 깊은 관심을 가져야만 한다. 전후에 세워진 경제 기반과 민주주의 정부 개념은 번영하는 서구 사회의 기반을 형성했지만, 이제 그 기반이 흔들리고 있다.

예를 들어 이탈리아에서는 당시 연립정부에 참여한 오성운동당이 노란 조끼 운동을 지지했다. 노란 조끼 운동은 정부에 반대하는 것인 만큼 여당이 이 운동을 지지한다는 게 이상해 보일 수 있다. 하지만 그리 부자연스러운 움직임도 아니었다. 오성운동당 자체가 대중적인 반엘리트 운동에서 생긴 데다 짧은 역사상 처음으로 여당이 되었기 때문이다. 나중에는 연립정부의 다수당인 우익 레가도 노란 조끼 시위를 지지하는 목소리를 냈다. 독일의 경우를 보자. 독일에서는 좌파와 우파 모두 노란 조끼 운동을 지지하여 시위에 특정한 정치적 색깔을 입히기가 더 어려워졌다. 극우 단체 페기다Pegida는 노란 조끼 시위를 주로 반이민 메시지를 강화할 기회로 보았다. 반면에 좌파 정치 운동체 아우프스테헨Aufstehen은 국제 연대와 전쟁 종식을 촉구하는 데 그 시위를 이용했다. 이와 같은 사례는 새로운 사회 분열이 복잡한 양상을 띠며, 새로운 분열의 경계에 오래된 이데올로기를 적용하는 데 한계가 있음을 보여준다.

앞서 언급한 바와 같이 분열된 사회에서 공통점을 찾기는 어려울 것이다. 중요한 주제에 대해 큰 목소리를 내어온 세력들은 늘 서로 반대 입장을 취하고는 한다. 그리고 특정 주제를 중심으로 연합할 때도 그 세력들이 제안한 해결책을 시행함으로써 우리가 알고 있는 민주주의 제도와 정치 체제가 사실상 약화될 수 있다.

분열된 사회에서 얻는 교훈

—

어느 한쪽을 더 또는 전적으로 동의하든, 아니면 어느 쪽에도 동의하지 않든, 분열된 사회에서 나오는 급진적인 목소리에서 우리는 중요한 교훈을 얻을 수 있다. 바로 정치와 경제를 주도하는 계급이 급진적인 목소리를 내는 이들을 경제적으로나 사회적으로나 자기 편으로 끌어 들이는 데 실패했다는 것이다. 그렇다면 이런 현상에 대한 첫 반응은 노골적인 비난이나 분노가 아니라 겸손과 자기 성찰이어야 한다.

2차 세계대전이 끝나고 "전쟁은 이제 그만"이라고 맹세한 지 75년 이 흘렀다. 다보스에서 제1차 세계경제포럼 연차 총회를 개최한 지도 50년이 흘렀다. 1973년 세계경제포럼 참가자들이 승인한 이른바 다보 스 선언은 이후로도 계속 모임의 주된 영감이 되어왔다. 다보스 선언 에서 재계 지도자들은 주주뿐만 아니라 모든 이해관계자를 돌보겠다 고 약속했다. 그리고 베를린 장벽이 무너진 지 20년이 지났을 때, 우리 는 곧 모든 나라의 모든 사람이 번영을 누릴 것이라고 믿었다.

그러나 앞서 보았듯이 많은 나라의 소득 불평등은 최근 역사에서 보지 못했던 수준에 도달했고,[12] 우리의 성장 모델은 무너졌으며, 환경 은 나날이 훼손되어 황폐해졌고, 갈등은 커졌다. 우리는 현재 및 미래 세대의 기대에 부응하지 못했음을 인정해야만 한다.

그렇다면 많은 서구 사회에서 양극화가 심각해지고, 사람들은 제 도와 지도자들을 경계하게 되고, 다양한 파당들이 점차 자신들만의 제한된 공간에서 상호작용하게 되었다는 사실은 놀라울 게 없다. 수 십 년 동안 지도자들은 상황이 나아질 것이라고 약속했고 특권을 가 진 많은 관측가들은 방관했다. 자유시장이 흘러가는 대로 두기만 하 면 보이지 않는 손이 모든 자원을 최적으로 분배해 줄 거라고 그들은 말했다. 규제를 풀어주기만 하면 회사들은 어느 시대와도 비교할 수 없는 번영을 이룰 것이라고 했다. 그리고 금융 및 기술 혁신가들이 능력을 펼칠 수 있게 둔다면 무한한 GDP 성장에 도달할 것이며 그 혜택이 모두에게 돌아갈 거라고 했다.

주요 경제학자들은 이런 도그마를 믿었고, 그들은 점점 더 정부와 중앙은행에 영향을 끼쳤다. 일부 재계 지도자들은 이해관계자 자본주의를 받아들여 자신들의 사업에 중요한 모두를 돌보고 있지만, 대부분은 주주자본주의를 고수하며 이윤 극대화를 다른 어떤 것보다 우선순위에 둔다. 특히 베를린 장벽의 붕괴 이후 많은 정치 지도자들이 올바른 경제 정책은 포용적 발전보다 외형적 GDP 성장을 장려하는 것뿐이라고 믿었기에 경제적 측면에서는 지도자들 사이에 별 차이가 없었다. 이 책의 나머지 부분에서는 앞으로 나아갈 길을 찾을 수 있도록 이런 근본적인 오류의 이유를 탐색해 볼 것이다.

지금의 세계 경제 체제의 창설에 앞장선 사람 중 한 명으로서 돌아보면, 상황을 평가하기 쉽지 않다. 의도가 좋다고 해서 항상 바람직한 결과로 이어지는 건 아니다. 하지만 과거의 실패가 앞으로 50년 이후를 위해 더 나은 경제 체제를 구축하지 못하게 막아서는 안 된다. 더 나은 경제 체제를 구축하는 것은 쉽지 않은 작업이 될 것이다. 사회 분열의 결과로 급진적 인물들이 정치 체제를 장악함에 따라 많은 사회에는 더 이상 주류 정치 구심점이 없다. 그리고 이런 사회 분열은 우리의 경제 및 환경 시스템상 위기의 결과일 뿐만 아니라 위기 극복에 걸림돌이 될 수 있다.

그런 생각은 브란덴부르크 문을 다시 떠올리게 한다. 30년 전 동과 서, 젊은 세대와 나이 든 세대, 좌파와 우파 독일인은 통일을 축하하기 위해 그곳에 모였다. 하지만 최근 몇 년 동안 브란덴부르크 문 앞에서는 기후변화에 대한 조치 촉구와 그에 대한 반대, 개방 사회에 대한 지지와 반대, 공동체에 대한 지지와 반대, 코로나19 관련 공중 보건 정책에 대한 지지와 반대 시위가 벌어졌다. 시위대 뒤의 문은 한때 모든 정치적 신념, 모든 세대, 모든 배경을 아우르는 독일인과 유럽인, 세계 시민을 결속시켰다. 하지만 더는 아니다. 그런 통합된 사회를 재건설하기를 원한다면 먼저 사회적, 경제적 병폐의 원인에 대해 합의한 다음 이를 해결하기 위해 공동 대응 해야 할 것이다. 그것이 다음 파트에서 다룰 내용이다.

Stakeholder
Capitalism

경제 시스템의
발전과 퇴보의 역사

o

—

Globlization

세계화의 변천사

2012년 여름 세 명의 대학생 아니사, 아디, 아레카는 인도네시아 자바 섬의 반둥Bandung에 있었다. 그들은 기업가의 추진력을 공유하고 있었고 각자의 재능으로 서로를 자연스럽게 보완해 줬다. 아니사는 경제학을, 아디는 건축학을, 아레카는 생명공학을 공부 중이었다. 자바 섬 서쪽에 있는 반둥은 인구 약 250만 명의 계속 성장 중인 도시다. 반둥 출신 중에는 창의적인 사람들이 많지만 그들의 행동반경은 대체로 인도네시아 내로 한정되어 있었다. 아니사, 아디, 아레카가 각자 부모의 뒤를 이었다면 공무원이나 교사, 프리랜서 컨설턴트로 일하게 되었을 것이다. 하지만 반둥 밖의 세계에 대한 그들의 호기심, 야망, 그리고 학문적 인맥 덕분에 그들의 관점은 점차 바뀌었다. 만난 지 얼마 되지 않아 세 젊은이는 학생 기업가가 되었다. 그들은 고향 사람들이 안전한 식품을 먹을 수 있게 하겠다는 목표로 식용 버섯 재배 키트를 판매하는 버섯 농사꾼으로 출발했다. 2014년 그들의 꿈은 더 커졌다. 그들은 그동안 쭉 버섯을 연구해 오면서 버섯이 지속가능한 재료가 될 수 있음을 깨달았고, 버섯으로 각종 소비재를 만들어 전 세계에 판매하기를 원했다.

이들은 꿈을 이루기 위해 해외의 지원을 받았다. 스위스연방공과대학이 그들의 과학 연구와 테스트에 자금을 제공하기로 결정했고, 몇 년 뒤 샌프란시스코에 본사를 둔 벤처 캐피털 회사인 500 스타트업이 첫 외국인 투자자가 되었다. 그리고 오늘날 그들의 회사인 MYCL은 성공한 중소기업이 되었다. 회사의 생산 시설은 반둥에서 1시간 30분 거리의 외딴 마을에 있지만 활기차게 돌아간다. 내 동료가 2019년 여름 이곳을 방문했을 때 젊은 대학 졸업생 몇 명이 다목적실에 앉아 노트북 컴퓨터로 연구·개발 중이었다. 그들은 환경 훼손이 적은 대체 가죽과 주력 상품인 건축 자재를 포함하여 버섯을 원료로 하는 신상품을 개발하고 있었다. 옆에 있는 제조 시설에서는 젊은 여성 근로자들이 산업용으로 기른 버섯을 생가죽으로 만들고 있었다. 길을 따라 더 내려가면 십여 명의 버섯 재배 농부들이 제품 생산에 필요한 원자재를 공급하기 위해 일하고 있었다. MYCL의 고객은 반둥 지역의 협력 업체에서부터 크라우드 펀딩 서비스 킥스타터를 통해 버섯과 나무로 만든 시계를 사는 호주, 영국 및 14개국의 구매자들까지 다양하다.

반둥의 세 사업가 이야기는 인도네시아에서 특별할 게 없다.

MYCL이 창업했던 시기와 거의 비슷한 때에 20대인 윈스턴과 윌리엄 우토모 형제도 기업가의 꿈을 추구하고 있었다. 반둥에서 동쪽으로 700km 정도 떨어진 인도네시아의 대도시 수라바야Surabaya에서 나고 자란 이들은 디즈니와 버즈피드BuzzFeed 같은 미국의 미디어 회사와 구글과 페이스북 같은 기술 회사, 앤드레센 호로비츠Andressen Horowitz와 세쿼이아 캐피털Sequoia Capital 같은 벤처 캐피털 회사에서 영감을 받았다. 우토모 형제는 실리콘밸리에 경외감을 느꼈고, 그들이 감탄하는 스타트업 모델을 따르는 회사를 인도네시아에도 세울 수 있을지 궁금해졌다. 미국 서던캘리포니아대학과 컬럼비아대학에서 학위를 취득한 후 윈스턴은 싱가포르 구글의 계정 전략 관리자account strategist로 취직했고, 동생인 윌리엄은 투자 금융 회사에서 일했다. 두 형제는 자신들이 경탄했던 회사에서 일하면서 한껏 고무되었고, 이제 창업을 할 때가 됐다고 빠르게 결단을 내렸다.

윈스턴이 싱가포르에서 받은 급여로 형제는 수라바야에서 젊은 인재 몇 명을 고용하여 2×3m 넓이의 싱가포르 아파트에 IDN 미디어를 설립했다. 회사의 목표는 "정보를 민주화하고 인도네시아의 밀레니엄 세대와 Z세대의 목소리가 되어준다"[1]는 것이었다. 그들은 수십 년 동안 인도네시아에서 발생하고 있던 정보 격차를 해소하고 싶었다. 회사는 오토모 형제가 상상했던 것 이상의 성공을 거뒀다. 형제의 싱가포르와 캘리포니아 인맥뿐만 아니라 인도네시아 현지의 여러 패밀리 오피스family office(초고액 자산가들이 자기 자산 운용을 위해 설립한 자산 운용사 - 역주) 덕분에 싱가포르, 뉴욕, 홍콩, 일본, 한국, 태국의 투자자들이 곧 가세했다. 설립한 지 6년 후 IDN 미디어의 콘텐츠 플랫폼은 월 6,000만 명 이상의 순 방문자unique user(웹사이트에 방문한 개인 접속자를 말하며 웹사이트의 인기를 측정하는 중요한 기준이 된다. - 역주)를 보유한 인도네시아 최고의 콘텐츠 플랫폼 중 하나로 성장했다.[2] 현재 직원이 500명이 넘고 커뮤니티 회원은 수십만에 이른다. 우리가 방문하기 직전에 IDN 미디어는 초고층 본사 사옥까지 마련했다.

세계 경제에 등장한 인도네시아 밀레니엄 세대의 예를 하나만 더 살펴보자. 우토모 형제가 사업을 확장해 가던 시기에 푸티 푸아는 자신의 장래에 대해 곰곰이 생각했다. 반둥의 버섯 사업가, 아니사의 대학 동창인 푸티는 지질공학을 공부하고 프랑스 에너지 다국적 기업인 토탈Total의 지질학자로 보르네오 섬에서 일하고 있었다. 남편은 자카르타에서 일하고 있어서 두 사람은 2주일에 한 번밖에 못 만났는데, 푸티는 임신을 계기로 중대한 결심을 했다. 사직하고 남편이 있는 자카르타로 돌아가 전업주부가 되기로 한 것이다. 지질학자가 아닌 삽화가 겸 그래픽 디자이너로 일해볼 작정이었다. 토탈에서 일할 때만큼 벌지는 못하겠지만 취미인 그림을 그리면서 아이를 집에서 돌볼 수 있을 것 같았다.

푸티의 선택은 기대 이상의 결과를 가져왔다. 젊은 엄마로서의 삶을 다룬 그녀의 블로그와 삽화는 인스타그램의 전파력 덕분에 금방 인도네시아 전역은 물론이고 해외의 또래 엄마들에게 퍼졌다. 에미상에 1분 영상 부문이 생기면서 푸티가 최종 후보에 올랐고 뉴욕에도 다녀왔다. 이렇게 성공적인 프리랜서 예술가로서의 국제적인 경력이 시작되었다.

샌프란시스코에 있는 페이스북의 아트 디렉터로부터 작업을 의뢰받아 집에서 일하기도 했다. 인도네시아의 어마어마한 소셜 미디어 사용자 기반을 위해 현지 정서에 맞는 스티커를 제작하기를 원했던 것이다. 아랍에미리트의 한 여성에게 개인 연하장 디자인을 의뢰받아 작업한 적도 있다. 푸티는 그 고객을 실제로 만난 적이 한 번도 없었지만, 온라인으로 아무 문제 없이 연락을 주고받았으며 페이팔을 통해 고객에게서 비용을 깔끔하게 지불받았다. 그 후 싱가포르의 한 회사는 의류 브랜드의 일러스트를 주문하기 위해 연락해 왔다. 푸티는 토탈의 일자리를 포기했지만, 소셜 미디어에서 많은 팔로워를 얻은 덕에 국내 및 국제 고객을 확보했다.

인도네시아의 몇 가지 사례들에는 한 가지 공통점이 있는데, 바로 세계화가 가져온 최상의 효과를 보여준다는 것이다. 무역, 기술, 투자, 사람, 지식의 글로벌 네트워크는 사람들이 성공적으로 사업과 일자리를 창출하게 해주고, 지역과 국가 발전에 도움이 되면서 거래 상대국에도 도움이 된다. 아니사와 그녀의 공동 창업자들은 세계적 대학과 스타트업 네트워크를 활용해 연구와 회사 운영에 필요한 지식과 자금을 확보했다. 윈스턴과 윌리엄은 세계적인 기술 기업과 벤처 캐피털 회사와의 관계를 이용해 새로이 급부상하는 신흥 시장에 유사한 회사를 세우고 수십 명의 젊은 저널리스트, 엔지니어, 마케터를 고용했다. 그리고 푸티는 전 세계를 무대로 하는 소셜 네트워크를 활용하여 프리랜서 일러스트레이터 및 인플루언서 경력을 쌓았다. 세계 반대편의 투자자들과 고객들 역시 그들과 일함으로써 이익을 얻었다. 종종 국내에서 제한된 선택지에 직면하게 되는 투자자들과 고객들은 바다 건너에서 성장의 기회나 좋은 가격에 독특한 제품을 제공해 줄 업체를 찾는다. 그들의 돈은 젊은 기업가들이 꿈을 추구하게 해주고 모든 일이 잘되면 그들에게는 상당한 수익이 돌아온다.

이처럼 모든 사람이 이익을 얻는다면 왜 세계화가 일부 지역에서는 나쁜 평판을 얻었을까? 이 질문에 답하기 위해 세계화의 이면을 좀 더 깊이 있게 살펴보도록 하자.

인도네시아와 세계화

—

먼저 인도네시아의 경우부터 고려해 보자. MYCL 창업자들, 우토모 형제, 푸티의 스토리는 인도네시아 전체에도 적용된다. 평균 연령이 약 29세이고 1인당 GDP가 4,000달러에 불과한 인구 2억 6,600만 명의 이 나라에는 성공하기를 원하는 젊은이들이 많이 있다. 이를 가능하게 하려고 2020년 코로나19로 인해 최소한 일시적으로 개방을 보류하기 전까지 인도네시아는 지난 수십 년 동안 세계화를 수용했다.[3] 세계화에 대한 인도네시아의 열광은 어디에서 왔을까?

1980년대와 1990년대부터 이 동남아시아 국가는 장기간의 보호무역주의 이후 점차 대외무역과 투자를 개방했다. 수출 관세를 낮추고, 외국인 투자를 유치했으며, 제조 및 서비스 부문을 성장시키기 시작했다. 개방은 성과를 가져왔다. 2000년대 초반부터 오늘날까지 인도네시아의 GDP 성장률은 연간 4~6%를 계속 유지하고 있다. 그리고 1980년대에 30%였던 GDP 대비 무역의 비중은 2000년대에는 두 배인 60%로 증가했다.

무역과 외국인 투자 개방으로 인도네시아는 신흥 산업국가이자 G20 회원국으로 변신했다. 인도네시아 기업가들은 기술적으로 더 능숙해지고 인도네시아 인들은 국제적 마인드를 갖게 되었다. 오늘날 이 나라는 국내외 기술 유니콘의 본거지다. 차량 호출 서비스업체인 고젝은 인도네시아에서 설립되었다. 본사가 싱가포르에 있는 경쟁사 그랩도 똑같이 인기가 있다. 인도네시아 여행 예약 사이트인 트래블로카와 온라인 소매 상거래 회사인 토코페디아는 내국인 및 외국인 투자에 힘입어 부킹닷컴 및 아마존과 접전을 벌이고 있다. 한편 인도네시아 인들은 가장 세계화를 지향하는 사람들에 속한다. 유고브YouGov와 베르텔스만Bertelsman이 실시한 2018년 여론조사에서 대다수(인도네시아 인의 74%)는 세계화가 세계에 좋은 쪽으로 작용한다고 말했다. 같은 설문 조사에서 영국인(47%)과 미국인(42%), 프랑스 인(41%)은 세계화에 훨씬 덜 긍정적인 것으로 나타났다.[4]

그렇다고 인도네시아가 세계화는 좋다는 증거만 제공하는 것은 아니다. 국제 무역이 이 군도 국가에 유리하지 않게 작용한 적도 많았다. 인도네시아의 말루쿠Maluku 제도에서 재배된 향신료들은 전 세계에서 거래된 최초의 상품으로, 고대부터 근대가 시작될 때까지 거래가 이어졌다. 인도네시아산 너트메그, 메이스, 정향은 유럽 전역에서 원하는 상품이어서 상인이자 탐험가인 크리스토퍼 콜럼버스와 바스코 다가마 같은 이들이 '인도 제도'로 가는 동부와 남부 항로를 찾도록 자극했다. 그것이 '중상주의mercantilist' 세계화의 시대를 열었다. 이때의 세계화는 유럽의 개별 무역 국가에는 좋았지만 무역 상대가 된 국가들에게는 고통을 안겼다. 실제로 포르투갈과 네덜란드 인들이 성공적으로 인도네시아에 도달했을 때 현지인들은 희생당했다. 그들은 인도네시아를 식민지로 삼고 인도네시아 인들을 억압했다. 2차 세계대전 후에야 인도네시아는 외국의 점령에서 벗어나 독립국가가 되었다. 그리고 또다시 40년간 권위주의와 고립주의 통치를 견뎌 내고서야 자유민주주의 시대로 접어들었다. 마침내 세계 시장에서 이익을 얻고자 하는 인도네시아의 첫 시도는 1997년 아시아의 금융 위기로 심각한 경기 침체에 빠졌을 때 역효과를 가져왔다. 태국을 시작으로 동남아시아 국가들이 고정환율제를 유지할 능력이 안 될 거라는 쪽으로 투자자들의 돈이 몰리면서 심각한 평가절하가 발생하며 공공 부채가 급등하고 인도네시아에서 말레이시아, 필리핀까지 경기 침체가 왔다. 그것은 금융 세계화의 타락이었다.

그럼에도 불구하고 인도네시아의 이야기는 세계화의 성공담이라고 할 수 있다. 세계은행에 따르면 인도네시아는 신중한 경제 관리를 통해 2018년 말까지 빈곤 수준을 사상 최저인 열 명당 한 명으로 줄였으며, 무역은 그런 인도네시아의 성장에 가장 크게 이바지한 부문 중 하나였다.[5] 그렇다고 자카르타와 반둥의 사람들이 자국의 무역 개방 때문에 행복해졌다고 생각하진 않을 것이다. 그들은 생활이 나아져 기쁠

뿐이다. 그러나 둘 사이에는 밀접한 연관이 있다. 외국인 투자자와 구매자는 민간 및 공공 부문 모두에서 이용 가능한 자본을 늘리고 이는 국가 발전에 도움이 된다. 자카르타에 새로운 지하철이나 새로운 다리가 건설된다면 거주자들의 삶의 질이 눈에 띄게 향상될 것이다. 차량 호출 서비스 회사인 고젝과 그랩이 더 많은 투자자를 확보한다면 기업의 입지가 확대되고 더 많은 운전자를 고용하여 더 많은 평범한 인도네시아 인들에게 수입을 제공할 수 있다. 그리고 MYCL이 제품을 구매해 줄 해외 바이어를 더 확보하면 더 많은 농부와 노동자를 고용하여 수출용 제품을 제조할 수 있다. 생활이 나아지고 있으니 인도네시아 인 누구든 경제 정책이 제대로 이뤄지고 있다고 생각하게 된다.

세계 다른 지역에서도 비슷한 추세가 나타났는데, 특히 아시아에서는 더 극적으로 나타났다. 챕터 3에서 설명한 바와 같이 세계를 향한 중국의 개방은 최근 수십 년 사이에 거시경제에서 가장 중요한 사건이었다. 이에 필적할 만한 일은 소비에트연방의 붕괴와 이전 연방 소속 국가들의 독립 경제로의 움직임뿐이었다. 아시아의 호랑이 4개국이 그랬던 것처럼 다른 여러 아시아 국가들은 중국 발전의 흐름을 뒤따를 수 있었다. 전반적으로 아시아의 변화는 지금까지 세계화의 가장 큰 승리였을 것이다. 그러나 인도네시아와 다른 아시아 국가들의 긍정적인 그림은 세계 일부 지역에서 인식하고 있는 무역과 세계화의 역할과 대조된다. 미국, 영국, 유럽 대륙의 산업국가에서는 세계화, 개방, 자유무역에 대해 점점 더 부정적으로 느낀다. 이렇게 된 것은 놀라운 일이다. 서구는 첫 번째 세계화 물결의 원동력이자 수혜자였기 때문이다. 이를 이해하기 위해 세계화의 역사와 영향을 간략히 살펴보자.

초기 세계화와 향신료 무역로[6]

———

인류가 존재해 온 이래로 사람들은 상품을 거래해 왔다. 그러나 기원전 1세기 무렵에 놀라운 현상이 일어났다. 사상 처음으로 중국의 사치품들이 유라시아 대륙의 반대편인 로마에 등장하기 시작한 것이다. 이 물건들은 훗날 실크로드로 알려지게 되는 길을 따라 수천 킬로미터를 운반되어 로마에 당도했다. 실크로드를 따라 거래하는 상인들은 한정된 거리를 이동했지만, 그들이 사고판 물건들은 세계의 절반을 이동했다. 그렇다고 이때 세계화가 본격적으로 시작되었다는 말은 아니다. 일반적으로 실크는 사치품이었고 아시아와 유럽 대륙 간 무역 품목으로 추가된 향신료도 마찬가지였다. 전체 경제에서 차지하는 비율로 보면 이런 수출품의 존재감은 미미했다. 하지만 상품이 목적지에 도착하기까지 많은 중간상인이 관여했고 세계 무역 연결로가 확립되었으며 그것은 관련자들에게는 노다지가 될 수 있었다.

실크로드가 번창할 수 있었던 부분적인 이유는 두 개의 거대한 제국, 로마와 중국이 경로의 대부분을 지배했기 때문이었다. 무역이 중단된 경우는 대부분 지역 적군의 봉쇄 때문이었다. 몇 세기 후 결국 실크로드가 폐쇄된 것은 전적으로 제국의 몰락과 연관이 있었다. 중세 후기에 마르코 폴로가 다시 실크로드를 열었던 것은 몽골이라는 새로운 패권 제국이 부상했기 때문이다. 무역은 국가의 보호를 받을 때 번성하고 보호받지 못할 때 쇠퇴하는 법이다.

무역의 다음 장은 이슬람 상인들 덕분에 열렸다. 7세기에 이슬람교가 아랍의 심장부에서 사방으로 퍼졌을 때 무역도 확대되었다. 이슬람교의 창시자인 예언자 마호메트는 상인으로 유명했으며 그의 아내 카디자Khadija 역시 마찬가지였다. 이런 이유로 무역은 이 새로운 종교의 창시자와 추종자들의 DNA에 있었다. 그 덕분에 9세기 초에는 이슬람 무역상들이 이미 지중해와 인도양 무역을 지배했다. 그 후 그들은 동쪽으로는 이슬람교도가 다수를 차지하게 되는 인도네시아까지, 서쪽으로는 스페인 무어 왕국까지 진출했다.

앞서 살펴본 바와 같이 중세 이슬람 무역의 주력 상품은 향신료였다. 실크와 달리 향신료는 주로 해상 무역을 통해 거래되었으며 아라비아에서 지중해까지 육로 교역은 적었다. 이 향신료들 가운데 으뜸은 전설적인 향신료의 섬인 인도네시아의 말루쿠 제도에서 나는 클로브, 너트메그, 메이스였다. 그것들은 현지에서도 유럽에서도 몹시 비싸고 수요가 많았으며 주로 음식을 보존하고 양념하는 데 쓰였다. 실크처럼 향신료도 사치품이었으므로 교역량은 상대적으로 적었다. 중세 시대까지 세계화는 아직 시작되지 않았지만, 실크로드와 향신료 항로까지 동서 교역을 위한 일대일로一帶一路, one belt, one road가 확립되었다. (이 일대일로 개념은 수백 년 후 중국의 시진핑 주석이 철로, 항구, 파이프라인, 고속도로, 디지털 연결을 통해 중국과 유럽, 아프리카, 중앙아시아를 더 잘 연결하려는 현대판 '일대일로 이니셔티브'를 발표했을 때 부활했다.)[7]

대항해 시대(15~18세기)

—

세계 무역은 대항해 시대에 제대로 시작됐다. 15세기 말부터 시작된 대항해 시대에 유럽 탐험가들이 동서를 연결하고 우연히 아메리카 대륙을 발견했다. 천문학, 역학, 물리학, 선박 제작 분야의 이른바 과학혁명 발명품들의 도움으로 포르투갈, 스페인, 나중에는 네덜란드와 영국이 새로운 땅을 처음 '발견'한 다음 예속시키고, 마지막에는 자국 경제에 통합시켰다.

대항해 시대는 전 세계를 뒤흔들어 놓았다. 이 시기의 가장 유명한 (악명 높은) 사건은[8] 이전의 토착 문명을 거의 파멸시킨 크리스토퍼 콜럼버스의 아메리카 항해였지만, 가장 중대한 항해는 마젤란의 세계 일주였다. 이 일로 인도네시아 향신료 제도의 문이 열린 덕분에 아랍과 이탈리아 중간상인은 배제됐다. 이번에도 총 GDP에 비하면 무역량은 적었지만 향신료는 분명 사람들의 삶을 바꿔놓았다. 정복자들이 도착한 후 아메리카의 수백만 명은 질병으로 사망하거나 죽임을 당하거나 예속되었다. 감자, 토마토, 커피, 초콜릿이 유럽에 소개되고 향신료 가격이 크게 떨어졌고 사람들의 식생활과 수명이 바뀌었다. 세상은 절대 평평하지 않다는 개념과 세상에는 다른 사람들과 문화가 존재한다는 깨달음은 그 시대의 사회적, 종교적, 정치적 삶에도 충격을 주었다. 유럽에는 종교전쟁이 발발했는데, 대항해 시대와 함께 일어난 대격변도 종교전쟁의 이유 가운데 하나로 작용했다. 1648년이 되자 유럽을 특징 짓던 수백 개의 작은 도시 국가들 사이에서 소수의 지배적 민족 국

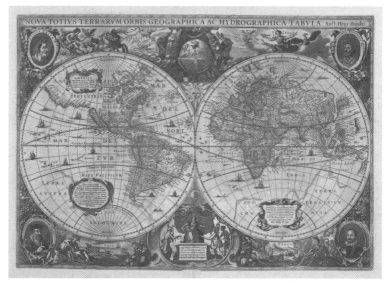

출처: 노르웨이 국립도서관

가가 생겨났다.

유럽이 광활한 세계에 눈을 뜨면서 국제 무역에 의해 경제 발전의 동력에 시동이 걸렸다. 무역상과 금융 투자자들은 합자회사를 세워 위험을 공동으로 부담함으로써 해외 무역에서 최상의 결과를 보장하려 했다. 이 가운데 가장 유명한 것은 영국과 네덜란드 동인도회사들이었다. 유럽 정부들은 대개 특정 회사에 식민지에 대한 무역 독점 특권을 부여했다. 그 덕택에 합자회사들은 국가처럼 활동하며 어떤 측면에서는 세계 최대 규모의 회사가 될 수 있었다. 또한 앤트워프와 암스테르담 등지에 주식시장이 생기고 금융 상품 거래와 화폐 교환이 촉진됐다. 현대 자본주의가 이 시대에 성립되었다고 해도 과언이 아닐 것이다.

　그럼에도 불구하고 오늘날의 경제학자들은 이 시대를 진정한 세계화로 여기지 않는다. 무역은 확실히 세계화되기 시작했고, 새로운 무역지의 탐색이 대항해 시대가 시작된 주요 이유이기도 했다. 하지만 세계 경제는 여전히 매우 고립되고 편중되어 있었다. 유럽 제국들은 세계적 공급망을 구축했지만 그 대부분은 자국의 식민지와 통제 지역에 국한되었다. 더욱이 식민지 모델은 주로 착취에 기반하고 있었다. 현지 문명과 사회는 전복되고 해체되었을 뿐만 아니라 노예 무역은 새로운 식민지 경제에 필수였다. 그러므로 유럽 제국은 중상주의 및 식민지 경제를 만들었지만 진정한 세계화 경제를 만든 건 아니었다. 세계적 규모로 이루어진 교역은 상호 이익이 되지도 않았고 모든 관련 당사자들이 합의한 것도 아니었다. 또한 대부분의 경우 독립 국가들 사이에서 자유롭게 이루어지지도 않았고 제국주의 열강과 그 식민지 사이에서 이루어졌다.

제1차 세계화의 물결(19세기~1914년)

—

이후 19세기부터 대략 1914년까지 한 세기에 걸쳐 첫 번째 세계화의 물결이 일어나면서 이런 상황에 변화가 일어나기 시작했다. 18세기 말 영국은 대영제국 건설과 증기기관 및 산업용 직조기 혁신으로 지리적으로나 기술적으로나 세계를 지배하기 시작했다. 1차 산업혁명의 시대였다. 특히 영국은 세계 무역의 환상적인 쌍발 엔진으로 자리매김했다. 한편으로는 증기선과 열차가 나라 안과 나라 사이를 오가며 수천 킬로미터 이상 상품을 수송할 수 있었다. 다른 한편으로 영국은 산업화로 세계 각지에서 수요가 많은 철과 섬유, 공산품 등의 상품을 만들 수 있었다. BBC가 묘사했듯이 "영국은 앞선 산업 기술로 빠르게 팽창하는 거대한 국제 시장을 공략할 수 있었다."[9]

세계화의 결과는 수치로 분명히 나타났다. 약 한 세기 동안 무역은 매년 평균 3%씩 증가했다.[10] 19세기 초반에 6%였던 세계 GDP 중 수출 비중이 1차 세계대전 직전에는 14%로 늘어났다.[11] 경제학자 존 메이너드 케인스John Maynard Keynes는 《평화의 경제적 결과The Economic Consequences of the Peace》에 이렇게 써 놓았다.[12] "1914년 8월에 끝이 난 그 시대는 인류의 경제 발전에서 얼마나 대단한 사건인가! (……) 런던 거주자들은 아침에 침대에서 차를 홀짝이며 전화로 온 지구의 다양한 제품을 자신이 적당하다고 생각하는 양만큼 주문하고 신속히 현관까지 배달되기를 합리적으로 기대할 수 있었다." 투자 분야도 상황이 비슷하기는 마찬가지라고 케인스는 지적했다. 재력이 되는 뉴욕이나 파

출처: Nortbert Kaiser, 1868 원본의 복사본

리, 런던, 베를린 사람들은 국제적으로 거래가 활발하게 이뤄지는 주
식회사에 투자할 수 있었다. 그런 주식회사 중 하나인 프랑스의 수에
즈Compagnie de Suez는 지중해와 인도양을 연결하는 수에즈 운하를 건설
하여 세계 무역의 또 다른 동맥을 열었다. 인도에 철도를 건설하거나
아프리카 식민지의 광산을 관리하는 회사들도 있었다. 해외 직접투자
도 세계화되고 있었다.

　세계화의 가장 큰 수혜를 받은 나라는 가장 많은 자본과 최고의
기술을 보유하고 있었던 영국이지만 다른 국가들도 상품 수출로 이득
을 보았다. 예를 들어 1870년대에 냉동 화물선의 발명 덕분에 아르헨
티나와 우루과이 같은 나라는 황금기를 맞이했다. 그들은 광활한 땅

에서 키운 소에서 얻은 고기를 대량으로 수출하기 시작했다. 다른 국가들도 가장 경쟁력 있는 분야에서 생산을 전문화하기 시작했다.

　그러나 첫 번째 세계화와 산업화의 물결과 함께 암울한 일들도 일어났다. 19세기 말까지 "대부분의 (세계화 및 산업화한) 유럽 국가들이 아프리카 땅을 차지하는 바람에 1900년에 아프리카 대륙에 남은 독립국가는 에티오피아뿐이었다."[13] 지난 세기 내내 경제 강국으로 여겨졌던 인도나 중국, 멕시코, 일본 같은 대국들은 산업적, 세계적 추세에 적응할 수 없었거나 그것이 허용되지 않았다. 예를 들어 인도에 대한 영국의 정책은 "영국 면직물에 대해서 인도 시장을 계속 개방하게 할 뿐 아니라 인도가 수출 경쟁국으로 부상하는 상황을 막는 것을 목표로 했다."[14] 반면 일본 같은 독립국가는 유럽의 무역 세력과 경쟁하는 데 필요한 자본과 기술에 접근할 수 없었다.

　산업국가 내에서도 모든 시민이 세계화의 혜택을 입은 것은 아니었다. 특수 기술을 가진 장인을 포함한 노동자들은 포드 공장과 같은 조립 라인에서 새로운 산업 기계의 리듬에 맞춰 일하는 생산요소로 전락하거나 외국 수입품 때문에 그들의 생산물을 싸게 팔아야 했다. 케인스는 '런던 거주자들'이 세계화된 무역에 참여할 수 있다고 썼지만, 그렇게 할 수 있는 사람은 오직 특권층뿐이라는 사실도 분명히 알고 있었다. 20세기로 접어들 무렵 영국의 상위 5% 부자들은 영국 부의 90%를 소유하고 있었다.[15] 대부분의 남성과 여성, 심지어 어린이까지 산업 시대의 자원이었는데 주로 저임금 노동자였다. (세계화의 사회적 영향에 관한 더 자세한 내용은 챕터 6을 참조)

그러다 발생한 1914년 세계대전의 발발은 세계화를 비롯해 급성장하던 서구 상류사회가 너무나 익숙해진 모든 것에 종지부를 찍었다. 모든 게 파괴되었다. 군인 수백만 명이 전사하고 민간인 수백만 명도 이차적 피해로 사망했으며, 전쟁이 무역을 대체하고 파괴가 건설을 대체했으며, 국가들은 다시 국경을 닫았다. 최초의 세계화 자본주의 시대의 착취적 성격에 관한 카를 마르크스Karl Marx와 다른 이들의 글 또한 많은 나라에서 반란과 기존 정권의 전복을 가져왔다. 그 결과 두 체제로 특징지어지는 세계가 수십 년 동안 이어졌다. 하나는 사적 소유와 관리가 생산수단을 지배하는 체제(자본주의)이며 다른 하나는 국가가 생산 시설을 소유하고 목표를 정하는 체제(공산주의)였다. 세계적으로 연결되어 있던 금융시장은 1, 2차 세계대전 기간 동안 세계 경제와 그 연결 고리를 더욱 붕괴시키는 역할을 했다. 미국의 대공황으로 남아메리카의 호황은 끝났고 세계 각지의 은행에 예금 인출 사태가 벌어졌다. 1939~1945년에는 2차 세계대전이 일어났고, 2차 세계대전이 끝날 무렵 세계 GDP 대비 무역의 비중은 100여 년 만에 최저 수준인 5%로 떨어졌다.

제2차 및 제3차 세계화의 물결

그러나 세계화의 이야기는 끝나지 않았다. 2차 세계대전 종식은 세계 경제의 새로운 시작을 의미했다. 새로운 패권국인 미합중국이 무대에 올랐다. 19세기와 20세기 초반에 주로 유럽 출신 이민자들이 대거 미국으로 들어왔고, 20세기 중반에는 베이비 붐이 일었다. 그리고 2차 산업혁명을 거치면서 미국이 자동차, 항공 등 현대적 제조업 분야를 지배한 것도 미국에 도움이 되었다. 그 결과 세계 무역이 다시 한 번 증가하기 시작했다. 철의 장막으로 인해 세계가 미국이 이끄는 자유민주주의 진영과 소련이 이끄는 공산주의 진영, 두 개의 세력권으로 나뉘어 있었으므로 처음에는 두 개의 분리된 경로로 무역이 이루어졌다. 2차 세계대전 직후부터 수십 년 동안 유럽연합과 미국이 옹호하는 자유무역 수단이 국제 무역 증가의 상당 부분을 담당했다. 자유시장보다는 중앙집권적 계획을 통해서였고, 소련도 비슷한 무역 증가 양상을 보였다. 그 영향은 지대했다. 전 세계적으로 무역은 다시 1914년 수준으로 증가했다. 1989년에 수출은 다시 한 번 GDP의 14%를 차지했다. 이와 함께 서구 중산층의 소득이 급증했다.

베를린 장벽과 소련 붕괴 이후 세계화는 모든 것을 정복하는 힘이 되었다. 새로 창설된 세계무역기구는 전 세계 국가들이 자유무역협정을 맺을 것을 촉구했고 많은 신생 독립국을 포함한 대부분의 국가가 그렇게 했다.[16] 챕터 3에서 살펴보았듯이 20세기 내내 농업 중심의 폐쇄 경제 국가였던 중국까지도 2001년 세계무역기구 회원국이 되었고 세계를 위해 공산품을 생산하기 시작했다. 이 새로운 경제 세계에서 여전히 미국이 분위기를 조성하고 길을 이끌었지만 많은 다른 국가들도 그 흐름을 따르면서 혜택을 보았다. 동시에 인터넷 같은 3차 산업혁명의 신기술은 더욱 직접적인 방식으로 사람들을 연결해 주었다.

1914년에 케인스가 전화로 했던 주문을 이제는 인터넷으로 할 수 있고, 전 세계를 연결해 주는 대형 선박과 열차, 비행기를 통해 상품이 배달된다. 중요한 것은 중산층 사람들이 세계 공급망을 통해 생산된 상품을 사용할 수 있게 됐다는 사실이다. 국제 무역은 더 이상 사치가 아니고, 몇 주가 아니라 며칠 안에 현관까지 배달된다. 더구나 인터넷 덕분에 가치 사슬의 세계적 통합이 가능해졌다. 한 나라에서 연구·개발을 하고, 다른 나라에서 대외 구매를 하고, 또 다른 나라에서 제조하고, 전 세계로 유통할 수 있게 되었다.

결과는 강력한 세계화였다. 2000년대에 세계 수출은 세계 GDP의 약 4분의 1로 증가했다.[17] 이에 수입과 수출의 합인 무역이 세계 GDP의 약 절반으로 늘어났다. 싱가포르, 스위스, 벨기에, 네덜란드 등 일부 국가에서는 무역이 GDP의 100% 이상에 이른다. (GDP는 국내 생산만을 측정한 뒤 수출과 수입의 차이만 더하기 때문에 이것이 가능하다.) 그리고 세계 인구의 상당수가 이로 인해 혜택을 입었다. 그 어느 때보다 많은 사람이 중산층에 속했으며 수억 명이 세계 경제에 참여함으로써 중산층의 지위를 얻었다.

세계화 4.0

무역 증가로 인해 세계화의 새로운 물결이 다시 한 번 밀려왔다. 그리고 미국과 중국이라는 새로운 세계 강대국이 지배하는 오늘날의 세계

가 시작됐다. 이번 세계화에서는 사이버 세계(사이버 범죄 포함), 기후변화, 바이러스로 인한 위협의 증가가 부상하고 있다.

제3차 세계화 기간에는 아직 초기 단계였던 디지털 세계는 전자상거래, 디지털 서비스, 3D 프린팅을 통해 이제는 무시할 수 없는 힘을 갖게 되었다. 사실 디지털 세계화는 눈에 띄지 않는 세계 경제 세력이 되었다. 대다수 국가가 무역 협정 협상을 하거나 산업 정책을 추진할 때 여전히 물리적 무역에 중점을 두지만, 디지털 무역이 어떤 측면에서는 물리적 무역만큼 또는 그 몇 배로 커졌다. (알 길이 없기는 하지만) 디지털 무역을 측정할 균일한 방법은 현재 없으며, 많은 통계 기관이 그것을 측정하려는 시도조차 하지 않는다. (최선의 노력은 OECD에서 2019년에 발표한 '디지털 시대의 무역' 보고서에서 찾을 수 있을 것이다.)[18] 푸티 푸아의 예가 보여 주듯이 이제 개인이나 회사가 상품과 서비스를 모두 온라인으로 판매하는 경우가 드물지 않다. 이런 무역 방식은 매일 더 흔해지고 있다.

그와 동시에 기후변화의 세계적 영향과 바이러스 전파를 통해 부정적인 세계화도 확대되고 있다. 그건 세계 경제 발전 모델과 관련이 있다. 한 지역의 오염은 다른 지역의 극단적인 기상 이변으로 이어진다. 아마존 열대우림처럼 몇 군데 남지 않은 지구의 허파 지역의 삼림 벌채는 생물 다양성뿐만 아니라 온실가스 배출 위험에 대처하는 지구의 능력에 더 큰 영향을 미친다. (챕터 1, 챕터 8 참조)[19] 2019년 신종 코로나바이러스의 출현은 지속가능성 부재라는 맥락에서 고려되어야만 한다. 인간의 자연 서식지 침해는 에볼라에서 코로나19 바이러스에 이르기까지 많은 신종 바이러스가 동물에서 인간으로 전파되는 원인일 가능성이 높다. 감염병이 전 세계로 급속히 확산된 것은 거의 모든 국가를 물리적으로 연결하는 해외여행 때문이었다. 이 두 가지 추세를 지속할 수는 없다.

이렇게 디지털, 기후, 바이러스의 세계화 물결이 우리를 강타함에 따라 전 세계의 많은 사람들이 세계화에 등을 돌리고 있다. GDP 대비 수출은 금융 위기 이후 몇 년 동안 이미 감소하기 시작했다. 정치적 이데올로기로서의 글로벌리즘globalism, 즉 범세계적 관점을 취해야 한다는 생각은 20세기 후반에 이를 열렬히 고수했던 서구 사회에서 특히 쇠퇴하고 있다. 최대 규모의 세계화를 이끌었던 강대국 미국은 국제 경찰 및 최대 무역 국가의 자리에서 물러나고 있다.

이러한 모든 추세는 2020년 이전에 이미 진행 중이었다. 그러던 중 코로나19의 원인인 신종 코로나바이러스가 전 세계 경제 체제에 그야말로 제동을 걸었다. 이 바이러스는 해외여행을 거의 중단시키고, 국제 공급망을 교란시키고, 많은 사람, 회사, 정부가 세계화에 대한 태도를 재고하게 만들었다. 사람들은 잠시 멈춘 채로 단순히 자기 삶과 경력만이 아니라 세계 경제 체제 전반의 장단점과 다른 방식으로 상품과 서비스를 생산하고 소비할 가능성에 대해 숙고했다. 환경 발자국environmental footprint(생태 발자국, 탄소 발자국, 물 발자국 등 인간이 남기는 환경 영향을 측정하기 위한 지표 - 역주)과 공급망의 취약성을 고려할 때 유럽 인들과 미국인들은 여전히 중국이나 다른 국가에서 상품을 생산해 와야만 할까? 혹은 자동화와 3D 프린팅의 발전 덕에 니어쇼어링near-shoring(근거리 아웃소싱 – 역주)이나 리쇼어링re-shoring(비용 등의 이유로 해외로 나간 기업이 다시 국내로 돌아오는 현상 – 역주)을 할 수 있을까? 서로 다른 노동, 경쟁, 산업 정책을 갖고 있는 국가들이 일부를 위한 정책으로 인해 불공평해진 경쟁의 장 위에서 무역이란 것을 함께 해야만 할까? 그리고 그런 점에서 세계화는 유익한 쪽으로 작용하기를 멈추었을까? 혹은 유익하게 작용한 적이 전혀 없었던 걸까?

오늘날의 세계화

세계화의 역사는 사실 무역이 사람들을 연결해 주고 엄청난 번영을 가져오는, 놀랍도록 강력한 힘이 될 수 있음을 보여준다. 하지만 그런 긍정적 효과가 보장된 것은 아니라는 사실 또한 말해준다. 동인도회사가 가져온 풍요는 교역 상대인 식민지 주민에 대한 착취와 맞물려 있었다. 1차 산업혁명에서 확립된 세계 무역 관계는 멕시코와 인도 같은 나라의 경제 발전에 거의 도움이 되지 않았고, 영국과 미국의 기업가에게 훨씬 이득이 되었다. 세계화의 나중 단계에서 더 많은 국가가 이득을 공유했을 때도 극도로 고르지 않게 분배될 때가 많았다. 마지막으로 경제적 이득이 확산되었다 해도 세계화된 세상의 연결성과 상호의존성 증가는 새로운 위험과 주권 상실을 가져왔다. 이는 최근 사이버 보안에 대한 두려움과 코로나바이러스의 급속한 확산에서 얻은 교훈이다.

그 교훈은 세계화가 이론적으로는 선한 쪽으로 작용하지만 실제로는 모든 사람에게 혜택이 돌아가도록 보장해 주는 동시에 회복탄력성과 주권을 보장해 주는 안전장치가 있을 때만 긍정적으로 작용할 수 있다는 사실이다. 세계화의 역사에서 무역의 밀물이 모든 배를 뜨게 하는 동시에 위험한 파도를 일으키지 않았던 때는 불과 몇십 년뿐이었다. 서구 국가와 일본을 포함한 소수의 아시아 국가에서 그 기간은 2차 세계대전 직후부터 시작되어 1980년대까지 이어졌다. 동양, 그리고 더 광범위하게는 신흥 시장의 경우 그 기간은 1990년대의 어느 때에 시작되었는데 1997년 아시아 금융 위기 동안에는 심각한 위협을 받았다. 코로나19로 위기에 처하기는 했지만 인도네시아, 에티오피아, 베트남 같은 국가에서는 그 기간이 아직 진행 중이다. 종합해 보면 이 세계화 기간 동안 대다수 노동자의 임금이 구조적으로 인상되고 기록적인 인원이 중산층의 일원이 되었을 뿐 아니라 엄선된 집단은 더 성공할 수 있었다.

대체로 적어도 세 가지 조건이 충족될 때 경제 세계화는 모두에게 최선으로 작용한다. 첫째, 사회 협약이 성립될 때만 세계화는 도약할 수 있다. 예를 들어 전후 유럽과 일본에서는 참혹한 전쟁 경험으로 인해 사람들이 모두 함께했으며, 경제 발전을 위해서는 각자 제 역할을 하고 모든 사람이 이익을 공유하는 것이 중요하다는 생각을 갖고 있었다. 기업은 납세 의무에 순응하고 부자에게 최고 세율을 적용하는 광범위한 조세 기반은 교육과 의료, 주택에 대한 공공 투자를 뒷받침했다. 이를 바탕으로 기업과 개인들이 협력하고 경쟁력을 유지할 수 있었다. 개인들은 다른 이해관계자들도 협약에 기여하는 만큼 장기적으로는 협약이 자신에게도 이익임을 알고 있었기 때문에, 단기적 또는 이기적 고려 사항들을 제쳐둘 용의가 있어 사회 협약은 장기적으로 유지되었다. 모든 시민의 이익이 도모될 때 국가가 어떻게 세계 무역을 통해 이익을 얻고 호의적인 태도를 유지할 수 있는지 보여주는 보다 최근의 예로는 강한 결속력을 보이는 스칸디나비아 국가들(덴마크, 스웨덴, 핀란드, 노르웨이 포함)이 있다.

둘째, 정치 지도자가 한편으로는 경제가 나아갈 방향을 제시하면서 국민을 돌보고 다른 한편으로는 무역과 투자를 개방하면서 균형을 잡을 때 세계화에 성공할 수 있다.[20] 실제로 경제학자 대니 로드릭Dani Rodrik은 최적의 세계화 정책은 무역과 투자, 환율의 전면적인 자유화가 아니라 주권 정부가 어느 정도 경제를 통제하는 관리된 프로세스에 있다는, 설득력 있는 주장을 해 왔다. 이와 관련하여 현재의 중국과 인도네시아가 추구하고 있고, 세계대전 이후 '영광의 30년Trente Glorieuses' 동안 유럽과 일본, 미국이 추구했던 더 점진적인 정책들은 자유화와 자유무역을 옹호하는 독단적인 정책보다 공동의 발전을 이루는 데 도움이 된다.

셋째, 그 시대를 지배하는 기술과 해당 경제와 사회가 가진 비교우위가 일치할 때 세계화로부터 이익을 얻는다. 이것은 거시적 수준에서 왜 아르헨티나가 냉동 화물선 발명 후 짧은 기간 안에 세계에서 가장 부유한 나라 중 하나가 될 수 있었는지 설명해 준다. 아르헨티나는 소고기를 냉동해서 전 세계로 수출할 수 있었다. 미시적 수준에서도 왜 인도네시아의 푸티 푸아 같은 사람이 요즘 프리랜서 일러스트레이터로 잘나갈 수 있는지 설명해 준다. 그녀가 집에서 편하게 외국 시장을 이용할 수 있는 기술이 존재하기 때문이다.

하지만 이런 세 가지 요소 중 어느 하나라도 없을 때 세계화는 불공평한 발전을 가져오고 때로는 타락이나 혼란으로 이어진다. 이전 세계화 과정에서 라틴아메리카, 아프리카, 아시아 전역의 많은 신흥 시장이 그랬다. 최근에는 미국, 영국 및 다른 선진국들 역시 세계화의 부작용에 직면했다. 사회 협약이 마련되고, 세계화와 국가 주권이 균형을 이루고, 기술 발전이 그 나라에 유리하게 작용하더라도 여전히 상황이 잘못될 수 있다. 더욱더 긴밀히 연결된 세계 체제는 한 국가의 파문이 다른 국가로 더 쉽게 확산될 수 있어 본질적으로 덜 안정적이기 때문이다. 이는 최근 몇 년 사이 발생했던 금융, 의료, 환경 위기에서 배워야만 하는 교훈 중 하나다. 세계화는 세심히 관리돼야 하는 프로세스인 만큼 세계화의 결과로 파생될 경제 체제가 안정적이고, 탄력적이며, 공정할 수 있도록 모든 예방 조치를 취하는지 확인하는 것이 매우 중요하다. 그러나 애석하게도 그러지 못했다.

최근 몇십 년 동안 많은 선진국(캐나다, 프랑스, 독일, 이탈리아, 일본, 영국, 미국으로 구성된 G7)에서 국민과 정부, 기업 간의 사회 협약이 무너졌다. 과거에는 지역사회 개발과 건설을 돕는 중요한 역할을 하는 데 자부심을 느꼈던 회사들이 점차 지역사회에 등을 돌리고 임금이 더 낮은 다른 국가에서 더 높은 이윤을 추구했다. 예를 들어 미시간주 디트로이트를 중심으로 했던 자동차 산업은 생산 시설의 대부분을 저렴한 노동시장이면서 미국 고객에게 쉽게 서비스를 제공할 수 있는 멕시코나 새로운 국제 고객과 더 가까운 중국 같은 곳으로 이전했다. 마찬가지로 유럽의 산업 중심지인 독일, 벨기에, 프랑스, 이탈리아에서도 제조업체들이 생산 시설과 일자리를 임금이 훨씬 낮은 슬로바키아나 체코, 루마니아 같은 유럽연합의 새로운 회원국으로 이전하여 이전에 높은 임금을 받았던 근로자들과 그들이 사는 도시에 경제적 혼란을 초래했다. 예를 들어 이전에 자동차 공장이 있었던 벨기에의 헹크 같은 도시들은 공장 이전의 손실에서 회복하지 못하고 오늘날까지 여전히 높은 실업률, 저임금, 경제성장 둔화로 고통받고 있다. 수익의 많은 부분을 지적재산에서 얻는 많은 회사들이 이전가격 조작transfer pricing(다국적 기업의 모회사와 해외 자회사같이 특수 관계에 있는 기업들이 세금 부담을 줄이기 위해 거래 시 가격을 조작하는 행위 -역주)과 입법 기관마다 다른 세법 규정을 이용해 생산과 별개로 수익을 이전했고, 이는 정부가 종종 절실히 필요로 하는 세금 수입을 앗아갔다.

물론 자유무역은 기업이 기회가 생기는 곳에서 기회를 찾을 수 있어야 한다는 것을 의미하며, 세계화가 제대로 되려면 기업들이 효율적인 속도로 움직여야 한다. 하지만 그러한 행동이 기업이 소재하고 있거나 사업을 운영하는 지역사회에 유익하지 않게 되는 지점이 있다. 사회 협약이 관련 당사자 중 하나에 의해 깨지면 다른 당사자들에게 도미노 효과를 미친다. 많은 선진국의 일반 노동자들이 세계화의 혜택을 더는 누리지 못했던 1990년대와 2000년대의 세계화에서 이런 일이 일어났다. 일자리가 사라지면서 지방세 기반이 약화되는 바람에 많은 지방, 지역, 때로는 연방 정부가 퇴직금 지급이나 양질의 의료, 주택, 교육의 제공을 포함한 사회 협약의 일부를 충족할 수 없게 되었다. 2013년 디트로이트 시가 파산을 선언해야 했고 퇴직한 시 공무원들에게 연금을 보장해 줄 채권을 포함하여 채권을 더 이상 갚을 수 없었던 일은 유명하다. 세계화의 직접적 결과는 아니지만 몇십 년 전에 붕괴한 생산 기지에 세계화가 도움이 되지 않았던 건 확실하다. 일본, 이탈리아, 프랑스 같은 나라들 또한 현재 국민과 기업을 위한 기능적 서비스뿐만 아니라 미래의 경쟁력 유지 확보에 필요한 투자를 하는 데 어려움을 겪고 있다. 이런 상황 앞에서 사람들이 점차 자국의 정치, 경제 체제 그리고 세계 경제를 지배하고 때로는 너무 쉽게 세금 납부를 피하는 다국적 기업에 반기를 드는 건 당연하다.

오늘날 세계화에서 또 하나 부족한 부분은 지난 30년 동안 각국 정부가 만든 정책 환경이다. 세계화가 가져오는 혜택을 확신한 많은 정부는 1990년대 초반 이후 빠른 속도로 자유무역과 변동환율을 수용하고 외국인 투자 장벽을 제거하기로 했다. 프랜시스 후쿠야마가 《역사의 종말the end of history》에서 말했던 것처럼 미국 주도의 자본주의 모델이 소련 주도의 공산주의 모델에 승리를 거둔 후 이러한 결정은 당연해 보였다. 하지만 그것은 시장이 항상 잘 아는 것은 아니며[21] 적어도 관련된 모든 사람의 이익을 자동으로 챙기지는 못한다는 현실을 도외시한다. 조지프 스티글리츠Joseph Stiglitz, 마리아나 마추카토Mariana Mazzucato, 대니 로드릭Dani Rodrik 등의 경제학자들은 최근 연구에서 금융화financialization(1980년부터 현재까지 금융자본주의의 발전을 일컫는 용어로 부채 대 자산 비율이 증가하고 금융 서비스가 다른 부문에 비해 국민소득에서 차지하는 비율이 증가하는 특징을 가리킨다. – 역주)와 금융 세계화가 경제 체제의 불안정성을 증가시킬 뿐 아니라 금융 위기의 가능성과 깊이를 증가시킨다고 말했다. 헝가리는 제약 없는 금융 세계화의 위험성을 잘 보여 주는 나라다. 브뢰겔연구소Bruegel Institute의 헝가리 태생 경제학자 졸트 다르바스(챕터 2에서 보았던 불평등 그래프의 작성자)는 이것이 오늘날 헝가리가 직면한 많은 사회적, 정치적, 경제적 문제의 근원이라고 믿는 이유를 설명했다. 2008년 금융 위기가 한창일 때 그는 이런 글을 썼다.[22]

헝가리의 인플레이션은 유로존보다 훨씬 높기 때문에 헝가리 포린트에 부과되는 이자율도 훨씬 높았다. 그래서 많은 소비자와 기업이 더 낮은 금리를 적용받으려고 외화 대출로 전환했다. 현재 신규 주택 담보대출의 90%가 외화로 이루어지고 있다. 금리가 유로존 금리에 근접한 체코와 슬로바키아에서는 외화 대출이 전체 가구 대출의 2% 미만을 차지한다.

(2008년) 9월 말 빠른 속도로 세계 금융 위기가 도래했다. 나를 포함한 많은 경제학자들은 금융 위기가 중유럽 및 동유럽 EU 국가들에 미치는 영향이 극적이지 않으리라고 생각했다. 은행들은 미국 서브프라임 모기지 사태의 손실에 노출되지 않았고 자본화도 잘되어 있었다. 그러나 어느 나라도 세계 금융 위기의 영향에서 벗어날 수 없다는

게 곧 분명해졌다. 위험과 영향력 전파에 대한 두려움이 커지면서 투자자들은 신흥 경제에 대한 투자를 거둬들이고 철수하기 시작했다.

헝가리는 막대한 정부 부채의 상당 부분이 외국인 소유였기 때문에 중유럽 EU 회원국 중에서 가장 큰 타격을 입었다. 외국인들은 헝가리 포린트로 명시된 이 채권들을 팔고 싶어 했지만 새로운 구매자가 시장에 나타나지 않았다. 이미 8%로 높았던 장기 만기 금리가 약 12%로 뛰었고 국채 시장이 고갈되었다. 새로운 국채 발행을 위한 경매는 성공하지 못했다. 주식시장에서 헝가리 블루칩도 대거 팔렸다.

포린트에 대한 압박이 가중되면서 지난주 중앙은행은 이자율을 3% 포인트 인상했다. 금리 인상은 포린트 강세에 도움이 되었으나 상황은 여전히 취약하고 국채 시장도 여전히 얼어붙어 있다.

다르바스가 묘사한 사건들이 발생한 지도 이제 10년이 넘었다. 하지만 그 파장은 오늘날까지 이어지고 있다. 비극적이게도 헝가리와 헝가리 은행, 헝가리 국민이 이런 유형의 금융 세계화를 수용한 후 몇 년 안 된 2008년, 헝가리는 심각한 경제 및 부채 위기를 겪었고 5년 후에는 그보다 작은 위기를 겪었다. 이후 성장세로 돌아섰음에도 불구하고 불만을 품은 헝가리 인들은 자유주의적이면서 유럽 중심인 정치인들이 자신들을 그런 상황에 빠뜨렸다고 믿었고, 이들 정치인들에 대해 점점 더 큰 반감을 보였다. 최근 몇 년 동안 헝가리 인들은 유럽 경제 통합, 이주민, 자유무역과 자유 금융 정책에 반대표를 던졌다. 헝가리는 이주민들에게 국경을 폐쇄했으며 2016년 이주민 위기에 대한 유럽 전체의 해결책에 참여하기를 거부했다. 점점 더 적대적인 환경 속에서 조지 소로스George Soros(헝가리 출신 투자가. 자유민주주의 이념을 전파하고 "열린 국경"을 주장하며 난민을 돕는 시민 단체를 후원 – 역주)가 설립한 중부유럽대학Central European University은 헝가리를 떠날 수밖에 없었다. 헝가리는 독특하고 특별한 경우이긴 하지만, 세계화를 지지하는 선의의 정책조차도 얼마나 바람직하지 않은 결과를 초래할 수 있는지 잘 보여준다. 강력한 힘을 가진 세계화는 한 나라와 그 국민들이 더 잘 살게 할 수 있지만, 맹목적인 이데올로기로서가 아니라 실용적으로 받아들여야 한다.

마지막으로 세계화의 부작용은 기술에 의해 증폭될 수 있다. 만약 최신 기술을 최대한 활용하는 데 능숙하지 못하거나 활용법을 교육받지 못한다면, 다른 나라 사람들이 세계화된 경제에서 그들의 자리를 차지할 것이다. 어떤 경우에는 공동체가 대항하기 어려운 거시적 요인이 작용한다. 리처드 볼드윈Richard Baldwin의 관찰에 따르면 인터넷이 도입되면서 커뮤니케이션 비용이 급감하자 이윤을 추구하는 회사들로서는 생산직과 사무직을 분리해서 운영하는 것이 합리적인 판단으로 여겨졌다. 생산 원가가 가장 낮은 나라에서 생산하여 완제품을 선적해 다른 나라에서 판매할 수 있게 된 것이다. 그것은 1990년대와 2000년대의 급속한 세계화로 이어졌다. 이로 인해 많은 나라가 혜택을 받았지만 서구의 산업 공동체는 피해를 입었다. 하지만 그 구성원들이 할 수 있는 일은 거의 없었다. 그렇다고 해서 기술이 주도하는 세계화 앞에서 국가들이 무력하기만 한 것은 아니다. GDP의 100%를 훨씬 넘는 상품을 교역하는 싱가포르, 덴마크, 네덜란드, 벨기에 같은 소규모 개방 경제 국가들은 최신 기술이 주도하는 세계화 적응 능력에 따라 나라의 생사가 좌우된다는 사실을 알고 있다. 최신 기술들과 그것들을 활용하는 기능에 투자한다면 승리의 편에 설 수 있다. 로테르담 항구가 좋은 예다. 로테르담 항만공사는 블록체인 같은 디지털 기술이 점점 더 적용될 것임을 이해하고 이 기술에 크게 투자했다.[23] 그 결과 로테르담은 현재 유럽에서 가장 기술적으로 앞선 항구가 되었고, 항구와 그 근로자들은 함부르크나 앤트워프 같은 도시의 경쟁자들보다 기술적 우위를 차지하게 되었다.

미래에는 기술의 영향을 받는 것이 물리적 교역만은 아닐 것이다. 위에서 설명한 바와 같이 디지털 무역이 증가하기 시작했는데, 이런 상승세는 아직 어느 곳에서도 완전히 평가되지 않았지만 곧 멈출 것 같진 않다. 오늘날 선견지명이 있는 국가와 지역사회라면 디지털 세계화 과정에서 이익을 얻을 계획을 세울 기회가 아직 있다. 그러나 신속히 행동해야 한다. 5G의 물리적 인프라 같은 경우 자금이 있다면 비교적 빠르게 구축할 수 있다. 하지만 현재와 미래의 인력을 교육하여 미래의 푸티 푸아가 되도록 하려면 사전 계획이 더 필요하다.

이런 현실을 고려할 때 나는 세계화를 무모하게 또는 맹목적으로 수용할 게 아니라 대다수 이해관계자인 사람과 기업의 이익을 최우선으로 생각하는 실용적 방식으로 수용해야 한다고 믿는다.

그러한 접근 방식은 분명히 효과가 있을 수 있다. MYCL의 아니사와 동료 창업자들이 그런 예이며, 푸티와 IDN 미디어를 설립한 우토모 형제도 마찬가지다. 교육에 대한 정부의 상당한 투자에 힘입어 그들은 국내에서 세계 시장의 이익을 거두고 자기 나라의 다른 사람들까지 도울 수 있었다. 그로 인해 그들은 그들의 동포들과 마찬가지로 세계화의 이점을 확신하게 되었다. 혹은 우토모 형제 중 동생인 윌리엄이 회사 사무실에서 자카르타를 내려다보며 필자에게 말했듯이 "무역과 기술은 국가가 성장하는 방법이다. 전문화하면 성장할 수 있다."[24] 모든 이해관계자가 비슷한 사고방식을 갖고 있고 자신의 책임과 세계화의 함정을 인식한다면 세계화의 이익이 위험보다 크다는 것을 보장할 수 있다. 하지만 그러려면 윌리엄이 지적한 대로 국가 성장의 핵심 요소 중 하나인 기술을 올바로 이해하는 것이 중요하다.

06

—

Technology

기술의 진화

변화하는 노동시장

———

보도자료에는 "로봇 도입에서 세계 10위 안에 드는 덴마크"[1]라는 주목할 만한 헤드라인이 붙어있었다.

이 보도자료를 낸 기관은 덴마크 기술 회사나 매스컴, 정치인이 아니라 덴마크 금속 제조 및 가공 산업의 생산직 노동자들을 대표하는 덴마크 금속노조였다. 다음과 같은 보도자료 내용으로 보아 노조는 이런 성취가 자랑스러운 게 분명했다. "금속 산업의 경우 점점 더 많은 노동자들이 로봇과 함께 일하고 있다. 덴마크 금속노조는 2020년까지 덴마크에 산업용 로봇 1만 대를 배치하는 것을 목표로 하고 있다."

나는 이런 입장에 대해 강한 호기심을 느꼈다. 내가 읽고 본 바에 의하면 노동자들은 새로운 기술에 반대하는 경우가 더 많았는데, 그 기술들이 그들의 일자리를 대체할 위험이 있을 때는 특히 그랬다. 가장 유명한 사례는 수공업 형태의 직물 산업을 붕괴시킨 새로운 기계들을 파괴한 19세기 영국의 직물공 집단인 러다이트Luddite이다. 그러나 러다이트 외에도 우리 시대를 포함하여 전 세계의 많은 사람들이 신기술과 그것이 추진하는 새로운 작업 방식에 항의했다. 우버 같은 차량 호출 서비스업체에 대한 거리 시위나 미디어를 활용한 정치인이나[2] 학자의[3] 지적 시위가 그런 예다.

나 역시 자동화 시대의 일의 미래에 대한 우려에 공감한다. 2015년에 나는 우리가 인공지능과 첨단 로봇, 통합된 가상 물리 시스템으로 대표되는 새로운 시대의 여명기에 있으며, 그것들이 4차 산업혁명을 구성하고 있다는 사실을 깨달았다. 거기에 3D 프린팅, 퀀텀 컴퓨팅quantum computing, 정밀 의료precision medicine 같은 신기술들은 1차 산업혁명의 신기술(증기기관), 2차 산업혁명의 신기술(내연기관과 전기), 3차 산업혁명의 신기술(정보 기술과 컴퓨팅)과 대등하다고 믿기에 이르렀다. 그것들은 내가 이전 책《클라우스 슈밥의 제4차 산업혁명The Fourth Industrial Revolution》[4]에서 설명한 대로 노동 인구에 혼란을 초래했고 우리가 하는 일뿐 아니라 우리 존재의 본질을 바꾸었다.

2013년 획기적인 연구 '고용의 미래The Future of Employment'에서 옥스퍼드대학의 칼 프레이Carl Frey와 마이클 오스본Michael Osborne은 이런 신기술이 야기할 수 있는 혼란에 대해 처음으로 경고했다.[5] 그들은 앞으로 몇 년 안에 이런 신기술들 때문에 직업의 절반이 달라지고 그중 다수는 완전히 사라지리라고 추산한 것으로 유명하다. 2019년 프레이는 원래의 연구만큼 괄목할 만한 책 《테크놀로지의 덫The Technology Trap》[6]을 후속으로 내놓았는데, 그 책은 오늘날의 노동 대체 기술이 산업혁명의 흐름상 필연적임을 보여준다. 그렇다면 오늘날에도 미래에 무슨 일이 일어날지 두려워하고 익숙한 과거 세계를 유지하기를 선호하는 사람이 많다는 것 역시 당연해 보인다. 왜 전 세계의 정치 지도자들이 유권자들의 요구 때문에 제조업 일자리를 살리거나 부활시키려 하는지, 그리고 왜 점점 자립 경제 운영 방식으로 후퇴하려 하는지도 설명된다. 기술은 모든 의미에서 굉장한 힘이다.

그러나 덴마크의 뉴스는 그런 두려움이 극복될 수 있고, 최신의 최고 기술들이 반드시 노동자를 대체하는 게 아니라 노동자들에게도 도움이 될 수 있음을 시사하는 듯하다. 어떻게 그게 가능할까? 그 답을 얻기 위해 나는 동료에게 코펜하겐에 가서 어떻게 해서 금속노조가 이런 입장을 갖게 된 건지 알아 오라고 부탁했다.

덴마크 금속노조의 클라우스 옌센Claus Jensen 위원장은 처음부터 설득력 있는 주장을 했다.[7] "낡은 기술을 써서 부자가 된 나라나 회사가 있던가요?"라고 그가 물었다. 그는 그것이 불가능하다고 확신했다. 그는 일의 미래에 관한 일부의 암울하고 비관적인 전망에 공감하지 않았다. "어쩌면 싱귤래리티대학Singularity University에서는 기술이 사람을 전부 대체해 버릴 거라고 생각할 수 있겠네요"라고 그가 말했다.[8] "아마 그들은 로봇들이 온갖 물건을 만드는 걸 보고 사람들은 죄다 바닷가에나 나와 있으리라고 생각하겠죠. 하지만 모든 사람이 그렇게 말하지는 않을 겁니다." 그는 그렇게 믿지 않는 게 확실했다. 그것은 자신과 과거 150년간 노조 선배들이 했던 경험에 반하는 생각이기 때문이다. "과거 덴마크에 신기술이 도입될 때마다 고용이 늘었습니다"라고 그가 말했다. 옌센의 믿음은 분명했다. "우리는 새로운 기술을 두려워하면 안 됩니다. 낡은 기술을 두려워해야 합니다."[9]

이런 낙관적인 관점은 1세기 넘게 노조의 지도자들 사이에서만 일관되게 나타났던 게 아니라 (덴마크 금속노조는 1888년에 설립되었고 초대 위원장은 지금의 옌센과 같은 견해를 가지고 있었다.) 조직의 기초인 노조원들에 의해서도 널리 공유되고 있었다. 코펜하겐에 있는 만 에너지 솔루션MAN Energy Solutions의 선박 설비 기술자인 32세의 로빈 뢰프만Robin Løffmann도 그런 이들 중 하나였다. 자동차 정비공의 아들인 뢰프만은 차와 엔진에 대한 사랑을 물려받았다. 열여덟 살이 되어 직업을 선택할 때가 됐을 때 그는 산업기사가 되기로 했다. 4년간 기술 교육을 받고 작은 제조업체에서 실습을 병행한 덕에 그는 졸업과 동시에 만 에너지에서 연료 분사 펌프를 만드는 기사로 쉽게 취직했다.

4년 뒤인 2012년 그에게 안 좋을 수도 있는 상황이 벌어졌다. 어느 날 그의 상사는 회사에서 부품 조립 시간을 20분에서 5~6분으로 단축해 주고 사람이 품질 관리에 개입할 필요성을 크게 줄여줄 수 있는 기계를 구매할 거라고 말했다. 하지만 뢰프만은 새 기계에 반대하지 않았다. 오히려 아주 좋아했다. "다른 곳에서는 기계에 힘든 일을 맡기는 것을 원하지 않습니다." 그는 이 책을 위해 인터뷰하는 자리에서 말했다.[10] "하지만 덴마크에서는 그렇지 않습니다. 여기에서는 '다른 기계 조작 담당자로 재교육받을 수 있겠습니까?'라고 회사에서 묻습니다." 그의 경우 새로운 기계를 생산하는 독일의 빌레펠트Bielefeld에 가서 회사를 대표해 새 장비를 '승인'하라는 요청을 받았다. 한 달 후 독일 회사의 전문가가 코펜하겐에 와서 새 기계로 작업할 그와 다른 세 명의 근로자를 재교육했다.

뢰프만의 이야기는 여러 산업 분야에서 일반적인 일이다. 덴마크 금속노조의 수석 경제학자 토마스 쇠비Thomas Søby는 우리에게 이렇게 말했다. "재교육 가능성이 있으니까 사람들은 일자리를 잃어도 두려워하지 않습니다. 우리는 매우 기능적인 시스템을 가지고 있습니다. 실직하면 노조에서 하루 이틀 안에 이메일을 보내거나 전화를 합니다. 만나서 실직자의 상황을 이야기하고, 업스킬링upskilling(현재 수행하는 직무를 위해 새로운 기술을 배우는 것 ─ 역주)이 필요한지, 해당 지역에 그런 경력자를 찾는 회사가 있는지 알아봅니다. 그래서 아주 성공적으로 실직 즉시 또는 리스킬링reskilling(새로운 직무를 위해 새로운 기술을 배우는 것 ─ 역주) 후에 노조원에게 다른 직장을 찾아주고 있습니다. 교육과정은 고용주와 피고용자에 의해 결정됩니다. 그리고 그들은 노동력의 재훈련과 재교육에 열린 자세를 가지고 있습니다."[11]

근로자와 회사 간의 건설적인 신뢰 관계는 덴마크에 성공을 안겨주고 있다. 덴마크는 오래전에 세계의 조선소 역할에서 물러났고 지금은 한국, 일본, 중국, 터키의 거대 기업이 그 역할을 차지하고 있지만, 신형 및 구형 선박들이 전 세계 곳곳에서 계속 운항할 수 있도록 엔진 생산은 계속하고 있다. (뢰프만의 회사에서 관리해 주는 가장 오래된 선박 엔진은 1861년부터 만들어졌으며 신형 버전을 여전히 생산하고 있다.) 2020년 초 코로나19가 대유행하기 직전에 덴마크의 실업률은 3.7%였으며[12] 금속노조는 그보다도 낮은 2%였다. (노조가 실업수당을 지급하므로 가능한 한 실업자 수를 줄이려는 것이 실업률을 낮추는 요인이 된다.) 아마 더 중요한 건 덴마크의 임금이 높고 비교적 균등하다는 사실일 것이다. 쇠비의 말에 의하면, 금속노조 노조원은 주당 최대 40시간 근무에 연간 약 6만에서 7만 달러를 벌고 노조 참여율은 여전히 80%쯤 된다고 한다. 최근 몇 년간 불평등이 증가하는 추세이긴 하지만, 전반적으로 덴마크는 소득 측면에서 세계에서 가장 평등한 국가 중 하나다.[13]

덴마크의 이야기는 다른 선진국의 이야기와 대조를 이루기 때문에 더 주목할 만하다. 덴마크 인은 다른 나라의 상황을 보고 놀란다. 얼마 전만 해도 미국, 독일, 프랑스, 스페인, 이탈리아의 사회보장제도와 교육 시스템은 스칸디나비아 국가들과 대등했다. 하지만 오늘날 이들 국가에 일어난 일을 보면 놀랍다고 쇠비는 말했다. 덴마크는 사회보장제도와 교육 시스템을 유지하고 쇄신해 왔지만 다른 국가들은 그러지 못했다. 덴마크의 시스템은 회사와 근로자 양측에 유효하게 작용한다고 그는 말한다. 양측의 '협약'은 회사가 비교적 쉽게 근로자를 해고할 수 있지만 높은 임금을 지불하고, 세금을 분담하고, 리스킬링을 위해 노력한다는 것이다. 급여에 최대 52%까지 세금이 부과되므로 이 '유연 안전성 모델flexicurity model'은 분명 대가를 지불해야 한다. 하지만 쇠비는 이렇게 말했다. "스칸디나비아 국가에서는 해고된 근로자에게 리스킬링을 제공하고, 대부분의 근로자에게 새로운 직장을 다시 찾아줄 수 있습니다. 독일이나 스페인, 이탈리아, 프랑스에는 (그 정도의) 시스템이 없죠."

쇠비에게 가장 충격을 준 국가는 바로 미국이었다. 미국은 이전 두 차례의 산업혁명을 지배했었다. 미국은 '위대한 사회Great Society'(미국 존슨 대통령이 1960년대에 추구한 빈곤 추방 및 경제 번영 정책 - 역주)의 기치 아래 블루칼라 노동자가 아메리칸드림을 이룰 수 있었던 곳이기도 하다. 하지만 오늘날은 더 이상 노동자의 메카가 아니다. 적어도 쇠비의 관점에서는 그렇다. 물론 제조업의 쇠퇴와 서비스 분야의 증가는 수십 년에 걸쳐 전 선진국에 영향을 미치고 있는, 세계적인 추세이기는 하다. 하지만 미국의 제조업 분야에서 사람들이 직장을 잃는 속도는 예사롭지 않다. 《파이낸셜 타임즈》는 1990년에서 2016년 사이에 미국 제조업 분야의 일자리 약 560만 개가 없어졌다고 추산했다.[14] 산업 도시들은 전부 노동 인구가 대폭 감소했다. 특정 회사의 고용에 의존했던 몇몇 기업 도시company town는 특히 큰 타격을 받았다. 그 일자리들 가운데 다수가 중국으로 이전되거나 멕시코로 아웃소싱되었지만, 일자리의 약 절반은 자동화의 발전으로 인해 완전히 사라졌다. 이렇게 사라진 고임금 생산직을 대체해 줄 일자리는 기껏해야 저임금 서비스 일자리였다. 최악의 경우에는 새로운 일자리가 전혀 제공되지 않았다. 적어도 대학 학위가 없는 근로자에게는 그랬다. 1980년 이후 특정 부문의 임금은 인플레이션을 감안했을 때 거의 상승하지 않았다.

코로나19 위기가 닥칠 때까지 공식 실업률이 매우 낮았음에도 불구하고 미국의 경제활동 참가율labor force participation rate은 2000년 사상 최고치인 67%에서 2020년 62%로 떨어졌는데,[15] 이는 일자리 찾기를 완전히 중단한 사람이 많다는 의미다. 그와는 대조적으로 덴마크의 경제활동 참가율은 2020년 초 코로나19 사태 이후에도 계속 70% 언저리에 머물고 있다.[16]

왜 이런 일이 일어났을까? "미국 경제의 주요 문제 중 하나는 노동자의 교육 부족입니다"[17]라고 쇠비는 말했다. 덴마크와 달리 미국에는 근로자들의 업스킬링을 위한 광범위한 시스템이 없다. 이 문제는 경제협력개발기구OECD의 수치를 보면 명백해진다.[18] 덴마크는 실업자가 노동시장에 복귀하도록 돕는 '적극적 노동시장 정책active labour market policies'에 1인당 가장 많은 비용을 지출하는 OECD 국가다. 미국은 그 비용의 15분의 1을 쓴다. 또한 덴마크의 시스템은 더 포괄적이고 (나이나 성별, 교육 수준, 고용 상태와 관계없이 더 많은 사람이 이용 가능) 더 유연하다. 그리고 가장 중요한 점은 덴마크의 시스템은 모든 OECD 국가 중 노동시장의 요구에 가장 잘 부응하는 반면에 미국은 조사한 32개국 중에서 19위로 뒤처져 있다는 것이다.

이는 미국 노동시장의 만성적인 불일치로 이어진다. 《워싱턴 포스트》의 경제 전문 기자 헤더 롱Heather Long은 미국의 경우 리스킬링을 이용할 수 있을 때도 근로자들은 어차피 일자리로 이어지지 않을 거라는 생각에 등록하려는 동기를 느끼지 못하거나 마이크로소프트 워드나 아웃룩 사용법 같은 가장 기본적인 IT 강좌에 등록할 때가 많다고

말했다. 롱은 다음과 같은 일화를 이야기해 주며 "제 눈을 뜨게 해준 일"이었다고 말했다.[19]

저는 오하이오에 있는 자동차 공장에서 해고된 근로자들을 추적 취재 했습니다. 그들은 모두 '캐딜락' 재훈련 대상자로 뽑혀서 2년 동안의 재교육 학비를 지원받았습니다. 트럭 운전면허나 간호사 자격증을 따거나, 전문대학에 진학하거나, 첨단 기계공이 되거나 가장 앞서가는 블루칼라 직종인 3D 프린터 조작 담당자가 될 수 있었어요. 교육 대상으로 선정된 20대, 30대는 기뻐했습니다. 하지만 20년 동안 교실이라고는 안 가본 40대는 그렇지 않았습니다. 큰 기술 격차가 있었죠. 그들 중 일부는 플래시 드라이브가 무엇인지도 몰랐어요. 제가 다보스에 갔을 때 한 CEO가 "우린 업스킬링만 하면 돼요!"라고 말하는 것을 들었습니다. 훌륭한 생각 같지만, 전혀 가능하지 않은 일입니다. 나쁘다고는 생각하지 않습니다. 하지만 오하이오 공장에서 2,000명이 재교육받을 수 있었는데, 신청한 사람은 30% 미만이었고 프로그램을 전부 이수한 사람은 15% 미만이었습니다.[20]

분명히 말하지만, 여기서 문제는 나이 든 근로자들의 태도가 아니다. 지속적인 재교육 문화가 존재하지 않고, 근로자들이 직장에 다니는 동안 한 번도 업스킬링이 없었던 경우에는 충분한 자금이 투입

된 방법도 효과적이지 않다는 게 문제다. 쇠비의 견해도 같다. "노동자들이 왜 신기술과 로봇을 반대하는지 이해합니다. 일자리를 잃는다면 큰일이니까요. 그들의 기술은 다니던 회사 업무에 국한되어 있죠. 재교육이나 업스킬링 제도가 없다면 격렬한 분노를 느낄 겁니다. 해결하기가 매우 어려운 문제인데 그들은 잘못된 방식으로 해결하려 합니다. 필요한 것은 더 나은 교육과 더 높은 노조 결성률입니다."[21] 이런 해결책을 옹호하는 사람이 쇠비만은 아니다. 대양 건너 워싱턴 D.C.의 조지프 스티글리츠 같은 경제학자나 경제정책연구소Economic Policy Institute(전 미국 노동부 장관 로버트 라이시를 포함한 경제학자들이 설립) 같은 싱크탱크에서 제안하는 바이기도 하다. 경제정책연구소의 연구부장인 조시 비벤스Josh Vibens의 2017년 연구에 의하면, 덴마크는 노조 가입률이 매우 높아서 급여와 훈련 같은 문제에 노동자의 요구가 반영되도록 보장하지만, 미국에서는 1950년대에는 노동자의 약 3분의 1이었던 노조 가입률이 1980년에는 약 25%로 떨어졌고 요즘은 겨우 10%에 불과하다고 한다. 노조 참여의 감소와 함께 경제적 불평등이 증가했고, 경제정책연구소의 주장처럼 4차 산업혁명 시대에 근로자들을 숙련시키고 노동력의 생산성과 경쟁력을 유지시키는 훈련 프로그램도 감소했다.[22]

경제 체제의 변화로 노동자들이 가장 큰 타격을 입은 두 국가, 미국과 영국에서는 노조와 교육에 대한 옹호가 정치적 양극화를 초래했다. 1980년대 영국 보수당의 마거릿 대처 총리와 미국 공화당의 로널드 레이건 대통령은 교육 등에 대한 공공 투자와 노조의 힘을 혐오하는 것으로 알려진 신자유주의 어젠다를 받아들였다. 신자유주의 이데올로기에서 노조의 단체교섭은 자유시장을 확립하는 데 장애물이고, 세금을 걷어서 하는 공공사업은 높은 경제성장의 걸림돌로 치부됐다. 미국의 레이건 대통령은 노조가 조직한 파업에 참여한 항공 관제사들을 모두 해고하여 미국 노조를 약화시킨 것으로 유명하다. 그리고 영국의 마거릿 대처 총리도 주요 광부 노조들의 파업 농성을 해산시켜 영국에서 노조의 지배를 종식시켰다. 두 지도자는 최고 세율도 크게 낮췄다. 기업들과 고액 자산가들이 투자 자금을 확보할 수 있게 해 낙수 경제tricle-down economy를 실현한다는 취지였다. 하지만 그것은 교육 프로그램을 포함한 공공 서비스에 필요한 국가 재원을 박탈하는 일이기도 했다. 오랫동안 그런 정책들이 영국과 미국 경제에 실제로 도움이 되는 듯했다. 그 후 몇 년간 양국의 고도 성장기가 이어져 1990년대에는 미국 민주당과 영국 신노동당이 신자유주의 이데올로기를 채택할 정도였다. 그러나 2008~2009년의 대침체로 신자유주의 정책들의 전성기가 지나갔다는 것이 명백해졌다. 파트 I에서 보았듯이 최근 몇 년간 경제성장은 계속 부진하며, 미국과 기타 선진국에서 다수의 임금 인상이 중단되었을 뿐 아니라 많은 이들이 노동시장에서 밀려났다. 덴마크와 미국의 예가 보여주듯이 어떤 선진국이든 이해관계자 중심의 해결책과 교육에 대한 공공 투자를 다시 수용하는 것이 좋을 것이다. 이 논쟁에서는 정치적 색깔이나 이데올로기보다 이런 해결책들이 효과가 있다는 단순한 사실이 고려되어야 한다.

싱가포르는 이런 해법이 아시아에서 어떻게 작동하는지 잘 보여준다. 무역, 기술, 이민에 대한 개방성 측면에서 동남아시아의 도시국가인 싱가포르는 경제적으로 가장 자유주의에 치우친 국가 중 하나다. 사회 정책 면에서도 매우 보수주의적인 국가로[23] 성 소수자의 권리와[24] 결혼, 더 광범위하게는 인권이 서구 국가들보다 더 엄격하게 규제된다. 하지만 경제 정책 면에서는 이념에 치우친 정책이 아니라 효과가 있는 정책을 채택한다고 타르만 샨무가라트남Tharman Shanmugaratnam 부총리는 말했다.[25] 국가의 부가 세계경제에서의 경쟁력에 의존하고 있는 섬나라로서 싱가포르는 선택의 여지가 거의 없었다.

싱가포르는 홍콩, 한국, 타이완과 더불어 아시아의 호랑이 중 하나로 1960년대에 가파른 경제성장을 시작했다. 초기 단계에서 싱가포르는 노동 집약적 제조업을 성장 거점growth pole의 하나로 선정하여 성공했다. GDP에서 제조업이 차지하는 비율은 1960년 10%에서 1970년대 말에는 25%로 증가했고, 그사이 GDP는 연간 6% 이상 증가했다.[26] 값싼 제조업 중심지를 찾아 온 일본과 기타 국가의 세계적 기업들 덕에 많은 싱가포르인은 괜찮은 블루칼라 일자리를 얻었고 싱가포르는 빠르게 발전할 수 있었다. 싱가포르의 1인당 GDP는 1965년 500달러에 불과했으나 1990년에는 1만 3,000달러로 급등했다.[27](도표 6.1 참조)

하지만 중국 같은 아시아의 새로운 개발도상국들이 맹추격해 옴에 따라 싱가포르는 이미 1980년대에 서비스와 지식 중심 경제로 전환하여 가치 사슬에서 상향 이동 하고 완전한 선진국의 지위로 도약할 수 있기를 희망하면서 노동자들을 리스킬링할 필요를 느꼈다. 이를 위해

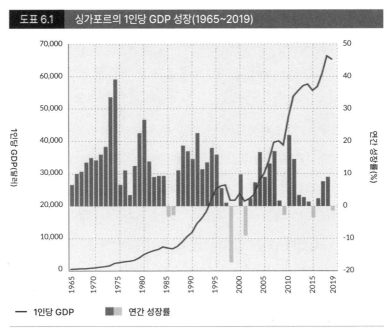

| 도표 6.1 | 싱가포르의 1인당 GDP 성장(1965~2019) |

출처: World Bank, Macrotrends

싱가포르는 아동과 성인 모두를 위한 새로운 유형의 교육에 대거 투자했다. 세계도시개발Global Urban Development의 보고서에 의하면 "더 많은 훈련 센터는 전자 분야와 같은 고숙련 산업에 중점을 두었고" 새로운 교육 시스템을 채택하여 "싱가포르가 대학에서 매우 높은 수준의 숙련된 인력을 양성할 수 있도록 보장하는 동시에 정규 교육 시스템에서 두각을 나타내지 못하는 사람들을 위한 기술 훈련도 여전히 제공할 수 있도록 했다."[28] 이번에도 시스템이 주효했다. 제조업의 고용 비중은 줄어든 반면 서비스 분야는 다음 몇십 년 동안 급성장하여

1980년대 초반에는 GDP의 5분의 1을 차지했지만 2010년대 중반에는 거의 3분의 1을 차지했다. 2015년에는 싱가포르의 1인당 GDP가 유럽의 경제 강국인 독일과 지구상에서 가장 부유한 국가인 미국을 넘어섰다.

싱가포르는 지난 반세기 동안 가장 주목할 만한 성공 신화 중 하나를 썼지만 신기술과 서비스업이 더욱 중요해지고 있는 오늘날 세계 경제의 변화에 계속 적응해야 한다는 사실을 잘 알고 있다. 이런 이유로 싱가포르는 최근 정부 주도로 스킬스퓨처 이니셔티브SkillsFuture Initiative를 수립했다. 모든 연령의 싱가포르인은 이 평생교육 시스템을 통해 4차 산업혁명 시대의 고용 시장에 확실히 대비할 새로운 기술을 배울 수 있다. 그러나 덴마크와 달리 싱가포르는 막강한 사회적 힘과 광범위한 프로그램을 가진 큰 국가를 만들어 이 시스템을 달성하려 하지 않는다. "우리는 강한 정부를 갖고 있지만 큰 정부를 갖고 있지는 않습니다"라고 샨무가라트남 부총리가 말했다. 스킬스퓨처 이니셔티브의 특징 중 하나는 참가자들이 어떤 프로그램에 등록할지 자유롭게 선택할 수 있다는 것이다. 싱가포르국립대학의 제임스 크랩트리James Crabtree 교수가 우리를 위해 준비해 준 워크숍에서 몇몇 정책 사상가들이 했던 발언은 정부 내에서 논의됐던 것들이었다. 예컨대 플로리스트나 요리사가 되려고 공부하는 노동자들에게 정말로 보조금을 지급해야만 할까? 현재 싱가포르에서는 일반적이지 않은 프로그램일지라도 비용을 치를 가치가 있다는 생각이 지배적이다. 현재 진행 중인 4차 산업혁명의 특징 중 하나인 미래 노동시장을 예측하기 힘들다는 생각

때문이다. 비디오게임을 하는 유튜버나 10초짜리 틱톡 영상을 만드는 인플루언서가 오늘날 가장 성공한 20대 전문가 중 일부가 되리라고 누가 생각했겠는가?

싱가포르의 모델을 살펴볼 때 주목해야 할 중요한 특징이 또 하나 있다. 싱가포르 모델은 정부, 기업, 노조, 이 세 이해관계자에 의해 달성됐다는 점이다. 1965년부터 이 셋은 모든 노동시장과 산업 정책 결정에 큰 영향력을 행사해 왔는데, 그 과정에서 경제활동에 중대한 지장을 주지도 않았다. 싱가포르에서 파업은 극히 드물지만 노동시장은 역동적이며 (비교적 쉬운 채용과 해고), 싱가포르 경제는 1960년대와 1970년대에 제조업 위주로, 다시 1980년대와 1990년대에는 서비스업 위주로 최소 두 번 변신에 성공했다. "싱가포르는 동남아시아의 파괴적 혁신 기술의 영향으로 일자리 대체율이 최고에 달하는 상황에 직면할 것이므로"[29] 이런 건설적이고 역동적인 태도는 앞으로도 계속 중요하리라고 최근 《닛케이 아시안 리뷰Nikkei Asian Review》는 보도했다. 그러나 회계 법인 PwC의 설문 조사에서 "싱가포르 응답자의 90% 이상이 기술을 더 잘 이해하거나 사용하기 위해 고용주가 제공하는 모든 기회를 활용할 것"[30]이라고 대답했다는 결과를 보면, 앞으로의 파괴적 기술 혁신이 싱가포르 사회와 경제에 엄청난 충격을 주지는 않을 것으로 보인다. 이는 미국과 서유럽 등의 경제에 주어진 세 가지 도전 과제를 보여준다. 정부와 기업은 노동자들의 지속적인 재교육에 더 많이 투자해야 하고, 노조는 더 강해지되 기업과 정부에 협력해야 하며, 노동자 자신은 그들과 국가가 직면한 미래 경제의 도전 과제에 대해 긍정적이고 유연한 자세를 가져야 한다.

변화하는 비즈니스 지형
—

1980년 아직 초등학생이었던 팀 우Tim Wu는 학급에서 가장 먼저 개인용 컴퓨터 애플 II를 가진 학생 중 한 명이었다. 이제 아이콘이 된 이 컴퓨터는 개발자 스티브 잡스와 스티브 워즈니악을 스타덤에 올려놓으면서 신기술의 시대를 예고했다. 하지만 팀과 형에게 애플 II는 무엇보다 새로운 기술을 익히는 흥미로운 방법이었다. "형과 나는 애플을 대단히 좋아했고, 애플에 사로잡혔습니다"라고 우는 말했다.[31] 10대 초반이었던 형제는 컴퓨터 칩을 꺼내 다시 프로그래밍하고 재조립하는 걸 취미로 삼았다. 몇 년 후 컴퓨터 네트워크가 처음 도입되었을 때는 전화 접속 모뎀을 설치하고 다른 컴퓨터와 연결하여 그들만의 네트워크를 만들었다. 그런 시기를 거치고 난 후 우 형제는 컴퓨터광이 되었는데, 팀의 형은 마이크로소프트사의 프로그래머로 일하게 되었고 팀도 구글에서 (무급으로) 잠시 일했다. 그곳에서도 팀은 여전히 신이 났다. "저는 신봉자였습니다"라고 그가 말했다. "구글이 하려는 일에는 큰 희망이 있었습니다. 우리는 모든 딜레마를 초월할 수 있을 듯한 느낌이 들었어요."

현재 컬럼비아대학교 로스쿨 교수인 우는 여전히 애플 노트북과 아이폰, 구글 서비스를 매일 사용하지만 이젠 애플과 구글의 팬이 아니다. 한때 차고에서 시작했던 이 회사들은 현재 시장 가치가 1조 달러 언저리 또는 훌쩍 넘는,[32] 미국에서 가장 큰 상장 기업이다. 애플의 개인용 컴퓨터는 가장 많이 팔리는 애플 제품 자리를 오래전에 아이폰에 내주었다. 아직은 아이워치, 아이패드, 아이폰 등 날렵한 하드웨어가 매출의 대부분을 차지하지만, 이제 저작권으로 보호받는 소프트웨어 제품과 선구적인 앱스토어가 애플 생태계의 심장부를 형성하고 있다. 이제 모회사인 알파벳 아래로 들어간 구글은 최고의 검색 제공 기업으로 출발했지만, 지금은 광고 판매에서 쇼핑, 엔터테인먼트, 클라우드 컴퓨팅에 이르기까지 모든 분야를 아우르며 활발한 활동을 펼치는 초대기업으로 성장했다. 초기 IT 기업 다수가 시간이 흐르면서 사라져 버렸지만, 알파벳, 애플, 마이크로소프트, 페이스북, 아마존은 선도적 위치를 공고히 하며 거대 기업이 되었다.

"전환점은 이 대기업들이 물러나지 않거나 너무 커졌을 때 찾아왔습니다. 너무 많은 시장에 진출했을 때였죠"라고 우는 말했다. 이것은 그가 여전히 구글에 우호적이었을 때 했던 조언이다. "귀사는 놀라운 것을 가지고 있지만 인접 시장adjacent market 진출에 주의해야 합니다"라고 그는 말했다. 그는 구글의 친구가 되려고 노력했지만 동시에 그가 "도덕적으로 의심스러운 관행"이라고 부르는 것들에서 구글이 벗어나게 하고 싶었다. 하지만 조언은 무시되었다. 그 결과 오늘날 5대 빅테크Big Tech 기업은 그리 오래지 않은 과거의 신생 기업의 모습보다 1980년대의 통신업체 AT&T와 같은 독점기업들과 더 닮았다고 그는 말했다. 빅테크 기업들은 자사 시장을 보호하기 위해 경쟁 업체를 사들이거나 모방하여 플랫폼과 판매자 역할을 겸하고 있으며, 앱스토어에서 자사 제품을 선택하도록 유도한다는 것이다. 그렇게 함으로써 이전 산업혁명 때의 모든 독점기업과 마찬가지로 경쟁을 억압하고 다수가 아닌 소수의 손에 부와 권력을 집중시킨다고 우는 주장한다. 이런 이유로 이 빅테크 회사들은 자연독점natural monopoly(철도, 가스, 전기 등 막대한 기반 투자가 필요한 상품의 특성상 여러 기업이 생산하는 비용보다 한 기업이 독점적으로 생산할 때 비용이 적게 들어 자연스럽게 생겨난 독점 시장 – 역주)처럼 규제를 받거나 분할되는 두 가지 강경한 조치 중 하나에 지면해야 한다고 우는 말했다.

미국에서 빅테크의 상황을 이전 시대의 독점기업에 비유하는 사람이 우만은 아니다. 2018년 말 워싱턴 D.C.의 엘리자베스 워런Elizabeth Warren 미 상원의원을 방문했을 때 그녀는 이미 기술, 제약, 금융을 포함한 미국의 많은 산업 분야의 시장 리딩 기업들에 대해 비슷한 입장을 갖고 있었다. 우의 동료인 컬럼비아 로스쿨의 리나 칸Lina Khan은 예일대학에 재직 중이었던 2016년 비슷한 입장에서 '아마존의 반독점 역설Amazon's Antitrust Paradox'[33]이라는 논문을 썼다. 게이브리얼 주크먼Gabriel Zucman, 이매뉴얼 사에즈Emmanuel Saez, 케네스 로고프Kenneth Rogoff, 노벨상 수상자 폴 크루그먼Paul Krugman과 조지프 스티글리츠 같은 경제학자들 역시 빅테크가 "너무 많은 힘"[34]을 갖고 있다거나 더 엄격하게 규제할 필요가 있다고 말했다. 《와이어드》의 편집장 니컬러스 톰슨Nicholas Thompson과 《파이낸셜 타임즈》의 부편집장 라나 포루하Rana Foroohar 같은 주요 언론인들도 빅테크에 대한 독점 금지 조치에 찬성한다. 그리고 애플의 스티브 워즈니악[35]과 페이스북의 크리스 휴즈Chris Hughes를 포함하여 현재 반독점 위반 조사를 받고 있는 거대 기술 기업들의 공동 창업자 일부도 더 엄격한 규제에 찬성한다고 말했다. 우가 보기에 이것이 올바른 태도다. "저는 항상 워즈니악의 애플을 좋아했습니다. 그들은 놀라운 일을 해냈죠"라고 그는 말했다.

그러나 우와 워런, 워즈니악처럼 빅테크의 독점 또는 수요독점(시장에 구매자가 하나뿐인 독점의 변형)은 더 규제되어야 한다고 믿는 사람들이 있는 것처럼 규제 조치가 역효과를 낳을 것이라고 믿는 사람들도 있다. 그들은 빅테크의 많은 서비스가 무료이거나 그들이 제시하는 가격이 시장에서 가장 낮고 최선이라는 (아마존을 생각하라.) 사실을 지적한다. 그들은 어떤 경우에도 빅테크 기업에 대처하는 가장 좋은 방법은 회사의 분할이나 규제가 아니라고 말한다. 그런 조치들은 과거 가장 혁신적이었던 기업들 일부에 해를 끼치고 미국 경제의 경쟁력도 떨어뜨릴 거라고 주장한다. 어떤 이들은 주로 미국과 중국이 기술 패권을 놓고 벌이고 있는 전쟁을 지적하며 과도한 제재로 인해 미국 기업들이 이 싸움에서 질 수 있다고 지적한다.

나는 지난 몇 년간 이들 빅테크 기업의 경영자들을 모두 만나고 이들 다수의 성공 여정을 가까이에서 지켜볼 기회가 있었다. 예를 들면 나는 팰로앨토의 창고에서 단 열여덟 명의 직원만 두고 있던 마크 저커버그를 방문했고, 마윈Ma Yun이 알리바바를 막 시작했을 때 그를 세계경제포럼의 '차세대 글로벌 리더'로 지명했다. 나는 그들이 초반에 이상한 나라의 앨리스가 된 듯한 기분이 드는 시기를 거친 후에야 비로소 자신들이 대중의 삶과 정체성에 엄청난 영향을 미치고 있음을 인식하게 되었다고 확신한다. 그리고 나는 그들이 데이터 소유권, 알고리즘, 얼굴 인식 등에 대해 사회가 제시하는 정당한 우려에 건설적으로 대응하기 위한 준비가 점점 되어가고 있다고 본다. 이러한 우려를 도외시하지 않는 것이 장기적으로 이익이라는 것을 그들은 알고 있다. 그러지 않으면 미래 성장을 해칠 수 있는 규제를 받을 수 있기 때문이다.

이 논쟁에서 결국 누가 옳을까? 오늘날 경제에서 빅테크와 다른 지배적 기업들은 근로자와 소비자에게 도움을 주고 있는가? 아니면 피해를 주고 있는가? 디지털 경제에 적합하도록 경쟁 정책을 업데이트해야만 할까? 그리고 우리는 빅테크 덕에 새로운 도금 시대에 접어들었을까? 혹은 우리 시대의 가장 성공적인 기업들을 축소하면 혁신의 겨울로 접어들게 될까? 산업혁명의 렌즈를 통해 경제사를 들여다본다면 이 중요한 질문들에 답하는 데 도움이 될 수 있다.

산업혁명 이전

근대가 시작되기 이전에는 전 세계 경제가 대부분 정체되어 있었다. 인간의 생활 방식에서 가장 중대한 변화는 약 1만 년 전 수렵 채집인이 정착하여 농사를 지으면서 일어났다. 그 변화는 두 가지 면에서 중요했다. 농사를 지으면서 처음으로 안정적인 식량 공급과 정기적인 잉여 식량 확보가 가능해졌고,[36] 정착 생활을 함으로써 식량을 저장하고 동물을 사육하여 고기와 유제품 등 더 많은 영양 공급원을 확보하게 됐다. 쟁기, 바퀴, 토기, 철기의 발달 같은 기술의 비약적 발전에 힘입어 진정한 농업혁명이 일어났다. 이는 정치적, 경제적, 사회적으로 중대한 영향을 미쳤다.

사회적으로 정착 생활은 마을과 도시, 사회, 심지어 초기 왕국의 발전을 가져왔다. 정치적으로는 잉여 식량으로 인해 특정 계층은 다른 사람들이 생산한 식량으로 살아갈 수 있게 되면서 처음으로 계급이 나타나기 시작했다. 경제적으로는 초기 교역과 분업 덕분에 전반적으로 부가 소폭 증가했다. 뒤이어 등장한 문명은 거의 예외 없이 전사와 종교 지도자의 최상위 계급, 상인과 무역상과 전문 노동자(도자기, 의복 및 다른 상품의 생산자)의 중간 계급, 자신과 다른 사람들을 위한 식량을 생산하는 농노와 농부의 최하층 계급으로 구성되고 하위 계급이 상위 계급에 복종하는 체계를 갖고 있었다. 역사를 통해 계속 보게 될 패턴이 이때부터 일찌감치 나타났다. 기술의 획기적 발전은 부의 상당한 증가로 이어지지만, 잉여 생산물은 거의 항상 불평등하게 분배되고 심지어 최상층의 소수 집단이 독점했다.

그 후 수천 년 동안 정치적, 사회적 구조에 많은 변화가 있었을 뿐만 아니라 다양한 혁신의 시기가 있었다. 중국에서 인도를 거쳐 아랍 세계와 유럽에 이르는 유라시아 대륙에는 중세 시대에 인쇄, 금융, 회계뿐만 아니라 항해, 전쟁, 교통에서 비약적인 발전이 있었다. 이전 챕터들에서 보았듯이 이런 기술 발전 덕분에 대륙 간 무역이 급증하고 사람들, 특히 최상층 계급의 생활 방식이 더욱 향상되었다. 이때는 페르시아제국, 오스만제국, 몽골제국, 명나라 시대였다.

유라시아보다 뒤처진 유럽에서는 르네상스 시대와 근세에 진정한 과학혁명이 일어났다. 이는 사회와 정치의 대변화를 가져왔고, 유럽 강대국들이 세계경제를 지배하고, 유럽 기독교에 개혁이 일어나고, 유럽 정치에서는 베스트팔렌 조약Peace of Westphalia(신교와 구교의 종교전쟁인 30년 전쟁을 끝마치며 유럽 각국에서 맺어진 조약으로 신성로마제국이 무너지고 근대적 주권국가가 나타나는 계기가 되었다. - 역주)이 체결되는 등 여러 변화가 이어졌다. 그리고 나침반과 범선, 화력 및 기타 과학혁명에 힘입어 유럽 열강들은 거대한 동인도회사로 대표되는 세계 무역 제국을 다수 설립했다. 그러나 기술과 부의 진보에도 불구하고 대부분의 유럽 인은 18세기 말까지 열심히 농사를 지었고, 생활 역시 수 세기 전 조상들과 별로 달라지지 않았다.

1차 산업혁명

이런 상황은 1차 산업혁명이 주로 영국에서 시작되면서 바뀌었다. 1760년대에 이르러 제임스 와트James Watt가 발명한 증기기관으로 인해 산업에 혁명이 일어날 태세가 갖춰졌다. 처음에는 원활하게 진행되지 못했으나 19세기 초반에 이르자 영국 기업가들은 세계에서 가장 성공적인 기업가가 되어가고 있었다. 몇십 년 안에 영국의 증기기관차, 증기선, 증기 기계가 세계를 장악했고 영국은 세계에서 가장 강력한 제국이 되었다. 전체 산업, 특히 농업 및 직물업은 완전히 바뀌었다. 사람과 말이 아니라 기계로 동력을 공급받음으로써 농업 수확량이 몇 배로 늘었고 제조 부문의 산출량은 그보다 더 늘었다. 최종 상품의 산출량으로 측정했을 때 영국 경제는 전 세기의 표준이었던 0.1% 또는 0.2%가 아니라 연간 몇 %씩 성장하기 시작했다. 인구도 급격히 증가했다. 먹일 입은 더 많아졌는데 농업 분야에 필요한 사람은 (그리고 말은) 적어졌다. 따라서 19세기 말이 되자 인구의 절반 이상이 런던이나 맨체스터, 리버풀 같은 산업 도시로 이주했고 이주자 대부분이 공장에서 일했다.

1차 산업혁명으로 가장 큰 혜택을 본 것은 자본을 가진 영국 기업가였다. 자본주의는 새로운 것이 아니었다. 자본주의는 베네치아 상인들이 공동출자하여 중세 지중해 무역의 모험을 감행한 이후로 줄곧 유럽에 존재해 왔지만 이제 무역보다는 공장과 기계에 자금을 대는 데 자본이 쓰였다. 보통 대지주, 성공한 상인, 귀족 가문의 일원 등으로 수중에 충분한 자본을 가진 이들은 새로운 기술에 투자하고 회사를 설립해 성공할 수 있었다. 이제 세계시장을 마음대로 이용할 수 있게 되면서 그들은 막대한 이익을 챙겼다. 그리고 기계를 조작하는 데 필요한 노동력은 수공으로 상품을 제조하는 데 필요한 노동력만큼 전문화된 인력이 아니었기 때문에 초기 기업가들은 노동자들보다 협상에서 우위를 차지했고, 이는 착취로 이어졌다. (이것은 당시 가장 부유한 국가였던 영국만의 상황이었고, 수공업이 몰락한 인도와 중국 같은 국가의 경우 사실상 승자가 없었으므로 형편이 훨씬 더 나빴다.)

19세기 동안 1차 산업혁명의 기술들은 다른 국가들, 주로 유럽 대륙(특히 벨기에, 프랑스, 독일)과 북대서양 건너편에 있는 영국의 옛 식민지 미국에도 전파되었다. 기술적 변화와 함께 정치적, 경제적, 사회적 변화도 일어났다. 1800년대가 끝나갈 무렵에는 영국과 벨기에, 프랑스, 독일의 일반 노동자의 곤궁함이 크게 문제가 되어서 일부 지도층 인사들은 그 과도함을 비난하기도 했다. 착취당하며 일해야 했던 프랑스 민중의 처지를 보여준 소설 《레 미제라블》이 나왔다. 독일 망명자 카를 마르크스Karl Marx와 프리드리히 엥겔스Friedrich Engels가 산업화된 영국의 프롤레타리아의 운명에 관해 신문 기사와 책까지 썼는데 긍정적 내용은 없었다. 그리고 그보다 몇십 년 전 찰스 디킨스는 "최고의 시대"일 뿐 아니라 "최악의 시대", "어둠의 계절", "절망의 겨울"이라 표현하기도 했다.[37] 그것은 산업화의 결과였을까? 세계화의 결과였을까? 실은 둘 다였을 것이다. 앞 챕터에서 보았듯이 노동자들은 불평등에 대항해 단결하기 시작했고 정치적 권리, 더 나은 임금과 근로 환경을 요구했다. 나아가 산업가가 최상층의 왕과 성직자를 대체하고 공장 노동자가 최하층의 농노와 소농을 대체한 새로운 계급제도의 전복을 외치기에 이르렀다.

미국에서도 1차 산업혁명은 옹호할 수 없는 상황을 가져왔다. 수송, 금융, 에너지 기술의 진보는 과점oligopoly과 독점monopoly으로 이어졌다. 최대 자본과 초기 자원을 가진 회사들은 최대 규모로 최신 기술을 도입할 여유가 많아 최상의 서비스를 제공할 수 있었기 때문에 시장 점유율이 높고, 가장 많은 이익을 내고, 다른 회사와의 경쟁에서 이기거나 다른 회사를 인수했다. 여러 산업 분야에 걸쳐 기술 반전이 가져온 결과를 살펴보자. 우선 운송 부문의 경우 해운업 재벌 코닐리어스 밴더빌트Cornelius Vanderbilt의 지배하에 있던, 중서부와 뉴욕을 운행하는 철도 회사들이 지배적인 위치를 갖게 되었다. 에너지 부문에서는 영리한 존 록펠러John D. Rockefeller가 거의 무일푼으로 세계에서 가장 큰 정유 회사 스탠더드 오일을 설립하고 나중에는 최초의 사업 신탁business trust을 만들 수 있게 되었다. (스탠더드 오일은 여전히 미국 최대의 정유 회사인 엑손모빌로 계속 존재한다.) 철강 산업에서는 스코틀랜드 태생의 미국인 앤드루 카네기Andrew Carnegie가 US 스틸의 전신인 회사를 설립했는데, 이 회사는 나중에 미국 철강 생산을 독점하는 기업이 되었다. 석탄 생산 부문에서는 헨리 프릭Henry Frick이 펜실베이니아의 석탄 생산량의 80%를 통제했던 프릭 코크스Frick Coke Company를 설립하고,[38] 여러 대기업을 경영하게 됐다. 그리고 금융에서는 유명한 뉴욕멜론은행BNY-Mellon의 앤드루 멜론Andrew Mellon과 지금의 JP 모건 체이스의 설립자인 존 피어폰트 모건John Pierpont Morgan이 미국 최대의 금융 회사 일부를 설립할 수 있는 상황이 만들어졌다.

오늘날 이 산업계의 거물들은 록펠러 센터, 카네기 홀, 그리고 지금도 활동하고 있는 많은 자선단체 등을 통해 사회에 크게 공헌한 인물들로 알려져 있다. 하지만 1880년대 말 그들은 엄청난 재산과 종종 의심스러운 사업 관행으로 유명했다. 현재 가치로 따졌을 때 그들은 빌 게이츠와 제프 베조스를 능가하는 재산을 갖고 있었지만 일반인들에겐 재산이라 할 만한 것이 존재하지 않았다. 뉴욕, 필라델피아, 피츠버그, 시카고 같은 대도시의 공동 주택에서는 극심한 빈곤이 일반적이었다. 노동자의 임금은 낮았고 트러스트trust(시장 지배를 목적으로 동일 산업 부문의 기업들이 법률적, 경제적 독립성을 포기하고 지주 또는 자본 결합에 의해 새로운 하나의 기업체로 합쳐지는 것을 말한다. – 역주)의 경제력 앞에서 협상력도 가지지 못했다. 부자와 빈자의 생활 수준은 충격적일 정도로 대조적이어서 1873년 마크 트웨인Mark Twain과 찰스 두들리 워너Charles Dudley Warner는 이를 풍자한 책 《도금 시대: 오늘날 이야기The Gilded Age: A Tale of Today》를 썼고 이 제목은 그 시대의 별칭이 되었다. 1900년대 초반, 이런 상황으로 인해 미국 정치 최초의 '포퓰리즘' 시대가 시작됐다. 1892년 최초의 포퓰리즘 정당인 인민당The People's Party은 대통령 선거에서 '농촌 및 도시 노동자'의 권리를 내세우고 당시 지도 계급이 '도덕적, 정치적, 물질적 몰락'을 가져왔다고 비난하며 제3당으로는 처음으로 선거인단 의석을 차지했다. 1896년 윌리엄 제닝스 브라이언William Jennings Bryan과의 공조로 그를 민주당 전당대회의 공식 대통령 후보로 세우기도 하였다. 공화당의 윌리엄 매킨리William McKinley에게 패해서 대통령으로 당선되지는 못했지만 말이다.

1차 산업혁명은 이를 주도한 국가들에게 엄청난 부를 가져다줬지만 산업화된 국가들의 가난한 사람들에게는 엄청난 고통을 안겼다. 1차 산업혁명은 그때까지 세계 GDP를 이끌었던 아시아 국가들, 즉 중국, 일본, 인도를 포함하여 산업혁명에 뒤처진 나라에 사는 사람들에게도 비보였다. 그런 국가에서는 정치 체계 전체가 무너지고 혼란과 식민지화가 뒤따랐다. 그래도 미국과 서유럽에서는 대중의 반발이 너무 커져서 무시할 수 없게 되자 일부 자본가들에게 과도한 부가 집중되는 것을 막고 노동자 계급의 고통을 줄이려는 조치가 취해졌다. 1870년대부터 1920년대까지 일련의 개혁으로 보통 선거권이 도입된 후 유럽에서는 영국부터 독일까지 사회주의 정당들이 정권을 잡았다. 보수당과 기독민주당도 사회적 의식이 담긴 정책들을 채택했다. 예를 들어 독일의 오토 폰 비스마르크Otto von Bismark 정부는 보수적 성향에도 불구하고 1880년대에 일련의 사회 개혁을 단행했는데, 이는 오늘날 서유럽 사회보장제도의 핵심을 이루고 있다.

이와는 대조적으로 미국은 초기에 사회보장제도보다는 독점 금지 강화에 초점을 두었다. (사회보장제도는 1935년 대공황의 여파로[39] 수천만 명이 일자리, 음식, 집을 잃고서야 도입되었다.) 1890년에 이르러서야 의원들은 정치를 부패시키고 전체 산업 부문을 독점하는 악덕 자본가들의 해악을 해결해야 한다는 사실을 깨달았다. 최초의 독점금지법이 그해 통과되었고 그 후 수년간 여러 차례 개정되었다. 1914년에는 연방거래위원회Federal Trade Commission의 설립을 가져온 법을 포함하여 중요한 법안 두 가지가 더 통과되었다. 이 법들은 록펠러 같은 사람들의 트러스트가 경쟁사를 사들이거나 가격 담합을 통해 사실상의 독점을 더 이상 할 수 없도록 해야만 했다. 독점금지법 제정 이후 기업 분할의 가장 유명한 예는 1911년 스탠더드 오일의 분할이다. 20세기로 접어들 무렵 "미국 정유의 90%를 통제하고 있던"[40] 스탠더드 오일은 34개 회사로 분할되었고 그중 일부는 오늘날 엑손모빌(한때는 엑손과 모빌로 분리), 셰브론, 아모코 등의 브랜드나 별도의 회사로 남아있다. 다른 산업도 반독점 조사에 직면했다. 규제 당국은 독점이 혁신과 경쟁을 해치고 소비자에게도 나쁘다고 믿었다. 독점은 중단되어야 했다.

2차 산업혁명
—

경제사 및 정치사를 보면 알 수 있듯이 정부가 산업계에 취한 조치는 현재와 과거의 문제를 해결하는 데는 대체로 성공했지만 미래의 문제를 해결하는 데는 그리 성공적이지 못하다. 2차 산업혁명이 일어났고 이때 탄생한 내연기관internal combustion engine과 전기는 자동차와 비행기, 전력망, 전화 같은 새로운 상품들로 이어졌다. 1차 산업혁명의 기술들이 그랬듯이 이 새로운 기술들 역시 머지않아 산업을 창출하고, 재편하고, 지배하게 되었다. 하지만 1914년의 지정학적 갈등은 산업화된 세계의 경제 역동성을 방해했다. 1차 및 2차 세계대전에서 기술은 경제적 동인보다 파괴적인 힘으로 간주되었다. 1차 세계대전은 말이 전략적으로 배치된 마지막 전쟁이었다. 2차 세계대전은 탱크와 전투기가 전장을 지배한 최초의 전쟁이었다. 수천만 명이 사망했고, 그중 다수는 최신 기술로 만든 무기에 목숨을 잃었다.

1945년이 되면서 새로운 세계가 등장했다. 이번에는 기술이 서구의 블루칼라 노동자와 중산층에 전반적으로 훨씬 더 긍정적인 역할을 하게 됐다고 칼 프레이는 저서 《테크놀로지의 덫》에서 지적했다. 대서양 양쪽에서 자동차 가격이 상류층은 물론 일반 노동자도 감당할 수 있는 수준으로 내려가 빠르게 대중적인 교통수단이 되었다. 전기는 모든 가정에서 표준이 되었고 전기를 사용하는 세탁기, 에어컨, 냉장고가 나왔다. 이런 제품들은 사람들의 생활을 더 편하고, 건강하고, 청결하게 만들었으며 여성 해방에 크게 기여했다. 그리고 전기와 교통이 창출해 낸 산업들은 중급 및 저숙련 노동자에게도 중산층 일자리를 얻을 많은 기회를 열어주었다. 2차 산업혁명에서는 공장 기계가 노동자를 보완해 주는 역할을 함으로써 고된 육체적 노동을 덜어주었음에도 불구하고 여전히 아주 많은 노동자를 필요로 했다. 그리고 제조업에 기반한 경제와 서비스업에 기반한 경제의 중간 정도 되는 경제였기 때문에 운전사, 전화 교환수, 비서, 계산원 등에 대한 수요도 늘어났다.

베이비 붐을 동반한 광범위한 부의 급증으로 국가들은 사회보장제도와 교육, 의료, 주택 사업을 더 강화할 수 있었다. 미국에서는 린든 존슨Lyndon Johnson 대통령이 '위대한 사회' 프로그램을 발표했다.[41] 빈곤과 인종 문제 제거를 목표로 빈곤과의 전쟁 같은 이니셔티브가 실시됐고, 메디케어Medicare(노인 의료보험 제도)와 메디케이드Medicaid(저소득층 의료보장 제도) 같은 의료 제도가 도입됐으며, 학교 보조금 지급과 교사 봉사단Teacher Corps 설립뿐만 아니라 새로운 초·중·고등학교와 대학 건립이 의무화됐다. 유럽에서는 대개 보편적 무료 의료, 무상 교육, 국가 보조 주택을 동반하는 복지국가가 도입되었다.

그동안 반독점 조치는 계속 정치 의제가 되었다. 미국에서 새로 부상한 통신 산업은 기업 합병이 계속 일어나 1960년대에는 사실상 벨 전화회사(지금의 AT&T)의 독점이었다. 1차 산업혁명 이후 시행된 독점 규제 법률에 따라 벨 역시 분할되었고, 그 후 수십 년 동안 가격이 낮춰지고, 서비스가 획기적으로 개선되었으며, 새로운 혁신의 물결이 일어나 결국 이동전화 사업으로 이어졌다. 유럽 국가들은 더 직접적인 규제 방식을 선택하여 전력 및 통신을 국가 독점 사업으로 정했다. 이 또한 시장 요율을 초과하는 모든 이윤이 간접적이기는 하지만 궁극적으로 사회에 돌아가도록 보장했다. 하지만 시간이 흐르면서 국영기업은 강력한 경쟁 인센티브가 부족해 더 나은 서비스 또는 더 낮은 가격을 제공하고자 하는 욕구를 상실하므로 이 방식은 혁신과 경쟁을 억눌렀다.

자동차 산업은 반독점 조치가 필요 없을 만큼 기업 사이에 경쟁이 이뤄졌다. 그러나 자동차 회사들은 정치적 영향력과 경제적 힘을 동원한 로비를 통해 기차와 전차보다 자동차와 버스 및 그를 위한 인프라에 지원금이 지급되도록 하고 전기차 도입을 지연시켰다. 이는 운송 분야에서 최상이 아닌 결과를 가져왔다. 하지만 이러한 자동차 산업의 문제는 다른 산업에 비해 상대적으로 덜 관심을 끌었는데, 점차 국제 경쟁이 심화된 것이 그 이유 중 하나다. 자동차 산업은 수백만 개의 일자리를 직·간접적으로 창출해 왔고, 그 일자리들은 수천만 명에게 중산층으로 가는 티켓을 제공했다. 이런 이유로 자동차 제조업체들은 규제 조사를 피했고 세계 전역에서 존경받는 기업이 될 수 있었다.

서구의 황금기였던 이 기간에 기술과 기업이 훨씬 더 긍정적인 역할을 한 결과 자본 대 노동, 인간 대 기계에 대한 사람들의 이념적 견해가 상당히 누그러졌을 것이다. 중요한 것은 경제학자들도 기업과 기업의 혁신이 사회와 경제 발전에 미치는 긍정적 효과를 더 내세웠다는 사실이다. 오스트리아 경제학자 조지프 슘페터Joseph Schumpeter는 1940년대에 이미 새로운 회사들과 그들의 획기적 기술에 의해 기존의 회사들과 그들의 제품들이 몰락하는, "창조적 파괴creative destruction"의[42] 세계가 등장하고 있음을 알았다. 자동차가 말을 대체하고, 비행기가 배를 대체하고, 가전제품들이 하인들을 대체했다. 시카고대학의 밀턴 프리드먼Milton Friedman과 그의 동료들, 이른바 시카고학파는 거기서 한 걸음 더 나아갔다. 프리드먼은 경제 체제 안에서 기업이 당연히 긍정적인 역할을 한다고 믿었다. 시장이 항상 최적의 결과를 얻어 사회의 효용을 극대화하도록 보이지 않는 손이 보장한다는 것이다. 그것은 "기업의 사회적 책임은 오직 하나뿐"임을 의미한다고 프리드먼은 1970년 《뉴욕타임스》에 기고한 글에 썼다.[43] 그것은 바로 "게임의 규칙을 벗어나지 않는 한도 내에서 자원을 사용하여 이익을 늘리기 위한 활동에 참여하는 것이다." 2차 산업혁명과 기업들이 당시 경제와 사회의 발전에 대체로 긍정적인 역할을 했다는 맥락에서 볼 때 이런 생각은 이해가 된다. 하지만 불과 몇십 년 후 3차 및 4차 산업혁명에서 기업이 사회에 미치는 영향은 부정적 측면이 더 많은 것으로 드러난다.

3차 산업혁명

—

1970년대와 1980년대에 벨전화회사에 대한 반독점 소송이 정치적, 사법적 절차를 밟는 동안 경제사의 흐름을 바꾸게 될 소규모 컴퓨터 회사 두 곳이 앨버커키Albuquerque와 쿠퍼티노Cupertino의 차고에서 설립되었다. 처음에 마이크로소프트와 애플은 팀 우가 부모님께 받은 것과 같은 개인용 컴퓨터를 만들었다. 하지만 1980년대에 두 회사는 MS-DOS, 윈도우, Mac OS 등의 소프트웨어로 점점 유명해졌다. 그리고 1990년대에 마이크로소프트와 애플은 사무실과 거실로 인터넷이 들어오게 만들었다. 그 과정에서 개인용 컴퓨터는 비싸고 부피가 큰 틈새시장 기기에서 현대 노동자의 가장 중요한 도구로 변모했다. 정보 기술IT과 인터넷, 그리고 그와 관련된 응용 프로그램들과 산업이 중심이 된 이 변화가 바로 3차 산업혁명이다.

3차 산업혁명으로 화이트칼라 노동자의 생산성이 크게 향상됐다. 훨씬 더 많은 정보를 훨씬 더 빨리 처리하고, 어디에서나 손끝 터치만으로 즉각 동료들과 협업할 수 있게 됐다. 그리고 이로 인해 역사상 가장 큰 세계화의 물결이 일어났다. 생산 시설과 관리 부서가, 본사와 글로벌 가치 사슬을 서로 분리할 수 있게 되었다. IT와 인터넷 혁명으로 국가들이 세계경제에 편입되어 수억 명이 중산층에 진입했다.

전 세계적 관점에서 3차 산업혁명의 효과는 의심의 여지 없이 긍정적이었다. 1차와 2차 산업혁명에서는 서구 산업 국가의 중산층이 부를 축적했다. 3차 산업혁명에서는 신흥 시장 국가들이 마침내 공정한 몫을 얻었다. 경제학자 크리스토프 라크너Christoph Lakner와 브랑코 밀라노비치Branko Milanovic는 유명한 '코끼리 곡선'으로 그 효과를 보여주었다.[44] 코끼리 곡선 그래프는 IT 혁명이 한창이던 1988년부터 인터넷이 세계 공급망을 뒤흔들었던 2008년까지 전 세계 중산층이 선진국의 1%와 마찬가지로 혜택을 입었음을 보여준다. 하지만 서구의 중산층은 대가를 치렀다. IT 혁명으로 인해 그들이 하던 일을 다른 국가의 저임금 노동자가 할 수 있게 되면서 일자리와 급여 모두 압박을 받았다.

그러한 통찰은 《세계 불평등 보고서 2018》(도표 6.2 참조)에서 마지막으로 업데이트된 가장 최근의 코끼리 곡선 그래프에서 볼 수 있다. 이 그래프는 세계 인구의 소득 수준별(가장 가난한 사람부터 가장 부유한 사람까지 표시된 가로축) 소득 증가율(세로축)을 보여준다. 소득 분배의 10~50 백분위수 사이에 있는 사람들(중국, 인도, 아세안 국가 및 그 밖의 다른 많은 신흥 중산층 포함)은 종종 100%를 초과할 정도로 소득이 성장했음을 알 수 있다. 그들은 코끼리의 '뒤통수'를 형성한다. 상위 1%, 즉 서구의 전문가 계층을 포함한 엘리트 역시 소득 증가율이 높았으며 최상위 0.1%와 0.01%는 상대적으로 더 큰 혜택을 받았다. 그들은 코끼리의 '코끝'을 형성한다. 이 두 집단은 대체로 세계화의 수혜자들이었다.

하지만 미국, 영국, 서유럽 국가들의 노동자 계급과 중산층 다수를 포함하는 세계 소득 분포의 60에서 90 백분위수에 속한 사람들의 소득 증가율은 훨씬 낮았다. 지난 35년 동안 그들의 평균 소득은 매년 겨우 1% 조금 넘게 증가했다. 세계화의 순이익을 전혀 느끼지 못한 이

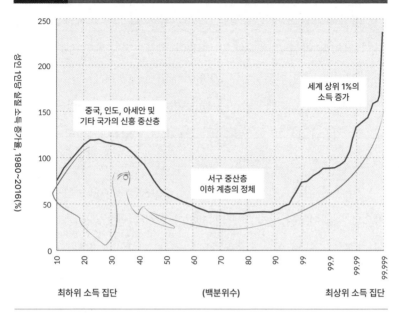

도표 6.2 세계 불평등과 성장의 코끼리 곡선

성인 1인당 실질 소득 증가률, 1980~2016(%)

250

200

150

100

50

0

세계 상위 1%의
소득 증가

중국, 인도, 아세안 및
기타 국가의 신흥 중산층

서구 중산층
이하 계층의 정체

10 20 30 40 50 60 70 80 90 99 99.9 99.99 99.999

최하위 소득 집단

(백분위수)

최상위 소득 집단

출처: 《World Inequality Report 2018》(2018). Laker and Milanovic,《World Bank Economic Review》(2015)에서 영감을 받음. 그래프에 코끼리 모양을 처음 추가한 사람은 미국 피터슨국제경제연구소의 캐럴라인 프룬드이다.[45]

들이 많았고, 저소득 국가로의 아웃소싱 때문에 보수가 좋은 블루칼라 일자리를 잃은 이들도 상당수 있었다. 또한 소득 분포의 가장 아래에 있는 최빈곤층 역시 거의 발전이 없었다. (그들의 소득 증가는 그래프에 나오지 않는다.)

그런데 3차 산업혁명이 가져온 효과가 또 하나 있다. 대다수가 사용하는 네트워크에 사용자를 잡아둠으로써 네트워크 효과를 경쟁력으로 끌어들이고 지적재산의 중요성을 높인 것이다. 마이크로소프트가 그 예다. 개인용 컴퓨터가 사무실을 정복함에 따라 마이크로소프트의 윈도우는 지배적인 운영체제가, 오피스는 지배적인 소프트웨어가, 인터넷 익스플로러는 지배적인 웹 브라우저가 되었다. 물론 이들 소프트웨어를 IBM에서 조기 계약 했던 덕분이기도 하지만, 마이크로소프트가 신속하게 소비자들을 자사 제품에 잡아둔 덕분이기도 했다. 마이크로소프트는 윈도우에 인터넷 익스플로러를 미리 설치하여 두 가지를 사실상 묶어둠으로써 마이크로소프트 사용자가 아닌 사람들이 오피스 프로그램이나 윈도우 미디어 플레이어 파일을 이용하기 어렵게 만들었다. 이에 미국과 유럽의 독점 규제 당국은 마이크로소프트가 힘을 남용하고 있는 건 아닌지 주목했다. 2000년 6월 7일, 7년간의 조사 끝에 워싱턴 D.C. 지방법원은 마이크로소프트가 독점력을 남용했으므로, 운영체제를 생산하는 회사와 소프트웨어를 만드는 회사 두 개로 분할해야 한다고 선고했다.[46] 2004년 유럽연합 집행위원회European Commission 역시 윈도우 미디어 플레이어와 관련한 소송에서 반경쟁 관행에 대해 유죄 판결을 내렸다. 위원회는 약 5억 유로의 과징금을 부과했다.[47] 하지만 마이크로소프트는 당시까지 기업에 부과된 최고 금액의 벌금을 내는 한편으로 기업 분할을 명한 미국 지방법원의 판결에 항소하여 승소했다. 2001년 마이크로소프트는 한 회사로 계속 운영해도 좋다는 새로운 판결이 내려졌다.

팀 우에 따르면 그것은 미국과 유럽연합의 반독점 조치의 분기점이었다. 유럽연합 집행위원회는 마이크로소프트에 대한 제재에 성공한 데 힘입어 더욱 공격적으로 소비자의 이익을 보호하고 독점과 싸우게 되었다. 유럽공동시장 창설을 추진하면서 유럽 각국의 국내 시장도 개방시켜 많은 산업에서 경쟁 증대, 가격 인하, 서비스 개선을 이뤄냈다. 이와는 대조적으로 미국에서는 그 후로 독점 규제 당국이 거의 수수방관하는 동안 시장 집중도가 계속 높아졌다. 저널리스트 데이비드 레온하르트David Leonhardt는 《뉴욕타임스》에 기고한 글에서 경제학자 토머스 필리폰Thomas Philippon의 연구를 인용하여 이렇게 말했다. 실제로 마이크로소프트의 판결 이후 20년 동안 "몇몇 회사는 너무 크게 성장하여 가격은 높게 유지하고 임금은 낮게 유지할 힘을 갖게 되었다. 그 회사들에는 아주 좋은 일이지만 거의 모든 사람에게는 나쁜 일이다."[48] 그 결과는 사실상의 과점 상황이다.

많은 미국인들은 오직 두 개의 인터넷 제공 업체만 선택할 수 있다. 항공 산업은 아메리칸, 유나이티드, 델타, 사우스웨스트, 네 개의 대형 항공사가 지배하고 있다. 아마존, 애플, 페이스북, 구글은 점점 더 몸집이 커지고 있다. 한두 개의 병원 시스템이 많은 지역 시장을 통제한다. 홈디포와 로우스는 동네 철물점을 몰아냈다. 에커드와 해피 해리스 같은 지역 약국 체인은 전국 체인에 잡아먹혔다.[49]

필리폰 같은 경제학자와 팀 우와 리나 칸 같은 법학자도 이런 전개를 단순히 기술이나 세계화의 탓으로 돌리는 것은 잘못이라고 주장했다. 물론 이 회사들이 세계적 성장을 계속할 수 있게 한 것은 기술이었다. 기술은 그들이 시장에서의 지위를 확고히 하게 해줄 도구를 만들어 냈다. 하지만 이런 일이 발생하게 허용한 것은 국가다. 어째서일까? 첫째, 시카고학파가 몇십 년 전에 주장했듯이 기술 분야의 반독점 조치를 소비자 가격에만 집중함으로써 국가는 무슨 일이 일어나고 있는지 큰 그림을 놓쳤다. 페이스북, 구글과 같은 서비스의 경우 이제 소비자 가격은 적절한 잣대가 아니다. 소비자는 사실상 상품이 되었기 때문이다. 많은 서비스 이용이 무료이지만 사용자가 개인 맞춤형 광고의 표적이 되었다. 그러고서 빅테크 기업들은 온라인 광고 시장에서 경쟁 없이 가격을 정했다. 하지만 이 시장은 눈에 덜 띄기 때문에 반독점 조사를 피한다. 이와는 대조적으로 유럽에서는 유럽연합의 경쟁 감시 기구인 경쟁총국The Directorate-General for Competition에서 시장 지표들을 더 폭넓게 살펴 더 신속하게 개입할 수 있었다. 둘째, 네트워크 효과를 통해 소비자를 잡아둠으로써 (소비자로서 여러분은 특정 소셜 네트워크를 사용하지 않는 유일한 사람이 되고 싶지는 않기 때문이다.) 빅테크 기업들은 이전에 들어본 적 없는 개인 정보의 사용에 관한 규칙 또한 정할 수 있었다. 이 관행은 이전의 산업혁명에서는 존재하지 않았으므로 최근까지 규제 기관은 이에 대해 조처할 수 있는 본보기가 없었다.

지적한 바와 같이 유럽연합 집행위원회는 이런 상황에 대처할 대안적 방법을 내놓았다. 유럽연합 경쟁 담당 집행위원은 마이크로소프트와의 기념비적인 소송 이후 독점적 기업들에 점점 더 많은 벌금을 부과해 왔다. 구글, 인텔, 퀄컴은 모두 반경쟁적 행위에 대해 10억 달러 이상의 벌금을 부과받았고,[50] 구글은 '온라인 광고에서 권한 남용 관행'에 대해 2019년 3월 10억 유로의 벌금을 또 부과받았다.[51] 유럽연합 집행위원회는 트럭 제조,[52] TV 튜브 생산, 외환, 자동차 수리, 엘리베이터, 비타민, 항공 화물 등의 카르텔(동종 기업들이 가격이나 생산량, 출하량 등을 협정해서 경쟁을 피하고 이윤을 확보하는 행위 - 역주)에 대해서도 2000년 이후 총 260억 유로 이상의 벌금을 부과했다.[53] 또한 합병을 적극적으로 차단하여 대기업이 신규 진입 기업들로부터 계속 경쟁 압박을 느끼도록 했다. 최근 몇 년 사이의 두드러진 성과는 철도 회사인 프랑스 알스톰Alstom과 독일 지멘스Siemens의 합병과 철강 대기업인 인도의 타타 스틸Tata Steel과 독일의 티센크루프ThyssenKrupp 간의 합작 투자 회사 설립을 중단시킨 것이다. 1990년 이후 유럽연합 집행위원회는 결정적인 2단계 조사에 들어간 200건의 합병 중에서 30건을 차단했고, 33건은 특정 조건이 충족되면 양립될 수 있다고 판단했으며, 오직 62건의 합병만 승인했다.[54] 앞으로 유럽연합 경쟁 담당 위원은 특히 빅테크 기업에 대해서는 한층 더 적극적으로 대처할 계획이라고 《파이낸셜 타임즈》는 보도했다. 해당 위원은 "우리는 하나 또는 소수 기업의 불법행위에 시달려 온 시장에 (……) 필요한 조치에 대한 인식을 높일 것"[55]이라면서 "기업 분할은 우리가 쓸 수 있는 수단입니다"라고 덧붙였다. 토머스 필리폰은 이렇게 단호한 태도를 보이는 것이 옳다고 주장하며 그 이유를 이렇게 이야기한다. "오늘날 EU 소비자들이 미국 소비자들보다 낫습니다. (……) EU는 미국이 버렸던 미국의 (반트러스트법) 규정을 채택했기 때문입니다."[56]

하지만 유럽이 채택한 방식이 시민들의 이익을 최대로 보호해 주는 옳은 방식처럼 보인다 해도 세계시장에서 유럽 기술 기업들의 경쟁력을 해칠지도 모른다. 예를 들어 알스톰과 지멘스가 합병에 성공했다면 시장 점유율이 유럽 시장에서 문제가 되긴 했지만, 합병으로 규모가 커진 덕분에 국가의 지원을 받는 더 큰 규모의 중국 경쟁사CRRC[57] 뿐만 아니라 비슷한 규모의 일본의 히타치Hitachi나 캐나다의 봄바디어Bombardier와 맞서야 하는 세계시장에서 더 효과적으로 경쟁할 수 있었을 것이다.

부분적으로는 이런 유럽 차원의 독점 규제 강화의 결과 유럽 기술 기업들은 최근에 세계 무대를 제대로 돌파할 수 없었다. 2020년 기준 세계에서 가장 기업 가치가 높은 기술 기업 열 개 중 여섯 개는 미국 기업이며, 네 개는 아시아 기업이다. 유럽과 기타 지역의 기업들은 이 거대 기업들과 경쟁할 수 있을까? 물론 공평한 경쟁의 장을 만들기 위해서는 더 국제적인 정책과 규제 방식을 마련하고 대폭 개혁한 세계무역기구에 반독점 조치를 통합하는 것이 최적의 방법일 것이다. 그러나 세계무역기구가 직면한 어려움을 고려할 때 당분간은 가능하지 않아 보인다.

4차 산업혁명
—

3차 산업혁명의 많은 기술이 여전히 시장에서 실행되고 있지만 우리는

4차 산업혁명으로 들어섰다. 2016년 나는 이런 글을 쓴 바 있다.

이 4차 산업혁명은 물리, 디지털, 생물학 영역의 경계를 허무는 기술들의 융합을 특징으로 한다. 자율 주행 차와 드론에서부터 가상 비서 virtual assistant와 번역 또는 투자 소프트웨어에 이르기까지 인공지능은 이미 우리 주위에 널려있다. 컴퓨터 성능의 기하급수적 향상과 신약 개발에 사용되는 소프트웨어에서부터 우리의 문화적 관심사를 예측하는 데 사용되는 알고리즘에 이르기까지 방대한 데이터의 가용성으로 인해 최근 몇 년 사이에 인공지능은 놀라운 발전을 이루었다. 한편 디지털 제조digital fabrication(온라인에서 공유되는 하드웨어 설계 및 아이디어를 활용해 소비자가 직접 원하는 제품을 설계, 생산하는 방식 – 역주) 기술은 매일 생물 세계와 상호작용하고 있다. 엔지니어, 디자이너, 건축가들은 컴퓨터 설계, 적층 제조(3D 프린팅), 재료공학 및 합성생물학을 결합하여 미생물, 우리의 신체, 우리가 소비하는 제품, 심지어 우리가 거주하는 건물들 사이의 공생을 개척하고 있다.[58]

4차 산업혁명의 기술들은 세계의 부를 다시 한 번 크게 늘려줄 가능성을 가지고 있다. 이전의 전기, 내연기관과 같은 범용 기술general-purpose technology로 전환될 가능성이 높기 때문이다. 에릭 브리뇰프손 Eric Brynjolfsson 같은 경제학자들에 따르면 이러한 범용 기술 중 가장 강력한 것은 AI인공지능일 가능성이 높다.[59] 이미 중국 같은 국가의 주요 기술 회사들은 미국의 선도 기업들을 뛰어넘기 위해 AI 애플리케이션을 사용하고 있다. 알리바바, 바이두, 텐센트 같은 회사들은 아마존, 페이스북, 구글, 마이크로소프트 같은 미국의 AI 거대 기업을 빠르게 따라잡고 있고, 어떤 경우 이미 더 우수한 애플리케이션을 갖고 있다고 기술 기업가이자 투자자인 리카이푸Kai-Fu Lee는 우리에게 말했다. 그것들은 중국이 발전하고 중국인들이 번영하도록 도와줄 수 있다.

이전 시대와 마찬가지로 이러한 기술들로 인해 불평등과 사회적, 정치적 균열이 증가해 기존 사회가 거의 붕괴될 수도 있다. 이미 페이스북 같은 회사들은 그들의 알고리즘이 분열을 조장하도록 고안되었고 정치적 좌파와 우파의 논쟁과 대립으로 특징지어지는 미국 사회의 대분열의 한 원인이 되었다는 비판에 직면하고 있다. 사람들이 온라인에서 보내는 시간이 늘어나고 인공지능과 상호작용이 늘어나는 현실에서 이것은 시작일 뿐 상황은 더 나빠질 것이다. 게다가 생명공학과 의학의 발전은 이전에 보지 못했던 수준으로 불평등을 증폭해 부자들의 생명은 물론 신체 상태까지 개선해 부의 격차뿐만 아니라 생물학적 격차까지 만들어 낼 수 있다. 그리고 기술은 사이버 전쟁을 벌이는 데도 적용되어 심각한 경제적, 사회적 결과를 초래할 수 있다.

최악의 전망을 피하고 최선의 전망을 달성하기 위해 모든 이해관계자는 과거의 교훈을 기억해야 하며 정부는 포용적 정책과 비즈니스 관행을 만들어야 한다. 기술의 비약적 발전을 규제할 때 어려운 점은 바로 혁신의 속도다. 정부 승인 절차에는 시간이 걸릴 뿐 아니라 혁신에 대한 깊은 이해를 필요로 한다. 좌절감을 느낀 한 최고경영자는 내게 이렇게 토로했다. "기업은 창의력의 힘으로 운행되는 엘리베이터를 타고 움직이는데 정부와 규제 기관은 점진적 학습이라는 계단을 타고 올라오죠." 이러한 상황으로 인해 모든 기술적 진보가 기능적 측면뿐 아니라 사회적 측면에서도 어떤 의미가 있는지 개인 사용자에게 이해시킬 특별한 책임을 기업이 갖게 된다.

이에 나는 2017년 샌프란시스코에 세계경제포럼 4차산업혁명센터를 설립했다. 이 센터의 목표는 "과학과 기술의 편익을 가속화하는 정책의 틀을 개발하고 협력을 증진하는 데 있다."[60] 센터는 이 과정에 관련된 모든 이해관계자, 즉 정부, 기업, 시민사회, 청년, 학계가 모이게 한다. 여러 기업이 센터의 창립 회원으로 참가했는데, 기업이 사회를 도울 방법을 찾기 위해 기꺼이 도움을 받겠다는 열린 자세를 갖고 있음을 분명히 알 수 있었다. 그리고 세계 각국의 정부가 새로운 기술의 영향과 이를 규제할 최선의 방법을 이해하는 데 관심을 갖고 있는 만큼 세계경제포럼은 중국, 인도, 일본에 자매결연 센터를, 콜롬비아, 이스라엘, 남아프리카공화국, 사우디아라비아, 아랍에미리트에 제휴 센터를 열었다.

기술은 좋은 것도 나쁜 것도 아니라는 사실을 기억해야 한다. 모든 것은 기술을 어떻게 사용하는가에 달려있다. 정부와 기업, 더 넓게는 사회까지 모든 이해관계자는 각각 해야 할 역할이 있다. 최선의 의도를 가진 기업가라 해도 득보다 해를 더 끼치는 기업을 이끌게 될 수도 있다. 자유시장에서 혁신적 기업이 경제 발전의 큰 원동력이라면,

사회의 최대 이익을 염두에 두고 있는 혁신적이고 강력한 정부는 기업의 가장 좋은 동맹이다. 마리아나 마추카토가 저서 《가치의 모든 것The Value of Everything》[61]에서 주장했듯이 강한 정부의 역할은 규제에 국한해서는 안 되며 혁신과 사회적 부가가치 창출에 근본적인 힘이 되어야 한다. 정부가 지원한 연구에서 시작된 기술 중에는 인터넷과 GPS(미국방부 고등연구계획국), 월드 와이드 웹(유럽원자핵공동연구소), 터치스크린 기술 및 반도체가 있으며, 이 모든 기술은 애플의 아이폰 같은 오늘날 가장 혁신적인 제품들을 작동하게 해준다.[62]

결국 혁신을 수용하고 그것을 제공할 수 있는 이의 도움을 받아들이는 것 외에는 선택의 여지가 없다. 하지만 한때 작고 혁신적이었던 기업들이 자신의 정체성을 배반하고 거대한 독점기업이 되지 않도록 더 강한 인센티브를 주어야 한다. 기술이 널리 공유될 때 비로소 기술의 모든 잠재력이 발휘된다. 그리고 AI 시대에는 그러한 사실이 그 어느 때보다 중요하다. 이때 데이터 소유권이 관건이 될 텐데 데이터 소유권이 독점적 기업으로 가지 않게 지켜야 한다. 그것이 빅테크 기업들과 다른 산업을 지배하는 거대 기업들에 대한 팀 우의 조언이다. "나는 항상 소기업을 좋아했습니다"라고 그는 말했다. "그래서 이들 기업이 너무 커졌을 때 나는 반독점 운동가가 되었죠."[63]

그러나 시장 구조만큼 중요한 건 창출된 가치가 효과적으로 공유되는 것이다. 이전의 산업혁명에서는 기업이 주로 국내 시장에서 운영되었다. 따라서 모든 시장 참여자들에게 가치가 공정하게 공유되도록 정부가 개입할 수 있었다. 하지만 AI가 널리 이용되면서 상황이 달라졌다. 인터넷 기술 분야의 많은 회사는 서비스를 무료로 제공하는데, 이는 제품 수준에서 규제할 수도, 세금을 부과할 수도 없다는 뜻이다. 그리고 거의 모든 주요 기술 회사들은 전 세계적으로 운영되지만 미국이나 중국 회사이기 때문에, 다른 국가의 정부들은 이전가격 조작(세금 부담을 덜기 위해 상호 거래에서 가격을 조작하는 행위 - 역주)이나 IP 관련 면제를 통해 방어하는 이윤에 세금을 부과할 수 없었다. 전 세계의 시민과 정부가 이들 기업이 창출한 부를 공유하고 싶다면 다른 규제와 세금 체계를 정하고 시행할 필요가 있다.

그리고 마지막으로 고려해야 할 사항이 있다. 4차 산업혁명이 제대로 이루어지더라도 우리가 해결해야 할 세계적 위기가 또 있다. 바로 현재 진행 중인 기후 위기다.

Stakeholder
Capitalism

07

—

People and the Planet

사람과 지구

다보스 같은 곳에서는 사람들이 성공담을 이야기하기를 좋아합니다. 그러나 그들의 경제적 성공에는 상상할 수 없는 대가가 따랐습니다. 그리고 기후변화 문제에서 우리는 실패했음을 인정해야 합니다. 지금과 같은 형태의 정치 운동은 전부 실패했습니다. 언론도 광범위한 대중의 인식을 끌어내는 데 실패했습니다.[1]

이것은 스웨덴의 어린 기후 운동가 그레타 툰베리가 2019년 1월 다보스에서 열린 세계경제포럼 연차 총회에서 했던 말이다. 그녀는 몇 개월 전 기후 결석 시위로 유명해졌으며, 이는 점차 기후 위기에 대한 논쟁을 야기했다. 툰베리는 다보스 연설을 기후 재앙을 피하는 데 필요한 조치들에 대해 세계에 경종을 울릴 기회로 삼았다. 그녀는 기자 간담회에서 이렇게 말했다. "어른들은 계속해서 '우리는 젊은이들에게 희망을 주어야 한다'고 말합니다. 하지만 저는 여러분의 희망을 바라지 않습니다. 여러분이 희망을 품지 않았으면 좋겠습니다. 저는 여러분이 극심한 공포를 느꼈으면 합니다. 제가 매일 느끼는 공포를 여러분이 느끼기를 바랍니다. 그런 다음 행동해 주기를 원합니다. 위기에 처했을 때처럼 행동해 주기를 바랍니다. 자신의 집에 불이 난 것처럼 행동하기를 바랍니다. 실제로 그러니까요."[2] 수십 년간 과학적 경고와 정부 논의가 계속되어 왔음에도 어떻게 10대 소녀가 세계가 주목하는 기후변화의 대변인이 된 걸까?

2003년 1월에 태어난 툰베리는 아직 초등학교에 다니고 있던 2011년 처음으로 기후변화에 대해 배웠다. 어린 나이에도 불구하고 그녀는 이미 "여러 기후 전문가가 이야기하는 내용과 사회가 취하는 조치"[3] 사이에 격차가 있음을 깨달았다. 그런 깨달음으로 인해 그녀는 불안한 동시에 슬펐다. 그녀는 기후변화 문제에 사로잡혀 걱정을 멈출 수 없었다. 왜 아무도 조치를 취하지 않을까? 왜 우리는 자연환경이 훼손되게 내버려 두고 있을까? 그녀는 늘 이 질문을 골똘히 생각했다. 그녀는 도움이 될 만한 일을 실천했다. 부모님을 설득해 엄격한 채식주의자가 되고 비행기도 타지 않도록 했다. 유명한 오페라 가수로 유럽 전역으로 공연하러 다녔던 그녀의 어머니에게는 중대한 변화였다.

알고 보면 그녀의 외골수적 성향은 특별한데, "제한적이고 반복적인 행동과 관심 패턴"[4]을 특징으로 하는 일종의 자폐증이라는 진단을 받았다. 하지만 그녀는 그로 인해 자신의 주장이 폄하되게 두지 않고 자신을 비판하는 이들에게 이런 트윗을 올렸다. "저는 아스퍼거증후군을 앓고 있고 그건 제가 때때로 정상과는 약간 다르다는 것을 의미합니다. 그리고 적절한 상황에서 다르다는 것은 초능력이 됩니다."[5] 그녀의 관점에서 기후변화는 진짜 문제이므로 다른 사람들도 모두 더 걱정해야 한다. 아마도 다른 사람들은 당면한 일상의 문제에 정신이 팔려 있겠지만 그녀는 아니었다. 그녀는 다른 사람들에게 문제의 시급함을 충분히 이해시키는 것을 자신의 의무로 여겼다.

2018년 여름이 되면서 툰베리는 자신의 활동을 한 단계 더 발전시켰다. 스웨덴 의회 선거를 앞두고 기후변화에 더 주목해 달라는 요청을 하면서 선거 때까지 함께 기후 파업climate strike을 하자는 제안을 스웨덴의 신문사에 보냈다. 요청은 무시되었고, 툰베리는 혼자 진행하기로 결심했다. 2018년 8월 말의 어느 날 그녀는 학교를 빠지고 대신 스톡홀름의 국회의사당으로 갔다. 그녀는 국회의사당 광장에 스스로 만든 "Skolstrejk för klimatet기후를 위한 결석 시위"라는 푯말을 들고 서있었다.

그건 낯선 광경이었지만 금세 주목을 받았다. 《와이어드》의 조사에 따르면, 툰베리가 시위 사진을 트위터와 인스타그램에 올리자 "다른 소셜 미디어 계정들에 의해 그녀의 주장이 확산되었다."[6] 영향력 있는 환경운동가 두 명이 그녀의 온라인 포스트를 공유한 다음 날 아침 열다섯 살 동갑내기인 메이손 페르손Mayson Persson이 처음으로 툰베리와 합류했다고 《와이어드》는 전했다. 정오까지 여섯 명이 더 합류했다. 며칠 후에는 30여 명이 더 참여했다. 한 달 안에 툰베리의 결석 시위는 전국적으로 센세이션을 일으켰다. 그리고 2018년 가을이 되자 유럽 전역의 학생 수만 명이 학교를 빠지고 툰베리의 기후를 위한 금요일 시위에 나타났다.

그 무렵 기후변화와 관련된 과학적 평가를 위한 유엔 기구인 기후변화에 관한 정부 간 협의체IPCC, Intergovernment Panel on Climate Change에서도 청소년들의 긴박감을 더해줄 보고서를 내놓았다. IPCC는 "지구의 온도 상승을 1.5℃로 제한하려면 사회의 모든 측면에서 신속하고, 광범위하며, 전례 없는 변화가 필요하다"[7]고 경고했다. 이러한 변화 없이는 기후변화의 기세를 막을 수 없어질 위험이 있었다. 보고서의 저자들은 "그리고 우리는 이미 더 극단적인 날씨와 해수면 상승, 북극해 빙하의 감소를 통해 지구 온도 1℃ 상승의 결과를 보고 있다"라고도 했다. 그것은 기후 결석 시위에 나선 청소년들이 캠페인을 강화할 인센티브로 충분했다. 그 후 몇 달 동안 브뤼셀에서 베를린, 캔버라에서 밴쿠버까지 모든 곳에서 청소년들의 시위가 확대되어 수십만 명이 참가하기에 이르렀다.

다보스에서의 툰베리

—

2018년 가을 툰베리의 활동을 알게 된 나는 즉시 다보스의 연차 총회에 툰베리를 초대하기로 결정했다. 그녀의 주장은 일반적인 정치적, 학문적 호소 이상으로 기후 문제를 이슈화했다. 나 역시 기후변화 문제가 중요하고도 시급한 일임을 알고 있었고, 그런 목소리를 낸 것이 그녀만은 아니었다. 50년 동안 세계가 이룩한 놀라운 경제 발전은 장기적으로는 지구의 거주 적합성을 희생하면서 이루어졌다. 챕터 2에서 언급했던 대로 1970년대 초 다보스에 온 로마클럽의 아우렐리오 페체이 회장이 이와 같은 메시지를 들려준 바 있다. 그는 이미 1973년에 성장의 한계에 도달했다고 다보스 참가자들에게 경고했었다. "서로 연결돼 있는 지구의 자원들, 즉 우리 모두가 살고 있는 지구의 자연계는 첨단 기술을 동원해도 2100년 이후까지 현재와 같은 경제 및 인구 증가율을 뒷받침할 수 없다"[8]고 말했다. 들이켜보면 선견지명이 있는 메시지였다.

세계경제포럼은 기후변화를 어젠다에 올리기를 멈춘 적이 없지만, 그걸로 충분하지 않았다. 물론 성과도 있었다. 세계경제포럼에서 매년 만나는 정치 및 경제 최고위 지도자들의 소규모 모임인 세계 경제 리더를 위한 비공식 회의(GWEL, Informal Gathering of World Economic Leaders)[9]는 1992년 리우데자네이루에서 지구정상회의Earth Summit를 개최하기 위한 첫 번째 조치들을 결정했다. 환경운동가와 다국적 기업 간의 적대감이 공공연하게 커졌음에도 1990년대 후반부터 다보스 연차 총회는 기업과 시민사회가 안전하게 만날 수 있는 공간이 되기도 했다. 그리고 2015년 파리에서 개최될 유엔기후변화협약 당사국총회(COP21)를 앞두고 세계적인 대기업의 CEO들이 파리협약Paris Agreement의 길을 닦는 역할을 했다. 그들은 공개서한에서 "환경 및 탄소 발자국을 줄이기 위한 자발적인 조치를 취하고, 온실가스 배출 그리고/또는 에너지 소비를 줄이기 위한 자체 목표를 설정하는 동시에 공급망 및 부문별 수준에서도 협력하겠다"[10]고 약속했다. 그들이 보낸 메시지는 본질적으로 어떤 정치적 합의에도 방해가 되지 않을 것이며 오히려 지원하겠다는 의미였다. 이런 노력에도 불구하고 툰베리가 다보스에서 정치, 경제 및 사회 지도자들이 기후변화와 싸우는 데 실패했다고 말했을 때 그 말에 동의하지 않을 수 없었다.

왜 이렇게 됐을까? 그리고 이 상황을 뒤집기 위해 어떻게 세계를 결집시킬 수 있을까? 이 질문들에 답하려면 과거 200년 동안의 세계 경제 발전사를 재해석하는 것이 중요하다. 현재 환경에 돌이킬 수 없는 피해를 주고 있는 온실가스가 배출된 때가 이 기간이었기 때문이다. 환경이 우선순위에서 밀려난 것도 바로 이 기간이었다. 왜 이런 일이 일어났는지 그 기저에 있는 논리를 이해해야 비로소 향후 경제 체제의 역학을 바꿀 수 있다고 나는 믿는다.

시간을 거슬러 가서 우리 선조들에게 왜 그토록 열성적으로 경제 활동을 해서 기후변화를 일으켰는지 물어볼 수는 없지만 추측해 볼 수는 있다. 옥스퍼드대학에서 운영하는 통계 사이트 '데이터로 보는 우리 세계Our World in Data'의 도표 자료를 보면 1차 산업혁명이 시작되면서 온실가스 배출량이 바로 증가했음을 알 수 있다.[11] (도표 7.1 참조) 온실가스는 적외선 복사열을 흡수하고 반사하는 이산화탄소, 메탄 같은 가스를 말한다. 1차 산업혁명이 시작된 후 150년 동안 세계에서 가장 산업화된 지역인 북미와 유럽의 기차, 선박, 공장에 동력을 공급한 엔진은 거의 대부분 석탄과 기타 화석연료를 썼다. 이제 우리는 온실가스가 태양의 복사열을 대기에 가두어 지구 표면을 가열할 때 발생하는 이른바 온실효과의 원인이 화석연료임을 알고 있다. 그 당시에도 환경에 대한 우려는 있었는데, 대부분은 굴뚝에서 뿜어져 나오는 연기가 건강에 즉각적으로 미치는 영향에 관한 것이었다. 사실 사람들이 다보스 같은 고산 도시를 찾기 시작한 이유도 심하게 오염된 공기를 피해서였다. 사람들은 맑은 산속 공기가 1800년대와 1900년대 유럽의 주요 사망 원인이었던 결핵 같은 질병을 치료해 줄 수 있다고 믿었다.[12] 그러나 1988년까지도 인간이 만든 오염이 지구온난화를 일으킨다는 것은 《뉴욕타임스》의 1면 뉴스로 실릴 만큼 극히 예외적인 생각이었다.[13]

이후 기후변화와의 싸움은 탄력을 받게 되었다. 1989년에서 1991년 사이에 소련이 무너지고 냉전이 종식되면서 사상 처음으로 진정한 세계적 협력의 기회가 만들어졌다. 1992년 리우데자네이루에서 열린 지구정상회의에서 기후변화가 사상 최초로 국제적 어젠다를 지배했다. 바로 그곳에서 "기후 체계에 대한 위험한 인위적 간섭을 막을 수 있는 수준으로"[14] 온실가스 농도를 안정시키는 것을 목표로 하는 유엔기후변화협약UNFCC, United Nations Framework Convention on Climate Change 이 체결되었다. 또 3년 후 제1차 유엔기후변화협약 당사국총회COP가 베를린에서 열렸고, 1997년 일본에서 열린 제3차 당사국총회에서 교토의정서Kyoto Protocol가 채택되었다. 교토의정서는 2008년부터 대부분의 유럽 국가와 미국, 캐나다, 일본, 러시아, 호주, 뉴질랜드 등 35개 선진국이 온실가스 배출량을 1990년 수준보다 줄이도록 의무화했다.

도표 7.1	산업혁명 이후 세계 CO$_2$ 배출량

세계 지역별 연간 이산화탄소 총배출량

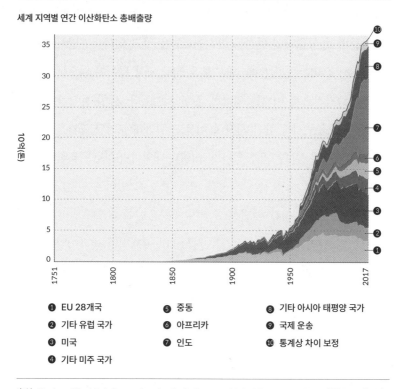

● EU 28개국   ❺ 중동   ❽ 기타 아시아 태평양 국가

❷ 기타 유럽 국가   ❻ 아프리카   ❾ 국제 운송

❸ 미국   ❼ 인도   ❿ 통계상 차이 보정

❹ 기타 미주 국가

출처: Carbon Dioxide Information Analysis Center, Global Carbon Project 내용으로 재구성

캐나다와 미국이 탈퇴했지만 다른 참가국들은 온실가스 배출량을 줄이는 데 성공했다. 그러나 이런 공동 노력은 더 큰 추세를 거스르기에는 충분하지 못했다. 2010년대부터 오늘날까지 전 세계 이산화탄소 총배출량은 계속 증가하고 있다. 교토의정서의 2차 감축 노력과 그보다 포괄적인 2015년 파리기후변화협약은 그 추세를 막지 못했다.

왜일까? 기후변화가 어떤 해로운 결과를 가져오는지 알고 있음에도 왜 기후변화와 싸우려는 조치가 무력할까? 중요한 답은 교토의정서에 포함되지 않은 150개 이상의 국가에서 벌어져 온 상황에 있다. 신흥 시장으로 분류된 이들 국가에는 인도와 중국 등이 포함되어 있다. (챕터 3 참조) 1990년에서 2020년 사이에 중국은 사상 최대의 경제 기적을 경험했지만, 현재 단일 국가로는 온실가스를 가장 많이 배출하고 있기도 하다. 기후변화의 영향을 심하게 받는 도서 국가인 인도네시아도 최근에 산업화의 길을 선택했다. 또한 1980년대에 기아와 극도의 빈곤에 시달렸던 에티오피아[15] 같은 나라도 현재 세계에서 가장 흥미로운 성장 궤적을 그리고 있다. 중요성과 긴급성에도 불구하고 기후변화와의 싸움이 왜 그렇게 지지부진했는지에 대한 해답은 많은 부분 선진국이 아닌 이러한 나라들에서 찾을 수 있다.

이는 무엇보다 데이터로 알 수 있다. 앞서 언급한 대로 교토의정서에 서명하거나 비준한 국가들의 경우 실질적 결과가 나타났다. 러시아를 포함한 유럽과 북미 대륙에서는 이산화탄소 배출량이 1990년 130억 톤에서 2017년 108억 톤으로 15% 이상 감소했다. 그러나 중국과 인도 같은 주요 신흥 시장과 인도네시아와 에티오피아 같은 개발도상국의 이산화탄소 배출량은 1990년 90억 톤에서 2017년 240억 톤으로 150% 이상 폭증했다. 그 결과 전 세계의 이산화탄소 총배출량은 1990~2017년 250억 톤 이하에서 360억 톤 이상으로 크게 증가했다.

이는 탄소 배출량 측면에서 큰 문제이지만 인류 발전의 관점에서는 기적 같은 성장을 반영한다. 세계 각지에서 대대로 빈곤 속에서 살아온 사람들이 지난 30년 동안 자국의 경제성장 덕분에 신흥 중산층으로 진입했다. 과거 그들은 전기와 내연기관 같은 현대 발명품들, 즉 전등, 세탁기, 냉장고, 에어컨, 자동차, 오토바이 등으로부터 배제됐었지만 이제 그것들을 알아가고 있다. 그것이 탄소 배출 문제라는 동전의 이면이다. 그리고 새롭게 산업화된 이들 국가를 포함한 지속가능한 해결책에 도달하기 위해서는 동전의 이면을 고려할 필요가 있다.

그러한 관점을 이해하려면 에티오피아 같은 곳으로 가서 그 나라 경제와 정부의 이해관계자들과 이야기해 보면 된다. 그러면 기후변화와의 싸움을 어렵게 만드는 중심 난제가 드러난다. 가난에서 벗어나 온당한 생활을 할 수 있게 하는 바로 그 힘이 미래 세대를 위한 지구의 거주 가능성을 파괴하고 있는 것이다. 기후변화를 일으키는 탄소 배출은 그저 이기적인 산업가나 서구의 베이비 붐 세대가 만든 결과가 아니다. 그것은 자신을 위해 더 나은 미래를 만들고자 하는 인간 욕망의 결과다.

나는 스위스, 제네바의 호반 도시에서 일한다. 또 다른 호반 도시, 에티오피아의 아와사Awasa의 이야기를 고려해 보자. 아와사는 100여 년 전에 유럽과 미국의 도시들이 겪었고, 선전 같은 중국의 도시들이 몇십 년 전에 겪었던 것과 비슷한 변화를 지금 겪고 있다. 최근까지 아와사는 차나 비행기로 가기 힘든 에티오피아 내륙의 외진 도시였다. 다른 여러 아프리카 국가가 그렇듯이 도로 사정도 좋지 않아 고속도로는 존재하지 않거나 튼튼한 사륜구동차가 필요할 정도의 상태였다. 아와사 자체는 상업 중심지이지만 현지에서 생산되고 판매되는 기본 농산물 위주로 거래가 이뤄졌다. 아와사의 주요 명소일 뿐만 아니라 주요 물 공급원은 그림처럼 아름다운 리프트 밸리_{Rift Valley} 호수였다. 외부 세계에서 아와사로 오는 일은 드물었고 그 반대 경우도 마찬가지였다. 정치 분쟁과 종족 분쟁도 발생했다. 2002년 독립을 요구하는 시위로 100명 이상이 사망한 사건을 포함하여 지난 30년간 여러 번 폭력 사태가 벌어졌다.

아와사에는 아직까지 시골 풍경이 어느 정도 남아있다. 당나귀가 끄는 농산물 수레는 도시 안팎에서 가장 흔히 보이는 운송 수단이다. 하지만 몇 가지 중요한 면에서 아와사는 더 이상 벽지가 아니라 번성하는 산업 중심지다. 지금 아와사의 명소는 도시에서 몇 킬로미터 나가면 마주치게 되는 공사 현장이다. 바로 아와사산업단지로 직물, 의류, 기타 공산품을 생산하는 다국적 회사 10여 개가 이곳에 입주해 있다. 수천 명의 노동자가 매일 이 산업단지로 출근한다. 그들은 기계로 서구 의류 브랜드에 납품할 반바지, 셔츠, 스웨터를 만들거나, 직물 두루마리를 생산한다. 베이비 붐이 일어나고 있는 에티오피아 현지 시장을 위해서 기저귀를 만들고 포장하는 광경도 볼 수 있다.

이제 아와사로 가기는 어렵지 않다. 새로 포장된 도로가 산업단지로 이어지며, 곧 다차선 고속도로가 수도인 아디스아바바는 물론 더 먼 도시까지 연결해 줄 것이다. 금방이라도 무너질 듯 엉성한 공항을 대체할 작은 최신식 공항도 건설 중이다. 그리고 에티오피아 철도 회사는 수도 아디스아바바의 외곽 도시인 아와사와 바다로 가려면 거쳐야 하는 인접 국가 지부티Djibouti를 오가는 열차를 운행하고 있다. 이 모든 새로운 사업은 아와사를 국가, 대륙, 세계 경제와 연결해 줌으로써 현지 노동자 수만 명에게 더 많은 일자리와 발전 기회를 창출해 줄 것이다. 그리고 그러한 투자는 이미 성과를 올리고 있다. 2019 회계연도에 아와사와 다른 산업단지들은 수출액 1억 4,000만 달러를 기록하고 7만 명 이상에게 일자리를 제공했다고 에디오피아 투자청Ethiopia Investment Commission은 발표했다.[16] 이 대표적 산업단지는 불과 3년 전에, 다른 산업단지들은 더 최근에 문을 열었다.

산업단지에서 생활하고 일하는 에티오피아 인들에게 이곳은 인생을 바꿔준 곳이다. 아와사산업단지 안에 있는 에베레스트 어패럴의 현지 공장장 세네트 소르사Senait Sorsa의 이야기를 보자.[17] 시골에서 도시로 가는 많은 에티오피아 인들처럼 소르사 역시 대학을 다니기 위해 아와사로 왔다. 회계사 학위를 취득한 후 그녀는 독립 회계사로 개업했고 10년 이상 지역의 여러 작은 회사에서 경험을 쌓았다. 하지만 아시아의 의류 회사인 에베레스트가 산업단지로 이전해 와서 현지 공장장을 구하자 소르사는 망설이지 않고 기회를 잡았다. 그녀는 영어를 할 수 있어서 중국인 공장장과 의사소통이 가능했다. 이전에 작은 회사들에서 근무하면서 관리 경험도 쌓았었다. 그리고 현지인으로서 노동자들과 친밀감도 가지고 있었다. 그녀와 회사에게 윈윈 상황이었다. 에베레스트는 문화 지수도 높고 전문적 재무 지식도 있는 공장장을 찾았고, 소르사는 다국적 기업에서 일하면서 직업적으로 더 발전할 기회를 얻었다.

아와사의 산업화는 다른 현지 노동자들에게도 좋은 소식이었다. 에베레스트사는 아와사산업단지의 공장에 2,300명을 고용했다. 대다수는 아와사나 인근 지역의 현지인이었고 약 95%는 여성이었다. (그들의 최저 연령은 18세라고 소르사는 재빨리 지적했다.) "직원들 대부분은 이전에 취업하지 못했거나 가족을 위해 집안일을 했죠"라고 소르사는 말했다. "고등학교를 졸업하지 못한 직원이 많지만 대개 초등학교와 중학교는 다녔습니다. 의류 공장에서 일하는 데는 지장이 없습니다."[18] 최대 3개월까지 현장 연수를 받고 나면 세계 어디의 노동자들과도 경쟁할 실력이 생긴다. 공장을 돌아다니면 공장이 역동적으로 가동되는 모습을 볼 수 있다. 어떤 생산 라인은 빠른 속도로, 어떤 생산 라인은 약간 느린 속도로 돌아간다. 모든 생산 라인의 끝에는 해당 팀이 특정 옷을 몇 점 만들었는지, 이전 몇 주와 비교해 진전이 있는지 보여주는 게시판이 있다. 직원들은 점심시간이면 별도의 방에 모여 점심을 먹고 오후 5시에는 아와사 중심가까지 운행하는 버스를 타고 퇴근한다. 일은 쉽지도 않고 특별히 성취감을 주지도 않지만 이전에 대다수에게 익숙했던 생활에 비하면 큰 변화다. 일은 더 안정적인 소득과 지하경제가 아닌 실물경제에서 일할 기회, 그리고 개인적 발전을 위한 작지만 진정한 기회를 선사한다. 그것은 산업화의 과정이다. 그것이 전 세계 국가가 농촌·농업 사회에서 도시·산업 사회로 변화했던 과정이다. 시행착오와 성장통, 절충으로 가득한 과정이지만 오늘날까지 여전히 세계가 아는 가장 성공적인 개발 모델이다.

에티오피아와 그 국민들은 산업화 정책의 보상을 이미 받고 있다. 지난 15년 동안 에티오피아의 연간 GDP 성장은 평균 10%로[19] 2003년 150억 달러 미만이던 GDP가 2018년에는 600억 달러 이상으로 급증했다.[20] 성장 비율로 보면 에티오피아는 신흥 시장 스타로 중국이 2000년대 초반에 마지막으로 달성한 성장률을 기록하고 있다. 2000년대가 시작됐을 무렵에도 대다수가 여전히 빈곤선 또는 그 이하의 생활을 하고 있었던 에티오피아 인들에게 급격한 경제성장은 축복이었다. 1인당 GDP는 실질 가치로 2003년에 50센트가 간신히 넘었던 것이 현재는 하루 거의 2달러로[21] 거의 세 배로 뛰었다. 액수로는 미미한 증가처럼 보일지 몰라도 구매력으로 비교해 보면 평균적인 에티오피아 인은 더 이상 극심한 빈곤 속에서 살지 않는다. 구매력으로 측정하면 에티오피아의 1인당 GDP는 호황이 시작됐던 2003년에 500달러였지만 2018년에는 2,000달러를 넘겼다.

하지만 다른 국가들처럼 에티오피아 역시 개발을 위해 환경을 대가로 치렀다. 에티오피아의 이산화탄소 배출은 경제성장과 거의 같은 비율로 2002년부터 2017년까지 세 배 증가했다. 2017년 에티오피아의 이산화탄소 배출량 1,300만 톤은 세계 총배출량 360억 톤에 비하면 반올림 오차에 가까울 정도로 미미하지만, 나라가 부유해질수록 오염이 더 증가하기 시작했던 추세는 부인할 수 없다. 에티오피아나 다른 신흥 시장 국가들이 녹색 성장을 위해 노력하지 않았다거나 에티오피아 인들이 지구온난화를 함께 염려하지 않았다는 말은 아니다. 에티오피아 정부는 2011년에 이미 녹색 경제 전략을 발표했고, 이는 2025년까지 기후 복원력을 가진 녹색 경제로 중간 소득 국가에 도달하는 것을 목표로 한다. 삼림 벌채와의 싸움도 이 계획의 일부였다. 유엔에 따르면 "20세기 초에는 전체 국토 면적 중 숲이 35%였지만 2000년대에 와서는 4%가 조금 넘는" 이 나라에서 삼림 벌채는 심각한 문제였다.[22] 이 전략에 따라 에티오피아는 2019년 수백만 명이 모여 하루에 3억 5,000만 그루의 나무를 심는 데 성공했다.[23] 에티오피아 정부가 세운 또 다른 녹색 성장 계획은 거의 존재하지 않는 에너지 공급원을 확대하기 위해 재생 그리고/또는 청정 에너지원 개발에 집중하는 것이었다. 현재 전기를 쓸 수 있는 에티오피아 인은 인구의 겨우 절반이지만 "지난 20년 동안 커다란 진전이 있었다"고 국제에너지기구International Energy Agency는 보고한다.[24] 수력, 바이오 연료, 풍력, 태양열 발전량은 1990년 이후 두 배 이상 증가했으며, 에너지 공급의 약 90%를 차지한다. 하지만 화석연료 에너지 공급량도 네 배 이상 증가하여 1990년에는 에너지 총공급량의 5% 미만이었던 것이 2017년에는 그 두 배로 늘었다. 그건 오늘날에도 가난한 나라가 산업화를 하는 동시에 탄소 발자국을 억제하는 마법의 공식은 없다는 것을 보여준다. 발전과 생활 수준, 탄소 발자국은 여전히 함께 상향한다.

이것은 기후변화와의 싸움에서 핵심 난제이며, 더 악화될 것이 거의 확실하다. 이는 (단순히) 시장의 실패나 기업 또는 정부의 리더십 부족의 결과가 아니다. 단순한 생존이 아니라 번영을 희망하는 인간의 본성과 선천적 욕구의 결과인 것이다. 따라서 수입이 불안정한 사람들에게 기후에 대한 고려와 더 나은 생활 방식의 저울질은 설령 후자가 환경 훼손을 더 가져온다 해도 선택의 문제가 아니다. 전기, 안정적인 소득, 또는 일용할 양식마저 없다면 기후변화가 아무리 장기적으로는 생명을 위협한다 해도 고려 대상이 될 수가 없다.

이는 인도네시아 자카르타 해안에 사는 사람들이 빠르게 집이 물에 잠기고 있는데도 일상을 이어가는 이유를 설명해 준다. 이곳에서는 해수면 상승으로 지역 전체가 침수되는 것을 막기 위해 몇 미터 높이의 콘크리트 보루를 방조제로 건설했다. 그 때문에 물에 잠겨 버려진 한 이슬람 사원은 다소 디스토피아적 광경을 만들어 낸다.[25]

또한 2018년에서 2019년까지 프랑스에서 지속된 소위 노란 조끼 운동이 파리와 수십 개 도시에 대혼란을 일으키는 바람에 유류에 환경세를 부과하겠다는 정부의 계획이 무산된 이유도 설명해 준다. 그들의 슬로건은 "Fin du mois, fin du monde: même combat", 즉 "월말, 종말, 힘든 싸움은 같다"였다.[26] 이론상으로 프랑스 정부에서 제안한 유류세는 환경 개선이라는 더 나은 결과, 그러니까 자가용보다 다른 교통수단을 이용하게 장려하는 결과를 가져왔을 것이다. 하지만 실제로는 이미 도시에 교육, 일자리, 부의 기회를 뺏겼다고 느끼는 농촌 인구의 권리를 박탈한 셈이기도 했다.

그리고 마지막으로 팔라우, 나우루, 트리니다드토바고 등의 섬나라들이 해수면 상승, 기상 이변, 기온 상승 등 기후변화로 가장 큰 위험에 처해 있으면서도 세계에서 1인당 이산화탄소 배출량이 가장 높은 나라 중 하나인 이유를 설명한다.[27] 개발도상국이어서 교토의정서 대상에서 제외된 팔라우는 2015년 에너지 소비를 2020년까지 30% 줄이겠다고 약속했다.[28] 팔라우는 파리기후변화협약을 가장 먼저 비준한 국가 중 하나이기도 하다. 하지만 개인 측면에서 보면 팔라우 국민은 여전히 세계에서 가장 많이 오염을 유발하는 이들이다. 팔라우 섬은 전력 생산을 화석연료에 크게 의존하고 있기 때문이다. 이것이 바로 기후변화와의 싸움에서 난제다.

해결책을 생각하기 전에 먼저 "우리는 희망적일 수 있을까?"라고 질문해 볼 필요가 있다. 인간에게 더 나은 삶의 방식을 추구하고자 하는 선천적인 동기가 있다면, 그리고 그것이 지난 200년 동안 탄소 발자국의 증가를 가져왔다면 보다 지속가능한 기후 정책이 실현 가능하기는 할까?

그에 대한 대답은 부분적으로는 네 가지 핵심 메가트렌드Megatrend (미국의 미래학자 존 나이스비트가 처음 언급한 개념으로 사회공동체에서 일어나는 거대한 시대적 흐름을 가리킨다. - 역주)에 달려있는데, 메가트렌드는 사회 전체와 영향력 있는 개인에 의해 다양한 방식으로 형성된다.

첫 번째 메가트렌드는 도시화다. 1960년대까지 세계 인구의 대략 3분의 2가 농촌 지역에 살았던 것으로 유엔은 추산했다.[29] 농촌 거주자 대부분은 개발도상국에 살았으므로 전기, 도로 및 다른 에너지원 소비는 제한적이었고 탄소 발자국도 마찬가지였다. 하지만 변화는 이미 진행 중이었고, 그 후 50년 동안 지구의 풍경이 완전히 바뀌었다. 2007년 세계 인구의 절반이 도시에 살았다. 현재 도시 거주 인구는 55% 이상으로 계속 증가 중이다. 그런 추세는 세계 어디서나 눈에 띄지만 가장 중요한 변화는 아시아에서 일어나고 있다. 거의 촌락이었던 곳이 최대 2,000만 명이 사는 메가시티로 성장하고는 하는데, 특히 중국과 인도 두 나라에 전 세계 메가시티의 약 절반이 있다. 인구 1,100만인 우한은 2020년 바이러스 발생으로 주목을 받기 전까지는 세계인이 거의 알지 못하는 도시였다. 1950년 우한에는 세 개의 마을이 있었고 인구는 다 합쳐서 겨우 100만이었다.

도시화 추세는 줄어들 기미가 보이지 않는다. 유엔은 2050년까지 도농 인구가 완전히 역전될 것이라고 예측한다. 세계 인구의 3분의 2가 도시와 메가시티에서 거주하고[30] 3분의 1만 농촌 지역에 남게 될 것이다.

기후변화를 염려하는 사람들에게 이런 추세는 언뜻 봐도 걱정스러울 것이다. 도하, 아부다비, 홍콩, 싱가포르 같은, 최신 또는 가장 세련된 도시들은 1인당 탄소 발자국이 최대인 도시이기도 하다.[31] 그리고 디트로이트나 클리블랜드, 피츠버그, 로스앤젤레스 같은 미국의 유명 도시들은 도시에서는 차가 최고라는 개념을 선도하여 지속가능한 교통과 생활에 최적화된 도시 설계를 방해하는 결과를 가져왔다. 그러나 노르웨이 환경경제학자 다니엘 모란Daniel Moran은 나사 지구관측소Earth Observatory와의 인터뷰에서 세계 탄소 배출량의 많은 부분을 차지하는 도시들에서 중요한 희망이 발견된다며 다음과 같이 말했다.[32] "이는 소수의 지역 시장과 정부의 합동 조치를 통해 전국적으로 탄소 발자국을 상당히 낮출 수 있음을 의미합니다." 예를 들어 최근 중국의 선전 시에서 했던 것처럼 택시와 버스를 모두 전기 차로 바꾼다면 인구가 1,000만이 넘는 도시에 큰 변화를 가져올 수 있다. 싱가포르가 자동차 구입 시 엄청난 추가 부담금을 징수하고 운행 증명서로 불리

는 운전면허 발급을 전혀 늘리지 않았듯이 개인 교통수단을 크게 줄이는 것도 큰 변화를 가져온다.[33]

두 번째 메가트렌드는 인구 구조의 변화다. 역사적으로 세계 인구의 강한 증가세는 다른 조건이 같을 경우 탄소 배출량도 상승한다는 의미였다. 실제로 1950년 연간 50억 톤에서 2017년 연간 350억 톤으로 급증한 탄소 배출은 1950년 25억에서 현재 거의 80억이 된 인구 폭증과 동시에 일어났다.[34] 1950년대와 1960년대 서구 사회의 베이비 붐에 이어 개발도상국에서는 그보다 더 큰 베이비 붐이 일어났다. 1인당 GDP의 성장은 에너지 의존도가 높은 생활 방식으로의 변화를 야기하고 그런 생활 방식에 도달하는 사람 수도 증가함으로써 전 세계 이산화탄소 배출량이 이중으로 증가한다는 것을 의미했다. 사람들이 훨씬 더 일찍부터 탄소 배출량을 억제하기 시작했다 해도 인구 증가만으로도 전 세계 탄소 배출량은 계속해서 증가했을 것이다.

하지만 여기서도 한 가닥 희망은 있다. 세계 인구는 2050년까지 계속 증가할 것으로 예측되지만 증가 속도는 날이 갈수록 느려지고 있다. 이미 이탈리아, 독일, 러시아를 포함한 유럽의 많은 국가에서 토착 인구가 감소하고 있다. 예를 들어 2018년 러시아의 총인구는 10년 만에 처음으로 감소했고,[35] 2100년에는 절반으로 줄 수 있다고 유엔은 예측한다. 동아시아의 상황도 비슷하다. 일본의 인구 감소는 널리 보도되어 왔고, 급격한 인구 증가를 막기 위해 한 자녀 정책을 썼던 중국의 경우 이제는 부유할수록 출산율이 낮다. 중국의 젊은 부부들은 가정당 두 명 이상의 자녀를 원하지 않는데, 이는 세기가 바뀌기 훨씬 전에 중국 인구가 감소한다는 의미다. 곧 중국을 제치고 세계에서 인구가 가장 많은 나라가 될 인도조차 최근 몇십 년 동안 출산율이 급격히 하락했다. 1960년에는 여성들이 평생 거의 여섯 번 출산을 했지만,[36] 2019년에는 두 번 남짓으로 줄었다. 이런 추세가 계속된다면 인도 역시 어느 시점부터 인구가 감소할 것이다. 오직 아프리카 대륙만 여성 인구 한 명당 출산율이 두 명이 넘어 인구가 늘고 있다. 이러한 세계 인구 감소 예측은 그 자체로는 문제가 있겠지만 기후변화와의 싸움에는 이익이 될 수 있다.

세 번째 메가트렌드는 기술 발전이다. 이 또한 양날의 검이다. 애초에 환경 훼손을 촉발한 것은 바로 기술의 발전이었다. 1800년대 초까지 그리고 1차 산업혁명이 확산될 때까지 인류가 주변 환경에 미친 영향은 엄청났어도 되돌릴 수 있었다. 하지만 산업화가 진행됨에 따라 인류는 세계에서 가장 귀중한 천연자원의 일부, 매장된 석유와 석탄, 나중에는 희토류와 헬륨까지 빠르게 소비하기 시작했다. 동시에 인간 활동의 발자국은 점점 더 커졌다. 지구의 기후와 생물 다양성에 대한 인간의 책임을 가리키는 명칭인 인류세人類世, Anthropocene를 이끈 것은 바로 이 산업화였다. 내연기관과 자동차, 비행기, 컴퓨터를 세상에 가져온 제2, 제3의 산업화 물결은 수십억 명의 삶의 질을 높이기는 했지만 환경 발자국은 악화시키기만 했다.

최근에 시작된 4차 산업혁명으로 사물 인터넷과 5G, 인공지능, 가상 화폐 같은 혁신이 일어났지만 환경 발자국은 더 늘어나고 있다. 가장 인기 있는 가상 화폐 중 하나인 비트코인 생산에 필요한 전기 때문에 연간 22~23Mt메가톤의 이산화탄소가 배출된다고 과학자들은 계산했다.[37] 이 수치는 요르단이나 스리랑카의 탄소 배출량과 맞먹는다. 또한 스마트 기기들은 에너지 인프라를 스마트하게 만들어 주지만 자동으로 친환경적으로 바꾸어 주지는 않는다. 이를 위해서는 의식적으로 녹색 에너지를 공급하고 에너지를 효율적으로 사용할 필요가 있다.

그러나 한편으로 기후변화를 억제하려면 과학 및 비즈니스 혁신이 중요하다. 오랫동안 전기 엔진은 화석연료를 이용한 엔진보다 경제성과 성능이 떨어진다고 생각됐지만 최근 급속도로 저렴해지고 성능도 더 좋아지고 있다. 배터리 기술의 발전으로 풍력, 수력, 태양 에너지의 광범위한 사용도 곧 가능해질 것이다. 올바른 목적으로 사용된다면 컴퓨터와 기타 스마트 기기들은 에너지와 자원을 더 소비하는 게 아니라 절약하는 데 도움이 될 수 있다.

우리가 취할 수 있는 가장 빠르고 중요한 조치는 석탄 및 기타 화석연료를 에너지 믹스energy mix(전력 생산 원료의 구성비 – 역주)에서 없애는 것이다. 우리는 아직 거기에 이르지 못했다. 사실 신흥 시장, 주로 중국과 인도에서는 매년 수십 개의 새로운 석탄 발전소가 문을 열고 있다. 하지만 변화는 시작되었다. 미국과 유럽의 대형 기관 투자자들은 석탄 발전소를 운영하는 회사를 점점 외면하고 있다. 이런 결정을 내린 것은 활동가들과 고객들의 압박 때문이기도 하고, 전 영국 중앙은행 총재인 마크 카니Mark Carney가 경고한 대로[38] 단순히 화석연료 발전소가 결국 좌초 자산stranded asset(기후변화 등 환경의 변화로 자산 가치가 떨어져 상각되거나 부채로 전환되는 자산으로 정유, 석유화학, 조선, 자

동차, 시멘트, 플라스틱 산업 등이 이 범주에 속한다. — 역주)이 될 것이라
는 합리적인 우려 때문이기도 하다. 인도와 중국의 기업가와 정부 또
한 청정 기술의 경제성 향상에 이끌려 탄소 배출량을 줄이기 위한 조
치를 취하기 시작했다. 세계경제포럼도 행동에 나서고 있다. 2020년
다보스 연차 총회를 앞두고 국제비즈니스협의회International Business Council
의 브라이언 모이니한Brian Moynihan과 CEO 기후리더동맹Alliance of CEO
Climate Leaders의 공동 의장인 페이키 시즈베스마Feike Sijbesma와 나는 참
가자들에게 2050년 또는 그 이전까지 온실가스 배출을 완전히 없애기
로 약속하는 '넷제로 챌린지Net-Zero Challenge'[39]에 동참해 달라고 요청했
고, 많은 경영자가 긍정적인 답변을 해주었다.

　마지막 메가트렌드는 우리, 더 정확히 말하면 변화하는 우리의 사
회적 선호다. 이것은 다른 모든 추세를 증폭시키거나 끝낼 수 있다. 현
대인들은 더 많은 것을 원하고 더 잘, 더 빨리 전달되기를 선호해 왔
다. 19세기 후반까지 많은 서구인이 유지해 온 생활 수준에서 출발하
여 더 나은 삶을 갈망하고 더 많은 부를 더 많은 소비로 이어간 것은
지극히 정상이다. 이런 욕구는 오늘날 많은 개발도상국에 여전히 만연
하고 그건 당연한 일이다. 점점 더 나아지고 싶은 인간의 깊은 욕망을
이해하려면 베트남이나 인도, 중국, 인도네시아의 북적이는 도시를 방
문해 보면 된다.

　하지만 오늘날 소위 선진국에서는 사회적 선호의 구조적인 전환이
일어나는 중이다. 에너지를 풍족히 소비하는 생활 방식의 부작용을
많은 사람들이 이해하게 되면서 한때 갈망했던 습관과 제품으로부터

등을 돌리기 시작했다. 사람들의 관심이 부에서 건강으로 옮겨 가고 있다.

예를 들어 2019년 11월 독일 국내선 이용자 수는 1년 전에 비해 12% 감소했다고 블룸버그통신은 보도했다.[40] 한편 독일의 철도 회사인 도이치 반Deutsche Bahn의 탑승객 수는 최고치를 기록했다.[41] 이는 기후변화와 맞서는 대중 운동의 주류가 된 플뤼그스캄flygskam, 즉 비행 수치 운동(온실가스 배출로 환경에 악영향을 끼치는 항공기를 이용한 여행을 비난하는 운동 - 역주)의 결과로 보인다. 다른 나라에서도 자가용 이용을 피하고 목적지까지 대중교통이나 자전거, 도보로 가는 걸 고려하는 사람들이 늘어나고 있다. 런던, 마드리드, 멕시코시티 같은 도시에서는 자동차 사용을 제한하고 있는데,[42] 이는 교통 체증을 해소하기 위해서일 뿐 아니라 도시는 자동차가 아니라 사람을 위한 것이라고 믿는 주민들이 증가함에 따라 선택된 정책이다. 자동차 문화의 전형이자 자동차 소유가 성인이 되기 위한 통과의례인 미국에서도 밀레니엄 세대는 점점 자동차 소유를 거부하고 있다.

이 모든 진화는 코로나19 위기 한참 전부터 진행되어 왔는데, 코로나19 위기 후 도시의 강제 봉쇄가 이동성에 작은 혁명을 가져왔다. 세계경제포럼의 도시 이동 전문가인 샌드라 카바예로Sandra Caballero와 어반 레이더Urban Radar의 CEO인 필리프 라팽Philippe Rapin은 코로나19 위기 동안 다음과 같은 글을 썼다. "코로나19로 인한 봉쇄 후 도로는 텅 비고 대중교통은 운행을 완전히 중단하거나 대폭 줄여 보행자와 자전거 이용자가 거리와 인도를 되찾을 수 있었다."[43] 오클랜드에서 보고

타, 시드니에서 파리, 심지어 우리가 사는 스위스 제네바까지 많은 도시들에 새로운 자전거 도로가 건설돼 사람들이 환경과 공중 보건에 더 친화적인 방식으로 통근할 수 있게 됐다. 코로나19 위기 동안 유럽의 열차 복귀도 가속화되어 스페인 바르셀로나와 네덜란드 암스테르담과 같이 멀리 떨어진 도시를 연결해 주는 장거리 침대 열차도 새롭게 운행될 예정이다. 심지어 독일 교통장관 안드레아스 쇼이어Andreas Scheuer는 2020년 가을 유럽 교통장관들에게 새로운 유럽 횡단 특급 열차 네트워크를 구축해[44] 국제 여객 운송에서 의미 있는 역할을 하지 못하는 예전 노선을 대체하자고 제안했다.

이런 변화는 기후변화와의 싸움이 구조적인 문제일 뿐 아니라 개인적 문제이기도 하다는 서구인들의 인식이 증가하고 있기 때문이다. 젊은 세대, 특히 밀레니엄 세대와 Z세대는 지갑과 두뇌, 발로 이런 깨달음을 실행에 옮기고 있다. 그들은 점점 넷제로 활동을 구체적으로 약속하는 ESG 준수 기업[45]에만 투자하고 있다. 또한 환경을 덜 해치는 제품과 솔루션을 선택하고, 문제를 일으키기보다는 솔루션의 일부가 될 수 있는 학업 및 직장을 선택한다. 이러한 태도 변화는 사회 곳곳에 영향을 미치고 있다. 예를 들어 마이크로소프트는 현재와 미래의 이산화탄소 배출량뿐만 아니라 과거의 이산화탄소 배출량도 상쇄하겠다고 약속했다. 또 세일즈포스Salesforce의 공동 최고경영자이자 세계경제포럼의 이사인 마크 베니오프Marc Benioff는 2020년 연차 총회에서 "우리가 아는 자본주의는 죽었다"고 선언하며 대신 기업들이 이해관계자 모델과 더 나은 환경의 관리자 역할을 고수할 것을 제안했다. 한편 세계 최대 자산 운용사인 블랙록BlackRock의 CEO 래리 핑크 Larry Fink는 CEO들과 고객들에게 "모든 정부, 기업, 주주는 기후변화와 맞서야 한다"면서 그의 회사는 "적극적 포트폴리오 관리에서 수익의 25% 이상을 발전용 석탄 생산에서 얻는 회사의 주식과 채권을 빼는" 과정에 있다고 말했다.

세계경제포럼 역시 태도 변화를 보이고 실천하고 있다. 세계경제포럼이 주최하는 행사는 점점 더 친환경적으로 되어가고 있는데, 참가자들이 비행기 대신 철도를 이용하도록 인센티브를 제공하여 탄소 배출을 상쇄하려고 노력하고 있다. 또한 일회용품 사용을 지양하고 음식과 음료는 현지에서 조달한다. 이는 우리의 신념과 말과 행동을 일치시키려는 노력의 결과물이다. 하지만 젊은 세대가 주도하는 사회적 선호의 광범위한 변화로 인해 가능해진 일이기도 하다. 그들은 기후 비상사태가 전개되는 가운데 어떤 정부나 회사, 단체도 평소처럼 사업을 계속할 수 없다는 것을 분명히 한다.

궁극적으로 이 네 가지 메가트렌드는 기후 위기가 여전히 해결할 수 있는 문제이며 기후 위기와 관련된 지구의 위기, 즉 생물 다양성의 파괴, 천연자원의 감소, 다양한 형태의 오염도 되돌릴 수 있다는 희망을 준다. 하지만 그레타 툰베리 같은 젊은 활동가들이 경고하듯이 우리의 행동을 가속화해야 한다. 가장 시급한 문제인 기후변화를 살펴보자. 기후변화를 중단시키는 것은 물론이고 그 속도를 늦추는 것도 정부뿐만 아니라 지구상의 모든 이해관계자가 그 목표를 위해 노력할 때만 해결할 수 있으며, 하나의 이해관계자 집단에만 의지할 수는 없다. 많은 논쟁 끝에 170개국 이상의 정부가 파리기후변화협약에서 지구 평균 온도 상승을 1.5℃로 제한하는 공동 목표를 채택하는 데 성공했다. 그러나 기후 계획을 수립하긴 했지만 이행은 늦어지고 있다. 그 이유 중 하나는 기후변화가 시급한 문제임에도 불구하고 여전히 많은 유권자에게 최우선이 아니기 때문이다. 또 다른 이유는 정부가 단독으로 행동할 수 있는 지식과 권한을 전부 가지고 있지 않기 때문이다. 따라서 다른 이해관계자 진영, 첫째로는 기업과 투자자, 그리고 개인, 넓게는 시민사회에도 책임이 있다.

이론적으로 핵심 과제는 간단하다. 이산화탄소, 메탄, 기타 온실가스 배출을 가능한 한 빨리, 가능한 한 과감히 줄이는 것이다. 기후 문제에서는 자금 추적이 아니라 배출량 추적을 해야 한다. 이를 위해선 단일 배출원으로는 최대 크기를 차지하는 '에너지 생산'을 살펴봐야 한다. 모든 이해관계자의 감축 노력은 여기에 집중되어야 한다. 에너지 믹스를 화석연료에서 재생 에너지로 바꾸면 현재 이산화탄소 배출량 중 상당량이 사라질 것이다. 투자자들이 포트폴리오에서 석탄 발전소를 금지하고, 기업과 소비자들이 재생 에너지원으로 바꾸고, 제조업체와 다른 기업도 그렇게 한다면, 수십억 톤의 이산화탄소 배출량이 즉시 없어질 것이다. 이것들은 어떤 이해관계자든 가장 먼저 할 수 있는 일이자 가장 중요한 일이다.

물론 실천 과정에는 많은 장애물이 있다. 위에서 보았듯이 석탄과 석유, 가스는 단기적으로는 여전히 다른 에너지원보다 저렴한 경우가 많다. 많은 개발도상국은 개발과 산업화를 위해 여전히 화석연료에 의존하고 있다. 발전과 산업화 측면에서 성공으로 가는 가장 저렴한 길을 화석연료가 제공하기 때문이다. 선진국조차 화석연료를 버리기 어렵다. 미국에서도 새로운 화석연료 발전소와 인프라 프로젝트가 아직도 고려 및 실행되고 있다. 이런 나라의 기업과 시민은 정부가 선호하는 정책에 때로는 반대해야 할 것이다. 그리고 석유와 가스의 주요 생산국 국민들은 어떻게 보면 석유와 가스가 제공하는 값싼 에너지에 중독되어 있다.

에너지 생산원을 바꾸는 것 외에 온실가스 배출량을 감축하기 위한 두 번째 방법은 전 세계적으로 탄소 가격제carbon pricing와 탄소 배출권 거래제cap-and-trade를 시행하는 것이다. 탄소 배출에 가격을 매기거나 특정 산업이나 회사가 배출할 수 있는 총량에 상한선을 두고 그 배출권을 시장에서 거래하게 하는 배출권 거래제를 시행함으로써 개별 행위자에게 탄소 집약도를 줄이기 위한 비용 기반 인센티브를 주는 것이다. 탄소 배출 가격이 높을 때 에너지 효율이 더 좋은 방식으로 상품을 생산하거나, 이동하거나, 다른 경제적 활동을 해야 수익이 높아진다.

이것은 이론적 고려 사항이 아니다. 유럽연합은 2005년부터 탄소 배출권 거래제ETS, Emission Trading System를 운영해 오고 있다.[46] 유럽연합은 에너지를 많이 사용하는 설비 (발전소와 산업 공장) 1만 1,000곳 이상과 '유럽연합의 온실가스 배출량의 약 45%를 차지하는' 항공사의 탄소 배출을 제한한다. 그리고 미국 국립과학아카데미의 연구자들에 따르면 이 제도는 어느 정도 성공을 거두어서[47] 2008년부터 2016년까지 이산화탄소 누적 배출량 약 12억 톤 또는 총배출량 대비 약 3.8%가 감축되었다고 한다. 유럽의 탄소 배출권 거래제는 규모가 가장 크기는 하지만 유일한 것은 아니다. 호주와 한국 같은 국가와 캘리포니아와 퀘벡 같은 주 또한 그들 나름의 탄소 배출권 거래제를 갖고 있다. 다른 많은 곳에는 더 직접적인 탄소 가격제나 탄소세가 도입되었다.

이러한 메커니즘, 즉 에너지 믹스의 변화와 에너지 효율성 제고는 온실가스의 최대 배출원인 에너지 생산 시설과 주요 산업체에 직접 영향을 미치므로 탄소 배출을 억제하기 위한 이니셔티브 중 가장 강력한 두 가지다. 하지만 개인과 기업, 시민·사회단체도 변화를 가져올 수 있다. 세계경제포럼의 CEO 기후 리더들은[48] 수년간 자신들의 회사에서 더욱 광범위하면서도 자발적인 조치를 시행하기 위해 노력해 왔다. 그들은 결국에는 모두가 패배하는 상황에서 단기적으로 무임승차를 해봐야 소용없다는 것을 알고 있다. 그렇다면 그들이 어떻게 도움을 줄 수 있을까? 세계경제포럼이 보스턴건설팅그룹과 함께 진행한 연구에 의하면 그들의 조치는 세 영역에 집중되어야 한다.[49]

1. 자사 운영 및 공급망 활동에서 온실가스 집약도greenhouse gas intensity(특정 경제 활동 또는 경제 부문에서 생산한 경제적 가치 대비 온실가스 배출량 비율 - 역주)를 줄인다. 단순히 에너지를 더 효율적으로 사용하기만 해도 배출량을 감축할 수 있을 때가 많다.
2. 다른 회사에 투자할 때 청정 기업만을 포함하도록 재조정하고 내부적으로 탄소 가격을 적용하여 특정 운영의 실제 비용을 공

개한다.

3. 기존의 비즈니스 모델을 바꾸고 새롭게 환경 친화적 기회를 추구함으로써 비즈니스 모델을 혁신한다.

챕터 9에서 좀 더 자세히 살펴볼 세계적인 해운사, A.P. 묄러머스크A.P. Møller-Mærsk는 이를 실천에 옮긴 훌륭한 사례다. 머스크사는 온실가스 집약도를 낮추기 위해 더 효율적인 식품 컨테이너의 냉장 유지 방법을 실험하고, 연료를 덜 사용하고 풍력을 더 사용하는 선박을 사용하고 있다. 머스크는 자체 포트폴리오에서 석유 부문을 처분하고 대신 핵심 해운 사업에 집중했다. 또한 상품을 항구에서 항구까지 운송해 주던 데서 도어 투 도어 솔루션으로 기업 활동을 확장함으로써 새로운 비즈니스 모델을 추구하고 있다. 이를 통해 머스크는 운송과 관련된 탄소 총배출량을 더욱 최적화하면서 계속 성장할 수 있을 것이다. 화석연료의 생산, 유통, 소비 모두에 활발했던 머스크 같은 회사가 친환경 경영으로 전환할 수 있다면 다른 대다수 기업 역시 분명 그럴 수 있다.

그런 연유로 우리는 낙관적인 태도를 유지해야 한다. 아래는 툰베리가 다보스에서 연설했을 때 우리가 그녀의 분석에 공감한 부분이다.

네, 우리는 실패하고 있지만 모든 것을 되돌릴 시간이 아직 있습니다.

아직 바로잡을 수 있습니다. 여전히 모든 게 우리 손에 달려있습니다. 주요 해결책은 어린아이도 이해할 수 있을 만큼 매우 간단합니다. 우리는 온실가스 배출을 멈춰야 합니다. 그렇게 하거나 하지 않거나 둘 중 하나입니다. 우리 모두에게 선택권이 있습니다. 우리는 인류의 미래 생활 환경을 지켜줄 혁명적인 조치를 만들어 낼 수도 있고 혹은 무관심하게 지나치고 실패할 수도 있습니다. 그것은 여러분과 제게 달려있습니다.[50]

하지만 시간이 촉박하다. 대기에 축적된 유해 배기가스는 배수구가 아주 작은 욕조에 가득 담긴 물에 비유할 수 있다. 욕조가 거의 찬 순간에는 수도꼭지를 천천히 잠그는 것으로 충분하지 않다. 수도꼭지를 완전히 잠그지 않는 한 물이 넘칠 것이다. 기후변화도 마찬가지다. 사실 세계는 과감한 노력으로도 통제 불능 상황으로 치닫는 것을 막을 수 없는 티핑 포인트에 아주 가까이 와있다. 어떻게 보면 2020년의 유일한 긍정적 신호는 몇 개월 동안 많은 곳에서 탄소 배출이 거의 현상 유지 수준이었던 덕에 그 시점이 지연되었을지 모른다는 것이다. 코로나19 유행이 끝난 후 경제가 완전히 정상화되고 더 나은 세계를 향해 나아가려고 노력할 때에도 탄소 배출 측면에서는 코로나19 위기 때와 비슷한 수준을 유지해야 한다.

Stakeholder
Capitalism

Stakeholder
Capitalism

이해관계자
자본주의

: 미래 세대를 위한 시스템 개혁

—

Concept

이해관계자 자본주의의 개념

세계경제 체제의 단점을 생각할 때 체제 개혁은 필요하다. 하지만 어떻게 해야 할까?

현재 두 가지 지배적이고 경쟁적인 경제 체제가 있다. 미국과 많은 서구 국가에서 지배적인 주주자본주의shareholder capitalism와 중국이 대변하고 다른 많은 신흥 시장에서 인기를 얻고 있는 국가자본주의state capitalism가 그것이다. 두 체제 모두 지난 수십 년 동안 엄청난 경제 발전을 가져왔고, 그 어느 때보다 번영하는 세상을 안겨주었다. 그러나 각 체제는 중대한 사회적, 경제적, 환경적 단점 역시 갖고 있다. 두 체제 모두 소득, 부, 기회 불평등을 증가시켜 빈부 갈등을 심화시켰다. 그리고 무엇보다 엄청난 환경 파괴를 초래했다. 이 두 체제의 단점을 고려할 때 새롭고 더 나은 세계경제 체제, 즉 이해관계자 자본주의가 필요하다고 우리는 믿는다. 이 체제에서는 경제 및 사회의 모든 이해관계자의 이익이 수용되고, 기업은 단기 이익의 극대화 이상을 추구하며, 정부는 기회균등, 공정한 경쟁, 그리고 체제의 지속가능성 및 포괄성과 관련하여 모든 이해관계자에게 공평한 기여와 분배를 보장해 주는 수호자다. 하지만 어떻게 이것을 달성할 수 있을까? 이것이 실제로는 어떤 모습일까? 그리고 현재의 두 체제는 어디서 잘못되었을까?

먼저 마지막 질문에 대한 답을 찾기 위해 현재 지배적인 두 체제를 좀 더 자세히 살펴볼 필요가 있다. 우선 주주자본주의를 생각해 보자. 그것은 하나의 이해관계자, 즉 주주의 이익이 다른 모든 것을 지배하는 자본주의 형태다. 회사는 이익을 극대화하여 가능한 한 최대의 배당금을 주주에게 돌려준다는 단 한 가지 목적으로 운영된다. 나는 《타임》에 이런 글을 기고한 바 있다.[1]

주주자본주의는 1970년대에 미국에서 처음으로 자리잡았고 그 후 수십 년 동안 전 세계로 영향력이 확대됐다. 주주자본주의의 부상에 장점이 없었던 것은 아니다. 주주자본주의의 전성기 동안 이윤을 추구하는 회사들이 새로운 시장을 개척하고 새로운 일자리를 창출함에 따라 전 세계 수억 명이 번영을 누렸다. 하지만 그게 전부가 아니었다. 밀턴 프리드먼과 시카고학파(경제학자)를 포함한 주주자본주의 옹호자들은 상장 기업은 단순히 이윤을 추구하는 기관만이 아니라 사회적 유기체이기도 하다는 사실을 간과했다. 단기 성과를 올리려는 금융 산업의 압박과 함께 이윤에만 집중함으로써 주주자본주의는 실물경제와 점점 더 단절되게 되었다.

이것이 지난 수십 년 동안 일반적으로 통용된 힘의 형태이다. 게다가 기업들이 점점 세계화되면서 노조의 힘은 증발하고, 결정권자 역할을 해야 할 중앙 정부의 힘은 감소했다. 결국 주주가 국가 내에서 우위에 설 뿐만 아니라 세계적으로 지배적인 존재로 자리잡는 상황으로 이어졌고, 피고용인, 지역사회, 공급 업체, 정부, 환경 등 다른 이해관계자들은 손해를 보게 되었다.

최근 수십 년 사이에 대안으로 등장한 다른 형태의 자본주의는 국가자본주의다. 한 경제 체제에서 "사적 행위자가 자신의 이익에 따라 재산을 소유하고 통제하며, 수요와 공급에 따라 사회의 최대 이익에 기여하는 방식으로 시장에서 가격이 자유롭게 결정될 때"[2] 자본주의 체제라고 한다는 정의에 따른다면, 국가자본주의 역시 자본주의 모델이다. 가장 주목할 만한 예를 들면 중국은[3] 현재 민간 부문에서 GDP의 60% 이상이 생산된다. 그럼에도 불구하고 국가는 가장 중요한 이해관계자이고 개인 주주보다 상위의 권한을 유지한다. 정부는 최소 세 가지 방식으로 지배적 역할을 한다. 첫째, 자원과 기회의 분배에서 강력한 영향력을 유지한다. 둘째, 사실상 모든 산업에 개입할 수 있다. 셋째로 대규모 인프라, 연구 및 개발, 교육, 의료, 주택단지 계획 등을 통해 경제를 지휘할 수 있다. 적어도 이론적으로는 사적 이익과 단기적 이익이 더 광범위한 사회적 이익에 앞서지 않도록 보장해 줄 메커니즘이 국가자본주의에는 있으므로 주주자본주의의 주요 단점이 해결될 수 있다. 이 체제를 통해 싱가포르, 중국, 베트남, 그리고 최근에는 에티오피아 같은 국가들이 튼튼한 경제, 성장하는 경제를 건설하는 동시에 필요한 경우 민간 기업의 이익을 억제할 수 있었다. 사실 국가자본주의가 없었다면 개발도상국 대부분은 급격한 경제성장을 이루지 못했을 수도 있다. 그러나 《홀로 선 자본주의》를 쓴 브랑코 밀라노비치 같은 경제학자들이 주장했듯이 국가자본주의에도 근본적이 결함이 있다. 가장 중요하게는 국가의 주도권을 고려할 때 부패의 위험이 항상 있다. 계약 배분 과정에 정실주의가 작용할 수 있으며, 견제와 균형의 부재로 인해 자의적으로 법이 적용될 수도 있다. 국가 최고위층이 경기 흐름을 잘못 평가할 때 그들이 통제하는 막대한 자원이 잘못 배분될 위험도 있다. 그것은 주주자본주의와 거의 판박이 같은 문제들을 발생시킨다.

주주자본주의와 국가자본주의 모두 한 이해관계자가 다른 이해관계자들보다 우위에 있다는 것이 시스템의 가장 큰 결함이다. 주주자본주의에서는 흔히 주주들의 목표가 유일한 초점이 된다. 국가자본주의에서는 정부가 너무 많은 권력을 휘두른다.

그러므로 나는 이해관계자 자본주의로 정의될 수 있는 제3의 시스템을 옹호한다. 그것은 개인과 민간 기업이 경제에서 가장 큰 부분을 차지한다는 자본주의의 전통적인 정의에 합치한다. 그것은 지속가능한 경제 체제, 즉 개인과 기업이 자유롭게 혁신하고 경쟁할 수 있는 경제 체제의 필요조건이라고 나는 믿는다. 그런 혁신과 경쟁이 사회 구성원 대부분의 창의적 에너지와 근면함을 불러일으키기 때문이다. 민간 행위자의 경제활동 또한 보호하고 지도하여 경제 발전이 반드시 사회에 이로운 방향으로 가도록 하고, 어떤 행위자도 다른 사람의 노력에 무임승차할 수 없도록 해야 한다. 이것이 우리가 지지해야 하는 종류의 자본주의다. 이해관계자 자본주의는 다른 형태의 자본주의가 갖고 있는 단점들을 극복하는 만큼 주주자본주의나 국가자본주의와는 근본적으로 다르다. 첫째, 경제에 이해관계가 있는 모든 사람이 의사결정에 영향을 미칠 수 있고, 경제활동 지표들은 더 넓은 사회적 관심사를 포함한다. 더욱이 견제와 균형 시스템이 존재하기 때문에 어느 한 이해관계자도 지배적 위치가 되거나 그런 위치를 유지할 수 없다. 그러므로 어느 자본주의에서나 주요 주체인 정부와 기업 모두 이윤보다 더 폭넓은 목표들, 즉 사회 전체의 건강과 부 그리고 지구와 미래 세대의 건강과 부를 극대화한다. 이런 연유로 이해관계자 자본주의는 선호되는 경제 체제, 앞으로 구현해야 할 경제 체제이다.

이해관계자 개념의 역사

나는 미국과 유럽에서 경영학을 공부했는데, 50년 전 내가 아직 젊은 경영학도였을 때 이해관계자 개념 이면에 있는 아이디어들을 떠올렸다. 그 당시 내가 태어나고 일했던 독일과 스위스에서는 회사가 주주들의 이윤뿐만 아니라 회사의 모든 이해관계자를 고려하는 것이 매우 자연스러운 일이었다. 나는 아버지가 라벤스부르크에서 에셔비스Escher Wyss라는 회사를 운영하는 방식에서 그것을 목격했다. 아버지는 작업 현장에서 직원들과 상의하고, 의사 결정을 할 때 직원들의 의견을 존중하고, 아버지의 월급과 견주어도 경쟁력 있고 합리적인 수준의 임금을 지급했다. 또한 회사는 라벤스부르크 지역과 공생 관계를 맺으면서 그곳에 깊이 뿌리내리고 있었다. 에셔비스는 라벤스부르크가 번창할 때 번창했고 그 반대도 마찬가지였다. 전체 지역사회와 경제가 잘 돌아가야 개인이나 단체도 잘될 수 있다는 것이 분명해졌던 전후 수십 년 동안 이러한 호혜성은 일반적이었다. 따라서 아버지의 경험은 유럽과 미국에서 (정도는 덜하지만) 일어났던 일을 대변하고 있었다. 회사와 지역사회 사이에는 강한 연계성이 있었다. 내가 지적했듯이 이런 연계성으로 인해 독일에서는 이사회에 직원 대표가 들어갔고 이런 전통은 오늘날까지 이어지고 있다. 대외 구매, 생산 및 판매가 현지 또는 근처 지역 내에서 이루어졌으므로 공급 업체와 고객과의 관계도 생성되었다. 이런 관계들로 인해 지역 기업들은 주변 환경에 뿌리내리고 있다는 사실을 강하게 인식할 수밖에 없었고, 이를 통해 기업, 정부, 학교, 보건 기관과 같은 지역 기관 사이에 상호 존중이 생겨났다. 그런 이해관계자 집합은 1971년에 출판한 내 책, 《기계공학의 현대적 기업 경영 Modern Company management in Mechanical Engineering》에서 그림으로 제시한 바 있다. (도표 8.1 참조)[4]

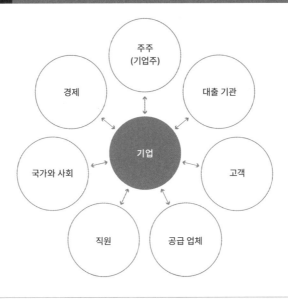

출처: Schwab, Modern Company Management in Mechanical Engineering, 1971 내용으로 재구성

그 후 수년간 이해관계자 개념을 채택한 국가들로는 스웨덴, 덴마크, 핀란드, 네덜란드, 벨기에, 독일 등 북유럽과 서유럽의 사회민주주의 국가들이 두드러진다. 그것은 무엇보다도 회사 경영진과 직원, 정부를 포함하는 노사 단체 교섭의 3자 체제로 이어지는 효과를 가져왔다. 그리고 회사와 직원이 공공 교육, 의료, 사회보장을 뒷받침할 세금을 공정하게 내는 복지국가를 만드는 데 이바지했다. 이 시스템은 수십 년이 흐르는 동안 수정되면서 이들 국가에 다양한 방식으로 계속 존재하고 있다. 그러나 기업의 조직 원리로서의 이해관계자 개념은 "기

업의 본분은 기업 활동"이라는 프리드먼의 생각과 경쟁을 벌였고 결국 지고 말았다. 기업의 세계화로 인해 지역사회나 국가 정부와 기업의 연계가 느슨해지고 경쟁이 치열한 세계시장에서 주주의 단기 이익을 극대화하는 데 초점을 맞추면서 주주자본주의는 서구 전역의 표준이 되었다. 동시에 노동조합과 정부, 기타 시민사회 이해관계자는 권한과 영향력의 상당 부분을 잃으면서 이해관계자 모델이 번성할 수 있는 구조는 더 약해졌다. 이해관계자 모델을 통치 원칙으로 고수하고 있는 국가들에서도 기업들, 특히 3차 및 4차 산업혁명으로 번창한 기업들이 더 강해짐에 따라 주주 외의 다른 주체들은 약해졌다.

오늘날의 이해관계자 모델

—

오늘날 이해관계자 개념은 새롭게 업데이트되고 종합된 형태를 갖추고서 다시 유행할 준비가 됐다. 주로 국내에서 기업 활동이 이루어지던 1970년대와 이해관계자 집합이 정확히 같으리라 기대하는 것은 비합리적이지만, 내가 '21세기 이해관계자 자본주의' 또는 단순히 '이해관계자 자본주의'라고 부를 수정된 버전은 자본주의 사회가 기후변화, 세계화, 디지털화로 특징지어지는 이 시대에 살아남고 번성하도록 보장해 줄 수 있다. 그렇다면 수정된 이해관계자 자본주의는 어떤 모습이며, 우리 아버지 세대가 1960년대와 1970년대에 시행했던 이해관계자 경영과는 얼마나 다를까?

오늘날 이해관계자 모델의 가장 중요한 특징은 우리 경제 체제의 이해관계가 더욱 분명하게 세계적이라는 점이다. 지금의 경제, 사회, 환경은 50년 전보다 서로 더 긴밀하게 연결되어 있다. 그러므로 우리가 여기서 제시하는 모델은 근본적으로 세계적이며, 두 주요 이해관계자도 마찬가지로 세계적이다.

이 점은 다른 무엇보다 지구에 확실하게 적용된다. 지구의 건강은 단지 개인이나 국가의 결정뿐 아니라 전 세계 경제 주체들이 내린 결정의 합에 달려있다. 그러므로 우리가 미래 세대를 위해 지구를 보호하려 한다면 모든 이해관계자가 제 몫의 책임을 다해야 할 것이다. 과거 국가 경제 정책 결정과 개별 기업의 의사 결정에서 외부 요소로 여겼던 것들이 이제는 모든 정부, 기업, 지역사회, 개인의 활동에 통합되거나 내면화될 필요가 있다. 다시 말해서 지구는 세계경제 체제에서 중심적인 이해관계자이며 다른 모든 이해관계자는 지구의 건강을 최적화하는 결정을 내려야 한다.

기후변화의 현실, 기후변화가 초래한 기상 이변, 그리고 그에 따른 부수적 영향을 보면 이는 더 명확해진다. 최근의 한 예가 이를 잘 보여준다. 때때로 "메뚜기19"[5]라는 별명으로 불리는 아프리카와 중동의 메뚜기 떼 습격이 그것이다. 수조 마리의 곤충이 대륙을 가로지르며 이동하는 이 현상은 2019년 이 지역이 극도로 습해서 발생한 것으로 추정된다.[6] 습한 날씨로 인해 동아시아는 물론이고 아라비아 반도 일부와 남아시아 전역에서 메뚜기 떼가 번식하고 퍼지면서 각 지역의 식량 생산을 위협했다.

똑같은 상호 연계성이 지구에 사는 사람들에게서도 관찰될 수 있다. 이전에는 국가와 기업이 자신들의 결정이 그들 영역 밖의 사회에 미칠 수 있는 부작용을 고려하지 않고 개별 경제 체제를 최적화할 수 있었지만, 세계경제의 깊은 연계성으로 인해 더 이상 그렇게 할 수 없게 되었다. 한 사회 구성원들의 복지는 다른 사회 구성원들의 복지에 영향을 미치므로 모든 사람의 복지를 최적화하는 것은 세계 시민으로서 우리 모두의 의무다. 그렇게 하지 않으면 반드시 우리를 다시 괴롭힐 것이다.

이러한 사실은 전 세계적인 이주 흐름에서 관찰될 수 있다. 어떤 지역에서 경제적으로나 정치적으로 배제된 사람들은 살기가 더 좋은 다른 지역에서 삶을 개선해 보려고 할 것이다. 2020년 "세계는 전례 없이 이동 중으로"[7] 3억 5,000만 명 또는 세계 인구의 3.4%가 출생 국가 외의 나라에서 살고 있다고 블룸버그통신은 추산한다. 전 세계 많은 지역에서 이주를 저지하는 경향이 증가하고 있고 코로나19의 대유행 역시 크게 한몫을 했다. 이주 현상만으로 상호 연계성을 이해하기 불충분하다면 코로나19야말로 상호 연계성에 대한 궁극적 증거가 되어준다. SARS-CoV-2가 전 지구로 전파되었을 때 수억 명이 생계에 큰 타격을 입고 수백만 명이 사망하거나 중병을 앓았다. 소수의 섬나라를 제외하고 아무리 엄격하게 국경을 폐쇄해도 질병 확산을 막을 수 없었다.

한편 인터넷 기술이 광범위하게 확산되면서 전 세계 사람들은 다른 지역 사람들의 부의 정도를 그 어느 때보다 잘 알고 있다. 이는 세

출처: Klaus Schwab and Peter Vanham, 2020

계 자산에 관한 관심을 불러일으켰는데, 역사상 최초로 발생하는 상황이었다. 사람은 사회적 동물이어서 절대적인 복지는 상대적인 복지보다 덜 중요하다. 세계 역사의 대부분 기간 동안 사람들의 기준점은 지역이었다. 산업혁명으로 기준점은 국가로 바뀌었다. 세계대전이 끝난 후 수십 년 동안 미국의 영향권에 있는 사람들의 기준점은 서구권으로, 소련의 영향권에 있는 사람들은 동구권으로 확장되었다. 그러나 4차 산업혁명이 도래하고 소셜 네트워크가 널리 보급되면서 사람들의 기준점은 중국, 미국, 유럽 등 세계 어디든 가장 앞선 집단이 되었다. 역사상 처음으로 세계 자산 개념을 고려하게 된 것이다.

따라서 당신이 세계 어디에 있든 사람들의 웰빙과 (그들이 어디에 살든) 지구 전체가 중요하다는 공감대가 높아지고 있다. 그 두 요소, 즉 개개인을 가리키는 '사람'과 우리 모두가 공유하는 자연환경을 가리키는 '지구'는 자연적 이해관계자이다. 새로운 이해관계자 모델에서는 이 둘이 중심에 온다. (도표 8.2 참조)

사람과 지구의 웰빙을 최적화해 줄 수 있는 핵심 이해관계자는 네 종류로, 다음과 같다.

1. 정부(국가, 주, 지역사회의 주민 대표로 구성되고 지역 또는 장소에 법적 권한을 가짐)
2. 시민사회(노동조합에서 비정부기구, 초·중·고등학교와 대학의 단체, 종교 조직에서 스포츠 클럽까지 광범위한 의미)
3. 기업(프리랜서, 영세 기업, 중소기업, 다국적 대기업 등 민간 부문을 구성)
4. 국제사회(UN, WTO, OECD 같은 국제기구와 EU, ASEAN 같은 지역 기구로 구성)

　　각각의 이해관계자들이 무엇 또는 누구로 구성되는지 기억하는 것이 중요한데, 공익에 대한 그들의 관심을 알 수 있기 때문이다. 사회적 또는 법적 유기체로 인식되지만 사실 이 이해관계자들 모두 결정적으로 사람으로 구성되어 있고 지구를 이용하고 있다. 그렇다면 그들이 환경뿐만 아니라 우리 모두의 웰빙을 최적화하고 싶어 하는 것은 당연하다. 하지만 애초에 그들을 별개의 유기체로 만든 특정 목표가 있다는 것 또한 분명히 해야 한다. 특히 정부는 최대한 많은 사람을 위해 최대의 번영을 이루어 내는 데 중점을 둔다. 시민사회는 구성원의 이익을 증진하고 구성원에게 의미 또는 목적을 부여해 주기 위해 존재한다. 기업은 당연히 이윤으로 측정될 수 있는 경제적 흑자를 만들어 내는 것이 목표다. 그리고 국제사회의 가장 중요한 목표는 평화의 수

호다. 마지막으로 이 모든 이해관계자들이 서로 연결되어 있다는 점도 지적해야만 한다. 기업은 정부가 제공하는 규제의 틀 안에서 운영된다. 시민사회는 정부와 기업에 압력을 행사하는 동시에 그들이 전반적인 회복력을 갖추는 데에도 기여한다. 마지막으로 국제사회는 한 지역에서 내린 결정이 다른 지역에 미치는 영향을 반드시 고려하도록 조치해야 한다.[8]

이런 사항은 현재 우리가 알고 있고, 세계 어디서나 유효한 이해관계자 모델(도표 8.3 참조)로 이어진다. 사람과 지구의 웰빙이 일의 중심이 될 때 나머지 네 이해관계자 집단은 그 개선에 기여한다. 이 이해관계자들은 각각 고유한 주요 목표를 갖고 있다.

- 기업은 이익과 장기적인 가치 창출을 추구한다.
- 시민사회의 주요 목표는 각 조직의 목적 또는 임무다.
- 정부는 공평한 번영을 추구한다.
- 국제사회는 평화를 위해 노력한다.

이해관계자 모델에서 이 모든 집단과 그들의 목표는 서로 연결되어 있다. 한 집단이 실패하면 다른 집단도 성공할 수 없다.

이것은 간단한 모델이지만 왜 주주자본주의와 국가자본주의가 최적이 아닌 결과를 가져오는지 즉시 드러내 보인다. 그 둘은 모든 사람

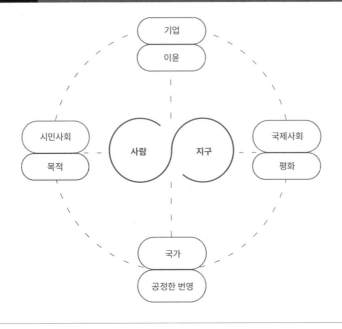

| 도표 8.3 | 사람과 지구가 중심에 오는 글로벌 이해관계자 모델 |

출처: Klaus Schwab and Peter Vanham, 2020 내용으로 재구성

과 지구 전체의 웰빙보다 특정 회사나 국가의 이윤 또는 번영이라는 더 국지적이고 배타적인 목표에 중점을 둔다. 이와는 대조적으로 이해관계자 모델에서는 부분적인 두 목표를 따로 챙기지 않고 사람과 지구의 상호 연결성과 종합적인 웰빙을 중심에 두어 시간이 지나면서 더 조화로운 결과를 얻도록 보장한다.

이해관계자 모델의 기초가 되는 원칙과 신념

—

글로벌 이해관계자 모델을 알아보았으므로 이제 특정 국가나 지역사회와 같이 좀 더 제한적인 맥락에서 이 모델이 어떻게 적용되는지 살펴보자. 세계적 관점에서 지역적 관점으로 옮겨 가는 것은 이해관계자 모델의 성공을 위해 매우 중요하다. 경제 체제의 이해관계는 그 어느 때보다 세계적이지만, 사실 접근법의 실행은 더 지역적인 수준에서 주로 이루어질 것이다. 공동체는 지역에 속해있고, 사람들은 가까이에 있는 사람들을 이해하고 신뢰한다. 그것은 개인보다는 전체에 이익이 되는 프로젝트를 받아들일 의지와 연대감을 높인다.

세계 정부가 세계시장에서 다국적 기업을 규제하고 사람들은 세계 민주주의와 세계적 노조로 모이는 대안을 생각해 보자. 그것은 개인들과 그들이 속한 사회적 생태계 사이의 거리를 벌어지게 하므로 바람직하지 않고 비현실적인 목표다. 그것은 그들과 가장 가까운 사람들과 환경에 헌신하려는 감정도 감소시킨다. 퀸 슬로보디안Quinn Slobodian이 저서 《글로벌리스트: 제국의 종말과 신자유주의의 탄생Globalists, The End of Empire and the Birth of Neoliberalism》에서 주장했듯이 20세기 신자유주의자들은 한때 그러한 세계 모델을 유토피아적 이상으로 보았지만, 그것은 필연적으로 지역 공동체의 정치적 권리 박탈로 귀결될 것이다. 권력의 중심이 사람들의 일상에서 너무 멀리 떨어져 있을 때 정치적 통치도 경제적 의사 결정도 대중의 지지를 얻지 못할 것이다.

보완성
—

이해관계자 자본주의를 구현하기 위한 첫째 원칙은 보완성subsidiarity 원칙이다. 이는 검증되지 않았거나 순전히 이론적인 원칙이 아니다. 유럽연합의 거버넌스governance(다양한 기관이 자율성을 지니면서 함께 국정 운영에 참여하는 통치 방식 - 역주)에 적용된[9] 보완성 원칙은 스위스연방, 아랍에미리트, 미크로네시아, 그리고 전 세계의 여러 연방주에서도 사용되어 왔다. 이 원칙은 가능한 한 국지적 수준, 그리고 결정의 효과가 눈에 띌 수준으로 내려가 의사 결정을 해야 한다.[10] 즉, 실행이 가능하지 않거나 효과적이지 않은 경우를 제외하고는 지역 이해관계자가 직접 스스로 결정할 수 있어야 하는 것이다.

이 원칙이 오늘날 경제 체제의 난제에 어떻게 적용되는지 즉각 분명해질 것이다. 먼저 기후 위기를 생각해 보자. 이 문제는 국제적 수준에서 조율하는 것이 이치에 맞다. 더 낮은 수준에서 먼저 이 문제를 해결하려고 시도해 봤자 효과가 없을 것이다. 전 세계의 모든 사람들이 같은 방향으로 움직일 때 비로소 기후 대책이 눈에 띄는 효과를 얻기 때문이다. 또한 세계적인 조율 없이 지역적 대책에 의존한다면 관련된 모든 이들이 무임승차 효과를 경험하게 된다. 기후협약에서 탈퇴하는 공동체의 경우 사실상 두 배로 혜택을 보게 된다. 다른 사람들의 노력의 결과인 개선된 기후를 누리고, 오염 발생에 상관하지 않고 원하는 생활 방식을 유지하면서 이익을 보는 것이다.

국제적 수준에 이어 보완성 원칙을 위한 두 번째 수준의 행동과 의사 결정은 국가 수준이다. 다시 기후 대책을 생각해 보자. 각 국가는 특정한 방식으로 기후변화를 초래한다. 따라서 공장의 탄소 배출량 감축의 경우 세계 어느 나라보다 공장이 많은 중국에 더 부정적인 영향을 미칠 것이다. 마찬가지로 자동차 사용 제한은 자동차가 주요 교통수단인 미국에 상당한 영향을 미칠 것이다. 항공 여행을 제한하면 특정 집단이 더 영향을 받을 것이다. 보완성 원칙은 국가들이 세계적 목표를 효과적으로 달성하는 데 가장 적합한 경로를 결정할 수 있도록 국가 또는 지역 수준의 의사 결정을 지지한다.

이런 연유로 2017년 파리기후변화협약 같은 유엔 협약은 좋은 아이디어다. 전 세계 이산화탄소 배출량의 4분의 1 이상에 대한 책임이 있는 국가는 단 하나도 없지만,[11] 기후 재앙을 피하기 위해서는 전 세계 이산화탄소 배출량을 절반 이상 줄여야 한다. 그건 미국, 중국, 유럽연합, 그 어떤 국가나 지역도 그들만의 노력으로 전 세계 배출량을 제한할 수 없다는 뜻이다. 하지만 다른 나라들도 같은 노력을 기울인다는 믿음이 없다면 어떤 나라도 배출량을 줄일 인센티브가 없다는 뜻도 된다. 그래봐야 전 세계적으로 큰 차이를 가져오지 않을 것이며 단기적으로 경제 개발이나 번영을 해칠 수 있기 때문이다. 그렇다면 이 딜레마에서 벗어날 유일한 방법은 전 세계적인 협력이다. 각 국가의 매우 다른 경제 구조를 고려할 때 국가별 목표가 정해진 상태에서 배출량을 어떻게 줄일지 글로벌 거버넌스 기구가 결정해 봤자 실효성이 없을 것이다.

회사 차원에서도 마찬가지다. 처음에 수반될 경쟁상 불리함을 고려할 때 어떤 회사도 배출량을 개별적으로 줄일 수 있거나 줄이려 하지 않을 것이다. 그러나 일단 유럽연합 같은 중재자가 산업별로 목표를 설정하고 각 회사의 배출권을 정해주면 그 회사들은 어떤 방식으로 (예를 들어 에너지 소비가 적은 방식으로 생산하거나 다른 회사로부터 배출권을 사는 방법) 배출량을 줄이는 것이 바람직할지 결정할 수 있다. 괄호 안의 두 가지 예는 난데없이 나온 것이 아니다. 사실 파리협약은 위에서 설명한 것과 거의 같은 식으로 보완성 원칙을 포함하고 있다. 그리고 유럽연합도 그린 뉴딜 정책Green New Deal(녹색 산업 지원을 통한 일자리 및 시장 창출 계획 −역주)과 기업의 배출권 거래제에 같은 원칙을 적용했다. 두 계획의 토대는 부분적으로 세계경제포럼 회의에서 준비된 것으로, 보완성 원칙을 고수한다면 이해관계자 자본주의가 어떻게 작동할 수 있는지 보여준다.

기술 거버넌스, 경쟁, 글로벌 조세 문제에도 비슷한 논리가 적용된다. 오늘날 많은 기업이 디지털 영역에서든 물리적 영역에서든 전 세계적으로 운영되지만, 대부분 국가 정부에 의해 규제되고 있다. 이러한 불균형으로 인해 기업들은 한 국가에서 기술과 IP를 개발하고, 두 번째 국가에서 매출을 가장 많이 올리고, 세 번째 국가에 세금을 내고, 네 번째 국가에서 저렴한 비용으로 경쟁하고, 다섯 번째 국가에서 단체협약을 피하면서 불균등한 경쟁의 장을 만들고 있다. 이는 흔히 조세 기반을 침식하고, 기관과 기관에 대한 신뢰를 약화시키고, 편향된 시장을 만들고, 고용과 창업 기회를 감소시켰다.

다시 말하지만 이에 대한 대응은 글로벌 거버넌스 기구에 주도권을 주는 것이 아니라 각 관할 구역의 경계 내에서 공평한 경쟁의 장이 될 수 있도록 규제 기관 간의 조치를 조율하는 것이다. 디지털 기업의 수익에 대한 세금을 조정하고, 기업의 본사가 어디에 있든 IP가 어디에 기반을 두고 있든 회사가 활동하고 있는 각 국가에 세금을 내도록 하려는 OECD의 노력은 이 원칙을 적용한 좋은 예다.

보완성 원칙을 염두에 두면 이해관계자 자본주의가 작동해야 하는 범위는 명확해진다. 특정 추세와 이해관계는 세계적이면서 (기후변화, 디지털 세계화, 글로벌 불평등, 시장 집중) 보완성의 원칙이 좋은 것이 이해관계자 자본주의의 특징이다. 이해관계자 모델은 한편으로는 여전히 개별 회사 또는 조직이 의무의 중심에 있다. 하지만 다른 한편으로는 기업, 정부, 비정부기구, 다음 세대 등이 세계의 미래와 웰빙의 이해관계자로 인식된다. 따라서 이러한 현실을 형성하기 위해 우리가 구축하는 경제 체제는 지역에 속해있으면서도 전 세계적으로 긴밀히 협력해야 한다.

그것은 '이해관계자 자본주의를 뒷받침해야 하는 신념은 무엇인가?'라는 다음 질문으로 우리를 이끈다.

가치 창출과 공유
—

이해관계자 모델의 바탕이 되는 신념들은 이 모델이 처음 구상되었을 때와 크게 달라지지 않았는데, 바로 세계대전 이후 서유럽의 복지국가,

미국의 '위대한 사회', 현대 중국의 '차이니즈 드림'[12] 건설을 가져온 신념들이다. 그 신념들 가운데 가장 중요한 것은 사회는 일부 소수가 아니라 모든 사람이 번창할 때 가장 잘 작동한다는 것이다. 예를 들어 린든 존슨Lyndon B. Johnson 대통령이 이야기한 위대한 사회는 "모든 어린이가 정신을 풍요롭게 하고 재능을 확장해 줄 지식을 찾을 수 있는 곳, (그리고) 신체적 필요와 상업적 요구뿐만 아니라 아름다움에 대한 욕구와 공동체에 대한 갈망을 충족시켜 주는 곳이다."[13] 차이니즈 드림의 경우 시진핑 주석에 따르면 중화 민족의 위대한 부흥이라는 이념은 "민족의 꿈이자 모든 개인의 꿈이다."

따라서 이 신념에는 두 번째 신념, 즉 사회의 가치는 기업과 (가장) 생산적인 직원들뿐만 아니라 교육자, 과학자, 정부 기관, 무엇보다도 사회와 자연환경 자체, 다시 말해서 모든 이해관계자에 의해 만들어진다는 신념이 내재되어 있다. 이것은 사람들 대부분에게는 간단한 관점 같고, 자명해 보일 수 있다. 하지만 마리아나 마추카토가 저서 《가치의 모든 것》에 썼듯이 지난 수십 년 동안 경제 체제는 이 관점처럼 작동하지 않았다. 오히려 최근에는 가치가 대부분 기업에 의해 그리고 기업 안에서, 그 안에서도 상당 부분 금융기관에 의해 창출된다는 믿음이 지배적이다. (그리고 근년에는 기술 기업을 추가할 수 있을 것이다.)

가치 창출에 관한 그런 다른 관점과 그에 동반되는 관행 때문에 국가가 지원하는 과학 연구, 교육, 사회복지 사업에 종사하는 사람 등 경제 체제에서 가장 생산적인 구성원 중 다수를 과소평가함으로써 가치 착취value extraction가 정상처럼 보이는 시스템이 만들어졌다고 마추카토는 주장했다. 그것은 또한 수익과 이윤이 진정한 가치 창출과 혼동되는 경제 체제의 금융화로 이어졌다. 그리고 기술 스타트업 창업자와 경영자 중심의 컬트 문화가 만들어져 공적 자금과 제도를 통해 달성되는 근본적인 혁신보다 개인적 혁신이 더 많은 찬사와 보호를 받게 됐다.[14]

마추카토의 주장에 전적으로 동의하지는 않지만, 우리 경제 체제의 다른 이해관계자들의 공헌이 과소평가되었고 이해관계자 경제의 평형을 회복할 필요가 있는 것은 분명하다. 그러려면 이해관계자 자본주의가 다음을 보장해야 한다.

- 모든 이해관계자가 그들과 관련된 의사 결정의 자리에 있어야 한다.
- 단지 재무적 측면만이 아니라 ESG 목표의 달성 측면에서 모든 이해관계자의 진정한 가치 창출 또는 가치 파괴를 산출해 주는 적절한 측정 시스템이 존재해야 한다.
- 각 이해관계자가 사회로부터 취한 것을 보상하고 지역적으로나 세계적으로나 이바지한 만큼의 몫을 총 파이에서 받을 수 있도록 견제와 균형이 존재해야 한다.

이제 이 세 가지 필요조건을 자세히 살펴보도록 하자.

이해관계자 자본주의의 실제

조직 원리로서 이해관계자 모델이 의미를 가지려면 먼저 모든 이해관계자가 자신과 관련된 논의가 이뤄지는 자리에 반드시 참석할 수 있어야 한다. 이것이야말로 추구할 가치가 있는 목표이다. 하지만 우리 사회에서 지속되어 온 사회적, 경제적, 정치적 불균형에서 볼 수 있듯이 이는 대체로 부족한 면이었다. 가령 경제적 측면에서, 높은 이해관계자 참여도와 낮은 불평등 수준 및 그에 상응하는 임금 사이에는 매우 긍정적인 상관관계가 있다. 챕터 6에 나왔던, 미국 경제정책연구소의 지난 100년간 노조 가입률과 소득 불평등을 대비시킨 그래프에서는 이런 상관관계가 한눈에 들어온다. 이 그래프에 의하면, 노동조합이 없었을 때 소득 불평등 수준이 높았고 대략 1940년에서 1980년까지 미국의 황금기에는 노조 가입이 급증하고 불평등 수준도 낮았음을 볼 수 있다. 그 후 노조 가입률이 감소하기 시작했을 때 불평등 수준이 다시 증가하여 2010년대 중반에는 사상 최고를 기록했다. 그리고 앞서 덴마크의 사례에서 보았듯이 노조의 대표권이 여전히 강한 나라의 경우 세계화되고 기술이 주도하는 오늘날의 경제 환경에서도 소득 불평등 정도가 여전히 낮았다.

노조 참여가 감소하는 것 또는 의사 결정에서 사회 모든 계층의 대표성이 부족한 것이 어느 정도 의식적인 정책 선택의 결과라면 정부는 앞으로 더 포괄적인 정책으로 돌아가는 게 좋을 것이다. 그렇게 하지 않으면 장기적으로 모두에게 해로운 결과가 초래된다. 수십 년 동안 임금이 경제성장에 상응하여 오르지 않았던 미국은 코로나19나 4차 산업혁명 같은, 거대한 혼란과 변화에 대한 준비가 미흡한 데다 응집력과 회복력이 약한 사회가 되었다. 이는 미국의 '블랙 라이브스 매터 Black Lives Matter, 흑인의 목숨도 소중하다' 운동에서 표면화된 것처럼 부분적으로는 배타적인 사회적, 정치적 선택의 결과일 수 있다. 수십 년 동안 차별적인 정부의 정책과 조치를 겪었던 사람들이 이 상황을 비난하며 일어났다. 정책 입안자들이 포용적 정책에 중점을 두어온 말레이시아 같은 국가들을 보면, 보다 포괄적인 접근 방식을 통해 불평등한 결과를 피할 수 있었음을 알 수 있다.

마찬가지로 개별 기업의 지배 구조상 다른 이해관계자들이 협상 테이블에서 자리를 차지하지 못한 경우에는 이사회 구성원을 더 대표성을 띠는 인물로 선정하는 것이 좋다. 기업의 경영진과 이사회, 정부, 기타 위원회가 사회 전체의 구성을 더 잘 반영하도록 해야 더 총체적인 의사 결정이 가능하고 궁극적으로 더 나은 성과를 낼 수 있다. 이러한 측면에서 볼 때 갈 길이 멀다. 이사회는 성별, 직업, 학력, 인종, 성적 취향, 나이 등의 기타 요소에서 단일 문화를 계속 유지하고 있다. 각 기업, 각 지역사회, 각 정부는 어떤 조치와 기준이 자기 상황에 가장 잘 맞는지 결정해야 하는데, 가장 보편적 목표는 의사 결정 조직이 더 대표성을 띠고 더 다양한 의견을 반영하도록 만드는 것이다. 그것을 깨달을 때 더 건강하고 더 균형 잡힌 조직이 되고 궁극적으로 사회에 더 나은 결과를 얻게 될 것이다.

이해관계자들을 협상 테이블에 앉히기 위해서는 과거의 패턴에만 의존해서는 안 된다. 어떤 경우에는 조직이 운영되는 현실이 근본적으로 바뀌었기 때문이다. 예를 들어 지금은 과거 그 어느 때보다 많은 사람들이 원격 또는 프리랜서 계약으로 일하기 때문에 이들을 모으기가 더 어려워졌다. 우버, 그랩, 디디의 운전자 또는 배달원 같은 긱 워커gig worker(초단기로 계약을 맺고 일회성 일을 맡는 근로자 - 역주)의 경우 더 이상 물리적으로 같은 장소에서 일하지 않는다. 그들은 서로를 알지 못하고 관심사와 목표 역시 다를 수 있다. 그러므로 공동 어젠다를 구성하고 뜻을 모으기가 더 어려워졌다. 사람들이 예전보다 더 자주 직장을 옮기고, 물리적으로 같은 공간에서 동료로 일하지도 않으며, 회사 또한 지리적으로 이동하기도 하므로 공장이나 사무실을 기반으로 하는 전통적 노조는 답이 아닐 수 있다. 하지만 원칙은 똑같이 유지되어야 한다. 플랫폼 노동자나 회사 근로자는 회사가 운영되는 방식, 직원을 대하는 방식, 사회에 져야 할 책임에 대해 발언권이 있어야 한다. 우버와 리프트의 운전자 변호 단체인 캘리포니아의 승차공유운전자연합Rideshare Drivers United이 우버의 신규 상장을 앞두고 2019년 5월에 전 세계적 파업을 요청했던 것처럼 이러한 이해관계자들을 모으기 위한 실제 실험이 있었다. 더 많은 급여와 더 나은 처우를 주장하기 위한 파업 방식으로 모바일 앱을 끄도록 권장했던 것이다.[15] 언론과 정치권의 관심을 받고[16] 일부 운전자들이 일회성 합의금을 받기는 했지만,[17] 구조적 문제 해결을 위한 운전자들의 요구가 받아들여지진 않았다. 이 파업은 과거 택시 노조가 가졌던 영향력을 재현하기가 얼마나 어려운지를 보여주었다. 이 사례를 통해 긱 경제에서 근로자의 권리를 보장하기가 얼마나 어려운지 알 수 있다. 그 후 2020년 11월 캘리포니아는 긱 워커를 직원으로 지정하자는 발의안을 표결에 부쳤지만 "주역사상 가장 비용이 많이 드는 계획"이라는 분위기가 형성되며 발의안이 거부되었고, 모든 이해관계자들에게 효과가 있는 해결책은 아직 발견되지 않았다.[18]

이해관계자 자본주의에서는 기업과 같은 수준의 대표성이 정치에도 적용되어야 한다. 대의제에 기반한 전 세계의 정부와 정당은 존재 위기에 직면해 있다. 사회적 불만이 높아져도 투표율과 당원 수는 감소한다. 예를 들어 유럽에서는 민주주의를 형성했던 전통적인 정당들이 3중 위기에 처해 있다. 지난 수십 년 동안 기독민주당, 자유당, 사회민주당의 당원 수는 감소했다. 정치적 견해와 상관없이 선거 때 투표하는 유권자의 수는 줄었고, 투표한 유권자 중 전통적인 정당에 투표한 유권자는 더 적었다.[19] 마찬가지로 콜롬비아를 제외한 라틴아메리카의 국가들 대부분에서, 심지어 투표가 의무인 브라질과 코스타리카 같은 나라에서도 시간이 갈수록 투표율이 감소했다.[20] 그리고 지난 몇 년간 사회 불안이 급증하고 있는 미국에서는 시간이 갈수록 대통령 선거 투표율이 감소하고 있다. 1950년대와 1960년대에는 약 70%에 달했던 투표율이 1990년대 후반에 와서는 뚝 떨어져서 2016년 대통령 선거의 투표율은 약 55%였다.[21] (2018년 중간선거는 이례적으로 반세기 만에 가장 높은 투표율을 보였다.) 심지어 중국과 같은 일당 정치 체제에서도 연령별, 성별 대표성이 문제가 되고 있다. 중국 공산당 중앙위원회에 따르면 적어도 2016년까지는 "기존 당원의 연령, 문화 분포가 새 시대와 새 단계의 당의 위대한 사명의 요구에 잘 부응하지 못했고" 당시에는 "일선 당원과 청년 당원은 적었고 여성 당원 비율도 낮았다"[22]고 한다. 그 후로 당내 여성과 밀레니엄 세대의 비중이 높아지기는 했지만 인구 구성 비율에는 여전히 못 미치고 있다.[23]

이해관계자 모델을 올바르게 만들고 싶다면 그러한 대표성 문제를 해결해야만 한다. 주요 이해관계자들 자체가 대표성을 띠지 못할 때는 서로 대화하고 서로의 목표를 고려하게 하는 데 한계가 있다.[24] 역사적으로 정부, 기업, 종교 단체의 수장이 상호 이익을 위해 결속한 사례는 많다. 하지만 이러한 동맹에서 사회 전체 또는 소수집단 이해관계자들이 적절히 고려되지 않았을 때 아무 잘못 없이 고통을 겪었다. 다음 챕터들에서는 이 문제를 해결할 방법을 자세히 알아보려 한다.

GDP와 이윤을 넘어서

일단 모든 이해관계자가 협상 테이블에서 자리를 확보하면 기업, 조직, 정부는 이윤이나 GDP 같은 지표에 대한 집착에서 벗어나야 한다. 이윤 추구는 더 총체적인 가치 창출 척도로 대체되어야 한다. 기업이 항상 이윤과 주주 배당금만을 극대화한 건 아니었으며 GDP가 항상 정부의 성배였던 것도 아니다. 주주자본주의가 20세기 후반 수십 년 동안 득세함에 따라 이윤과 GDP가 전부가 되었다. 이제는 이러한 단기적인 재무 지표에만 집중하기를 그만두고 인간과 지구가 어떻게 지내고 있는지 더 완전한 그림을 제공하는 지표들로 보완해야 한다. 내가 이전에 칼럼에서 썼듯이[25] 우리의 목표는 "2030년까지 유엔의 지속가 능 발전 목표Sustainable Development Goals들을 달성하고, 향후 30년 동안 파리기후변화협약을 이행하며, 앞으로 50년 이후에 적합한 세계 경제 체제로 개혁하는 것"이다. 이것들이 향후 10년간 최적화해야 할 추가 목표들이다.

GDP 이상을 추구하고자 하는 국가를 위한 대안은 이미 여럿 존재 한다. 예를 들어 세계경제포럼의 국가 경쟁력 지수Global Competitive Index 와 포괄적 개발 지수Inclusive Development Index는 경제 지표를 넘어 다양한 환경, 사회, 지배 구조 지표를 추적한다. 마찬가지로 OECD도 '더 나 은 삶의 지수Better Life Index'[26]로 교육, 건강, 주택, 소득, 일자리부터 일 과 삶의 균형, 삶의 만족도, 환경 관리에 이르기까지 많은 웰빙 영역에 서 국가들을 측정하고 순위를 매긴다. 이후의 챕터들에서 살펴보겠지 만 뉴질랜드를 포함한 일부 국가에서는 이미 자체 기준을 만들어 국민 들의 웰빙을 측정하는 핵심 지표들의 진전 상황을 추적하고 있다. (이 챕터의 뒷부분에서 이러한 측정 항목의 몇 가지 예를 살펴볼 것이다.)

흥미롭게도 세계경제포럼의 경쟁력 보고서는 대체로 경제적 경쟁 력과 함께 지속가능하고 포괄적인 개발을 최적화하는 국가들이 가장 경쟁력이 있음을 보여준다. 따라서 올바른 정책을 선택한다는 조건하 에 경제적, 생태적, 사회적 성공이 동시에 가능하다. 챕터 6에서 다룬 북유럽 국가들이 이런 경우다. 하지만 왜일까? 2019년 보고서는 보 다 지속가능한 녹색 경제의 창조에 대해 "경쟁이 치열한 경제는 더 유용한 혁신 생태계를 제공하기 때문에 획기적인 친환경 기술 발명을 포함한 모든 분야에서 신기술 출현을 촉진하는 데 더 적합하다"고 밝혔다.[27] 또한 "더 나은 인적 자본, 더 나은 기반 시설, 더 나은 혁신 능력을 보유한 국가는 평균적으로 더 친환경적인 에너지 믹스를 채택할 가능성이 더 높다"고 보고했다.[28] 좀 더 간단히 말해서 모든 사람이 교육을 잘 받고 환경에 대한 의식이 있는 사회라면, 사회 전체가 장기적으로 더 번영하는 경제 그리고 더 지속가능한 경제로 만드는 선택을 할 가능성이 높다. 이런 상관관계에 대한 또 다른 설명은 경제적 경쟁력은 그것들이 GDP로 설명되든 안 되든 궁극적으로 지구의 자원 함수와 사회의 인적 자본에 달려있다는 것이다. GDP만 고려하는 국가는 조만간 벽에 부딪히게 될 것이다. 지구에 대한 교육, 훈련에 투자하지 않으면 그리 오래지 않아 경제 생산 기능에 영향이 미치기 때문이다.

국가 경쟁력 지수와 포괄적 개발 지수가 제공하는 방법 외에도 GDP가 제시하는 것과는 다른 방식으로 나아갈 필요가 있다. 몇몇 보완책은 이미 존재하고 다른 보완책은 개발 중이다. 2019년 썼던 칼럼의 일부분이다. "한 가지 빠른 해결책은 실제 사람들이 직면한 경제 상황을 더 잘 반영하는 1인당 소득 중위값median income per capita을 채택하는 것이다. 보다 야심 찬 척도로는 한 나라의 수산 자원량, 광물 및 기타 천연 자산에 기초한 자연 자본natural capital[29]이 있다. 이 대차대조표에는 인적자원도 포함되어야 하므로 모든 관련 요소들을 하나의 종합 점수판에 통합할 수 있다.[30] 그리고 세 번째 구체적 선택지는 기후 행동 추적climate action tracker을 정부의 운영 기준에 포함하는 것이다. 이는 각

국가가 파리협약을 얼마나 잘 이행하고 있는지 보여주기 때문이다."[31]
이러한 제안 가운데 일부는 오랫동안 GDP의 지배에 대해 우려를 표명해 온 다이앤 코일과 마리아나 마추카토를 포함한 경제학자들로 구성된 웰스 프로젝트Wealth Project에서 개발한 것들이다.[32]

　　기업 또한 손익계산서를 넘어 시야를 넓혀야 하며, 점점 이런 경향이 나타나고 있다. 다보스에서 제50회 연차 총회를 앞두고 나는 '4차 산업혁명 시대의 기업의 보편적 목적'을 기술한 '다보스 선언 2020'을 기업들에 제시했다.[33]

　A　**기업의 목적은 공유된 지속적 가치 창출에 모든 이해관계자를 참여시키는 데 있다.** 그러한 가치 창출에 있어서 기업은 주주뿐만 아니라 직원, 고객, 공급 업체, 지역 공동체, 사회 전체 등 모든 이해관계자를 위해 일한다. 모든 이해관계자의 다양한 이해관계를 이해하고 조화시킬 가장 좋은 방법은 회사의 장기적 번영을 강화해 줄 정책과 결정에 대한 공동의 약속이다.

　　i. 기업은 **고객**의 요구에 가장 잘 부응하는 가치 제안value propostition을 함으로써 고객에게 봉사한다. 기업은 공정하고 공평한 경쟁의 장을 수용하고 지지한다. 기업은 부패에 무관용으로 대응한다. 기업은 기업 운영의 장인 디지털 생태계의 안정성과 신뢰성을 유지한다. 기업은 부정적인 영향 또는 부정적 외부 효과까지 포함하여 자사 제품과 서비스의 기능성

에 대해 고객에게 충분히 인식시킨다.

ii. 기업은 **사람**을 존엄하게 보고 존중하는 마음으로 대한다. 다양성을 존중하고 근로 환경과 직원 복지의 지속적인 개선을 위하여 노력한다. 급격히 변화하는 세계에서 기업은 업스킬링과 리스킬링을 계속 진행함으로써 지속적으로 고용 가능성을 높인다.

iii. 기업은 **공급 업체**를 가치 창출의 진정한 동반자로 여긴다. 새로 시장에 진입하는 회사에 공정한 기회를 제공한다. 인권 존중을 공급망 전체에 통합시킨다.

iv. 기업은 기업 활동을 통해 **사회 전체**에 봉사하고, 기업이 활동하는 지역사회를 지지하며, 정당한 몫의 세금을 납부한다. 기업은 안전하고, 윤리적이며, 효율적인 데이터 사용을 보장한다. 기업은 미래 세대를 위해 환경과 물질세계를 관리하는 역할을 한다. 기업은 의식적으로 생물권을 보호하고 순환, 공유, 재생 경제를 옹호한다. 기업은 사람들의 웰빙을 향상시켜 줄 지식과 기술을 계속 혁신한다.

v. 기업은 기업 활동으로 발생하는 위험, 지속적인 혁신과 투자의 필요성을 고려하여 **주주**에게 투자 수익을 제공한다. 현재를 위해 미래를 희생하지 않는, 지속가능한 주주 수익률을 추구하기 위해 단기, 중기, 장기 가치 창출을 책임감 있게 관리한다.

B 기업은 부를 창출하는 경제 단위 이상이다. 기업은 더 넓은 사

회 시스템의 일부로 인간과 사회의 열망을 충족시킨다. 기업의 성과는 주주에게 돌려주는 수익뿐만 아니라 환경, 사회, 건전한 지배 구조와 관련된 목표 달성 정도 또한 측정되어야 한다. 경영진의 보수는 이해관계자에 대한 책임을 반영해야 한다.

C 다국적 활동을 하는 기업은 직접 관여하는 모든 이해관계자에게 서비스를 제공할 뿐만 아니라 **정부 및 시민사회와 함께 미래 지구의 이해관계자로서 행동한다.** 세계 시민으로서의 기업은 세계의 상태를 개선하기 위해 다른 기업 및 이해관계자와 협력하여 핵심 역량, 기업가 정신, 관련 기술과 자원을 활용해야 한다.

기업이 이해관계자에 대한 행동 성과를 측정할 수 있는 구체적 지표 몇 가지는 검토해 볼 가치가 있다. 다보스 선언에서는 공정한 경쟁의 장의 수용, 부패에 대한 무관용, 근로 환경과 직원의 복지 개선을 위한 노력, 기업이 활동하는 지역사회에 대한 지원, 정당한 몫의 세금 납부, 이해관계자에 대한 책임을 반영한 경영진의 보수를 구체적으로 언급한다. 이러한 요구 조건들이 합해지면 단기적인 경제적 성공이 가장 중요한 기업 지배 구조와는 매우 다른 지배 구조가 구축된다.[34] 만약 모든 회사가 개별적으로 이런 목표를 위해 노력하고 근본적인 문제들을 해결하면 주주자본주의의 문제점들이 자동으로 해결될 것이다.

하지만 흔히 숫자로 경영이 이루어지는 세계에서는 이해관계자에 대한 기업의 책임이 측정되어야 하고 목표도 수량화되어야 한다. 이런 측면에서 좋은 소식이 있다. 2020년 9월, 140개 대기업으로 구성된 세계경제포럼 국제비즈니스협의회International Business Council에서 '이해관계자 자본주의 지표Stakeholder Capitalism Metrics'를 제시했다. 이는 온실가스 배출, 다양성, 직원의 건강과 복지, 일반적으로 ESG 주제라고 할 수 있는 기타 요인들을 포함하는 비재무적 비즈니스 성과에 관한 핵심 지표 및 공개 정보들이다.[35] 이 지표가 시행될 때 경영진은 단순한 이윤 이상을 위해 최적화하고, 다른 이해관계자들인 직원과 고객, 정부 등은 이해관계자 중심 기업의 성과를 판단하기가 더 쉬워질 것이다. 그런 점에서 이 지표는 이해관계자 자본주의를 현장에서 실현하기 위한 주요 단계다. 다음 챕터와 이 책의 결론 부분에서 이 지표에 대해 더 알 수 있다.

견제와 균형, 건실한 제도

마지막으로 이해관계자 모델은 견제와 균형이 필수이며, 권력 불균형이 발생할 가능성이 있으므로 강력하고 독립적인 기관을 두어야 한다. 원칙적으로 이해관계자 자본주의에서는 가장 성공적인 사회적 결과를 달성하기 위해 각 이해관계자가 할 수 있는 만큼 기여하고 필요한 것을 받는다. 하지만 대기업과 부유한 개인의 이익(주주자본주의), 정부 내부자의 이익(국가자본주의)을 선호하는 기존 자본주의 모델의 자연적 경향을 고려할 때, 현재 경제 체제에서 가장 힘과 영향력이 있는 두 이해관계자인 정부와 기업이 서로에게, 그리고 다른 이해관계자들에게 책임을 지겠다고 동의하는 것이 가장 중요하다. 여기서 민주주의의 책임, 권력 분립, 국제기구가 작동하는데, 이로써 우리 시스템이 필요로 하는 견제와 균형을 이룰 수 있다.

물론 민주주의의 기초에 균열이 생기고 있고 (챕터 4 참조) 국제기구의 실효성과 그에 대한 지지가 약화되는 현실도 직시해야 한다. 따라서 우선 정부에 대한 신뢰를 강화하고 난 후 위에서부터 아래까지 모든 의사 결정자들의 권한을 강화할 필요가 있다. 그러면 시스템의 견제와 균형이 다시 작동할 수 있다.

나는 2019년 또 다른 칼럼에서 "글로벌 거버넌스 피라미드의 정점에 초점을 맞추기보다는 그 기초에 있는 균열부터 돌보아야 한다"고 쓴 바 있다.[36] 아일랜드에서 이와 관련된 흥미로운 실험을 한 적이 있다. 수십 년 동안 낙태는 아일랜드 정책 입안자들에게 크립토나이트(가상의 화학원소로 슈퍼맨의 약점 - 역주)였는데, 광범위한 유권자가 지지할 수 있는 낙태 법안을 마련하기 위해 시민 의회를 소집한 것이다. 이것은 분열의 시대에 적합한 사회·정치 실험이었다. 아일랜드 의회는 "인구 조사에 나타난 대로 나이, 성별, 사회계층, 지역 분포 등 사회를 광범위하게 대표하도록" 99명의 시민(그리고 의장 1명)을 무작위로 선정했다. 그렇게 시민 의회는 기존 정치 체제에서 볼 수 있는 것보다 훨씬 더 다양한 관점을 대변해 줬다. 대중은 시민 의회의 진행을 유심히 지켜보면서 특별하면서도 광범위한 정치 참여 의식이 생겼다. 사람들은 논의되고 있는 주제에 깊은 관심을 가지면서도 자신과 의견이 다른 사람들의 견해를 인정하는 법을 배웠다. 결국 시민 의회는 낙태 합법화를 포함한 권고안을 발표했고 그 후 국민투표에 부쳐졌다. 그 제안 가운데 다수가 법률로 제정되었다.

만약 다른 곳에서도 정치적 분열을 극복하고 싶다면 이처럼 새로운 방식으로 이해관계자들이 정부에 참여하는 것을 옹호해야 한다.

재선이 아니라 합의 도달을 주 과업으로 하는 일반 시민의 심의 모임은 정치적 반목을 피하고 특정 문제에 대한 실용적 해결책을 찾아가도록 설계되었다. 비록 그런 모임이 민주적으로 선출된 입법기관을 대체할 수는 없지만 필요할 때 보완해 주어야 한다.[37]

이해관계자 접근법이 정치 지도자가 주요 난제와 맞서는 데 도움이 되었던 사례들은 또 있다.

프랑스에서는 에마뉘엘 마크롱 대통령이 타운홀 미팅(시민이면 누구든지 참가해 자기 의사를 밝히며 투표로 결정하는 회의 방식 - 역주) 형식의 회의에 시민들이 직접 참여하는 '대토론'을 전국적으로 조직하자 '노란 조끼' 시위대의 목소리가 누그러들었다. 벨기에의 경우 앤트워프의 이해관계자 모임에서 수십 년 동안 지지부진했던 주요 인프라 사업에 대한 의견 불일치를 해소한 결의안을 내놓았다. 그리고 폴란드의 그단스크에서도 시민 의회가 유럽열린사회재단Open Society Initiative for Europe의 틴 가지보다Tin Gazivoda가 "홍수 완화, 대기 오염, 시민 참여, 성 소수자에 대한 처우에 관한 도시 정책의 구속력 있는 변화"라고 묘사한 성과를 올렸다.[38]

민주국가가 정치적 의사 결정에서 이해관계자 모델을 채택하는 방식은 당사자들만 결정할 수 있다. 결정 방식은 국가별로 매우 다를 수 있고 그래도 괜찮다. 예를 들어 직접민주주의의 오랜 전통을 가진 스위스에서는 이민 제한에서부터 금본위제 부활, 공공 주택 사업, 지방 공항의 운영 시간까지 온갖 정치적, 경제적 문제를 국민투표로 결정해야 한다는 의미다. 이런 시스템이 이상적인 것처럼 들리지만 모든 국가에 효과적이지 않을 수도 있다. 예를 들어 벨기에는 이념, 종교, 언어의 차이가 사회를 관통한다. 과거 국민투표를 시행했을 때 시민들이 결속되기보다 분열되었고 결국 시스템을 포기하게 됐다. 벨기에는 현재 일반 국민의 참여 의식을 높이기 위해 다양한 이익 단체 간의 대화를 중재하거나 무작위로 시민들을 뽑아 회합을 여는 등 합의를 더 추구하는 이해관계자 참여를 실험하고 있다.

마찬가지로 민주주의 조직도 관습과 전통을 존중해야 하며 외부인이 아닌 그 나라 국민 스스로 만들어 가야 한다. 정치 참여가 전통적으로 서구 민주주의 국가와 매우 다른 아프가니스탄이 좋은 예다. 아프가니스탄계 미국인 작가 타밈 안사리Tamim Ansary는 저서 《이슬람의 눈으로 본 세계사Destiny Disrupted》에서 미국이 강요한 민주주의 때문에 실제로는 훨씬 더 부족적인 정치 체제가 지속됐다고 지적했다. 마을에서 대대로 사회적, 경제적으로 주도적 역할을 해온 가문의 후보들에게 투표하는 게 관례가 되어버렸기 때문이다. 기존의 사회적, 정치적 구조 위에 민주주의를 입히는 것이 목표라면 미국의 노력은 성공했다. 하지만 의사 결정에 시민의 직접 참여를 높이는 것이 목표라면 어떤 시스템이 그 목표에 더 적합한지 지역사회 스스로 결정하도록 하는 게 더 좋은 방법이었을 것이다.

마지막으로 이해관계자 모델에서 핵심 역할을 하는 공공 기관이 현재도 앞으로도 건재하는 것이 중요하다. 2차 세계대전 이후 수십 년 동안 서구의 새로운 세대는 강력한 공공 기관은 당연하고, 그 역할은 명확하며, 항상 그 역할을 하리라고 생각하며 성장했다. 세계경제 발전에 대한 서구의 견해로는 개발도상국에서도 그렇게 강력한 공공 기관을 건설했어야 했다. 서구에서는 공공 기관이 잘 작동하는 것이 사회와 경제의 초석이라고 믿기 때문이다.

하지만 최근 많은 나라에서 공공 기관에 대한 신뢰가 약화되고 객관적 결정권자로서의 공공 기관의 역할의 효율성과 능력이 감소하고 있다. 예를 들어 미국에서는 공공 기관의 실적이 하락했다는 인식과 함께 공공 기관에 대한 대중의 신뢰가 떨어졌다.[39] 반면에 스칸디나비아 국가들, 스위스, 싱가포르, 인도네시아, 중국, 인도 등에서는 공공 기관에 대한 국민의 신뢰가 여전히 강한데, 이는 공공 기관을 더 건재하게 하는 요소 중 하나다. 이해관계자 관점에서 볼 때 공공 기관은 중심 역할을 하므로 (다시) 강력하고 유능한 공공 기관으로 만들기 위한 대책을 세우는 것이 중요하다.

우리가 취해야 할 또 다른 조치는 국제기구의 권한 강화다. 그 필요성은 명백하다. 정보, 기술, 돈, 사람, 바이러스가 전 세계를 순환하고 기후변화는 모든 사람과 국가에 영향을 미치므로 세계적 수준에서 이러한 쟁점들을 조정하는 게 그 어느 때보다 필요하다. 기업들이 더 세계적으로 성장함에 따라 의무를 최적화하고 영향력을 극대화하는 능력도 늘어서 정부와의 관계에서 불균형이 초래된다. 유엔과 그 위원회와 같은 대의기관, 유럽사법재판소나 국제무역기구 항소심 같은 중재기관, 유럽위원회나 만국우편연합Universal Postal Union 같은 규제 기관은 글로벌 거버넌스에서 계속 중요한 역할을 할 것이며, 해야만 한다.

그러나 우리가 보았듯이 이러한 초국가적 기관들은 많은 개별 이해관계자가 자연스럽게 연관 지을 수 없는 수준에서 운영되고 있다. 대부분의 사람들이 자신과 무관한 동떨어진 기관으로 여기는 것이다. 그렇다면 이 기관들은 모든 이해관계자(일반적으로 주권 정부)를 포함하는 의사 결정 절차를 실행하고, 그들이 직면하고 규제하는 세계적 트렌드에 대한 이해를 통해 자신들의 권한에 대한 사회적 승인을 끌어내야 한다. 과거에는 국제기구가 이러한 요건에 미치지 못하는 경우가 너무 많았다.

첫째, 2차 세계대전이 끝나면서 만들어진 기구들은 승전국을 대표하는 기관이었지만 오늘날 세계를 대표하는 기관은 아니다. 이렇게 대표성이 결여된 건 이 기구들의 집행부 전체에서, 그리고 종종 투표 절차에서도 명백히 나타난다. 국제통화기금과 세계은행만 봐도 알 수 있다. 두 기구의 투표권은 여전히 서방 국가에 유리하고 수장 자리는 전통적으로 유럽과 미국에 돌아갔다. 더욱이 국제기구는 창설 이후 대체로 한 가지 유형의 이해관계자, 즉 국가 정부만 대표해 왔는데, 훨씬 더 많은 이해관계자가 존재하는 세계적 난제가 많고 또 증가하고 있다.

둘째, 세계경제 동향에 대한 국제기구의 이해는 뒤늦거나 부족할 때가 많은데, 두 가지 예만으로 충분히 설명된다. 디지털 경제가 경제적으로나 사회적으로 매우 중요한데도 오늘날까지 어떤 국제기구에도 세계 디지털 경제에 대해 합의된 척도가 없다. (가장 좋은 추정치는 민간 컨설팅 회사 맥킨지의 글로벌연구소에서 만든 것이다.) 또 다른 예로 만국우편연합[40]은 국제 운송으로 인해 2019년까지 인지하지 못하는 사이 불공정한 국제 경쟁과 탄소 배출량 증가에 일조했다. 경제적 소득 상태가 각기 다른 국가 간의 소포 발송 규정이 상황 변화에 부합하지 못한 부분도 있었다. 실제로 중국에서 미국으로 보내는 소포 요금은 미국 내의 소포 요금보다 훨씬 싸다.

다행스럽게도 이 단점들을 바로잡을 수 있다. 그리고 그렇게 되면 우리 경제 체제에 대한 세계적인 견제와 균형이 개선된다. 앞에서 들었던 예들을 다시 이야기하자면 OECD는 현재 디지털 무역에 대한 통일된 정의와 측정 시스템을 개발하고 있다.[41] 2019년 말 만국우편연합은 우편 요금 개편에 나섰다.[42] 그리고 앞서 보았듯이 파리기후변화협약은 여러 이해관계자가 노력한 결과였다. 민간 부문, 비정부기구들, 다양한 이해관계자 대표들이 파리에서의 논의를 준비하고 구체화하여 정부 대표들이 궁극적으로 타협안에 동의하기 쉽게 만들었다.

마지막으로 어떻게 이해관계자들 사이에 의사 결정이 이뤄지는지 고려해 보자. 명확한 절차와 지침이 없다면 그 과정이 뒤죽박죽되리란 것을 쉽게 상상할 수 있다. 정부가 결정을 내리기 전에 먼저 모든 이해관계자의 승인부터 받아야 한다면 어떻게 조직을 효과적으로 이끌 수 있을까? 다양한 이해관계자들의 이해관계는 당연히 단기적으로는 다를 것이다. 또한 가장 목소리가 큰 이해관계자가 의사 결정을 독점하거나 차단하여 논의를 정지시키거나 편향된 결과를 초래하는 시나리오를 떠올리는 것도 무리가 아니다.

해결책은 협의 과정과 의사 결정 과정을 분리하는 데 있다고 믿는다. 협의 단계에서는 모든 이해관계자가 포함되어야 하며, 그들의 우려를 경청해야 한다. 반면 의사 결정 단계에서는 결정을 위임받은 사람만 그렇게 할 수 있어야 하는데, 기업의 경우 이사회나 경영진을 말한다.

이는 여전히 단기적으로는 다른 이해관계자들보다 한 이해관계자나 그의 관심사에 더 이익이 되는 어려운 선택을 해야 한다는 의미일 수 있다. 하지만 앞선 협의 과정을 토대로 한 결정은 장기적으로는 모두를 위해 더 나은 결정과 결과로 이어질 것이다.

이것이 이해관계자 자본주의다. 이어지는 챕터들에서는 이해관계자 모델이 핵심 이해관계자들 일부와 기후변화, 시장 집중, 경제 불평등, 다음 세대에게 남겨진 부채 등 이전 챕터들에서 확인했던 핵심 문제들에 각각 어떻게 적용되는지 논의할 것이다.

기업이 가야 할
방향

세계경제포럼 이사인 SAP의 전 공동 CEO, 짐 스나베Jim Snabe는 2016년 거대 해운사 AP 묄러머스크A.P. Møller-Mærsk에 합류했다. 덴마크의 다국적 기업인 AP 묄러머스크가 대대적인 변신을 준비하고 있던 때였다. 112년의 역사를 지닌 이 회사는 큰 성공을 거두었지만, 짐 스나베가 합류할 무렵에는 몇 년간 해운과 석유 부문 모두 시장 상황이 안 좋아 어려움을 겪고 있었다. 그 결과 매출액이 600억 달러에서 300억 달러로 감소하여 적자를 내고 있었다. 미래를 내다본다면 시대에 따라 발전하면서 앞으로 100년은 더 가치를 유지해 갈 필요가 있었다. 머스크의 운송 서비스 덕분에 사람들은 전 세계의 시장과 상품에 접근할 수 있게 됐고, 여러 시장에서 수백 만 개의 일자리가 생기면서 사람들의 생활 수준이 향상되었으며, 세계 무역에 참여하게 됐다. 하지만 머스크는 탄소 배출, 불평등과 시장 집중 증가 같은 문제도 만들어 냈다. 스나베는 머스크가 기업의 번창을 위해 필요한 이해관계자 자본주의 모델의 옹호자가 되도록 할 수 있을까?

여느 거대 기업과 마찬가지로 머스크도 한때는 변화하는 세계에서 새로운 기회를 잡으려 했던 스타트업이었다. 이 회사는 1904년 덴마크의 작은 해안 마을 스벤보르Svendborg에서 청년 A.P. 묄러와 그의 아버지 피터 머스크 묄러에 의해 설립되었다. 발트해의 이 작은 항구에 물자를 들여오고 내보내기 위해서였다. 그 후 100년 동안 중고 증기선을 보유하고 운항하는 회사에서 세계 최대 해운사이자 덴마크 경제의 자랑으로 성장했다. 사업 영역은 석유 탐사에서 여객 수송, 화물 운송, 구조 작업, 컨테이너 제작, 전 세계 120여 국으로의 상품 운송에 이르기까지 사업 영역을 확대했다. 머스크는 세계 해상 화물의 약 15%를 처리하는[1] 세계 최대 해운 회사다.

어떤 관점에서 보면 머스크사는 세계화와 산업혁명이 낳은 경이였다. 머스크는 중국 칭다오에서 냉동 컨테이너를 생산했다. 북극에서는 석유를 시추했다. 수에즈 운하에서는 컨테이너 1만 8,000개가 실린 거대한 선박 '머스크 매키니 묄러'로 구경꾼들에게 깊은 인상을 남겼다. (지금까지도 이 선박은 세계 최대 선박 중 하나다.) 그리고 머스크의 냉동선, 컨테이너선, 유조선이 전 세계 7대양을 누비고 다녔다. 과야킬에서 노보로시스크까지, 시드니에서 찰스턴까지, 부산에서 몬테비데오까지 머스크사의 선박이 없는 항구는 없었다. 머스크는 상품의 가격을 낮추고 사람과 공급망, 전 세계 기업들의 연결성을 개선하는 데 도움을 주었다.

다른 관점에서 보면 머스크는 세계경제의 문제점들도 대변하고 있다. 탐사와 시추 사업은 석유를 더 많이 발견하고 시추하고 수송하고 사용해야만 수익성이 생겼다. 머스크가 지배했던 세계 해운업은 이산화탄소 배출의 큰 몫을 차지했고 여전히 계속 증가하고 있다. 방치한다면 2050년에는 전 세계 이산화탄소 배출량의 17%까지 차지하게 될 수 있다.[2] 그리고 머스크사가 가능하게 해준 가치 사슬은 더 많은 사람이 더 많은 상품을 이용할 수 있게 되었다는 의미일 뿐 아니라 소수의 세계적 기업들과 소유주들이 세계 산업에서 점점 더 큰 비중을 차지하여 시장 집중도를 높이고 소득과 부의 불평등을 심화시켰을 수 있다는 의미이기도 하다.

그렇지만 스나베에게 이사회 합류는 일종의 귀향이었다. 그는 덴마크에서 태어났고 머스크사는 덴마크에서 중요한 존재였다. 코펜하겐 항만 지역 중심부에 있는 머스크 본사의 거대하고 우아한 유리 빌딩은 근처에 있는 한스 크리스티안 안데르센을 기리며 만든 인어공주 조각상이나 도심 항구를 점점이 수놓는 알록달록한 주택과 범선만큼이나 유명하다. 최근 문을 닫은 오덴세의 머스크 조선소는 덴마크 조선업의 1,000년 전통과 위용을 상기시키는 강력한 존재다. 그가 취임했을 때 머스크는 여전히 덴마크 GDP에 2.5% 이상 기여하는 국내 최대 민간 기업으로 수천 명을 고용하고 있었다.

소프트웨어 산업에서 오랫동안 경력을 쌓고 독일 SAP의 공동

CEO로 커리어의 정점을 찍은 스나베는 물리적 세계에 기반을 둔 회사에서 일하고 싶었다. 그것은 매우 신중한 선택이었다. 4차 산업혁명의 다음 가치 물결은 물리적인 세계를 지속가능한 방식으로 정복한 거대 해운회사 머스크, 전기·전자 제조업체 지멘스, 자동차 생산업체 테슬라 같은 회사들로부터 비롯될 거라고 그는 믿었다. 그는 이렇게 말했다. "이 기업들이 물리적 세계에서 하는 일에 최신 기술을 더한다면, 이 기업들은 지속가능한 세상을 이끄는 원동력이 될 수 있습니다. 우리에게 큰 영향을 미칠 수 있다는 거죠. 물리적 세계가 없으면 우리는 아무것도 아니니까요."[3]

비슷한 시기에 기술 분야의 빅테크 기업 역시 방향 전환이 필요하다는 생각을 하기 시작했다. 기술 진보의 선봉이자 정보 민주화의 기수로 환영받던 기술 회사들은 최근 몇 년 사이에 세계경제가 직면한 문제의 일부로 전락했다. 세계 최대의 고객 관계 관리 플랫폼인 세일즈포스Salesforce의 CEO이자 스나베와 함께 세계경제포럼의 이사인 마크 베니오프Marc Benioff는 2018년 다보스에서 비슷한 발언을 했다. 그는 최근 저서에서 "나는 기술 기업을 신용 부도 스와프credit default swap(채권 발행사가 부도가 날 경우에 원금을 상환받을 수 있도록 한 신용 파생 상품 - 역주), 설탕, 담배같이 규제의 제약을 받지 않고 고객들에게 판매하도록 허용되었던 해로운 상품들과 같은 선상에서 언급했다"[4]라고 회상했다. "우리 업계는 수년간 규제를 면제받았고 CEO들이 책임지지 않을 때 정부의 개입 외에는 다른 방법이 없다고 생각했다"라고 그는 설명했다.

스나베, 베니오프, 그리고 다른 경영자들은 그들의 회사와 업계가 변할 필요가 있다고 생각했다. 이해관계자 중심으로 변해야 했던 것이다. 그들은 어떻게 그 일을 해낼 수 있었을까?

앞에서 보았듯이 이해관계자 자본주의 개념은 오랫동안 존재해 왔다. 그렇다면 1960년대 이해관계자주의stakeholderism 초기에 기업이 운영되었던 방식으로 돌아가는 것이 쉬운 해결책이 될 것이다. 물론 이 방법은 통하지 않는다. 이해관계자 모델이 처음으로 입지를 굳힌 후 세계는 급격히 변했기 때문이다. 사회 분열, 세계화, 기술 발전, 기후변화, 인구 구조 변화 등 당시와 현재는 완전히 다르다. 그렇다면 기업은 어떻게 이해관계자 개념을 다시 성공적으로 구현하고 세계의 상황을 개선하는 데 기여할 수 있을까? 이들 회사와 CEO에게 무슨 일이 있었는지 살펴보자.

머스크

—

스나베는 합류한 후 시간을 낭비하지 않고 변신 과정을 시작하고 싶어 했다. 그는 2010년부터 2014년까지 공동 CEO로 재직했던 SAP에서의 유사한 성공 경험을 참고할 수 있었다. 그는 소프트웨어 회사인 SAP에서 공동의 꿈을 중심으로 조직 전체에 활기를 불어넣고, 고객들이 "희소한 자원을 절약함으로써 보다 지속가능한 세상을 만드는 데 기여하도록"[5] 도왔으며, 이를 실현하기 위한 몇 가지 중요한 세부 사항들을 제공했다. SAP는 제1차 다보스 회의의 개최 이듬해인 1972년에 영업을 시작했다. 이 회사는 펀치 카드를 대체할 소프트웨어를 사용하여 재원 관리를 도왔다. SAP는 재원 관리의 범위를 전 세계로 확대했다. 스나베는 거기서 더 나아가면 어떨지 궁금했다.[6]

SAP가 기업들이 에너지나 물, 이산화탄소 같은 희소 자원을 관리하는 걸 도울 수 있다면 어떨까? SAP가 원자재부터 소매업까지 거의 모든 산업을 아우르는 상당한 고객 기반을 활용하여 단일 기업뿐 아니라 전체 가치 사슬에 포함된 모든 기업이 희소 자원을 최적화할 수 있게 한다면 어떨까? SAP가 전 세계가 희소 자원을 관리하게 도우면 어떨까?

한정된 자원으로 인한 문제들이 증가하는 세계에서 기업들이 자원을 더 효율적으로 관리하게 도와줄 능력과 세상에 긍정적 변화를 가져올 기회는 분기별 수익보다 훨씬 고무적이었다. 그러한 생각은 회사의 목적을 "세상이 더 잘 관리되고 사람들의 삶을 개선해 준다"로 수정하도록 이끌었다. 그것은 기업에 소프트웨어를 판매하는 것 이상을 의미하는 고무적인 꿈이었다. 그 덕분에 우리는 책임감 있게 행동하고 세상에 긍정적으로 기여하게 됐다.

SAP의 방향 전환은 전반적 전략의 근본적인 변화로 이어졌다. 스나베와 그의 동료들은 몇 가지 중대한 사항을 결정했다. 첫째, 다른 기업들이 자원 낭비를 줄이도록 도울 거라면 SAP가 모범을 보여야만 했다. 그래서 회사의 규모가 계속 커진다 해도 향후 10년 안에 이산화탄소 절대 배출량을 50% 줄인다는 계획을 세웠다. 둘째, 그와 관련해 명시적 재무 목표를 세웠다. 매력적인 새 목적을 정한 SAP는 더 빠른 성장을 목표로 삼아야 한다고 믿었다. 회사는 매출을 두 배로 늘리고 수익성을 높인다는 목표를 세웠는데 목적의 재정립은 그 목표를 달성하고자 하는 동기 부여가 되었다. 스나베의 회상에 따르면 "재창조된 목적은 회사를 재창조하는 데 필요한 내부 영감을 촉발하는 강력한 원동력이 되었습니다. 우리는 어쩔 수 없는 절박한 상황 때문이 아니라 변화를 만들겠다는 꿈과 열망 때문에 움직였습니다."[7]

SAP의 새로운 전략은 효과가 있었다. 고객이 이해해 주었을 뿐만 아니라 직원들에게도 자신이 일하는 직장이 단순한 소프트웨어 회사 이상이라는 자부심을 느끼게 함으로써 동기 부여가 되었다. 또한 이 야심 찬 목표와 새로운 목적 덕분에 SAP를 모범 기업으로 본 주주들이 결집했다. 공동 CEO로서 스나베는 새로운 전략의 실행을 도왔고 초반의 결과까지 지켜보았다. 그는 2014년에 사임했지만, SAP가 매출을 두 배로 늘리고 이산화탄소 배출량을 절반으로 줄이겠다는 두 가지 목표를 예정보다 빠른 2018년에 달성한 것을 자랑스러워했다.[8, 9] 그 경험을 바탕으로 그는 머스크를 변화시키는 도전에 나섰다.

머스크에는 중요한 무형 자산이 하나 있었다. 바로 강력한 핵심 가치였다. "사람들이 우리를 신뢰할 수 있게 하는 것이 기본 원칙입니다"라고 A.P.의 아들인 아놀드 머스크 매키니 묄러Arnold Mærsk Mc-Kinney Moller 전 회장은 말한 적이 있다. 신뢰에 초점을 둔 덕분에 회사는 고객은 물론 정부와 지속적인 관계를 구축할 수 있었다. 그 외에도 회사는 "지속적인 관리, 겸손, 정직, 직원, 평판"[10]이라는 다섯 가지 가치를 추구했다. 그 가치들은 90세의 매키니 묄러가 2003년 회장직에서 물러나는 자리에서 공식적으로 발표됐지만, 가족이 회사를 이끄는 내내 회사와 함께했다. 2019년 그의 딸인 아네 머스크 매키니 우글라 Ane Mærsk Mc-Kinney Uggla는 4세대 경영인이자 부회장으로서 그 가치들이 "1세기 이상 회사를 이끌어 왔다"고 말했다.

머스크가 중시하는 정직과 지속적 관리, 직원과 평판이라는 가치를 고려할 때 두 가지 측면에서 조치가 필요하다는 것이 바로 분명해졌다. 첫째, 머스크사는 자사의 환경 발자국이 기후변화와 오염이라는 세계적 문제에 일조하고 있다는 것을 깨달았다. 회사 운영을 위한 사회적, 환경적 승인을 계속 받으려면 변화가 필요했다. 둘째, 이제 경제활동이 전 세계, 종종 사실상 무법 지대인 바다와 대양 전역으로 확대됨에 따라 어떤 공동체에 어떤 의무가 있는지 명확하지 않게 되었다.

그렇지만 머스크사는 어디를 가든 반드시 그 사회에 공헌하기를 원했다. 회사가 지금의 규모로 성장할 수 있었던 것은 결국 2차 산업혁명 당시 모항인 스벤보르의 산업화와 덴마크의 강력한 복지국가 정책, 이해관계자 경제의 사회적 조직 덕분이었기 때문이다.

머스크사는 즉시 행동에 나섰다. 2017년 초 회사는 지역사회와 정부에 대한 책임감을 높이기 위해 '기업 내 책임 문화의 재정립'[11]을 목적으로 하는 비영리단체가 결성한 실무단에 참여했다. 머스크는 같은 생각을 가진 회사들과 함께 책임 있는 세금 관리를 위한 원칙들을 약속했다.[12] 머스크는 '세금에 대한 기본 접근 방식과 세무 문제와 관련된 당국과 기타 기관과의 관계, 이해관계자들에게 보내는 보고'에서 계속 그 원칙을 따르고 있다고 했다.

책무에 대한 약속은 구체적인 결과로 이어졌다. 우선 머스크는 매년 정부에 낸 세금 액수를 공개하여 공적 관계에서 투명성과 책무성을 높였다. 둘째, 전 세계적으로 머스크가 전체 또는 일부를 소유하고 있는 회사 리스트를 발표하여 실제 기업 활동 및 회계 범위에서 모호성을 없앴다. 셋째, 머스크는 "책임 있고 투명한 납세 관행을 준수하는 책임 있는 납세자"가 되겠다는 포부를 분명히 했다. 지속가능성 보고서에서도 ESG, 수익, 이익, 온실가스 배출 등의 척도와 함께 납부한 세금을 강조하기 시작했다. 예를 들어 머스크는 2019년 57억 달러의 수익에 대해 4억 5,800만 달러의 법인세를 납부하여 실효세율effective tax rate이 8%가 약간 넘는다고 보고했다. 2020년에도 "책임 있고 투명한 납세 관행을 준수하는 책임 있는 납세자"가 되고자 하므로 "이해관계자들과 세무 문제에 대해 계속 대화"하고 "2020년 보고에서 B 팀 책임 납세 원칙(B 팀은 인류와 기후에 중점을 둔 기업 관행을 지지하는 세계적 비영리단체다. - 역주)을 실행"[13]하겠다고 말했다.

기후변화 문제에서는 훨씬 더 급진적인 조치를 단행했다. 2017년부터 2019년까지 가장 수익성이 높은 사업 부문인 머스크 드릴링Mærsk Drilling, 머스크 탱커스Mærsk Tankers, 머스크 오일Mærsk Oil을 포기하는 과감한 조치를 취한 것이다. 이름에서 알 수 있듯이 화석연료의 추출, 수송, 개발에 관여했던 이 사업 부문들을 매각하거나 별도의 법인으로 만들었다.[14] 이것은 중대한 결정이었고 단기적으로 회사의 수익성을 압박했다. 그러나 일단 정리에 착수한 후에는 진정한 목적 지향적 회사로 성장하기 위해 앞으로 나아갈 길을 닦아주었다. 어쨌든 머스크는 세계의 한정된 자원을 개발하기 위해서가 아니라 세계 곳곳으로 상품을 운송하기 위해 설립된 회사였다.

이러한 초기 조치를 통해 이해관계자 의무는 다음 단계로 넘어갈 수 있었다. 스나베는 여러 가지 이유로 이런 조치가 필수적이었다고 말했다. 첫 번째 이유는 회사의 이름과 평판이었다. 인터넷과 소셜 네트워크로 인해 머스크는 환경 문제 등에 대해 더 이상 말과 다른 행동을 할 수 없었다. 만약 그런다면 금방 회사는 질타당하고 명성을 지켜나간다는 머스크의 핵심 가치는 위태로워질 것이다. 둘째는 직원과 고객이었다. 그들 역시 머스크와 같은 기업이 사회적 책임을 다하기를 요구했다. 머스크가 그들의 요구에 부응하지 못한다면 새로운 세대의 소비자와 근로자는 머스크에 등을 돌릴 것이다. 마지막으로 투자자들은 ESG 기업이 리스크가 적다는 사실을 깨닫기 시작했다. 2018년 래리 핑크가 주주들에게 보낸 편지가 그 예다. 머스크가 계속 성장하고 돈을 벌고 싶다면 조만간 이해관계자 모델에 초점을 두어야 할 것이다.

이해관계자 중심 기업이 되는 것은 장기적 기회를 중시하는 것이기도 하다. 과거 머스크는 기업이 할 일은 사업이라는 밀턴 프리드먼의 조언을 따랐다. 머스크는 A 지점에서 바다 건너 B 지점까지 물건을 운송해 주고 그와 관련된 약간의 업무를 처리해 주는 것으로 시작했다. 그것이 오늘날까지 회사가 돈을 버는 방법이었다. 머스크가 착수한 기업의 사회적 책임 프로젝트는 직원들이 뿌듯함을 느끼게 해준다거나 평판을 높인다는 회사의 목적에 부합했다. 그리고 어느 쪽이든 돈을 쓰는 일이었다. 하지만 이제는 그렇지 않다. 새로운 기술들이 제공하는 기회 덕분에 이해관계자 중심 활동은 "돈을 쓰는 방법이 아니라 돈을 버는 방법"이 될 수 있다고 스나베는 말했다. 또한 주주자본주의에서 이해관계자 자본주의로의 이동은 "더 이상 나중에 생각할 일이 아닙니다"라고도 했다.[15] 그것은 사업의 핵심이 될 수 있다. 하지만 어떻게 해야 하는 걸까?

방법을 알아내기 위해 머스크사는 목적에 대해 깊은 대화를 나누기 시작했다. "왜 우리는 이 회사를 소유하고 있는가? 왜 이 회사가 존재하는가?" 스나베는 질문했다. "우리는 역사를 거슬러 회사의 뿌리까지 내려갔습니다. 그러면 우리가 하는 일의 이해관계자들이 누구인지 알 수 있을 테니까요."

하지만 즉시 만족스러운 답을 얻지는 못했다. "우리는 운송 회사"임을 스나베는 깨달았다. "우리는 컨테이너 상자를 이리저리 옮기죠. 하지만 그건 흥미를 돋우는 목적은 아니었습니다." 하지만 한 단계 깊이 들어가자 답을 찾을 수 있었다. "왜 우리는 컨테이너 상자들을 운송할까? 우리는 세계 어디서든 물품을 생산하는 곳을 세계시장과 연결해 주고 있습니다. 그리고 운송 비용이 매우 싸기 때문에 판매자들은 비용을 거의 들이지 않고 세계시장으로 상품을 보내 상당한 수익을 추가로 올릴 수 있죠. 그러니까 우리는 세계 어디든 상품을 운송함으로써 사람들이 생계를 유지하게 해주는 것입니다."

스나베는 바나나를 예로 들어 설명했는데, 척박한 북유럽의 기후를 언급하며 다음과 같이 말했다. "덴마크에서는 바나나를 생산하지 않는 것이 좋습니다. 바나나를 재배지에서 운송해 오면 머스크는 일자리, 기회, 번영을 창출할 수 있습니다." 세계 무역을 가능하게 함으로써 사람들이 생계를 유지할 수 있게 해주는 것, 그것이 머스크의 첫 번째 기여였다. 그리고 냉동선 덕분에 두 번째 기여도 가능했다. "바나나를 우리 냉동선으로 실어 오면 폐기율이 0.4%에 불과합니다. 다른 공급망의 평균 폐기율 40%와 비교하면 우리가 음식물 쓰레기를 확 줄여주는 거죠."

그것은 머스크의 진정한 목적이 무엇인지 보여주었다. 머스크의 목적은 컨테이너 상자 운송이 아니었다. "세계 무역과 이를 통한 번영이 가능하게 하고 음식물 쓰레기를 대폭 줄이는" 것이 회사의 목적이었다. 회사의 진정한 목적은 돌연 컨테이너 상자의 운반보다 훨씬 광범위해져서 머스크의 업무는 양질의 일자리와 경제성장, 책임 있는 소비와 생산, 산업·혁신·인프라, 기후 행동과 같은 유엔의 지속가능 발전 목표sustainable development goals와 연결 지을 수 있었다.

거기서부터는 회사 업무의 우선순위를 재지정하기가 훨씬 쉬워졌다. 환경을 훼손하는 석유의 시추, 수송, 판매는 더 이상 회사의 목적에 부합하지 않았기 때문에 이 부문들은 매각하는 게 타당했다. 그러나 세계경제의 또 다른 측면인 무역은 철저한 검토를 거친 결과 회사의 목적에 부합한다는 결론을 얻었다. 사실 핵심 목표였다. 그래서 머스크사는 무역 부문은 지키고 세계를 연결해 주는 노력을 확대하기로 했다.

그 목표가 환경보호와 상충하지 않도록 머스크는 무역으로 인한 탄소 배출에 관해 공격적인 목표를 수립했다. 즉, "자체 운송에서 친환경 연료로 대체하고 사업이 성장해도 탄소 배출량은 늘어나지 않도록 하고" 2050년까지 순배출량 제로를 달성하기 위해 노력하기로 했다. 2008년 기준으로 2018년까지 운송에서 이산화탄소 배출량 41%를 감축한 뒤로 더 공격적인 목표를 세웠다. 스나베는 이렇게 말했다. "그것이 우리의 핵심 사업은 아니지만 유익한 사업이죠. 이산화탄소 배출량을 41% 줄이면 연료를 그만큼 절약하는 거니까요. 사업적으로 나쁘지 않았습니다. 그렇게 한 덕에 더 많은 돈을 벌죠."

또한 머스크사는 자사의 무역이 소수의 다국적 기업뿐만 아니라 전 세계 사람들의 생계에 도움이 되도록 고객 대상을 추가했다. "2025년까지 중소기업 고객이 총매출의 10%를 차지하고, 전자 상거래 물류에서 매출의 30%가 생기기를" 바랐으며 "협력 업체들이 여성 기업을 포함하여 중소기업 10만 개와 대외무역을 할 역량을 갖도록 돕기"[16]를 원했다. 이러한 목표를 세우면서 머스크사는 이해관계자 중심 기업이 되는 것은 돈을 쓰는 일이 아니라 돈을 버는 일이라는 관점을 명시적으로 지지했다. 그것이 옳다는 게 증명될 수 있을까?

다른 회사들과 마찬가지로 머스크사의 변신은 여전히 진행 중이며 아직 완전히 달성하지 못한 목표도 많다. 회사의 목적을 생각하고, 지속가능 발전 목표에 기여할 방법을 질문하고, 회사의 모든 이해관계자들을 위한 목표를 이루려고 노력하면서 머스크사는 방향을 크게 바꿨다. 스나베가 말했듯이 머스크의 직원들은 "아침에 일어나야 할" 새로운 이유를 찾았고, 투자자와 규제 기관은 포트폴리오에서 머스크를 빼거나 회사의 축소를 지시하는 대신 장기적으로 머스크에 열광하고 진가를 인정할 이유가 생겼다. 머스크는 가치를 실현하기 위해 성실히 임해 왔다.

세일즈포스 창업자인 마크 베니오프가 이해관계자 중심 기업이 되기 위해 만든 실천 목록은 머스크사의 그것과는 매우 달랐다. 그는 미래를 위한 사업을 해왔다. 기술 기업들은 사람들의 삶을 개선하고 제품의 가격을 낮춰주는 혁신을 이뤘다. 이 회사들은 예전의 중공업처럼 기후에 부정적 영향을 미치지 않았고 급여가 높은 직원들에게 최고의 복리 후생을 제공했다. 적어도 그것이 지배적인 장밋빛 관점이었다.

4대째 샌프란시스코에 살고 있는 베니오프는 자신의 성장 환경이었던 분야가 스스로 문제를 만들고 있다고 확신했다. 가장 근본적으로는 머스크 같은 유럽의 이전 세대 기업이나 소매 의류 체인을 운영했던 그의 아버지 같은 샌프란시스코 만 지역의 초창기 사업가들에게 매우 중요했던 핵심 가치가 빅테크에는 없다고 그는 믿었다. 예전 회사들의 경우 신용, 평판, 신뢰도는 마케팅 용어가 아니라 사업 운영의 중심이었다.

4차 산업혁명의 산물인 신세대 기술 회사의 주문은 "빠르게 움직이고 관습을 파괴하라"[17], "허락보다는 용서를 구하라"[18]였다. 모든 것이 유연하고, 변경 가능하며, 다시 만들어질 수 있는 새로운 비즈니스 세계에서 전통적인 가치들은 무의미하고 진부해 보였다.

자신이 살고 있는 도시와 일하고 있는 업계에 뿌리를 내리고 있는 경영자로서 베니오프는 이것이 문제임을 깨달았다. 모든 것이 회사의 가치를 따르기 때문이다. 하지만 그와 견해를 같이하는 혁신가와 투자자는 몇 안 됐다. 기업가 대부분은 자신이 완전히 새로운 산업을 창조하고 기존의 비즈니스 관행을 깨고 큰 성공과 찬사를 얻었다는 사실에서 자신감을 갖고 기업의 책임, 지배 구조, 신뢰 구축 같은 개념들을 재해석했다.

베니오프는 실리콘밸리의 경쟁에도 문제가 있음을 깨달았다. 인터넷이 등장했을 때 기업가들은 새로운 회사를 설립하고 고객과 시장 점유율을 놓고 경쟁할 기회를 얻었다. 최근 몇 년 사이에 시장은 소수 빅테크 기업의 수중으로 집중되었다. 창업은 사상 최저치로 떨어졌고 기회 부족 앞에서 일부 스타트업은 지배적 기업 중 하나에 매각되기만 바랐다. 이로 인해 경쟁뿐 아니라 혁신이 억제됐고, 신선하고 다양한 관점을 형성하는 데 해로운 단일 문화가 만들어졌다.

하지만 빅테크 기업은 과점 또는 심지어 독점 기업이 되는 것을 문제가 아니라 지향해야 할 일로 여겼다. 페이팔PayPal과 팔란티어Palantir의 공동 창업자이자 페이스북의 초기 외부 투자자인 피터 틸Peter Thiel은 2014년 한 사설에서 그런 견해를 강력히 피력했다. 《월스트리트 저널》의 편집자들은 그 사설에 '경쟁은 패배자를 위한 것Competition is for Losers'[19]이라는 제목을 달았다. 그는 구글에 대해 이렇게 말했다.

구글과 같은 독점은 다르다. 어떤 기업과의 경쟁도 걱정할 필요가 없으므로 직원, 제품, 더 넓은 세계에 미치는 영향에 대해 신경 쓸 자유가 더 있다. "사악해지지 말자"는 구글의 모토는 어느 정도는 브랜딩 전략이지만, 존립을 위태롭게 하지 않으면서 윤리 문제를 진지하게 생각할 수 있을 정도로 성공한 기업의 특징이기도 하다.

사업에서 돈은 중요한 것, 혹은 모든 것이다. 독점 기업은 돈을 버는 것 외에 다른 것을 생각할 여유가 있지만, 비독점 기업은 그럴 여유가 없다. 완전한 경쟁하에서 기업은 오늘의 마진에 집중하느라 도저히 장기적 미래를 계획할 수 없다. 기업이 생존을 위한 무자비한 투쟁의 나날을 초월할 수 있는 유일한 방법은 독점 이익뿐이다.

틸의 견해는 독점 기업만이 좋은 기업 행동을 할 수 있다는 프리드먼의 견해를 되풀이한 도발적 발언이었다. 그는 이상주의와 성공으로 인해 자신들의 기술과 제품이 거의 자동으로 세상을 더 나은 곳으로 만들어 줄 것이며 따라서 자신들 뜻대로 하게 놓아두어야 한다는 기술 기업가들의 믿음을 꼬집었다. 하지만 그것은 경쟁에 대한 밀턴 프리드먼 교리의 결과이기도 했다. 그 교리는 시장 집중과 독점 자체가 나쁜 게 아니라 소비자 가격을 상승시킬 가능성이 있는 그것의 영향력이 나쁠 뿐이라고 주장한다. 경쟁에 관한 이러한 견해는 프리드먼 지지자들의 정신만이 아니라 미국 정부의 반독점 어젠다와 주요 경영대학원에 전해 내려오는 관행들에 깊이 배어들었다. 실리콘밸리는 일반적으로 제품을 무료로 고객에게 제공하니까 정말로 문제가 없는 걸까?

세계 다른 지역에 사는 사람들에게는 실리콘밸리 기업가들의 경제적 견해가 항상 이상하게 들렸다. 유럽의 규제 기관들은 독점 시장은 소비자 가격에 영향이 있을 때만이 아니라 독점 기업이 시장 지배력을 남용할 때도 문제가 있다는 믿음을 가지고 있다. "구매자에게 특정 제품의 모든 단위를 지배적 회사에서만 구매하도록 요구하는 행위"(독점 구매), "손실 수준의 가격 책정"(약탈 가격), 또는 "부가 시장에서의 경쟁에 필수인 인풋 공급을 거부하는 행위"[20]도 문제로 보았다. 그러한 정의를 적용했기에 마이크로소프트와 구글 같은 이른바 빅테크 기업에 반독점 과징금을 부과했고, 애플과 아마존에 대해서는 현재 조사를 하고 있다.[21]

마지막으로 베니오프의 재산도 그가 확연히 드러난 문제로 지적했던 불평등의 증가를 해결하지 못했다. 그와 동료 창업자들, 투자자들, 직원들은 성공했지만, 형편이 좋지 못한 샌프란시스코 사람들은 기회와 수입을 박탈당한 데 반감을 품고 구글의 기술직 직원들을 출퇴근시켜 주는 "구글 버스에 실제로 돌을 던지기" 시작했다. 《구글버스에 돌을 던지다: 작은 손들의 반격, 성장이 어떻게 번영의 적이 되었는가 Throwing Rocks at the Google Bus: How Growth Became the Enemy of Prosperity》의 저자 더글라스 러쉬코프 Douglas Rushkoff를 포함한 일부 논평가들은 빅테크가 빈부 격차를 늘리는 효과가 있고, 이를 견제하지 않고 방치하면 상황이 더 악화될 것임을 알아차렸다. 다른 사람들은 이 문제를 그냥 지나쳤다. 미국에서 가장 부유한 도시 중 하나인 샌프란시스코에서 노숙자가 과도하게 많아지는데도 기업가들 대부분은 이 문제에 대해 어떻게든 해볼 수 있다거나 해야 한다는 것을 깨닫지 못했다. 2019년 무렵 샌프란시스코 카운티의 노숙자는 8,000명 이상으로 2년 전보다 17% 증가했는데,[22] 10년 안에 노숙자 문제를 해결한다는 시의 야심 찬 계획과는 거리가 먼 상황이었다.[23] 베니오프의 아버지 같은 사업가들이라면 아마 이런 문제에 정면으로 맞섰을 것이다. 하지만 샌프란시스코의 기술업계는 지원을 요청받자 대부분 침묵으로 응답했다. 실리콘밸리 기업을 포함한 일부 기술 대기업이 수년간 세금을 거의 내지 않았다는 사실을 고려할 때 참으로 지독한 처사였다. 이들은 기업을 확장하느라 손실이 났다는 이유로 또는 글로벌 조세 최적화 계획에 따라 자회사의 이윤을 뒤섞어 각국의 다른 조세 제도를 활용함으로써 세금을 안 냈다.

베니오프는 모든 방면으로 대응에 나섰다. 기술업계가 신뢰를 회복하는 데는 오랜 시간이 걸리리란 것을 그는 깨달았다. 그래도 신의를 얻기 위해 할 수 있는 단기적 조치들이 있었다. 그는 업계 내에서 그의 위상에 좋지 않더라도 사회 전반에 도움이 된다고 느끼는 대의명분을 지지하고 나섰다. 그런 행동이 단순히 이익과 성장을 넘어 더 넓은 의미로 회사의 리더십을 생각할 수 있는 사람임을 보여주는 데 도움이 될 것으로 생각했다. 그는 "기술은 만병통치약이 아니다"[24]라고 주장하면서 의도하지 않은 신기술의 부정적 면들을 지적했다. 그는 새로운 기술이 새로운 압박과 위험을 낳았고 그와 함께 도덕적 난제를 가져왔다고 주장했다. 그리고 단기적으로는 수익이 떨어지더라도 신뢰를 얻는 데 초점을 맞추는 것이 절대적으로 중요하다는 것을 동료들에게 상기시켰다. 그는 다보스에서 "신뢰는 여러분 회사에서 가장 높은 가치가 되어야 하며 그러지 않으면 나쁜 일이 일어날 것"이라고 말했다.

2016년 베니오프는 그의 주장을 한 단계 더 발전시켰다. 그는 유럽연합 경쟁 담당 집행위원인 마르그레테 베스타게르Margrethe Vestager와 다른 규제 기관에 빅테크 기업 해체를 고려하라고 촉구하기 시작했다. 그는 여러 빅테크 기업이 혁신 기술을 만들어 내기보다 경쟁을 억제하고 고객을 붙잡아 두려고 노력하고 있다고 믿었다. "기업들이 회사를 인수하고 독점적 데이터 스트림을 만들어 경쟁의 장벽을 만들 수 있다는 것을 보아왔는데, 만약 미국 정부가 조사에 나서지 않는다면 다른 정부가 조사해야겠죠"[25]라고 그는 말했다. 그 후 몇 년 동안 그는 비슷한 요청을 반복했다. 그는 규제 당국이 "의무를 태만히 해서" 많은 기업이 데이터를 오용하고 사생활 보호 기준을 위반하고 있다고 믿는다. 따라서 그가 2019년 다보스의 연단을 이용해 규제를 요구한 건 놀랄 일이 아니었다. "CEO들이 책임지지 않을 때 정부가 나서는 것 외에는 선택의 여지가 없다고 생각합니다."[26]

그러한 요구는 여전히 기술 분야의 경쟁 환경에서 이해될 수 있다. 마이크로소프트나 페이스북과 같은 회사들이 링크드인이나 왓츠앱 같은 회사들을 인수할 수 있다면 세일즈포스에도 부정적인 결과가 발생할 수 있다. 그러나 시간이 지나면서 베니오프의 거침없는 발언들은 다른 사람들도 비슷한 조치를 하도록 고무시켰다. 동료 빅테크 리더인 애플의 팀 쿡Tim Cook 같은 이들도 그들 분야에서 스스로 결정을 내릴 준비가 덜 되었다고 느끼는 영역을 규제해 달라고 요구하기 시작했다. 미묘하게 다른 경쟁사들을 겨냥한다고 할지라도 이런 움직임은 기술 기업들이 자신들의 행동이 가져올 사회적 결과에 대해 성찰하기 시작했음을 보여주었다.

애플의 팀 쿡은 2019년 다보스 총회에 앞서 "기술은 세상을 더 나은 방향으로 계속 변화시킬 잠재력이 있지만, 기술을 사용하는 사람들의 완전한 믿음과 확신 없이는 결코 그 잠재력을 달성하지 못할 것"[27]이라고 했다. 미국의 경우 유럽연합의 개인 정보 보호 규정General Data Protection Regulation과 유사한 규정이 없는데, 이런 법률을 제정하는 데 지침이 되어야 한다고 믿는 네 가지 원칙을 제시했다. 그것은 최소한의 개인 정보 사용, 누가 본인의 개인 정보를 사용하는지 '알 권리', 자신의 개인 정보 '열람 요청 권리', '데이터 보안권'으로, 그는 "이것들 없이는 신뢰가 불가능하다"고 했다.

2020년 페이스북의 마크 저커버그Mark Zuckerberg도 규제를 요청하는 데 동참했다. 그는 유럽연합 집행위원회가 정치 광고, 사용자 데이터 이동, 그리고 기술 회사에 대한 감독에 더 엄격한 규정을 시행하여 "기업이 실수할 때 책임을 물을 수 있게 할 것"[28]을 제안했다. 중요한 것은 그가 새로운 과세 규정을 지지하는 발언을 했다는 사실이다. "기술 회사는 사회에 봉사해야 합니다. 거기에는 기업 차원의 봉사도 포함되므로 디지털 경제에 대한 공정한 글로벌 과세 규정을 만들려는 OECD의 노력을 지지합니다. (……) 단기적으로는 페이스북 사업에 타격을 줄 수 있지만 좋은 규제는 장기적으로 우리를 포함한 모두에게 더 좋을 것입니다."

그러한 제안들을 비판하기는 쉽고, 그것들이 어떻게 세계적 경쟁 노력의 일부분인지도 그리 어렵지 않게 알 수 있다. 그렇지만 그것들은 4차 산업혁명을 지배하는 기술 분야가 새로운 성숙 단계에 들어섰고 더 나은 규제를 향해 발걸음을 옮겼다는 점에서 의미가 있다.

궁극적으로는 말이 아니라 행동을 통해서만 이해관계자 중심 기업으로 변화할 수 있다. 베니오프에게 이것은 적어도 두 가지 측면에서의 행동을 의미했다. 첫째, 그의 회사를 포함한 실리콘밸리 기업들이 다양한 문제를 갖고 있음을 깨달은 베니오프는 외부 자문 회사를 불러 회사의 급여와 인사 관행을 검토하게 했다. 그 결과 세일즈포스의 성별 임금 격차가 드러났고 이에 경영진은 유사한 업무를 하면서 더 적은 임금을 받는 직원들의 계약을 조정했다. 그리고 두 번째로, 그와 그의 가족이 성장한 샌프란시스코의 노숙자 문제를 직시한 그는 이 문제의 구조적인 해결책을 위한 재원을 마련하기 위해 자신의 회사와 같은 거대 기술 회사에 세금을 부과하는 데 찬성하는 목소리를 내기 시작했다. '발의안 C'로 불린 그 계획에서 샌프란시스코에 본사를 둔 회사의 경우 5,000만 달러 이상의 수익에 0.5%의 세금을 부과할 것을 제안했다.[29] 영향을 받게 될 다른 기술 기업의 CEO들은 이 계획에 반대했다. 하지만 베니오프에게 그것은 자신과 회사의 터전인 지역사회에 환원하는 방법이었다. 그는 《뉴욕타임스》의 사설[30]에서 발의안 C를 지지하는 이유를 명확히 밝혔다. 이해관계자 자본주의 시대가 왔다고 그는 말했다.

발의안 C는 우리 지역사회, 나아가 우리나라에서 기업의 역할을 묻는 국민투표입니다. 기업의 할 일은 더 이상 사업에 그치지 않습니다. 기업의 의무는 단지 주주를 위한 이윤 증가에 있지 않습니다. 기업은 더 광범위한 이해관계자들, 즉 고객, 직원, 환경, 우리가 일하고 생활하는 지역사회에 책임을 져야 합니다. 부유한 기업과 기업주가 나서서 우리 중 가장 취약한 이들에게 돌려줄 때가 되었습니다.

베니오프와 스나베 같은 리더들과 그들이 이끄는 기업의 말을 뒷받침하는 행동은 4차 산업혁명 시대 기업의 더 폭넓은 책임을 일깨워 준다. 이 시대의 기업은 손익계산서 너머로 시야를 넓혀야 하며 선구자들은 이미 그렇게 하고 있다.

이러한 길을 선택하려는 사람들이 집중해야 할 측면은 스나베와 베니오프 등이 밝혔던 내용과 흡사하다.

- 공정한 경쟁의 장의 수용
- 근무 환경 및 직원 복지를 개선하려는 노력
- 회사가 활동하는 지역사회에 대한 지원
- 환경과 자사 사업의 장기적 지속가능성 추구
- 공정한 납세

이는 모든 이해관계자의 이익을 위해 행동한다는 이해관계자 모델의 일반 개념에서 규정하고 있는 내용으로, 2020 다보스 선언에 명시되어 있다. 개별 기업들이 모두 이러한 목표를 이루기 위해 노력하고 근본적인 문제를 해결한다면 주주자본주의의 문제들이 자동으로 근절될 것이다. 머스크와 세일즈포스의 예는 그러한 주장을 뒷받침해 준다.

이것이 기업의 개혁을 경영진의 선의에만 맡겨야 한다는 말일까? 아니다. 흔히 경영은 숫자만 살피지만 이해관계자에 대한 책임도 측정해야 한다. 이전 챕터에서 잠깐 언급했듯이 최근에 이 부분에서 큰 진전이 있었다. 뱅크 오브 아메리카의 CEO 브라이언 모이니한Brian Moynihan이 이끄는 세계경제포럼 국제비즈니스협의회International Business Council[31]는 지난해 말 '이해관계자 자본주의 지표'를 발표했다. 이 측정 지표는 기업의 ESG에 대한 목표 측면에서의 진전을 수치로 측정하여 기업이 단순히 수익 이상을 최적화할 수 있게 한다. 구체적으로 살펴보면 다음과 같다.[32]

- **지배 구조의 원칙** 지표에는 기업의 목적, 이사회 구성(관련 경험, 성별, 과소 대표 그룹, 이해관계자 대표권), 이해관계자 참여(이해관계자들에게 중요한 주제로 확인된 것들은 무엇인가? 그것들은 이해관계자들과 어떻게 논의되었는가?), 부패 방지 노력, 비윤리적이고 불법적인 행동을 보고하는 메커니즘, 비즈니스 프로세스에 영향을 미치는 리스크와

기회에 대한 지표와 공개 정보가 포함된다.

- **지구** 지표에는 온실가스 배출량(그리고 이를 파리협약 목표와 일치시키기 위한 계획), 토지 사용과 기업 활동의 생태 민감도, 물 부족 지역의 물 사용 및 취수 등과 같은 기후변화에 대한 척도가 포함된다.
- **사람** 지표에는 다양성과 포용성, 임금 평등(여성 대 남성, 소수 인종 집단 대 다수 인종 집단 등), 임금 수준(CEO 보수 대비 직원 보수 중위값, 최저임금 대비 신입 사원 급여), 강제 노동을 강요당한 아동의 사고 위험 및 건강과 안전(사고 건수, 예방법 설명), 교육 제공 등의 척도가 포함된다.
- **번영** 지표에는 직원의 이직과 채용, 기업의 경제적 기여(긍정적으로는 지역사회 투자인 임금 지급, 부정적으로는 정부로부터 받은 지원금), 금융 투자 및 연구·개발비, 납부한 세금 총액(법인소득세, 부가가치세 및 판매세, 재산세, 고용주 지급 급여세 등) 등의 척도가 포함된다.

이러한 지표는 경영자와 이사회가 접근 방식을 어떻게 바꿔야 할지 보여주며, 다른 이해관계자들이(예를 들어 직원, 고객, 공급 업체, 투자자, 비정부기구, 정부) 이해관계자 우선 기업의 성과를 판단할 수 있게 해준다. 이해관계자 자본주의 지표의 광범위한 채택은 빠르면 2022년 현실이 될 수 있다. 이 지표에 대한 광범위한 지지 덕분이다. 뱅크 오브 아메리카, 네덜란드 기업인 DSM과 필립스 같은 선구적 기업들과 앞서 설명했던 머스크와 세일즈포스 등이 이 지표를 지지하고 있다.

세계 최대 기업 다수를 포함하는 국제비즈니스협의회 회원 140명 중 3분의 2 이상도 이 지표를 지지했다. 그리고 소위 빅 4로 불리는 주요 회계 회사(딜로이트, EY, KPMG, PwC) 모두 지표 개발을 도왔다. 그들은 이 지표가 세계 표준이 되도록 하기 위해 최선을 다하고 있다. 이와 같이 이해관계자 자본주의 지표는 이해관계자 자본주의 아이디어를 현실로 바꾸는 데 있어 중요한 단계가 되고 있다.

기업들이 ESG 측정에 동의한다고 해서 어떤 제약을 받거나 무조건 무사통과되는 건 아니다. 하지만 이해관계자 중심 기업이 되는 것이 무슨 의미인지 아직 정의하지 못한 기업들에게 이것이 도움이 될 수는 있다. 오직 단기 수익만 최적화하는 회사들에 대해 투자자들이 불만을 가지고 있는 만큼 그것은 그 어느 때보다 중요한 과제다. 이와 관련해 투자 회사 블랙록의 설립자이자 최고 책임자인 래리 핑크를 생각해 보자. 블랙록은 6조 달러 이상을 관리하는 세계 최대의 민간 자산 운용사이며,[33] 세계 최대 상장 기업 다수의 대주주로 무시할 수 없는 발언권을 갖고 있다.

몇 년 전 핑크와 동료 투자 매니저 몇 명은 더 광범위한 이해관계자 관련 목표가 아니라 단기적 금융 수익만 염두에 두는 회사들을 향해 경종을 울리기 시작했다. 그런 단기적 접근은 사회와 지구, 궁극적으로는 투자자와 기업 자체에 상당한 해를 끼칠 수 있다. 2018년 핑크는 자신이 투자한 회사의 CEO들에게 보내는 연례 서한에서 다음과 같은 메시지를 전했다. "사회는 공기업과 민간 기업 모두 사회적 목적에 기여하기를 요구하고 있습니다. 시간이 가도 번창하려면 모든 기업이 재무 실적을 올려야 할 뿐 아니라 사회에 어떤 긍정적 공헌을 하는지 보여주어야 합니다."

수익 지향 문화를 가진 월스트리트에서 핑크의 메시지는 주주와 논평가 모두에게 놀라운 것이었다. 《뉴욕타임스》의 칼럼니스트 앤드루 로스 소킨Andrew Ross Sorkin은 "그것은 자본주의의 본질에 대해 온갖 질문을 던지는 분수령이 될 수도 있다"고 썼다.[34, 35] 《파이낸셜 타임즈》의 질리언 테트Gillian Tett가 칼럼에서 지적했듯이,[36] 블랙록이 연례 서한에서 ESG 경영을 옹호하는데도 불구하고 "환경 단체들은 핑크가 주류 투자 상품을 통해 화석연료 같은 분야에 계속 자금을 쏟아붓는다고 불만을 털어놓는다."

(이해관계자들에게 ESG 경영을 위해 더 많은 조치를 취하라고 촉구하는) 핑크와 (블랙록이 충분한 조치를 취하지 않았다고 비판하는) 기후 운동가 사이의 논쟁은 핑크의 획기적인 서한 이후 몇 개월, 몇 년 동안 오갔다. 하지만 시간이 흐르면서 그 논쟁은 더 나은 결과를 가져왔다. 2019년 기후 행동 옹호 단체인 머조리티 액션Majority Action은 블랙록이 주주로서 기업의 기후 해결책에 찬성표를 던진 경우는 12%에 불과했다고 추산했다.[37] 이에 대한 응답으로 핑크는 2020년 연례 서한에서 블랙록이 "지속가능성을 투자 프로세스의 핵심에 둘 것"[38]이라고 말했다. 얼마 지나지 않아 "기후 위선"으로 비난받자 블랙록은 "지구온난화 대처에 진전이 없는 50개 기업을 징계했다"[39]고 맞섰고, 블랙록이 주식을 보유한 다른 191개 회사에 "실질적인 진전을 보이지 않으면 2021년 의결권을 행사할 위험이 있다"고 경고했다.

그는 이 책을 위해 인터뷰했을 때 ESG 경영을 위해 노력하고 있다는 입장을 고수했다. 그는 중요한 것은 단기 수익이 아니라 회사의 장기적 타당성이라고 했다. 그리고 그런 장기적 관점을 염두에 둘 때 "이해관계자 자본주의 모델은 더 큰 이익을 창출한다"고 했다. "기업이 활동 중인 사회와 더 잘 연결되어 있을 때 사회는 그 기업과 더 많은 것을 하기를 원합니다."[40] 핑크는 "주주자본주의에만 집중하는 기업은 필요한 만큼 신속하지 못하기 때문에" 이해관계자 모델은 자본주의 관점에서도 더 적합하다고 말했다. 그런 기업은 새로운 세대의 기호 변화와 우려같이 장기적으로 자사에 영향을 미칠 메가트렌드를 보지 못한다. 그들은 회사의 근본적인 동인에 대한 이해 없이 이윤과 성장 추구에 눈이 멀어있다. 그리고 그것은 결국 그들의 종말을 가져오는 원인이 될 것이다. 이 점에 대해서는 엔론의 이야기로 마무리하기로 하자.

엔론Enron은 오로지 주주 위주인 기업의 위험을 보여주는 아주 좋은 예다. 텍사스에 본사를 두었던 이 대기업은 1980년대 천연가스 같은 화석연료의 탐사, 생산, 유통에서 출발한 두 회사, 휴스턴 내추럴가스Houston Natural Gas와 인터노스InterNorth의 합병으로 탄생했다.[41] 이해관계자의 사고방식으로 회사의 목적을 검토했다면 인력과 GDP 면에서 큰 발자취를 남겨온 텍사스와 오마하 같은 곳에서 회사가 계속 제 역할을 할 방법을 통찰했을지 모른다. 시간이 흐르면서 재생에너지 생산으로 방향을 바꾸거나 에너지 효율을 전문으로 연구하여 사람들의 삶을 개선해 주는 연구·개발 회사로 혁신했을 수도 있다. 그러나 알다시피 그런 일은 일어나지 않았다.

대신 1980년대와 1990년대의 M&A와 규제 완화의 물결을 타고 엔론의 새 경영자는 단기 수익이 더 좋은 사업들로 다각화했다. 엔론은 단기 에너지 거래에 뛰어들었고 에너지 회사라기보다 금융 회사 같아졌다. 엔론은 비용을 숨기고 이윤을 부풀리려는 회계상 이유로 특수 목적 회사를 만들었다. 합법적으로 그렇게 할 수 있는 기회를 얻게 되자 엔론은 시장을 지배하고 있던 주들에서 에너지 공급 가격을 대폭 인상함으로써 회사는 천문학적인 이윤을 남겼지만 소비자들에게는 재앙을 안겼다. 엔론의 경영진은 이해관계자들을 장기적 지향점으로 삼기보다 단기 수익과 이윤 부풀리기에 골몰했다. 몇 년 동안 엔론의 실적은 좋은 정도를 넘어 환상적이었다. 엔론은 누구나 부러워하는 수익과 이윤을 내는 거대 기업이 되었다. 그리고 그 성공이 대부분 기만과 부패에 기반했다는 사실은 내부자 외에는 아직 몰랐다. 그 결과 엔론은 가장 혁신적인 포춘 500대 기업으로 여러 차례 이름을 올렸다. 그리고 그러한 성공의 일부가 되기를 열망하는 투자자들과 직원들을 유인했다.

　　그러나 엔론의 이야기는 거짓말로 밝혀졌다. 점점 수익성이 높아졌던 것이 아니라 회사 경영진이 비용을 숨기고, 수익을 거짓으로 보고하고, 투자자는 물론 정부 감독관을 오도하는 데 더욱더 능숙해진 것이었다. 2001년 진실이 드러났을 때 회사는 파산을 선언하는 것 외에는 선택지가 없었다. 그들이 15년간 쌓아 올린 교묘한 속임수는 빈 상자로 드러났다. 최고경영자와 최고재무책임자를 포함한 엔론의 최고위 경영진 여러 명이 사기 혐의로 유죄 판결을 받다.[42] 엔론은 이익 창출과 주주 가치 향상에만 집중했다가 결국 반대의 결과를 초래했다. 투자자들은 사기를 당했고 회사의 가치는 형편없이 하락했다.

그러나 엔론의 이야기에는 교훈이 있다. 회생 파산 절차가 마무리되었을 때 엔론으로 합병했던 두 개의 천연가스 회사 중 하나인 인터노스에 여전히 가치가 있는 사업 부문이 있다는 것이 밝혀졌다. 더 구체적으로는 1930년대 초부터 시작해 여전히 네브래스카 주 오마하에서 운영되고 있는 인터노스의 노던 내추럴 가스 사업부가 지역 주민에게 에너지를 공급한다는 원래 의도된 사업을 아주 잘하고 있었던 것이다.

인수할 회사를 찾기는 그리 어렵지 않았다. 평생 오마하에서 살았던 억만장자 투자자 워런 버핏Warren Buffett은 원래 인수자로부터 남은 사업부를 매입해[43] 버크셔 해서웨이 에너지의 사업부로 만들었다. 그 회사는 현재도 여전히 운영 중이다. 그리고 노던 내추럴 가스는 성공 원인으로 훨씬 더 이해관계자 중심인 회사의 사명을 지목한다. 노던 내추럴 가스는 "천연가스만 공급하는 것이 아니라 고객의 삶을 개선하는 솔루션, 도구, 자원을 제공한다"[44]고 말한다. 이것이야말로 기억할 만한 가치가 있는 교훈이다.

이해관계자 중심 기업과 그 경영 방식을 살펴보았으니 이제 우리 경제와 사회에서 중요한 역할을 하는 다른 이해관계자에 대해 알아보자.

공동체의 역할

코로나19 위기 당시의 뉴질랜드

2020년 3월 초 뉴질랜드의 저신다 아던Jacinda Kate Laurell Ardern 총리와 각료들은 중대한 딜레마에 직면했다. 전국에 엄격한 봉쇄령을 내려 신종 코로나바이러스의 확산을 막는 방법과 경제를 계속 개방해 급격한 경기 침체를 피하는 방법 중 어느 쪽을 선택하느냐의 문제였다. 어떤 선택을 하든 승산은 없어 보였다. 뉴질랜드 국민의 생명 또는 생계, 아마 둘 다에 손실이 있을 터였다. 강력한 의료 체계를 갖춘 외딴 섬나라인 뉴질랜드는 엄격한 조치 없이 바이러스를 견뎌낼 가능성이 대다수 국가보다 더 높았다. 그럼에도 통제되지 않는 바이러스의 확산으로 공중 보건과 경제에 극심한 타격을 입은 이탈리아와 이란 같은 국가들의 상황이 경각심을 불러일으켰다. 어떤 정책적 접근이 뉴질랜드에 차악의 상황을 가져다줄까?

뉴질랜드 정부가 가진 한 가지 이점은 다른 국가들로부터 일찌감치 교훈을 얻을 수 있었다는 것이다. 신종 코로나바이러스는 2019년 말 중국 우한에서 처음 관찰됐다. 2020년 초반 중국 다른 지역으로 퍼지기 시작하자마자 곧바로 전염성이 매우 강하고 치명적일 수 있는 바이러스임이 분명해졌다. 2월이 되자 신종 코로나바이러스가 전 세계로 급속히 확산될 조짐이 나타나기 시작했다. 곧 전 세계 국가들은 이 감염병이 얼마나 심각하게 유행할지 깨닫게 되었다. 코로나19가 먼저 아시아 국가로, 이어서 유럽과 중동, 호주로 확산되자 뉴질랜드의 우려가 커졌고 뉴질랜드 정부는 다른 국가의 실수로부터 배우겠다는 결심을 굳혔다.

그러던 차에 바이러스는 뉴질랜드까지 도달했다. 2월 28일 첫 번째 확진자가 나왔다. 이란에 다녀온 여행자였다. 그 후 며칠 동안 더 많은 확진 사례가 발생했고 최초의 지역 감염도 발생했다. 그리고 3월 중순에는 매일 수십 명의 새로운 사례가 보고되었다. 정부 각료들과 의료 전문가들이 만났을 때 의견이 엇갈렸다. 일부 전문가들은 스웨덴과 유사한 가벼운 접근 방식을 지지했다고 앨리스 클라인Alice Klein은 《뉴 사이언티스트New Scientist》에서 보도했다.[1] (스웨덴에서는 상점, 학교, 직장의 강제 폐쇄가 없었고 수만 명이 바이러스에 감염되고 수천 명이 사망했다.) 다른 사람들은 엄격한 봉쇄, 거의 모든 경제활동의 중지, 여행

금지 등 훨씬 더 공격적인 접근 방식을 지지했다. 그들은 그러한 접근법이 확산세를 완화해 주기를 바랐지만[2] 논란은 피할 수 없었다. 강경한 방식을 지지했던 감염병학자 마이클 베이커Michael Baker는 그의 계획이 너무 급진적이라고 지적한 동료도 있었다고 말했다. "벼룩을 죽이기 위해 큰 망치를 사용하는 것과 같다고 말하는 이들도 있었습니다"라고 그는 전했다.[3]

3월 21일 아던 총리는 정부의 결정을 발표했다. 정부는 베이커 등이 지지한 '대형 망치' 계획을 채택했다. 거의 하룻밤 새 뉴질랜드 대중의 생활은 정지되었다. 모든 시민은 집에 머물러야 하고, 학교도 문을 닫고, 생필품 상점 외의 모든 상점도 문을 닫아 경제가 큰 타격을 입을 상황이었다. 하지만 1차 봉쇄가 시행된 지 며칠 후 정부의 조치를 발표하는 연설에서 아던은 경제적 여파에 대해 길게 말하지 않았다. 대신 그녀가 훨씬 중요하다고 생각하는 것을 지적했다. 그녀는 전국 텔레비전 방송에서 이렇게 말했다.[4] "방금 발표한 조치 없이는 수만 명까지 뉴질랜드 인이 사망할 수 있습니다. 앞으로 몇 주 동안 국민 여러분이 포기하게 될 모든 것, 계약 파기, 고립, 그리고 아이들과 놀아주어야 하는 힘든 시간은 말 그대로 생명을 구할 것입니다. 수천 명을 구하게 될 것입니다." 그녀는 자신의 견해를 이렇게 피력했다. "최악의 시나리오는 도저히 견딜 수 없습니다. 그것은 뉴질랜드 역사상 최대의 인명 손실을 의미합니다. 저는 그런 모험을 하지 않을 것입니다."

불과 2년 전에 37세의 나이로 세계 최연소 여성 지도자가 된 아던으로서는 대담한 조치였다.[5] 그러나 그녀는 즉각적인 지지를 받았다.

뉴질랜드 최대 소매업체의 설립자인 스티븐 틴달Stephen Tindall을 비롯하여 뉴질랜드의 많은 영향력 있는 인사들이 처음부터 정부의 계획을 지지했다.[6] 틴달은 4월 초 《워싱턴 포스트》와의 전화 인터뷰에서 "신속한 봉쇄 없이는 고통이 아주 오랫동안 계속될 것"이라고 말했다. 이 기업가는 자신의 사업에 미치는 영향이라는 단기적이고 협소한 관점보다는 총체적 관점이 옳다고 생각했다. 그리고 국민들도 이를 잘 준수해 주었는데, 아마도 부분적으로는 총리의 공감적 접근 덕분이었을 것이다. 그녀는 재무장관과 경찰국장에게 봉쇄 조치의 경제적 영향과 집행에 관해 이야기하기 전에 "친절하게 해달라"고 요청했다. "우리가 여러분에게 필요로 하는 것은 서로 지지해 주는 것입니다. 오늘 밤 집에 가서 이웃들을 확인해 주세요. 이웃들의 전화 연락망을 만들어 주세요. 서로 어떻게 연락할지 계획을 세우세요. 우리는 함께 이 사태를 이겨내겠지만, 모두 뭉쳐야만 가능합니다. 힘내시고 친절하게 해주세요."

뉴질랜드 정부와 국민의 신속한 대응은 성과가 있었다. 불과 몇 주 만에 새로운 감염자 수는 감소하기 시작했다. 5월에 신규 확진 사례가 하루 다섯 건 이하로 떨어지면서 처음으로 봉쇄 조치 완화가 가능해졌다. 그달 말 지역 전파는 완전히 멈췄다.

새로운 확진자가 보고되지 않자 뉴질랜드는 6월에 국내 봉쇄 조치를 완전히 풀었고, 본국으로 송환된 뉴질랜드 인들 중 일부가 검역소에서 양성 반응을 보이기는 했지만 7월까지 2개월 넘게 새로운 코로나 감염 사례는 보고되지 않았다. 코로나19 위기의 '1차 파동'은 (약 500만 인구 중) 총 25명 미만의 뉴질랜드 인의 목숨을 앗아가고 공적,

경제적 활동이 불과 3개월 만에 거의 정상으로 돌아오면서 끝났다. 물론 경제에는 타격이 있었다. 오타고대학의 경제학자 무라트 웅고르 Murat Ungor의 분석에 따르면, 뉴질랜드는 2020년 일사분기에 GDP가 1.6% 감소[7]하여 1991년 이후 가장 큰 분기별 하락을 기록했다. 그리고 조기 봉쇄 조치의 즉각적 영향과 관광 등 산업의 전반적인 감소로 인해 2020년 10월까지 6% 이상의 경제 위축이 있을 것[8]으로 IMF는 예상했다.

그러나 GDP 성장률에 대한 집착을 버린 국가와 지도자에게 단기적 경제적 손실이라는 대가는 기꺼이 치를 가치가 있었다. 그 대가는 즉각적으로 적은 인명 손실로 보상받을 것이고, 장기적으로는 정상적인 경제 생활로의 복귀가 보통보다 빨라지는 것으로 보상을 받을 것이다. 첫 번째 보상은 이미 결과가 나왔고 두 번째 보상은 몇 분기 후에 분명해질 것이다.

어쩌면 다른 지표로 쉽게 측정할 수 있었기 때문에 선택이 더 쉬웠을 수도 있다. 약 1년 전 뉴질랜드는 기존의 GDP 성장률 척도에 추가할 광범위한 웰빙 지표로 구성된 삶의 질 프레임워크LSF, Living Standards Framework라는 운영 기준을 만들었다. 이 프레임워크는 '정부 간 웰빙 우선순위에 대한 정책 조언'을 제공하기 위한 것으로 정기적으로 업데이트되었다. 이러한 폭넓은 사고방식으로 코로나19 위기를 바라봤을 때 키위(뉴질랜드 인의 별명 – 역주)가 선택한 접근법은 매우 일리가 있었다. GDP 성장은 단기적으로 어려워졌을 수 있지만, 건강, 안전과 보안, 사회적 연결 등 LSF에서 측정되는 모든 지표에는 도움이 되었을 것이다. LSF는 그 자체로 목적이 아니라 뉴질랜드가 국가 경영을 위해 취한 접근법들을 반영한 다양한 도구들 가운데 하나였다. 그것은 모든 사람이 잘될 때 사회가 잘되고, 발전은 이윤이나 GDP 이상을 의미하며, 사회와 경제에 대한 모든 사람의 공헌을 소중히 여겨야 하고, 상부의 효과적 리더십과 사회 문제에 대한 행동의 권한 위임 둘 다 중요하다는 이해관계자 자본주의의 원칙과 신념에 맞는 접근법이기도 하다.

이 모든 것을 아우르는 이해관계자 접근법은 장기적으로나 단기적으로나, 좋을 때나 나쁠 때나 회사와 근로자 양측에 성과를 안겨준다. 뉴질랜드에서 몇 개월 동안 코로나 환자가 나오지 않자 현지 연구자들은 자국이 방역에 그토록 성공을 거둔 이유들을 거론했다. 매시대학교Massey University의 커뮤니케이션, 저널리즘, 마케팅 대학 부교수인 자가디시 태커Jagadish Thaker 박사는 2020년 7월 《가디언》지에 "우리나라가 하나로 뭉쳤던 이유는 부분적으로는 정치 및 의료 전문가들이 해내리라고 믿었기 때문이며, 그들은 정말로 해냈습니다"라고 말했다.[9] 또한 현지 연구자들은 "거의 모든 뉴질랜드 국민이 코로나바이러스에 관한 중요한 사실을 정확히 이해하고" 그에 맞춰 자주 손을 씻고 사회적 거리 두기를 했다는 사실을 발견했다.[10] 그것은 마라톤처럼 긴 코로나19와의 싸움에서 승리 전략이었던 것으로 입증됐다. 2020년 8월 육류 수입 공장의 근로자 한 명과 그 가족에서 바이러스가 결국 다시 나타났을 때 뉴질랜드는 처음부터 다시 바이러스와의 싸움을 시작할 준비가 되어있었다. 《뉴욕타임스》에서 요약적으로 말했듯이 뉴질랜드는 같은 결단력으로 아던 총리의 "초기의 강력 대응"[11] 접근을 되살려 몇 주라는 짧은 기간에 2차 파동을 물리쳤다. 정부의 접근법을 승인한 유권자들은 2020년 10월 코로나 없는 뉴질랜드 선거에서 아던에게 역사적인 압승을 안겨주었다.

뉴질랜드의 사례는 큰 그림에 들어맞는다. 전 세계적으로 코로나19 위기로 감염병 대유행에 대응할 준비가 된 국가와 그렇지 못한 국가가 드러났다. 일부 관찰자들은 대응을 잘한 정부 사이에서 놀라운 공통점을 발견했다. 국가수반이 여성인 국가들이 더 잘해낸 것으로 보였다. 2020년 6월 리버풀대학의 수프리야 가리키파티Supriya Garikipati와 레딩대학의 우마 캄밤파티Uma Kambhampati는 독일, 덴마크, 핀란드, 아이슬란드, 그리고 뉴질랜드까지 여성이 이끄는 국가들은 대부분의 국가들보다 감염병 유행에 잘 대응했다는 사실을 통계로 확인해 주었다.[12] 그 이유에 대해 연구자들은 여성 지도자들이 채택한 "선제적이고 조율된 정책 대응"뿐만 아니라 위험 회피(적은 사망자 수에도 봉쇄 조치를 택하게 한)와 공감 등 여성들이 공유하고 있는 특성들을 지적했다.[13] 다른 학자들과 언론인들은 (일화를 들어) 여성 지도자들이 더 포용적이어서 다양한 관점을 환영하고 과학적 사실을 수용한다고 주장했다.[14]

내게는 또 다른 공통점이 보인다. 이 특정 위기에 잘 대응한 많은 지도자는 "사회 전체" 접근 방식을 취했다는 것이다.[15] 그들은 모든 이해관계자를 보살피고 포함시켰다. 그리고 그것은 앞서 주장했듯이 바이러스와의 싸움에서의 성공뿐만 아니라 국가나 도시, 주, 지역사회 전체를 이끄는 데도 최고의 비결이다. 그럼 정부에 대한 이해관계자 접근법을 전반적으로 살펴보자.

국가 정부의 핵심 과제

—

현시대에 어떻게 하면 국가와 지방 정부가 직무를 가장 잘 수행할 수 있는가는 대답하기 쉽지 않은 질문이다. 우리가 살펴보았듯이 최근 많은 정부가 기술 발전에 뒤늦게 그리고 부적절하게 대응하고, 견고한 조세 기반을 유지하고 불평등을 통제하기 위해 고군분투 중이며, 자유시장을 규제하는 데 점점 애를 먹고 있다. 어떻게 하면 더 잘할 수 있을까?

20세기의 경제 이데올로기로 돌아가는 것은 확실히 말이 안 된다. 보호주의와 경제적 자급자족은 지속가능한 전략이 아니다. 지난 세기에 많은 국가에서 경험했듯이, 그런 방법은 가격 상승과 더딘 기술 발전, 더 가난하고 덜 번영한 사회라는 결과를 가져온다. 이전 소비에트 연방에 속했던 많은 나라들뿐만 아니라 폐쇄 경제를 추구했던 국가들에서 이런 결과를 발견할 수 있었다. 하지만 자유방임주의나 불간섭주의의 경제 접근법 또한 옳은 답이 아니다. 그런 전략을 썼던 국가에서는 흔히 불평등이 급증하고 그에 대한 대중적, 정치적 반감이 생겼다. 2000년대와 2010년대 사이에 아르헨티나, 브라질, 볼리비아, 멕시코, 베네수엘라를 포함한 라틴아메리카 국가들의 신자유주의 정부가 '21세기 사회주의'로 전환했던 것은, 과거에 시장에 너무 의존한 결과 초래된 경제적 불평등도 이유로 작용했다. 이렇게 양극단을 오가는 변화는 흔히 재앙 같은 결과로 이어졌고, 결국 신자유주의 이데올로기도, 사회주의 이데올로기도 현시대에는 잘 작동하지 않는다는 것을 보여주었다.

가장 효과적인 정부가 되려면 보다 실용적인 방향으로 가야 한다. 아주 간단히 말하면 이해관계자 모델에서 정부의 주된 역할은 공평한 번영equitable prosperity을 가능하게 하는 데 있다. 즉, 정부는 개인 행위자가 자신의 번영을 극대화하게 하되 국민과 지구 모두에 공평한 방식으로 그렇게 하게 해야 한다. 정부는 세 가지 주요한 면에서 그렇게 해야 한다. 첫째, 정부는 모든 사람이 사회에 기여하는 바를 소중히 여기고, 모두에게 균등한 기회를 제공하며, 과도한 불평등이 발생하면 이를 억제해야만 한다. 둘째, 정부는 자유시장에서 활동하는 기업들의 중재자이자 규제자 역할을 해야 한다. 셋째, 미래 세대의 수호자로서 정부는 환경을 훼손하는 행위를 중지시켜야 한다.

균등한 기회를 보장하고 과도한 불평등을 억제한다는 첫 번째 과제에서는 정부가 오래된 사회적 욕구인 교육, 의료, 주택, 이 세 가지에 집중할 때 가장 효과적일 수 있다고 나는 믿는다. 사람들이 온라인 활동에 점점 더 의존하는 세상이므로 디지털 연결성digital connectivity을 네 번째 핵심 요소로 덧붙일 수도 있을 것이다. 중국부터 미국에 이르기까지 디지털 영역은 사회의 모든 사람에게 중요하며 정부의 가장 큰 도전 과제가 되기도 한다.

먼저 교육, 의료, 주택부터 생각해 보자. 예를 들어 중국의 칭화대학교 경제경영대학원의 바이총엔Bai Chong-En 학장[16]은 "불평등 측면에서 봤을 때 이것들이 가장 중요한 요소"[17]라고 말했다. "1970년대 후반 중국이 점차 경제 개방을 시작했을 때 모든 사람이 똑같이 기회를 가진 것은 아닙니다. 어떤 사람들은 다른 사람들보다 자원을 더 이용할 수 있었는데, 그것은 불평등 해소에도 경제성장에도 도움이 되지 않았습니다"라고 그는 말했다. 특히 도시 거주자들은 의료, 복지, 교육에 접근하기가 더 쉬웠다. 반면 농촌은 2003년까지 건강보험이 존재하지 않았다. 교육은 부모의 후커우hukou, 즉 거주 허가와 연결이 되어있어서 도시 거주 허가를 받지 못한 사람들은 도시에 있는 좋은 학교에 갈 수가 없었다. 도시인들 사이에서도 일부는 부동산을 소유할 우선권을 얻었지만 다른 이들은 그러지 못했다. 시간이 지나면서 도시가 발전하고 이른바 1선, 2선 도시들이 급증하는 동안 그러한 초기 불평등이 확대되어 제도적 불평등으로 이어졌고, 많은 사람들은 기회조차 갖지 못했다. (중국의 지니계수가 정점을 찍은 2010년경에는 소득 GDP에서 노동이 차지하는 비율이 최저로 떨어졌고, 교육받은 근로자의 기술 프리미엄은 하락하기 시작했다고 바이총옌 학장은 지적했다. 이로 인해 근로자의 기술 향상에도 불구하고 소득 불평등이 역대 최고 수준이었다.)

교육, 의료, 주택 이용의 불평등은 미국인들에게도 익숙한 이야기이다. 인종 분리와 거주 구역 분리 정책으로 20세기 중반까지 미국 도시의 아프리카계 미국인 거주자들은 더 좋은 학교와 이웃 및 직업으로부터 차단당했었다. 그런데 민간 부문도 이런 상황에 중요한 역할을 했다. 이와 관련하여 가장 잘 알려진 관행은 바로 은행의 '특정 경계 지역 지정redlining'이다.[18] 이 관행은 인종차별적 기준으로 특정 지역의 은행 대출 요청을 승인하거나 거부했던 것을 말한다. 민권법 제정 및 개정에도 불구하고 이러한 제도적 불평등 가운데 다수가 사실상 사라지지 않았고, 이러한 현실은 오늘날 사회정의 운동의 동인 중 하나로 작용하고 있다. 교육, 의료, 주거의 불평등이 인종에 따른 차별에만 국한된 것은 아니다. 오늘날까지 미국 최고의 대학들에는 이른바 레거시 입학legacy reference이 있어서 해당 기관에서 공부했거나 기부금을 낸 부모의 자녀에게 우선적으로 입학을 허가한다. 그리고 미국 정부는 수십 년 동안 주택 소유를 장려했지만, 모기지 담보부 증권mortgage-backed security과 부채 담보부 증권collateralized debt obligation에 대한 불투명한 금융 혁신으로 인해 2008년 주택 위기가 발생하는 바람에 수백만 명의 미국인이 파산했다. 어떤 사람들은 오늘날까지 경제적으로 회복하지 못하고 있다. 마지막으로 총인구의 거의 10%에 해당하는 약 2,800만 명의 미국인은 2018년 현재 (이 책을 집필하던 당시 데이터를 구할 수 있었던 최종 연도) 의료보험이 없다.[19] 미국 의료 시스템의 1인당 비용이 OECD 국가 중에서 가장 높아서 의료비가 다른 국가보다 훨씬 높기 때문에, 의료보험에 가입한 미국인 대다수도 본인부담금과 기타 비용으로 상당액을 내야 한다. 이러한 오랜 불평등으로 인해 2020년 코로나19가 확산되었을 때 공중 보건 위기에 사회·경제적 위기까지 이중의 위기가 닥친 것은 놀라운 일이 아니다.

디지털 연결성도 대단히 중요하다. 4차 산업혁명 시대에는 인터넷 접속 가능성이 이전 산업혁명기의 석유와 내연기관 접근성과 어느 정도 비슷하다. 대중이 인터넷을 사용할 수 있게 된 직후 인터넷을 사용할 수 있는 집단과 그렇지 못한 집단 사이에 '디지털 격차digital divide'가 나타났다. 점점 더 많은 직업과 서비스가 디지털 연결에 의존하기 시작함에 따라 경제적 운명에 큰 변화가 일어났고, 이는 오늘날까지 계속되고 있다. 코로나19가 대유행했던 기간에 신뢰할 수 있는 유비쿼터스 인터넷의 이용이 얼마나 중요했는지 보여주는 연구도 있다.[20, 21] 양질의 인터넷 접속이 가능하고 고품질 디지털 기기가 있는 사람들은 재택근무를 하기가 더 쉬워 직업과 소득을 유지할 수 있었다. 마찬가지로 인터넷에 접속할 수 있는 아이들은 수업을 계속 들을 수 있었던 반면 그렇지 못한 아이들은 방치되는 경우가 많았다. 그리고 의사나 병원을 방문할 엄두가 나지 않는 사람들은 원격진료를 통해 의학적 조언을 받을 수 있었다. 스마트폰 보급률이 높은 싱가포르에서는 블루투스 앱을 사용해 효과적으로 검사와 추적을 할 수 있었다.[22]

이해관계자 중심 정부의 모델, 싱가포르

앞선 내용이 보여주듯이 정부가 핵심 기능을 제대로 하는 것은 어렵다. 그러나 북유럽 국가들이나 뉴질랜드, 싱가포르 같은 일부 국가들은 다른 국가들보다 상당히 잘하고 있고, 경제 규모가 훨씬 더 큰 국가에 교훈을 준다.

사실 가장 주목할 만한 청사진은 동남아시아 남단에 있는 인구

500만의 반도 국가 싱가포르에서 찾을 수 있다. 챕터 6에서 살펴보았듯이 이 도시 국가는 1960년대에 놀라운 기술적, 경제적 변화를 시작한 아시아의 호랑이 중 하나였다. 그런 위치에 도달한 데는 모든 국민에게 양질의 교육, 의료, 주택을 제공하려 했던 정부의 노력이 결정적역할을 했다. 이런 내용은 싱가포르를 세계적인 제트족(유한 상류계급) 중에서도 극소수를 위한 화려한 고층 빌딩이 즐비한 곳으로 생각하는 사람들에게 의외일 수 있다. 블룸버그 통신이 최근 기사에서 "영화 〈크레이지 리치 아시안〉에서 주인공들은 호화로운 저택과 식민지 시대의 호텔을 오간다. 그러나 (싱가포르의) 가족 대다수는 정부가 건설한 적당한 넓이의 아파트에 사는 것이 현실이다"라고 언급했다.[23]

  본질적으로 싱가포르의 주택개발청HDB, Housing Development Board이 건설하고 관리하는 공공 주택은 미국이나 유럽 도시의 주택 사업과 크게 다르지 않다. 그것들은 특정 집단을 위한 기본적인 대단지 아파트다. 그러나 싱가포르의 공공 아파트는 세 가지 이유로 차별화된다. 첫째, 공공 아파트는 처음부터 민족 통합 정책Ethnic Integration Policy에 따라 사회적, 민족적 혼합을 장려하도록 설계되었다. 아파트의 일정 비율은 싱가포르의 주요 민족 집단(중국인, 인도인, 말레이인) 각각에 할당되어 있다. 이것은 도시에서 흔히 발생하는, 각 집단들이 스스로 고립되는 현상을 방지했다. 타르만 샨무가라트남 부총리는 공공 주택 내의 민족 혼합이 사회의 조화를 보장해 주었다고 말한다.[24] 그는 2020년 정부 인터뷰에서 이렇게 말했다. "다른 민족 집단이 함께 살게 되면 그냥 복도에서 마주치거나 같은 엘리베이터를 타기만 하는 게 아닙니다. 아이들은 같은 유치원에 다니고, 같은 초등학교에 다니게 됩니다. 집에서 아주 가까운 학교에 다니면서 함께 성장하게 되는 거죠."[25]

둘째, 싱가포르의 공공 주택은 주기적인 단지 개선 사업으로 쾌적한 환경을 제공한다. 언론인 애덤 마종디Adam Majendie는 이에 대해 다음과 같이 말했다. "많은 정부가 가장 가난한 사회 구성원을 위한 공공 주택 프로그램에 집중한 결과 삭막한 콘크리트 블록이 빈민가로 전락했다. 하지만 싱가포르는 이 공공 주택이야말로 국가의 번영에 대해 시민들이 가진 가장 큰 지분임을 잘 알고 있었다. HDB는 건물과 대지를 세심히 관리할 뿐 아니라 주기적인 엘리베이터 교체, 보도와 외관 보수 등 단지 개선 사업도 했다."[26] 공공 주택을 방문해 보면 이런 사실을 직접 눈으로 확인할 수 있다. 몇 년 동안 싱가포르에서 지내는 동안 나는 곧잘 HDB 아파트 주변을 거닐었다. 공공 아파트 주변은 보행자에게 쾌적한 산책로가 되어주었는데, 고급스러운 커피숍, 패션 아웃렛, 서점 등으로 둘러싸인 곳도 많았다. 다른 나라에서 유사한 공공 주택 단지 주변을 거닐었을 때와는 매우 다른 경험이었다.

마지막으로 HDB 아파트는 장기 임대가 가능하다. 이 방법으로 거주자들은 부를 쌓을 수 있고 부동산에 기초한 불평등을 방지할 수 있다. HDB 아파트의 매매 방식이 주로 99년 임대 형태로 되어있기 때문에 가능한 일이다. 소유주는 노년까지 이곳에서 충분히 살 수 있고 나중에는 팔아서 투자한 돈을 회수할 수 있다. 하지만 재판매 시 임대 기간이 얼마나 남았는지 명시되므로 정부가 건설한 이 아파트들의 가격은 뉴욕, 런던, 홍콩, 또는 싱가포르의 민간 아파트들처럼 급등하지 않는다. 그것은 싱가포르가 세계에서 부동산 가격이 가장 비싼 도시 중 하나임에도 (민간 부동산 시장은 세계 2위)[27] 주택 가격을 감당할 만한 (시민의 80%가 정부가 적당한 가격으로 제공하는 HDB 아파트에 거주) 이유를 설명해 준다.

교육에서도 싱가포르의 성과는 두드러진다. 《이코노미스트》는 2018년 "싱가포르의 교육 시스템은 세계 최고로 간주된다"[28]고 말했다. 다른 무엇보다도 학생들의 성적으로 교육 시스템의 수준을 알 수 있다. 무작위로 선택된 학생들의 수학, 과학, 읽기 지식을 측정하는 국제 학업 성취도 평가PISA, Programme for International Student Assessment에서 싱가포르는 꾸준히 세계 3위 안에 든다. 싱가포르는 이 지역 국가 중 최고다. 하지만 정말로 탁월한 점은 교육제도를 구성하고 재원을 조달하는 방식이다. 공립학교 교사들은 사립학교 교사에 상응하는 급여를 받는다. 그들은 수석교사master teacher로 승진할 수 있고, 교육과정은 최신 교육 연구에 기초해 개정된다.[29] 그것은 교육을 국가 발전을 위한 일차적 수단으로 중시하는 정부의 의도적이고 장기적인 전략의 결과이다. 2020년 리셴룽Lee Hsien Loong 총리는 학생 대다수가 다니는 국립 초등학교 중 한 곳을 방문했을 때 그러한 비전을 반복해서 말했다. "교육은 싱가포르가 가진 가장 중요한 것 중 하나입니다. 그리고 정부가 가장 주의를 기울이는 일 중 하나입니다. 우리는 교육을 통해 시민들이 기술을 습득하고, 지식을 배우고, 생산적이고 유용하며 선량한 사람이 되어 스스로 생계를 꾸리도록 할 수 있다고 믿기 때문입니다."[30]

싱가포르는 모든 국민에게 보편적 의료 서비스를 제공하면서도 정부나 개인의 예산을 너무 많이 집어삼키지 않는 세계적 수준의 의료 시스템도 갖추고 있다. 예를 들어 국민들의 건강과 의료 서비스 이용 수준을 측정하는 레가툼 세계 번영 지수Legatum Prosperity Index[31] (영국의 싱크탱크 레가툼이 각국의 경제, 기업 환경, 국가 경영, 교육, 보건, 안전과 안보, 개인의 자유, 사회적 자본, 자연환경 등 아홉 가지 지표를 기준으로 매년 조사, 발표하는 번영 지수 - 역주)에서 싱가포르는 일본, 스위스, 한국을 제치고 1위에 올랐다. 싱가포르의 높은 점수는 국민들이 노년까지 건강을 유지하다가 건강에 문제가 생기면 필요한 치료를 받을 수 있다는 것을 의미한다. 싱가포르의 의료 제도는 성과만 좋은 것이 아니라 매우 효율적으로 그런 성과를 올린다. 미국은 의료비가 GDP의 17%를 차지하고 유럽연합 국가들은 GDP의 약 10%를 의료비로 지출하는 데 반해 싱가포르에서는 그 비율이 5% 이하다. 비용 대비 효율이 이렇게 우수한 이유는 공공과 민간의 역할과 기여의 독특한 조화에 있다. 싱가포르에서는 "정부가 카드를 쥐고 있다"고 소아과 교수인 애런 캐럴 Aaron E. Carroll은 《뉴욕타임스》에 기고한 싱가포르 모델의 분석에서 지적했다. "싱가포르 정부는 어떤 기술을 어디에 사용할 수 있는지 엄격하게 규제한다. 공공 병원에서 어떤 약과 기구를 보험 처리 해주는지도 정부가 결정한다. (그리고) 가격을 정하고 어떤 보조금을 이용할 수 있는지도 결정한다." 정부는 식품 품질 규제와 같은 예방적 조치도 취한다. 하지만 민간 부문과 자유시장 역시 중요한 역할을 한다. 우선 "대체로 비용이 적은 1차 진료는 민간 부문에서 제공하여" 싱가포르인의 약 80%가 일반의에게서 1차 진료를 받는다.[32](입원 치료의 경우 그 비율이 반대로 대부분 대형 공립 병원에서 받는다.) 그리고 정부가 아닌 개인이 주로 두 가지 주요 프로그램을 통해 자신의 의료비를 낸다고 저널리스트 에즈라 클라인Ezra Klein은 설명한다.[33] 그중 하나는 일상적 진료를 위해 의무로 들어야 하는 메디세이브Medisave이며, 다른 하나는 비일상적 진료를 위한 것으로 급여에 자동으로 추가되지만 가입 여부를 선택할 수 있는 메디실드Medishield다. 개인적으로 가입하는 이 두 가지로 충분하지 않을 때만 정부가 최후의 수단인 메디펀드Medifund로 개입한다. 이런 식으로 싱가포르 모델은 미국 같은 국가에서 볼 수 있는 방식과는 반대다. 캐럴의 설명에 따르면 "(미국은) 공적 자금으로 민영 기관을 운영하는 시스템이다. 싱가포르는 민간 자금으로 공공 기관을 운영하는 시스템이다."[34]

마지막으로 디지털 연결성에도 중점을 두고 있다. 싱가포르는 디지털 연결성에서 이미 세계 최고 수준으로 2019년 교육, 의료, 주택, 교통과 같은 주요 부문에 걸쳐 '스마트 국가 전략Smart Nation Strategy'[35]을 발표했다. 싱가포르 정부는 이를 통해 국민들과 기업들이 디지털 연결성과 기술에서 더 많은 가치를 얻을 수 있기를 원했다. 이는 곧 성공을 거두었다. 예를 들어 건강 정보를 제공하고 사용자의 건강 관련 활동을 추적하는 헬시365Healthy365 앱은 인구의 절반이 다운로드받았다. 마이인포 비즈니스MyInfo Business와 고비즈니스GoBusiness 앱은 수천 개 사업체가 정부 서류를 더 수월하게 작성하고 사업허가증을 신청할 수 있게 해주었다. 그리고 모먼츠 오브 라이프Moments of Life 앱은 수만 가족이 출생신고부터 새로운 직장 찾기나 온라인으로 새로운 기술 습득하기에 이르기까지 온갖 일을 처리할 수 있게 해주었다.[36] 개별 앱이나 서비스는 사소한 개선처럼 보일 수 있지만, 그 모두가 합쳐져 싱가포르 경제를 세계에서 디지털에 가장 능통한 경제 중 하나로 만들어주었다.

종합하면 교육, 의료, 주택에 대한 싱가포르 정부의 접근 방식은 실용적이다. 이 중요한 세 가지 정책 영역을 제공하는 데 정부의 역할이 결정적임을 깨달은 싱가포르는 국민들이 양질의 교육, 의료, 주택을 이용하는 혜택을 입을 수 있도록 결단력 있는 조치들을 취한다. 그러나 이념적 방식을 취하거나 정부 자체를 1차 이해관계자로 보는 것을 피한다. "싱가포르는 큰 정부가 아니라 강력한 정부를 믿습니다"라고 샨무가라트남 부총리는 인터뷰에서 말했다.

그렇다고 해서 싱가포르 모델이 결함이 없는 것은 물론 아니다. 코로나19의 대유행으로 몇 가지 골치 아픈 결점이 드러났다. 처음에는 싱가포르가 코로나19 확산을 확실히 통제하는 듯이 보였다. 대규모 감염 지역과 밀접히 연결된 국제도시로서는 대단한 업적이었다. 정부는 신속한 조치에 나서 전국적인 검사, 추적, 치료 전략을 시행하고 공공 활동과 (해외) 여행을 차단했다. 하지만 초반의 이러한 성공에도 불구하고 대규모 발병에 직면했고 확산의 진원지는 도시의 이민자 숙소였다. 이 일로 싱가포르 또는 해외에 거주하는 대다수의 싱가포르 국민과 달리 주로 제도 밖에서 활동하고 국가가 제공하는 사회복지 서비스의 이용이 제한되는 인구 집단에 이목이 집중됐다. 싱가포르 주재

《파이낸셜 타임즈》 기자인 스테파니아 팔마Stefania Palma는, 정부의 접근 방식을 비판하는 이들은 "'눈에 띄지 않는' 싱가포르의 저임금 이주자에 대한 처우"를 비판했지만, 당국이 이주자 숙소에서의 코로나 발생에 대응해 "조치를 시작했다"고 지적했다. 그녀는 2020년 6월 기사에서 "객실당 열 명의 인원 제한을 포함한 새로운 기준은 숙소가 감염병 등의 공중 보건 위험에 더 탄력적으로 대처할 수 있도록 보장"할 것이라고 썼다.[37]

싱가포르의 선거 모델도 다른 많은 민주주의 국가들과는 매우 다르다. 집권당인 인민행동당People's Action Party은 1965년 싱가포르 독립 이후로 계속 일당 정부를 이끌어 왔다. 다른 정당들도 5년마다 실시되는 총선에 참여하고 있으며 2020년에는 40%에 가까운 득표율을 기록하기도 했다. 그러나 야당은 지금까지 많은 의석을 차지하거나 주요 정부 부처를 이끌지 못했다. 그 결과 "싱가포르는 2019년 이코노미스트 인텔리전스 유닛Economist Intelligence Unit(시사·경제 주간지 《이코노미스트》를 발간하는 이코노미스트 그룹의 계열사로 국가별 경제·정치 전반에 대한 분석과 중장기 예측 및 각종 거시경제 산업 지표를 제공한다. ─ 역주)의 세계 민주주의 지수에서 이웃 국가인 말레이시아(43위), 인도네시아(64위), 태국(68위)보다 낮은 75위를 기록했다"고 《닛케이 아시안 리뷰 Nikkei Asian Review》가 보고했다. 특히 "선거 절차와 다원주의" 범주에서 점수가 낮았다.[38]

마지막으로 싱가포르가 취하고 있는 정밀한 접근법은 다른 나라에서는 똑같이 따라 하기 어렵다. 더 크고 인구 밀도가 더 낮은 국가 또는 더 가난한 국가들은 시도하더라도 똑같은 서비스를 제공할 수 없을 것이다. 하지만 싱가포르의 정책 입안을 이끄는 실용주의 및 이해관계자 주도 철학은 뉴질랜드나 덴마크의 철학과 마찬가지로 다른 국가에서 살펴볼 가치가 있다.

GDP 지표에서 벗어난 뉴질랜드

교육, 의료, 주택 등의 정책 영역에 집중하는 것이 이해관계자 중심 정부의 핵심 성공 요인 가운데 하나라면, 뉴질랜드 정부는 또 다른 성공요인이 있음을 보여준다. 그것은 바로 협소한 GDP 성장 목표에서 벗어나 좀 더 크고 폭넓은 지표들에 초점을 맞추는 것이다.

앞서 보았듯이 오늘날까지 전 세계 대부분의 정부와 많은 국제기구는 여전히 GDP를 해당 경제의 성공을 측정하는 기준으로 사용한다. 그러나 우리는 GDP가 결코 웰빙의 척도로 의도된 것이 아님을 알고 있다. GDP 개념이 부상했던 1930년대 후반에 그것은 한 나라의 전시 생산 능력을 추정하는 데 주로 사용되었다. 2차 세계대전이 임박한 시기였으므로 다른 것을 측정할 여유는 없었다. 하지만 그 후로 이지표를 고안한 사이먼 쿠즈네츠뿐만 아니라 마리아나 마추카토, 다이앤 코일, 조지프 스티글리츠 같은 경제학자들은 GDP의 몇 가지 결정적 결함을 지적했다.[39]

OECD와 세계경제포럼 같은 단체에서 더 포괄적인 지표를 마련하는 작업을 해오는 동안 뉴질랜드는 GDP 이상을 고려한다는 아이디어를 실제로 실행한 최초의 국가 중 하나다. 뉴질랜드에서 만든 삶의 질 프레임워크LSF, Living Standards Framework는 좀 더 자세히 살펴볼 가치가 있다. (도표 10.1 참조)

개념적으로 삶의 질 프레임워크는 "무엇이 세대 간 웰빙을 뒷받침해 줄 더 높은 생활 수준을 달성하는 데 도움이 되는가에 대한 공통된 이해"를 제공하기 위한 것이다. 이러한 관점에서 웰빙은 (오로지) GDP로 측정되는 것이 아니라 뉴질랜드의 네 가지 자본으로 측정된다.[40]

- 자연 자본natural capital은 생명과 인간 활동을 지원하는 모든 측면의 자연환경으로 구성되며, 여기에는 토지, 토양, 물, 식물과 동물, 광물 및 에너지자원이 포함된다.
- 인적 자본human capital 또는 사람들이 일, 공부, 오락, 사회 활동을 할 능력과 역량에는 기술, 지식, 신체 및 정신적 건강이 포함된다.
- 사회적 자본social capital은 사람들이 함께 생활하고 일하면서 소속감을 경험하는 방식에 영향을 미치는 규범, 규칙, 제도다. 여기에는 신뢰, 상호주의, 법치, 문화 및 공동체의 정체성, 전통과 관습, 공동의 가치와 관심이 포함된다.
- 금융 및 물적 자본financial and physical capital은 금융 및 인간이 만든 (생산한) 물리적 자산을 포함하고 대개 물질적 생활 조건의 지원과

밀접하게 관련되어 있으므로 GDP와 가장 연관이 깊다. 여기에는 공장, 장비, 주택, 도로, 건물, 병원, 경제적 안정이 포함된다.

이 네 가지 종류의 자본이 합쳐져 국민, 국가 전체, 그리고 미래 세대의 웰빙을 결정한다. 그리고 이 네 가지 자본에서 뉴질랜드의 위치를 측정하기 위해 LSF는 열두 가지 현재와 미래의 웰빙 영역에서 뉴질랜드의 성과를 보여주는 대시 보드로 보완한다. 여기에는 시민 참여, 문화적 정체성, 환경, 건강, 주택, 소득과 소비, 직업과 수입, 지식과 기술, 시간 사용, 안전과 보안, 사회적 관계, 주관적 웰빙이 포함된다.

이 영역들은 우리가 정의한 공평한 번영의 구성 요소와 밀접한 연관이 있음을 바로 알 수 있을 것이다. 세 지표는 교육, 의료, 주택에 관한 것이다.(지식과 기술, 건강, 주택) 두 지표는 GDP의 보다 정제되고 개인화된 버전이다.(직업과 수입, 소득과 소비) 그리고 나머지는 지구의 웰빙 또는 개인적 웰빙 요소들이다. 마지막으로 LSF는 그들의 번영에는 위험과 회복력이라는 요소도 있으며, 이는 '변화, 충격, 예기치 못한 사건 앞에서' 작동한다는 것을 인식하고 있다. 하지만 유감스럽게도 아직 이 회복력을 측정할 적절한 대시 보드를 찾지는 못했다. (그렇지만 코로나19 위기가 리트머스 검사 역할을 했고 뉴질랜드 정부는 이를 성공적으로 통과한 것처럼 보인다.)

이 프레임워크와 대시 보드가 뉴질랜드 국민의 웰빙 관리에 도움이 되고 있는지, 어느 정도로 도움이 되는지 말하기는 아직 이르다. 대

도표 10.1	뉴질랜드의 '삶의 질 프레임워크'

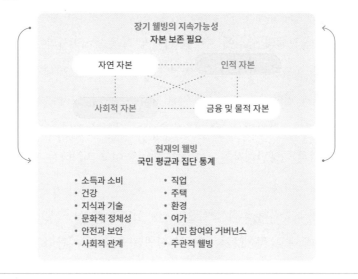

출처: 뉴질랜드 재무부, '지속가능한 개발 목표와 삶의 질 프레임워크 간의 관계(DP 18/06)', 2018년 7월 26일, http://treasury.gobt.nz/publications/dp/dp_18_06_html 내용으로 재구성

시 보드는 2018년 말에야 편성되었고 2019년 12월에 처음으로 연간 업데이트가 됐다. 하지만 코로나19 위기 상황을 예시로 본다면 뉴질랜드가 취하고 있는 웰빙과 회복력에 대한 총체적 접근법은 성공이 확실해 보인다. 뉴질랜드 유권자들은 2020년 10월 선거에서 저신다 아던과 그녀가 속한 정당에 압도적 승리를 안겨주며 1996년 비례 투표제proportional voting system를 시행한 이래 최초로 절대 다수당으로 만들어줌으로써[41] 대중의 확실한 지지를 보여주었다. 다른 이해관계자 중심 정부들도 뉴질랜드로부터 교훈을 얻는 것이 현명할 것이다.

시민사회와 국제사회

이해관계자 모델의 중심에 자리한 마지막 집단은 시민사회이다. 근년에 와서 노동조합, 비정부기구, 인권단체 같은 조직은 20세기와 같은 회원 기반과 영향력을 유지하기 위해 고군분투했다. 그러나 새로운 문제들이 대거 등장하면서 이런 단체 없이는 사회가 제대로 기능할 수 없으며, 다른 이해관계자들이 이들을 받아들이고 지지하는 것이 좋다는 사실이 드러났다.

새로운 노동자와 소비자 집단이 4차 산업혁명에서 수행하는 역할을 첫 번째 예로 들어보자. 이전의 산업혁명에서는 시간이 흐르면서 노동자들이 오늘날 우리가 알고 있는 전통적인 노사 관계를 발전시켰고, 강력한 노동조합의 도움으로 임금과 근로조건을 놓고 자주 단체 협상을 벌였다. 하지만 이러한 관계는 약해지고 있다. 입법 개혁과 세계화의 증가는 전통적인 노조의 힘에 첫 번째 타격을 가했다. 그리고 대부분의 지역에서 4차 산업혁명으로 인한 긱 경제가 우리가 수십 년 동안 알고 있던 노조, 단체교섭, 전통적인 고용 관계를 거의 없애버렸다.

일부 지역에서는 이런 백지 상태tabula rasa가 긍정적인 결과를 가져왔다. 예를 들어 인도네시아에서 내 동료가 차량 호출 서비스 앱인 그랩과 고젝을 이용해 스쿠터와 자동차를 타고 다녔을 때 운전자들 대부분은 긱 경제가 제공하는 기회에 대해 열광했다. 그들 다수는 이전에 농업 노동자였거나 도시에서 잡역부로 일했었다. 전통적인 고용 계약이 없다는 것이 장벽이나 불편이 아니었다. 그건 그들에게 익숙한 일이었다. 사실 승차 공유 회사들이 사용하는 기술은 업무와 보수 면에서 투명성과 선택권을 감소시킨 게 아니라 증가시켰다. 그리고 이전에 공장에서 일했던 일부 운전자들은 긱 경제 노동자로 전환한 것에 만족감을 표했다. 그중 한 명은 그랩 운전사로 일하면서 공장에서 받은 월급의 평균 네 배를 번다고 우리에게 말했다.

이러한 경험은 인도네시아에 국한된 것도 아니고 입증되지 않은 한낱 일화도 아니다. 전 세계에서 디자이너, 운전사, 잡역부, 그리고 많은 전문가가 업워크Upwork에서 태스크래빗TaskRabbit, 피버Fiverr, 디디Didi, 그랩Grab, 리프트Lyft에 이르는 플랫폼 회사들 덕분에 새로운 작업 기회를 찾고 더 높은 보수를 받았다. 세르비아, 파키스탄, 우크라이나 같은 나라에서는 온라인 플랫폼을 이용한 프리랜서 계약 체결이 전통적인 고용 시장에서의 구직 활동을 대체해 줄 인기 있는 대안으로 입증되었다.

그러나 긱 경제의 출현이 그렇게 친절하지 않았던 사례도 많다. 미국을 예로 들면 승차 공유 서비스 회사의 증가로 수십만 노동자가 전통적인 고용이 제공했던 법적 보호와 경제적 복리 후생을 받을 수 없게 되었다. 예를 들어 미국의 최대 개인 운송 시장인 뉴욕에서 2018년 말까지 우버나 리프트 운전자의 시간당 순수입은 11.9달러로 그해 연말 뉴욕 주가 정한 최저임금 15달러보다 훨씬 적었다.[42] (그 후 운전사들의 수입은 새로운 최저임금에 맞춰 인상되었다.) 그리고 플랫폼 운전자들을 위한 새로운 노동조합인 독립운전기사길드Independent Drivers

Guild의 아지즈 바Aziz Bah는, 많은 긱 경제 노동자들이 고용주가 제공하는 의료보험도 없고 업무 특성상 평균적으로 더 불안정한 경제 상황에 처해있어 2020년 코로나19 위기 동안 더 큰 타격을 입었다고 말했다.[43]

소비자 시장에서도 비슷한 상황이 전개되고 있다. 수십 년 동안 국제소비자기구Consumers International와 그와 연계된 각국의 다양한 소비자 단체들은 대형 체인 소매점, 식품 회사, 정부 서비스와의 분쟁에서 소비자의 권리를 보호해 주는 핵심 역할을 해왔다. 그들은 매년 회비를 내고 집단 소송 같은 혜택을 받는 열성적인 회원들을 갖고 있었다. 그러나 이런 단체들 역시 최근 몇 년 사이 여러 가지 도전에 직면했다. 한편으로는 신입 또는 기존 회원의 수가 줄어서 단체의 재원과 협상력이 감소했다. 다른 한편으로는 새로운 판매자로 등장한 대형 인터넷 회사들의 경우 대개 새로운 비즈니스 모델을 갖고 있는 데다 물리적 실체 역시 모호하다. 많은 인터넷 플랫폼이 사용자에게 무료 서비스를 제공하므로 소비자 단체는 제품 품질과 최적의 구매 사이트에 대한 조언에서부터 플랫폼 회사의 관행에 대한 면밀한 조사에 이르기까지 활동 범위를 바꿔야 했다.

하지만 새로운 불평등과 불안정을 완화하기 위해서는 새로운 시민 사회 단체들이 필요하다. 기업과 정부만으로는 노동자와 소비자가 필요로 하는 해결책을 제공할 수 없다. 이 시대에 새롭게 만들어지거나 쇄신한 조직으로는 무엇이 있을까?

새로운 소비자 권리 단체

———

휴머니티 포워드Humanity Forward는 미국 대선 후보였던 앤드루 양Andrew Yang이 설립한 비영리단체로, 현대 소비자 단체의 한 예이다. 이 단체는 4차 산업혁명이 미국 사회에 가져온 근본적인 변화를 인식하고 보편적 기본소득UBI, universal basic income(재산, 소득, 고용 여부, 노동 의지와 상관없이 모든 국민에게 동일한 최소 생활비를 지급하는 소득분배 제도 – 역주)과 데이터 재산권 같은 해결책을 제안한다.[44] 모든 미국 성인에게 매달 1,000달러의 수표를 주자는 휴머니티 포워드는 보편적 기본소득이 이미 긱 경제에 종사하고 있는 근로자들이나 기본적인 안전망이 필요한 근로자들을 위한 안전 쿠션 역할을 할 수 있다고 믿는다. 우리 관점에서 볼 때 이런 방법은 만병통치약이 아닐 수도 있다. 하지만 이 제안은 모든 사람에게 평등한 기회가 주어져야 한다는 이해관계자 모델과 앞으로 수십 년간 노동시장을 계속 혼란에 빠뜨릴 4차 산업혁명에 관한 핵심 관점을 담고 있다. 따라서 이에 대한 더 많은 조사와 토론이 필요하다.

데이터 재산권을 인정하자는 양의 계획은 어떻게 개인들이 자기 권리를 중심으로 현대적 이해관계자 방식으로 연합할 수 있는지 보여주는 흥미로운 예이다. 양은 현재의 인터넷 플랫폼의 관행대로 "데이터는 수집한 사람(즉, 인터넷 플랫폼)에게 소유권이 있는" 게 아니라 "각 개인이 생성한 데이터는 소유권이 그 사람에게 있으며 권리를 양도할 때도 어떻게 사용되는지 알고 보호할 수 있어야 한다"고 주장한다.[45]

휴머니티 포워드는 소비자를 결속시켜 공동의 힘으로 규제 기관과 기업이 소비자의 소유권을 인정하고 데이터 공유 시에는 대가를 지불하도록 강제하고자 한다. 이를 위해 소비자들은 데이터 배당 프로젝트 Data Dividend Project에 가입할 수 있다.[46] 기술 미디어 《더 버지》는 "이 프로젝트가 법을 바꾸고 데이터 재산권을 전국의 사용자에게 확대하기 위한 수단으로 집단행동에 기대고 있다"고 보도했다. 이와 같은 이니셔티브의 성공 여부는 결정적으로 해당 사회의 시민들로부터 지지를 받는지에 달려있다. 그러나 이는 오늘날의 기술 기반 경제에서도 개인들이 모여서 자신들이 옳다고 믿는 것을 옹호할 수 있음을 보여준다. 시민사회의 행동을 통해 사회는 더 나은 방향으로 진화할 것이다.

새로운 노동조합

이전에 제프리 허시Jeffrey Hirsch와 조지프 세이너Joseph Seiner가 그들의 논문 '현대 경제를 위한 새로운 노동조합A Modern Union for the Modern Economy'에서 주장했듯이 직장에도 새로운 노동조합이 들어갈 여지가 있어야 한다.[47] 하지만 어떻게 그것을 달성할 수 있을까? 덴마크 같은 일부 국가에서 높은 노조 가입률과 건설적인 태도가 더 경쟁력 있는 기업과 높은 임금뿐만 아니라 끊임없이 기술을 재교육받는 노동력으로 어떻게 이어지는지 앞서 다룬 바 있다. 그것이 노동조합의 힘이다. 하지만 영국과 미국 같은 국가에서는 지난 수십 년 동안 노조 가입률과 영향력이 감소했고 그와 동시에 임금도 하락하고 직원 교육에 대한 투자도 감소했다는 내용도 다뤘었다. 노조에 대한 지지와 노조 영향력의 감소가 어느 정도는 반노조 정책의 결과라면, 답은 그러한 관행을 끝내는 것이다. 그와 동시에 또 다른 요인도 작용하고 있다. 전 세계적으로 긱 경제 일자리가 증가하고 있음에도 전통적인 노조는 지금껏 그 문제에 대한 적절한 답을 제공하지 못했다는 것이다.

긱 워커에게 현대적 노조의 결성은 가장 중요한 일일 수 있다. 미국에서는 이미 5,700만 명이 프리랜서로 일하고 있는 것으로 추산되는데,[48] 그들은 전통적인 고용 계약 없이 일한다. 1990년대와 2000년대 초에 태어난 Z세대의 절반 이상이 프리랜서로 경력을 시작하며, 다수는 이를 장기적 진로로 보고 있다는 사실은 이런 추세가 직업의 미래를 보여준다는 신호다. 세르비아, 우크라이나, 인도, 챕터 5에서 소개했던 성공한 디자이너 푸티 푸아의 조국인 인도네시아 같은 나라도 비슷한 경향을 보인다. 이런 국가들에서는 많은 청년 근로자들이 업워크 Upwork 같은 구인·구직 플랫폼에서 경력을 시작하며, 자국이 아닌 미국 및 다른 부유한 국가에 본사가 있는 회사에서 일하는 경우도 많다. 이러한 상황은 이들 국가의 우수 인력 유출을 방지하고, 달러 또는 기타 안정적인 외화가 이들 경제로 유입되도록 하며, 원격 근로자들의 구매력 증가로 지역 경제를 강화해 주는 만큼 분명히 이점도 있다. 하지만 상당한 단점도 있을 수 있다. 언론 보도에서 알 수 있듯이 이런 구직자들은 재택근무를 통해 한 달에 2,000달러 이상 벌기를 희망한다.[49] 그러나 그들은 장기 계약, 복리 후생 혜택, 실업으로부터의 보호를 포함한 법적 보호 등을 누리지 못하기 때문에 급여를 받는 근로자보다 더 취약한 위치에 있다는 사실을 당장은 깨닫지 못하는 경우가 많다.

이런 상황이 지속적인 절망으로 이어지지 않도록 새로운 형태의 노동조합 결성 및 국제적 협력이 필요하다. 한 플랫폼이나 한 산업에서만 독점적으로 일하는 운전기사 같은 긱 워커가 좋은 예시가 될 것이다. 뉴욕의 독립운전기사길드와 캘리포니아의 긱 워커스 라이징Gig Workers Rising이 비슷한 일을 하고 있다. 두 단체 모두 주로 우버, 리프트, 기타 유사한 플랫폼에서 일하는 운전기사들이 모여 "더 나은 임금, 근무 조건, 존중"을 주장한다.[50] 실제 이런 활동으로 플랫폼 운전기사들의 지위와 처우에 어느 정도 구조적인 변화가 생겼다. 2020년 8월 캘리포니아 법원은 우버와 리프트 같은 차량 호출 및 배달 앱 회사에 운전기사들을 직원으로 대우하라고 명령했다.[51] 법원은 이들 회사에 최저임금, 의료보험, 초과 근무 수당과 유급 병가를 제공하도록 요구했다고 언론은 보도했다.[52] 하지만 이 법안에 대한 법정 투쟁은 가을까지 계속되었으며, 앞서 보았듯이 2020년 11월 유권자들은 이 주민 발의안 22를 부결시켜 이 문제에 대한 이전 법안의 대부분을 뒤집고 우버, 리프트 및 기타 플랫폼 운전기사를 다시 독립 계약자로 만들었다.[53] (이 글을 쓰는 시점에도 문제의 플랫폼 회사는 법정 싸움을 계속하고 있다.) 위에서 보았듯이 뉴욕에서는 독립운전기사길드가 뉴욕 주 최저임금인 시간당 15달러 이상이라는 최저 급여를 확보한 후 보수 인상을 끌어낼 수 있었다.

이해관계자 관점에서 소위 독립 계약 사업자들은 이런 식으로 노조를 결성하고 적절한 급여와 복리 후생 제도를 요구하는 것이 옳다. 그리고 정부가 그들에게 다른 근로자들과 비슷한 권리를 인정해 주는 것이 상식이 되어야 한다. 영국의 옥스퍼드인터넷연구소의 알렉스 우드Alex Wood가 《와이어드》지와의 인터뷰에서 주장한 대로[54] "당신이 그 플랫폼에 생계를 의지하고 있고, 달리 일할 수 있는 경쟁 플랫폼이 없으며, 그들이 당신의 데이터를 통제하고, 평점 시스템으로 당신을 플랫폼에 묶어둔다면 노동 보호가 필요할 때이다. 그래서 노동보호법이 있는 것이다." 플랫폼 노동자들 쪽에서 보면 문제의 기업들이 법정 싸움을 벌이기보다는 그들의 요구를 받아들여 이 단체들과 협의체를 설립하는 것이 온당할 것이다.

커뮤니케이션이나 IT, 창작과 같은 다른 산업에 종사하는 프리랜서들도 전문 이익집단을 형성하고 보호를 받도록 노력하는 것이 좋다. 이러한 온라인 원격 작업e-work이 흔히 가상으로 그리고/또는 국제적으로 이뤄진다고 해서 노동 조건이 바닥을 칠 정도로 낮아져서는 안 된다. 예컨대 특정 주나 국가 내의 계약 작업은 온라인 근로자든 오프라인 근로자든 동일한 최저 시급을 준수하도록 요구하는 것이 가능해야 한다. 그리고 국경을 넘어 이뤄지는 온라인 계약 작업의 경우 양자 또는 다자간 합의가 체결될 때 정부는 어떤 조건에서 가상 근무가 가능한지 이들 사이에서 명확하게 정리해 줘야 한다. 이렇게 적절한 보수를 보장하는 규칙을 옹호하는 것이야말로 근로자들에게 가장 이익이 된다.

앞으로도 이는 긴 여정이 될 것이다. 우리가 아는 한 아주 적절한 프리랜서 법은 없으며 프리랜서 노조가 있다고 해도 효과적인 곳은 거의 찾을 수 없다.

뉴욕에서 가장 큰 프리랜서 단체 중 하나는 변호사이자 노조 대표의 딸인 새라 호로비츠Sara Horowitz가 설립한 프리랜서 유니언Freelancer Union이다.[55] 프리랜서 유니언의 차별화된 점은 의료보험 할인, 기술 교육, 공유 사무실 제공이다. 프리랜서 유니언은 "프리랜서를 임금 미지급으로부터 보호"하고 "다른 도시와 주를 위한 청사진을 제공"하고자 하는 '프리랜서 권익 보호 법안Freelance Isn't Free Law'[56]을 일찌감치 소리 높여 주창했다. 그러나 프리랜서 유니언은 프리랜서들의 최저임금과 복리 후생 문제는 외면하고 있어 노조라기보다 회원제 단체의 성격이 더 강하다. 이 점에 대해 좌파로부터 비판을 받고 있기도 하다. 사회주의 잡지《자코뱅 매거진Jacobin Magazine》은 초기부터 이렇게 비판했다. "프리랜서 유니언은 노동자들을 그들이 제공하는 서비스의 소비자처럼 취급한다. 노동조합으로 불릴 자격이 없다."[57]

게다가 긱 경제에 관한 규제의 다수는 택시와 배달 기사라는 좁은 범위에 초점을 맞추고 있고 업무 관계가 덜 종속적인 근로자나 가상 출근을 하는 근로자들은 그 범위에서 벗어나 있다. 유럽의회는 2019년 4월 "모든 근로자에게 최소한의 권리를 제공하는 새로운 규정"[58]을 채택했는데, 여기에는 늦게 취소해도 보상받을 수 있는 권리, 의무교육의 무료화, 독점 계약 금지가 포함된다. 이 규정은 가사 도우미와 호출 운전기사, 택배 기사뿐만 아니라 제로 아워 계약zero-hour contract(무노동 무임금 계약으로 최소 근무 시간이 보장되지 않는 형태의 계약 – 역주)을 맺고 있는 모든 근로자를 돕기 위한 것이었다.[59] 그러나 루뱅대학교의 발레리오 디 스테파노Valerio di Stefano 교수와 같은 노동경제학자들이 지적한 바와 같이[60] 우크라이나, 세르비아, 파키스탄, 인도 등의 IT 근로자와 같은 다른 분야의 프리랜서에게 유사한 권리와 복리 후생을 제공하는 데까지는 미치지 못했다.

권익 옹호 단체

이해관계자 모델에서 귀 기울여야 할 시민사회의 마지막 집단은 새로 형성된 권익 옹호 단체와 사회정의를 요구하는 단체들이다.

블랙 라이브스 매터 운동이든, 성 소수자 인권 단체든, 직장 내 성평등을 주장하는 남녀, 또는 소외되지 않기를 요구하는 어떤 집단이든, 지도적 위치에 있는 모든 사람은 새롭게 등장하는 시민사회 단체들과 대화를 모색해야 한다. 이 단체들은 흔히 신세대 시민과 노동자에 의해 주도되는데, 이들의 우려는 시간이 흐르면서 더 커질 것이고 그들의 요구는 미래 사회의 방향에 더 가까울 것이다.

지도자들이 시민사회 단체들과 대화를 제대로 하기는 쉽지 않고, 협상 테이블에 올라온 문제를 해결하기도 쉽지 않다. 일부 차별 문제는 수백 년은 아니더라도 수십 년 동안 존재해 왔다. 인종차별이나 성차별 같은 문제의 원인은 구조적이다. 한 이해관계자가 완전히 없애기는 어렵다고 얘기한다. 그리고 어떤 요구 사항은 서둘러서 시급하게 다루어져야 하지만, 진보와 안정 또는 한 집단과 다른 집단의 상반된 요구들 사이에서 균형을 맞추는 것은 한 번에 하기에는 어렵고 장기적으로 해나가야 한다. 마지막으로 기성 이해관계자 집단은 대부분 대변인이나 협상가가 명확히 정해져 있지만, 가장 성공적인 신생 권익 옹호 단체 중 일부는 공식적인 지도자를 두지 않는 쪽을 선호한다. (그리고 그들에게 강요해서도 안 된다고 본다.)

이런 이유들로 시민사회 단체의 우려를 고려하고 답을 찾기가 어렵다. 그러나 이러한 고려 사항 중 어느 것도, 대화를 모색하지 않거나, 권익 옹호 단체나 소수집단 대표를 협상 테이블에 초대하지 않거나, 사회정의를 향한 구체적인 조치를 취하지 않을 핑계가 될 수는 없다. 사회는 모두가 동참할 때만 발전할 수 있고 더 이상 배제되는 사람이 있는 건 용납될 수 없다. 이러한 사회, 경제, 기후 정의에 대한 요구에 부응하기 위해 기업 경영진과 이사회는 우선 이해관계자의 책임 개념에 동의하고 이를 분기 및 연례 회의의 의제로 삼아야 한다. 둘째로 다양성과 포용성, 임금 평등, 임금 수준 같은 영역에서 그들이 세운 목표를 명시하고 어떤 집단의 참여를 원하는지 밝혀야 한다. (최근 몇 년 사이에 퍼스트에너지[61]부터 스타벅스[62]까지 일부 미국 기업에서는 임원 급여를 다양한 집단의 채용 및 승진과 연계시키기 시작했다.) 마지막으로 기업은 매년 자사가 선택한 척도와 목표에 대한 진행 상황을 이해관계자들에게 보고하고 이에 대한 책임을 져야 한다.

더 현실적인 차원에서 사회정의가 어떻게 실현될 수 있는지 보기 위해 예상치 못한 곳에서 몇 가지 예를 살펴보는 것도 가치 있을 것이다. 세계경제포럼 산하의 전 세계 청년 리더들의 네트워크인 글로벌 셰이퍼스Global Shapers를 통해 알게 된 파키스탄의 시디Shiddi족[63] 상황을 예로 들어보겠다. (세계경제포럼은 다음 세대인 20~30대가 지역 및 세계 문제를 서로 알리고 함께 해결함으로써 공동의 미래를 형성하도록 돕기 위해 글로벌 셰이퍼스 커뮤니티를 만들었다. 이 커뮤니티는 애틀랜타에서 아크라, 취리히에서 자그레브까지 400개 이상의 도시에서 활동하고 있다.)[64] 수십만 명에 이르는 시디족은 남아시아에서 가장 큰 아프리카계 소수 민족으로 "수 세기 전에 남아시아를 터전으로 삼은 아프리카 흑인 노예, 선원, 군인들의 후손들이다."[65] 수십 년 동안 이 집단은 소외되어 왔고 "편견과 광범위한 사회·경제적 병폐와 싸워왔다."

그러나 2018년 세 아이의 어머니였던 당시 39세의 탄질라 캄브라니Tanzeela Qambrani가 아프리카계 파키스탄 인이 가장 많은 신드Sindh 주에서 시디족 최초로 의원이 되면서 상황이 바뀌기 시작했다. 글로벌 셰이퍼스의 지적처럼 "이 획기적 선거가 동료 당원의 사임 등 반대자들에 의해 훼손되었지만" 캄브라니는 그 후로 "파키스탄의 시디족에 대한 차별에 대해 목소리를 높여왔고" 당 대표인 빌라왈 부토Bilawal Bhutto(피살된 베나지르 부토 전 총리의 아들)의 지지를 받고 있다. 실제로 "2019년 3월 캄브라니는 시디족 학생들에게 인종차별적 행동을 하는 교육자를 처벌하는 결의안을 통과시켰다"[66]고 글로벌 셰이퍼스는 보고했다. 또한 "그녀는 조지 플로이드 피살 사건 후 미국의 흑인에 대한 인종차별 항의 결의안도 주 의회에서 주도하고 있다"고 한다.

그들이 직면한 차별의 구조적 성격을 고려할 때 다양한 풀뿌리 운동과 함께 시디족에 대한 차별에 맞서는 캄브라니의 싸움은 기복이 있는 긴 투쟁이 될 것이 분명해 보인다. 그러나 한 가지 중요한 교훈은 소수집단과 기타 권익 옹호 단체들이 협상 테이블에서 자리를 차지할 때 그녀의 투쟁 및 사회정의를 위한 다른 투쟁들이 가속화된다는 것이다. 의원 직함은 소수집단이나 다른 단체들이 직면한 문제들을 지적하고 정의를 위한 싸움에서 신뢰를 확립하는 데 도움이 될 수 있다. 예를 들어 국제 언론사 로이터통신은 2020년 6월 미국에서 있었던, 흑인 조지 플로이드 피살 사건 이후 '인종차별의 물결'에 맞서 캄브라니가 신드 주 의회에 제출한 항의 결의안을 보도했다. 마찬가지로 우리 글로벌 셰이퍼스도 세계경제포럼 인터넷 어젠다를 위한 기사에서 캄브라니를 지역사회 지도자로 칭송하며 미국의 사회정의를 위한 블랙 라이브스 매터 투쟁과 파키스탄의 시디족을 위한 투쟁 사이의 유사점을 그렸다. 두 경우 모두 국회의원이라는 캄브라니의 지위가 기사와 그것이 다룬 대의명분에 대한 신뢰성을 확보해 주었다.

◆　◆　◆

머스크사와 뉴질랜드, 그리고 방금 논의한 시민사회 단체가 주는 교훈은 이러한 조직과 개인의 성공은 전통적인 패턴을 따라서는 달성될 수 없다는 것이다. 역사는 신념, 실천, 교리를 발전시켜 가는 과정이다. 조직이 이해관계자들의 이익을 고려하지 않고 자신의 이익만 염두에 두고 추구하던 시대는 이제 지났다. 서로 긴밀히 연결되어 있고 각 행위자의 성공이 다른 많은 행위자와의 관계 및 상호작용에 달려 있는 사회에서 결정은 전체 시스템에 긍정적인 결과가 있을 때만 내려져야 한다. 기업의 경우 이는 특히 주주 우선주의 개념을 고수하는 기업의 면전에 절대적인 역사의 바람이 불어올 것이라는 뜻이다. 그러나 그 징후를 인식하고 이해관계자 자본주의를 실천하는 기업에게 이 바람은 순풍이 될 것이다.

이해관계자 자본주의로
가는 길

코로나19 대유행이 시작된 직후 몇 개월 동안 우리가 알고 있던 세상은 뒤집혔다. 대부분의 사람들과 마찬가지로 나는 집과 텅 빈 사무실 안에서 상황을 관찰해야 했고 영상 통화에 의지해 다른 사람들은 어떻게 지내는지 확인할 수밖에 없었다. 세계 전역의 다른 도시들과 마찬가지로 제네바에서도 자동차, 장사꾼, 북적이는 사람들이 없는 거리의 고요는 병동 전체가 급히 임시 코로나 치료 시설로 바뀐 병원만큼 섬뜩했다.

그런 위기의 순간에 밝은 미래를 낙관하기는 어려웠다. 수백만 명이 목숨을 잃거나 심하게 앓았다. 수천만, 어쩌면 수억 명이 생계 수단을 잃었다. 그리고 아마도 십억이 훨씬 넘을 아이들과 노인들은 바깥 세계와 단절된 채 수개월 동안 사랑하는 사람들의 안부를 듣지 못하거나 얼굴을 볼 수 없었다. 아마도 긍정적인 면은 온실가스 배출량이 일시적으로 줄어 지구 대기가 약간 좋아졌다는 점뿐이었을 것이다. 이런 상황에서 많은 사람들이 다음과 같은 궁금증을 갖기 시작한 것은 놀라운 일이 아니다. 정부, 기업, 그리고 다른 영향력 있는 이해관계자들이 이후 정말 더 나은 방향으로 변화할 것인가? 아니면 원래대로 돌아갈 것인가? 다시 말해서 우리는 이해관계자 자본주의로 전환할 수 있을까? 아니면 더 원시적인 자본주의의 단기적이고 이기적인 반사작용으로 되돌아가게 될까?

이 책의 전반부를 읽은 후에는 비관적 대답으로 생각이 기울었을 것이다. 초반의 챕터들에서 보았듯이 우리는 엄청난 경제, 환경, 사회, 정치적 난제에 직면해 있다. 많은 사람들이 직접 경험해 왔듯이 이 문제들은 해가 갈수록 개선되는 것이 아니라 악화되는 듯하다. 세계 거의 모든 나라의 소득과 부의 불평등이 그러하다. 우리 모두에게 영향을 미치는 기후변화가 그러하다. 그리고 아메리카 대륙부터 아시아 대륙까지 사회적, 정치적 분열의 증가가 그러하다. 우리는 진보의 가능성이 쇠퇴를 향해 가는 어둡고 잔인한 세계경제 체제에서 살고 있는 듯하다.

파트 II에서는 사회의 진보에도 불구하고 이 악순환에서 쉽게 벗어날 방법은 없다는 것을 보여주었다. 그 메커니즘이 우리 손끝에 놓여 있는데도 말이다. 우리는 매일 우리의 삶과 지구의 건강을 개선할 수 있는 신기술을 개발한다. 자유시장, 무역, 경쟁은 너무나 많은 부를 창출해서 이론상 그럴 의지만 있으면 모두가 잘살 수 있게 만들 수 있다. 하지만 오늘날 우리가 살고 있는 현실은 그렇지 못하다.

기술 발전은 흔히 독점 경제에서 일어나며 사회적 진보보다 한 회사의 이익을 우선시하는 데 사용된다. 1950년대와 1960년대 미국 자본주의의 황금기에 엄청난 번영을 가져다준 바로 그 경제 체제가 이제는 불평등과 기후변화를 초래하고 있다. 그리고 2차 세계대전 이후 세계적 진보와 민주주의를 가능하게 했던 바로 그 정치 체제가 이제는 사회적 불화와 불만의 원인이 되고 있다. 각각의 정책들은 좋은 의도로 시작됐지만 의도하지 않은 부정적인 결과들을 가져왔다.

하지만 우리는 낙관론을 포기하면 안 된다. 보다 포용적이고 도덕적인 경제 체제가 가능하고 바로 코앞에 와있다고 믿을 만한 이유가 있다. 코로나19 위기 초반의 충격이 사라지면서 우리는 모든 이해관계자들이 소수의 사람이 아닌 공공의 이익과 모두의 복지를 위해 행동할 때 무엇이 가능한지 엿보았다. 코로나19 대유행이 시작된 지 불과 몇 개월 만에 SARS-CoV-2 백신 개발 연구가 200개 이상 시작되었으며, 2020년 12월까지 미국, 독일, 영국을 포함한 여러 국가에서 첫 백신 접종이 계획되었다.[1] 다수의 백신은 공공 부문과 민간 부문이 모두 참여하는 다국적 협력의 결과였다. 기업들은 세계경제포럼의 코로나대책위원회에 위생용품, 인공호흡기, 컨테이너, 의료 비상사태 대응을 위한 자금 지원을 제안해 왔다. 백신 개발과 유통에 필요한 자금을 확보하기 위해 정부와 기업 간 공조에 대한 열망도 강했다. 이런 주도적 행동들은 우리가 마음만 먹으면 세계경제 체제를 개선할 수 있고,

감염병 대유행을 극복하기 위해 노력하는 동안 이 위기가 우리 모두에게 최선의 결과를 가져올 수 있음을 내게 보여주었다.

파트 Ⅲ에서는 어떻게 하면 그러한 도덕적 본능이 드문 예외가 아니라 우리 경제 체제의 특징이 될 수 있는지 보여주려고 했다. 어떻게 기업, 정부, 국제기구, 시민사회가 재탄생할 수 있는지 보여줬다. 그들은 단기 이익이나 편협한 자기 이익보다 인류와 지구 전체의 복지를 추구할 수 있다. 이를 위해 180도 변신이 요구되지는 않는다. 기업은 주주를 위해 이윤을 추구하는 걸 멈출 필요가 없고, 정부는 시민의 복지를 우선으로 하는 걸 멈출 필요가 없다.

다음 분기나 회계연도를 넘어 향후 10년과 다음 세대를 바라보는 장기적 관점으로 전환하고 다른 이들의 우려를 고려하기만 하면 된다. 그것이 머스크 같은 기업들이 수익성과 경쟁력을 유지하면서 해낸 일이다. 또한 뉴질랜드와 싱가포르 같은 국가들이 다른 나라들과 지구를 존중하는 한편으로 국민과 기업의 번영을 창출하며 하는 일이다.

우리는 이 선구자들의 본보기를 따라야 한다. 미래에 대해 깊이 생각해 보고 비즈니스 모델과 기조를 손질하여 인류와 지구의 더 광범위한 웰빙에 어떻게 기여할지 명확히 해야 한다. 그런 선한 경제 체제의 구축은 유토피아적 이상이 아니다. 기업가와 투자자, 지역사회 지도자를 포함한 사람들 대부분은 세상과 다른 사람들의 삶에서 자신의 역할에 대해 비슷한 태도를 지니고 있다. 대부분은 좋은 일을 하고 싶어 한다. 그런데 최근 수십 년 동안 우리 사회와 경제에서 지도적 위치에 있는 사람들을 안내해 줄 명확한 나침반이 실종됐다.

지난 50년 동안 신자유주의 이데올로기가 전 세계 많은 지역으로 퍼져 나갔다. 이 접근법은 시장이 가장 잘 알고 있고, 기업이 할 일은 사업이며, 정부는 시장의 기능을 제한하는 규칙의 제정을 삼가야 한다는 개념이 중심이 된다. 그런 독단적인 신념은 틀린 것으로 입증되었다. 하지만 다행히도 우리가 반드시 그 방법을 따르도록 운명 지어진 것은 아니다.

이 책의 앞부분에서 여러 번 언급했듯이 보다 도덕적인 자본주의 체제가 가능하다는 내 믿음은 2020년 9월 세계은행의 브라이언 모이니한이 이끄는 세계경제포럼 산하 국제비즈니스협의회가 내놓은 '이해관계자 자본주의 지표'에 의해 재확인되었다. 이는 향후 2~3년 안에 기업의 연간 실적 보고에 (자발적으로) 추가할 비재무 지표와 공시들로서 시간 경과에 따른 기업의 진전 상황을 측정할 수 있게 해준다.

이 지표를 사용한다면 다음과 같은 질문에 답할 수 있을 것이다. XX 회사의 성별간 임금 격차는 얼마나 되는가? 다양한 배경을 가진 사람들이 몇 명이나 채용되고 승진했는가? 회사는 온실가스 배출량 감축에 얼마나 진전을 보였는가? 회사는 전 세계적으로 그리고 사법권별로 얼마나 많은 세금을 냈는가? 그리고 직원의 채용과 훈련을 위해 회사는 무엇을 했는가?

그런데 왜 이 프로젝트가 이제 결실을 보았을까? 세계경제포럼에서는 기업이 단기 이윤 이상을 위해 노력하고 최적화해야 한다고 수십 년 동안 주장해 왔다. 그러다 2016년 무렵 민간 부문이 유엔에서 지속가능 발전 목표를 달성하는 데 구체적인 역할을 하고 싶어 하는 기업가들이 등장했다. 브라이언 모이니한과 필립스의 프란스 반하우튼 Frans van Houten, 당시 펩시에 있었던 인드라 누이Indra Nooyi 등이 이 개념에 동의했고 많은 동료들에게 약속을 확인하는 협정에 서명하도록 요청했다. 그 후 몇 년 동안 (그레타 툰베리에게서 영감을 받은) 미래를 위한 금요일Fridays for Future 운동, 미투 운동, 블랙 라이브스 매터 운동과 같은 사회정의 및 기후 정의 운동으로부터의 압박으로 인해 긴박감이 커졌다. 기업은 의도는 좋지만 모호한 서약을 하는 것 이상을 할 필요가 있었다. 2019년 여름쯤 모이니한과 다른 경영자들은 그때까지 존재했던 "난해한 지표들"[2]을 대체해 줄 기업 측정 도구를 만들자는 아이디어를 내놓았다. 가을까지 작업이 진행되었고 빅4 컨설팅 회사들 (딜로이트, EY, KMPG, PwC)이 지표를 정하기로 계약했다.

2020년 1월까지 지표의 첫 번째 초안이 준비되었고 열렬한 반응을 얻었다. 그러다 코로나19 참사가 발생하면서 그것은 진정한 리트머스 테스트로 작동될 수 있음이 밝혀졌다. 이 세계적인 위기에서 우리 프로젝트가 살아남을 수 있을까? 그리고 더 넓게는 이해관계자 자본주의 개념 전체가 코로나19 위기 속에서 이른 죽음을 맞이하게 될까? 이 개념은 불과 몇 개월 전 워싱턴에 있는 미국 기업들의 주요 로비 단체인 미국 비즈니스 라운드테이블US Business Roundtable에 의해 받아들여졌다. 이제 이해관계자 자본주의에 대한 약속을 무르고 더 현실적으로 직원을 해고하거나 공급 업체와의 계약을 중단하고 구할 수 있는 것이라도 구하려는 '총퇴각sauve qui peut'을 할까 봐 우려가 되었다.

하지만 프로젝트에 대한 기업들의 열정은 오히려 커졌다. 세계경제포럼에서 이 이니셔티브를 이끌었던 마하 엘토지Maha Eltobgy는 "위기 상황에서 이것이 정말 주요하다고 의식하게 됐다"고 말했다. 그래서 봄에 실제 회의가 취소되었을 때 나를 포함한 프로젝트의 주요 후원자 모두가 화상 회의에 접속했다. 그래서 한 세기 만의 최악의 세계 공중 보건 위기의 한가운데서 더 많은 워크숍과 인터뷰, 회의를 가진 후에 2020년 가을 지표가 확정되어 공개되었다. 이러한 전개는 이해관계자 자본주의는 하나의 유행이 아니라 우리의 미래 경제 체제의 특징이라는 희망을 내게 주었다.

물론 모두를 위해 더 나은 세계경제 체제를 달성한다는 목표까지는 아직 갈 길이 멀다. 이해관계자 자본주의 지표는 이러한 성과를 거두는 데 필요한 여러 이니셔티브 중 하나일 뿐이며 우리에게는 시간이 없다. 하지만 비관주의가 점점 더 유행하고 편협하고 단기적인 사익 추구가 여전히 매력적인 세상에서 이와 같은 이니셔티브는 더 포용적이고 지속가능한 모델이 가능하다는 것을 입증해 보인다.

2차 세계대전의 참화 후에 나는 운 좋게도 모든 면에서 이해관계자 사고방식을 포용한 마을과 사회에서 성장했다. 나는 아버지의 공장에서 그것을 목격했다. 그곳에서는 생산직원부터 사무직원까지 모두가 회사와 제품을 장기적으로 성공시키려는 욕구를 똑같이 갖고 있었고 결실이 생기면 모두가 공유했다. 전쟁이 끝난 뒤 프리드리히스하펜과 라벤스부르크의 모든 시민은 물론 지방 정부가 파괴된 도시를 함께 재건하는 모습에서도 비슷한 것을 목격했다. 그 이후로 나는 기업에서든 정부에서든, 슈바벤을 가든 싱가포르를 가든 이해관계자 사고방식을 지지해 왔다.

나는 여러분도 이 책을 읽은 후에 이해관계자 모델을 확신하기를 바란다. 내가 그랬듯이 여러분도 현 상태의 세계는 당연한 것이 아니며, 우리 모두가 더 나은 세상을 위해 노력한다면 세상을 더 나은 곳으로 바꿀 수 있다는 결론을 내렸으면 한다. 그리고 이제 코로나19 이후의 세계에서 우리가 필요로 하는 더 탄력적이고, 포용적이며, 지속가능한 경제를 우리 모두 함께 건설할 것을 희망한다. 진보, 사람, 지구를 위해 일하는 세계경제, 그것이 이해관계자 자본주의의 본질이다.

감사의 글

이 책은 진정한 팀 노력의 결실이다. 내가 부모님께 받은 교육, 내가 성장한 공동체와 사회, 내가 설립한 기관의 공동 연구자들, 전 세계의 세계경제포럼 구성원들이 이뤄낸 결과다. 이처럼 이해관계자들의 협력이 빚어낸 것이므로 이 책에 알게 모르게 기여한 모든 분들에게 감사를 전하려면 더 많은 페이지가 필요할 테지만, 허락된 공간을 사용해 특별히 큰 도움을 준 분들에게 감사 인사를 전하려 한다.

무엇보다 내 커뮤니케이션 책임자이며 이 책을 쓰는 동안 믿음직한 조력자였던 피터 반햄에게 감사를 전한다. 이 책을 준비하는 기간에 피터는 전 세계로 출장을 다니고, 인터넷 도서관을 검색하고, 많은 관계자들과 이야기를 나눴다. 실제 집필 과정에서도 그는 다양한 부분의 초안 작성부터 21세기 이해관계자 모델의 청사진에 대한 성찰까지 다양한 기여를 했다. 50년 전에 이해관계자 원칙에 관한 첫 번째 책을 썼던 나는 피터와 같이 글로벌 마인드를 가진 신세대 시민이 현재 이 아이디어를 수용하고 미래 세계를 위해 그것을 정의하도록 도와주는 모습을 보면서 기뻤다.

집행위원장으로서 수년간 훌륭한 업무 관계를 맺어온 뵈르게 브렌데 세계경제포럼 이사장에게도 감사하고 싶다. 우리는 진정한 '2인용

자전거'다. 뵈르게는 우리 기관의 일상적 운영을 상당 부분 맡아서 훌륭히 수행하고 있다. 그 덕분에 지난 몇 개월 동안 코로나19 위기로 인한 도전에도 불구하고 이 책의 집필에 충분한 시간을 할애할 수 있다.

아드리안 몽크, 멜 로저스, 켈리 오문센, 수잔 크라스마이어 등 다른 긴밀한 협력자들 역시 이 책의 완성에 중요한 역할을 했다. 우리의 공공 참여 담당 책임자인 아드리안은 내부적으로 이 책의 출판을 가장 먼저 지지해 준 사람이었다. 그는 초고를 편집해 주고 글쓰기 방식에 대해서도 조언을 해주었다. 이 책에 담긴 직접 인용문들이 마음에 든다면 우리가 채택한 아드리안의 문체 덕분이다. 멜은 전략 고문으로 코로나19 위기 속에서도 이 책에 관여한 모든 사람이 인내하도록 동기를 부여해 주었다. 그리고 켈리와 수잔은 이 책의 기반이 된 많은 인터뷰를 성사시켰다. 그리고 이들 모두가 책의 내용, 제목, 표지에 관한 내부 브레인스토밍 회의에 참여했다.

가족, 동료, 외부 공동 연구자 등 우리와 긴밀한 관계를 맺고 있는 사람들도 최종 원고에 기여해 주었다. 이 책을 놓고 토론하는 동안 여러 가지 귀중한 이야기를 해주고 여러 차례 비판적 독자 역할을 했던 아내 힐데에게 특별한 감사를 전한다. 감사드리고 싶은 '두 번째 독자들'로는 《클라우스 슈밥의 위대한 리셋》의 공동 저자인 티에리 말르레, 세계경제포럼 북미사무소 대표인 폴 스미크, 워싱턴 DC에 있는 나의 소중한 자문 앨런 플레이시만, 그리고 피터의 아내 발레리아 수피가 있다. 이 책을 쓰는 중간중간 그들은 비판적인 피드백과 지지를 제공하고 편집에 대한 제안도 해주었다.

와일리 출판사의 제시 와일리 회장, 빌 팔룬 주필, 퍼비 파텔 편집장, 크리스티나 베리건 개발 편집자, 그리고 이 책을 만들어 준 교열 담당자와 그래픽 디자이너들께도 감사드리고 싶다. 제시와 빌은 이 책을 처음으로 믿어주고 2018년 12월 뉴욕에서 나를 만나 출판 약속을 해주었다. 그 후 빌과 퍼비는 2021년 1월 다보스 어젠다 위크에 맞춰 책이 서점에 나올 수 있도록 안내와 근면으로 편집과 출판 과정에서 우리를 이끌어 주었다. 크리스티나 베리건은 내용과 문체에 피드백을 제공해 주면서 능숙하게 편집하여 여러분이 읽고 있는 이 책으로 만들어 냈다.

이해관계자 모델을 파악하고 정의하는 과정에서 전 세계 세계경제포럼의 구성원들로부터 도움을 받았다. 펑청취, 무찌리, 데이비드 에이크만 대표이사 등 베이징사무소는 중국 인터뷰 대상자들과의 만남을 주선해 주었다. 뉴욕 사무소의 마하 엘토지는 국제비즈니스협의회의 대표들과 빅4 회계 법인 딜로이트, EY, KPMG, PwC가 모여 이해관계자 자본주의 지표를 만드는 데 중추적인 역할을 했다. 국제비즈니스협의회의 브라이언 모이니한 회장은 특별한 찬사를 받을 만하다. 그의 리더십과 비전 덕분에 이해관계자 원칙을 지키려고 노력하는 기업들이 그 지표에 따라 '언행일치'를 할 수 있게 되었다.

이 책을 위한 인터뷰에 동의해 준 학자들, 언론인들, 경영자들, 국제기구의 수장들, 장관들, 기타 '이해관계자들'께도 감사드린다. 제네바국제개발대학원의 국제경제학 교수인 리처드 볼드윈부터 인도네시아의 글로벌 셰이퍼스인 아니사 위비와 윈스턴 우토모에 이르기까지 여러분 모두는 우리가 세계경제에 대한 시각을 넓히고 더 나은 미래를 위한 중요한 구성 요소를 깨닫게 해주었다.

그리고 마지막으로 가장 중요한 감사 인사를 돌아가신 부모님께 전하고 싶다. 두 분은 전쟁과 전후의 극도로 어려운 환경에서 생활하면서도 내가 국제 시민이 될 수 있도록 모든 가능성을 제공해 주셨다. 부모님을 통해 다른 나라 사람들을 만나고, 여행을 하고, 유학도 갈 수 있었다. 아버지는 다른 면에서도 나의 롤모델이었다. 아버지는 회사 대표로서의 역할뿐 아니라 전후 독일의 공적 직분을 맡아 내가 이해관계자 모델을 수용하도록 영감을 주셨다. 아버지는 경영자들은 공적 직분에도 경험과 역량을 써야 하며 우리 모두가 더 나은 세상을 만들기 위해 함께 노력해야 한다는 것을 보여주셨다. 이를 비롯해 나를 위해 해주신 모든 것에 대해 영원히 감사드릴 것이다.

클라우스 슈밥

◆　　◆　　◆

이 책의 집필을 위해 인터뷰에 응해준 분들에게 감사하고 싶다. 그들의 시간과 통찰, 기여에 고마움을 표한다. (알파벳 순)

Ahadu Wubshet, Founder and General Manager, Moyee Coffee, Addis Ababa, Ethiopia
Adi Reza Nugroho, Co-founder and Chief Executive Officer, MYCL, Bandung, Indonesia

Angel Gurria, Secretary—General, OECD, Paris, France

Araleh Daher, Sales Executive, APL, Djibouti City, Republic of Djibouti

Annisa Wibi Ismarlanti, Co—founder and Chief Financial Officer, MYCL, Bandung, Indonesia

Arekha Bentangan Lazuar, Co—founder and Chief Technology Officer, MYCL, Bandung, Indonesia

Asrat Begashaw, Manager, Public Relations, Ethiopian Airlines, Addis Ababa, Ethiopia

Carl Benedikt Frey, Director, Future of Work, Oxford Martin School, Oxford University, Oxford, UK

Chong'En Bai, Professor in Economics, Tsinghua University, Beijing, China

Claus Jensen, Forbundsformand, Dansk Metal, Copenhagen, Denmark

Daniel Moss, Opinion Columnist covering Asian economies, Bloomberg, Singapore

David Autor, Professor in Economics, MIT, Cambridge, Massachusetts, US

David Lin, Chief Science Officer, Global Footprint Network, Oakland, California, US

David M. Rubenstein, Co—founder and Co—executive Chairman, Carlyle Group, New York, US

Diane Coyle, Director, Bennett Institute for Public Policy, Cambridge University, Cambridge, UK

Dominic Waughray, Managing Director, Centre for Global Public Goods, World Economic Forum, Geneva, Switzerland

Fabiola Gianotti, Director—General, CERN, Geneva, Switzerland

Geert Noels, Chief Executive Officer, Econopolis, Antwerp, Belgium

Gideon Lichfield, Editor-in-Chief, MIT Technology Review, Cambridge, Massachusetts, US

Guohong Liu, Deputy Director, China Development Institute, Shenzhen, China

Greg Ip, Chief Economics Commentator, The Wall Street Journal, Washington, DC, US

Heather Long, Economics Correspondent, The Washington Post, Washington, DC, US

Heinrich Huentelmann, Head of Global Public Relations, Ravensburger, Ravensburg, Germany

James Crabtree, Associate Professor of Practice, Lee Kuan Yew School of Public Policy, Singapore

Jim Hagemann Snabe, Chairman, Siemens; Chairman, A.P. Moller Maersk, Copenhagen, Denmark

Joseph Stiglitz, University Professor, Economics, Columbia University, New York, US

Josh Bivens, Director of Research, Economic Policy Institute, Washington DC, US

Kai-Fu Lee, Chairman and Chief Executive Officer, Sinovation Ventures, Beijing, China

Laurence D. Fink, Chairman and Chief Executive Officer, BlackRock, New York, US

Lina Khan, Associate Professor of Law, Columbia University, New York, US

Liwei Wang, Senior Writer, Caixin Media, Beijing, China

Maha Eltobgy, Head of Shaping the Future of Investing, World Economic Forum, New York, US

Michelle Bachelet, High Commissioner for Human Rights, United Nations, Geneva, Switzerland

Min Zhu, Chairman, National Institute of Financial Research, Beijing, China

Nicholas Thompson, Editor–in–Chief, Wired magazine, New York, US

Nicholas Stern, Chair, Research Institute on Climate Change and the Environment, UCL, London, UK

Puty Puar, Illustrator and Content Creator, West Java, Indonesia

Richard Baldwin, Professor of International Economics, Graduate Institute, Geneva, Switzerland

Richard Samans, Director of Research, International Labour Organization, Geneva, Switzerland

Robert Atkinson, President, Information Technology and Innovation Foundation, Washington, DC, US

Robin Løffmann, Tillidsrepræsentant, MAN Energy Solutions, Copenhagen, Denmark

Roland Duchatelet, Founder, Melexis, Sint–Truiden, Belgium

Saadia Zahidi, Managing Director, Centre for the New Economy and Society, World Economic Forum, Geneva, Switzerland

Sean Cleary, Executive Chair, FutureWorld Foundation, Cape Town, South Africa

Seniat Sorsa, Local General Manager, Domestic Affairs, Everest, Awasa, Ethiopia

Susan Lund, Partner, McKinsey Global Institute, Washington, DC, US

Tharman Shanmugaratnam, Senior Minister, Government of Singapore, Singapore

Thomas Søby, Chief Economist, Dansk Metal, Copenhagen, Denmark

Tilahun Sarka, Director-General, Ethio-Djibouti Railways, Addis Ababa, Ethiopia

Tim Wu, Professor of Law, Science and Technology, Columbia Law School, New York, US

Tristan Schwennsen, Lead Archivist, Ravensburger, Ravensburg, Germany

Wei Tian, Host, World Insight with Tian Wei, CGTN, Beijing, China

William Utomo, Founder, IDN Media, Jakarta, Indonesia

Winston Utomo, Founder, IDN Media, Jakarta Indonesia

Yu Liu, Senior Research Fellow, Low-Carbon Economy, China Development Institute, Shenzhen, China

Zia Qureshi, Visiting Fellow, Global Economy and Development, Brookings Institution, Washington, DC, US

PART I 우리가 살아온 세상

CHAPTER 01 성장과 발전의 75년

1   70 Jahre Kriegsende, Schwabische Zeitung, Anton Fuchsloch, May 2015, (in German) http://stories.schwaebische.de/kriegsende#10309.

2   Wie der Krieg in Ravensburg aufhort, Schwabische Zeitung, Anton Fuchsloch, May 2015, (in German) http://stories.schwaebische.de/kriegsende#11261.

3   Year Zero, A History of 1945, Ian Buruma, Penguin Press, 2013, https://www.penguinrandomhouse.com/books/307956/year-zero-by-ian-buruma/.

4   Organisation for Economic Co-operation and Development (OECD), Eurostat, https://ec.europa.eu/eurostat/statistics-explained/pdfscache/1488.pdf.

5   Friedrichshafen, History of the Zeppelin Foundation, https://en.friedrichshafen.de/citizencity/zeppelin-foundation/history-of-the-zeppelin-foundation/.

6   Der Spiegel, A Century-Long Project, October 2010, https://www.spiegel.de/fotostrecke/photo-gallery-a-century-long-project-fotostrecke-56372-5.html.

7   이 회사는 오토 마이어 출판으로 설립되었다가 훗날 라벤스부르거로 이름을 바꿨다.

8   하인리히 휜텔만(Heinrich Huentelmann)과 트리스탄 슈벤슨(Tristan Schwennsen)과의 회

사 인터뷰, 201년 8월.

9 Ravensburger, About Ravensburger, https://www.ravensburger-gruppe.de/en/aboutravensburger/company-history/index.html#1952-1979.

10 Heritage, ZF, https://www.zf.com/mobile/en/company/heritage_zf/heritage.html.

11 Our World in Data, Working women: Key facts and trends in female labour force participation, https://ourworldindata.org/female-labor-force-participation-key-facts.

12 Kompetenzzentrum Frauen in Wissenschaft und Forschung, Entwicklung des Studentinnenanteils in Deutschland seit 1908, https://www.gesis.org/cews/unser-angebot/informationsangebote/statistiken/thematische-suche/detailanzeige/article/entwicklung-desstudentinnenanteils-in-deutschland-seit-1908/.

13 School Enrollment, Tertiary, Saudi Arabia, World Bank, 2018, https://data.worldbank.org/indicator/SE.TER.ENRR?locations=SA.

14 Global Gender Gap report 2018, http://reports.weforum.org/global-gender-gap-report-2018/key-findings/.

15 "Historical Background and Development Of Social Security," Social Security Administration, https://www.ssa.gov/history/briefhistory3.html.

16 Tuberculosis Treatment, Mayo Clinic, https://www.mayoclinic.org/diseases-conditions/tuberculosis/diagnosis-treatment/drc-20351256.

17 '지구촌'은 1960년대에 캐나다 사상가 마샬 맥루한(Marshall McLuhan)이 만든 용어다.

18 "The World Economic Forum, a Partner in Shaping History, 1971-020," p.16 http://www3.weforum.org/docs/WEF_A_Partner_in_Shaping_History.pdf.

19 The Davos Manifesto, 1973, World Economic Forum, https://www.weforum.org/agenda/2019/12/davos-manifesto-1973-a-code-of-ethics-for-business-leaders/.

20 "A Friedman Doctrine-he Social Responsibility of Business Is to Increase Its Profits," Milton Friedman, The New York Times, September 1970, https://www.nytimes.com/1970/09/13/archives/a-friedman-doctrine-the-social-responsibility-of-business-is-to.html.

21 The New York Times Magazine, "What Is Fukuyama Saying? And to Whom Is He Saying It?", James Atlas, October 1989, https://www.nytimes.com/1989/10/22/magazine/whatis-fukuyama-saying-and-to-whom-is-he-saying-it.

html.

22 "Pioneers in China," 1993, ZF Heritage, zf.com/mobile/en/company/heritage_zf/
heritage.html.

23 Eurofound, "Pacts for Employment and Competitiveness: Ravensburger AG,"
Thorsten Schulten, Hartmut Seifert, and Stefan Zagelmeyer, April 2015, https://
www.eurofound.europa.eu/es/observatories/eurwork/case-studies/pecs/pacts-for-
employment-and-competitiveness-ravensburger-ag-0.

24 GDP Growth, Annual (%), 1961-2019, The World Bank, https://data.worldbank.
org/indicator/NY.GDP.MKTP.KD.ZG.

25 International Monetary Fund, New Data on Global Debt, https://blogs.imf.
org/2019/01/02/new-data-on-global-debt/.

26 Gross debt position, Fiscal Monitor, April 2020, International Monetary Fund,
https://www.imf.org/external/datamapper/datasets/FM.

27 Global Footprint Network, https://www.footprintnetwork.org/2019/06/26/press-
releasejune-2019-earth-overshoot-day/.

CHAPTER 02 쿠즈네츠의 저주: 오늘날 세계 경제의 쟁점들

1 쿠즈네츠는 당시 러시아 제국의 일부였던 핀스크에서 태어났다. 지금 핀스크는 벨라루
스의 일부다.

2 "Political Arithmetic: Simon Kuznets and the Empirical Tradition in Economics",
Chapter 5: The Scientific Methods of Simon Kuznets, Robert William Fogel,
Enid M. Fogel, Mark Guglielmo, Nathaniel Grotte, University of Chicago Press,
p. 105, https://www.nber.org/system/files/chapters/c12917/c12917.pdf.

3 A direct quotation of Kuznets' autobiography for the Nobel Prize committee, The
Nobel Prize, "Simon Kuznets Biographical," 1971, https://www.nobelprize.org/
prizes/economicsciences/1971/kuznets/biographical/.

4 "GDP: A brief history," Elizabeth Dickinson, Foreign Policy, January 2011,
https://foreignpolicy. com/2011/01/03/gdp-a-brief-history/.

5 위와 같은 출처.

6 노벨상 위원회에 제출된 쿠즈네츠 자서전에서 직접 인용, 노벨상, 《사이먼 쿠즈네츠 전
기》

7   빈터 반햄의 다이앤 코일과의 전화 인터뷰, 2019년 8월 18일.

8   2010 미국 실질 달러 가치로 측정.

9   World Bank, GDP Growth (annual %), 1961–2018, https://data.worldbank.org/indicator/NY.GDP.MKTP.KD.ZG.

10 "What's a Global Recession," Bob Davis, The Wall Street Journal, April 2009, https://blogs. wsj.com/economics/2009/04/22/whats-a-global-recession/.

11 United States Census Bureau, International Data Base, September 2018, https://www.census.gov/data-tools/demo/idb/informationGateway.php.

12 "World Economic Outlook," International Monetary Fund, Updated July 2019, https://www.imf.org/en/Publications/WEO/Issues/2019/07/18/WEOupdateJuly2019.

13 "World Economic Outlook," International Monetary Fund, April 2019, Appendix A https://www.imf.org/~/media/Files/Publications/WEO/2019/April/English/text.ashx?la=en.

14 This concerns GDP growth based on market exchange rates (see corresponding row on table cited in footnotes 11 and 12).

15 "World Bank Country and Lending Groups," World Bank, https://datahelpdesk.worldbank. org/knowledgebase/articles/906519-world-bank-country-and-lending-groups.

16 "The Great Emerging-Market Growth Story is Unravelling," The Financial Times, June 2019, https://www.ft.com/content/ad11f624-8b8c-11e9-a1c1-51bf8f989972.

17 위의 2019년 IMF 추정치 참조. 2020년 1사분기 IIF의 추정치는 http://www.iif.com/Portals/0/Files/content/Research/Global%20Debt%20Monitor_July2020.pdf 참조.

18 "Coronavirus Lifts Government Debt to WWII Levels-Cutting It Won't Be Easy," The Wall Street Journal, August 2020, https://www.wsj.com/articles/coronavirus-lifts-governmentdebt-to-wwii-levelscutting-it-wont-be-easy-11598191201.

19 "Resolving Global Debt: An Urgent Collective Action Cause," Geoffrey Okamoto, IMF First Deputy Managing Director, October 2020, https://www.imf.org/en/News/Articles/2020/10/01/sp100120-resolving-global-debt-an-urgent-collective-action-cause.

20 "Gross Debt Position, % of GDP," Fiscal Monitor, International Monetary Fund,

April 2020, https://www.imf.org/external/datamapper/G_XWDG_G01_GDP_PT@FM/ADVEC/FM_EMG/FM_LIDC.

21 "Inflation Rate, Average Consumer Prices, Annual Percent Change, Advanced Economies," World Economic Outlook, International Monetary Fund, April 2020, https://www.imf. org/external/datamapper/PCPIPCH@WEO/ADVEC/OEMDC.

22 International Monetary Fund, DataMapper, https://www.imf.org/external/datamapper/GGXWDG_NGDP@WEO/OEMDC/ADVEC/WEOWORLD.

23 "Youth Dividend or Ticking Time Bomb?" Africa Renewal, UN, 2017, https://www.un.org/africarenewal/magazine/special-edition-youth-2017/youth-dividend-or-tickingtime-bomb.

24 "EM Youth Bulge: A Demographic Dividend or Time Bomb?" Jonathan Wheatley, Financial Times, May 2013, https://www.ft.com/content/f08db252-6e84-371d-980a-30ab41650ff2.

25 National Institute of Population and Social Security Research, Japan, http://www.ipss. go.jp/pp-zenkoku/e/zenkoku_e2017/pp_zenkoku2017e_gaiyou.html#e_zenkoku_II.

26 "Gross Debt Position, % of GDP," Fiscal Monitor, International Monetary Fund, April 2020, https://www.imf.org/external/datamapper/G_XWDG_G01_GDP_PT@FM/ADVEC/FM_EMG/FM_LIDC.

27 위와 같은 출처.

28 "U.S. Central Bank Cuts Interest Rate for 1st Time Since 2008," CBC, July 2019, https://www.cbc.ca/news/business/federal-reserve-interest-rate-decision-1.5231891.

29 "United States Fed Funds Rate, 1971–2020," Trading Economics, https://tradingeconomics. com/united-states/interest-rate.

30 이것은 이란, 러시아, 사우디아라비아, 이라크, 아랍 에미리트 연합국, 리비아, 쿠웨이트 같은 많은 석유와 가스 산출국뿐만 아니라 중국, 인도네시아, 멕시코, 이집트 같은 다른 신흥시장 국가에도 흔한 관행이다. 다음 참조: "Energy Subsidies, Tracking the Impact of Fossil-Fuel Subsidies," IEA, https://www.iea.org/topics/energy-subsidies.

31 "Public Spending on Health: A Closer Look at Global Trends," World Health Organization, https://apps.who.int/iris/bitstream/handle/10665/276728/WHO-

HIS-HGF-HF-Working Paper-18.3-eng.pdf?ua=1.

32 "Global Infrastructure Outlook," Global Infrastructure Hub, https://outlook. gihub.org/.

33 "We'll Live to 100-How Can We Afford It?" World Economic Forum, http:// www3. weforum.org/docs/WEF_White_Paper_We_Will_Live_to_100.pdf.

34 "Labor Productivity and Costs," Bureau of Labor Statistics, https://www.bls.gov/ lpc/prodybar.htm.

35 "Decoupling of Wages from Productivity," OECD, Economic Outlook, November 2018, https://www.oecd.org/economy/outlook/Decoupling-of-wages-from-productivitynovember-2018-OECD-economic-outlook-chapter.pdf.

36 "Some Notes on the Scientific Methods of Simon Kuznets," Robert Fogel, National Bureau of Economic Research, December 1987, https://www.nber.org/ papers/w2461.pdf.

37 "Global Inequality is Declining-Largely Thanks to China and India," Zsolt Darvas, Bruegel Institute, April 2018, https://bruegel.org/2018/04/global-income-inequality-isdeclining-largely-thanks-to-china-and-india/.

38 "Upper-Middle-Income Countries," World Bank, https://datahelpdesk.worldbank. org/knowledgebase/articles/906519-world-bank-country-and-lending-groups.

39 "China Lifts 740 Million Rural Poor Out of Poverty Since 1978," Xinhua, September 2018, http://www.xinhuanet.com/english/2018-09/03/c_137441670. htm.

40 "Minneapolis Fed, "Income and Wealth Inequality in America, 1949–2016," https://www.minneapolisfed.org/institute/working-papers-institute/iwp9.pdf.

41 "Piketty's Inequality Story in Six Charts," John Cassidy, The New Yorker, March 2014, https://www.newyorker.com/news/john-cassidy/pikettys-inequality-story-in-six-charts.

42 "World Inequality Report, 2018," https://wir2018.wid.world/files/download/ wir2018-summary-english.pdf.

43 The Precariat: The New Dangerous Class, Guy Standing, 2011, https://www. bloomsbury. com/uk/the-precariat-9781849664561/.

44 피터 반햄의 칼레 라슨과의 인터뷰, 캐나다 밴쿠버, 2012년 3월.

45 "World Inequality Report, 2018," https://wir2018.wid.world/files/download/wir2018-summary-english.pdf.

46 "How Unequal Is Europe? Evidence from Distributional National Accounts, 1980-2017," Thomas Blanchet, Lucas Chancel, Amory Gethin, World Economic Database, April 2019, https://wid.world/document/bcg2019-full-paper/.

47 EU income inequality decline: Views from an income shares perspective, Zsolt Darvas, Bruegel Institute, 2018, https://www.bruegel.org/2018/07/eu-income-inequality-declineviews-from-an-income-shares-perspective/.

48 "Wealth Inequality in the United States since 1913: Evidence from Capitalized Income Tax Data," Emmanuel Saez and Gabriel Zucman, The Quarterly Journal of Economics, May 2016, http://gabriel-zucman.eu/files/SaezZucman2016QJE.pdf.

49 "Share of Total Income going to the Top 1% since 1900, Within-Country Inequality in Rich Countries," Our World in Data, October 2016, https://ourworldindata.org/incomeinequality.

50 "How America's 1% Came to Dominate Equity Ownership," Robin Wigglesworth, Financial Times, February 2020, https://www.ft.com/content/2501e154-4789-11ea-aeb3-955839e06441.

51 브랑코 밀라노비치가 그랬듯이 그럼에도 불구하고 주목해야 할 점은 주식 소유에 의해 주도되는 부의 불평등이 크게 증가하고 있지만 19세기에 카를 마르크스가 주장한 것 같은 진정한 자본가 계급은 더 이상 존재하지 않는다는 것이다. 부유한 가계는 부의 많은 부분을 자본에서 얻지만 전적으로 거기서 얻는 것은 아니다. 사실 대부분의 부자들도 생계를 위해 일하며 흔히 보수가 높은 금융, 법률, 의료 분야의 직업을 갖고 있다.

52 "The American Economy Is Rigged," Joseph Stiglitz, Scientific American, November 2018, https://www.scientificamerican.com/article/the-american-economy-is-rigged/.

53 "Mortality and Morbidity in the 21st Century," Anne Case and Angus Deaton, Brookings Institute, March 2017, https://www.brookings.edu/bpea-articles/mortality-and-morbidityin-the-21st-century/.

54 "Deaths of Despair, Once an American Phenomenon, Now Haunt Britain," The Economist, May 2019, https://www.economist.com/britain/2019/05/16/deaths-of-despair-once-anamerican-phenomenon-now-haunt-britain.

55 "Variation in COVID-19 Hospitalizations and Deaths Across New York City Boroughs," Journal of the American Medical Association, April 2020, https://jamanetwork.com/journals/jama/fullarticle/2765524.

56 "Total Public and Primary Private Health Insurance," Organization for Economic Cooperation and Development, https://stats.oecd.org/Index. aspx?DataSetCode=HEALTH_STAT.

57 "Global Social Mobility Index 2020: Why Economies Benefit from Fixing Inequality," World Economic Forum, January 2020, https://www.weforum.org/reports/global-socialmobility-index-2020-why-economies-benefit-from-fixing-inequality.

58 "Fair Progress? Economic Mobility across Generations around the World, 2018," The World Bank, https://www.worldbank.org/en/topic/poverty/publication/fair-progress-economicmobility-across-generations-around-the-world.

59 위와 같은 출처.

60 "Some Notes on the Scientific Methods of Simon Kuznets," Robert Fogel, NBER, December 1987, https://www.nber.org/papers/w2461.pdf.

61 이 두 문장은 "The World Economic Forum, A Partner in Shaping History, The First 40 Years, 1971-2010," http://www.3.weforum.org/docs/WEF_First-40Years_Book_2010.pdf에서 발췌한 것이다.

62 The Limits to Growth, p. 51, http://www.donellameadows.org/wp-content/userfiles/Limits-to-Growth-digital-scan-version.pdf.

63 위와 같은 출처, p.53.

64 위와 같은 출처, p.71.

65 "Earth Overshoot Day," Global Footprint Network, https://www.overshootday.org/newsroom/press-release-july-2019-english/.

66 "Delayed Earth Overshoot Day Points to Opportunities to Build Future in Harmony with Our Finite Planet," Global Footprint Network, August 2020, https://www.overshootday. org/newsroom/press-release-august-2020-english/.

67 "Statistical Review of World Energy 2019, Primary Energy," BP, https://www.bp.com/en/global/corporate/energy-economics/statistical-review-of-world-energy/primary-energy.html.

68 "Fossil Fuels, Fossil Fuels in Electricity Production," Our World in Data, https://ourworldindata.org/fossil-fuels.

69 "Statistical Review of World Energy 2019, Primary Energy," BP, https://www.bp.com/en/global/corporate/energy-economics/statistical-review-of-world-energy/primary-energy.html.

70 "Global Resources Outlook 2019," http://www.resourcepanel.org/reports/global-resourcesoutlook.

71 "Water Scarcity," UN Water, 2018, https://www.unwater.org/water-facts/scarcity/.

72 "ibidem"

73 World Economic Forum, 2016: https://www.weforum.org/press/2016/01/more-plasticthan-fish-in-the-ocean-by-2050-report-offers-blueprint-for-change/.

74 "22 of World's 30 Most Polluted Cities are in India, Greenpeace Says," The Guardian, March 2019.

75 AirVisual https://www.airvisual.com/world-most-polluted-cities.

76 "Soil Pollution: A Hidden Reality," Rodríguez-Eugenio, N., McLaughlin, M., and Pennock, D., FAO, 2018, http://www.fao.org/3/I9183EN/i9183en.pdf.

77 "Extinctions Increasing at Unprecedented Pace, UN Study Warns," Financial Times, May 2019, https://www.ft.com/content/a7a54680-6f28-11e9-bf5c-6eeb837566c5.

78 위와 같은 출처.

79 UN Intergovernmental Panel on Climate Change, 2018, https://www.ipcc.ch/site/assets/uploads/sites/2/2018/07/sr15_headline_statements.pdf.

80 "New Climate Predictions Assess Global Temperatures in Coming Five Years," World Meteorological Organization, July 2020, https://public.wmo.int/en/media/press-release/new-climate-predictions-assess-global-temperatures-coming-ive-years.

81 "Here Comes the Bad Season: July 2019 Is Likely to Be the Hottest Month Ever Measured," The Atlantic, https://www.theatlantic.com/science/archive/2019/07/july-2019-shaping-be-warmest-month-ever/594229/.

82 Telebasel, Sich entleerende Gletschertasche lässt Bach in Zermatt hochgehen,

https://telebasel.ch/2019/06/11/erneut-ein-rekordheisser-hochsommer-verzeichnet/.

83 "Migration, Climate Change and the Environment, A Complex Nexus," UN Migration Agency IOM, https://www.iom.int/complex-nexus#estimates.

84 위와 같은 출처.

85 "Burning Planet: Climate Fires and Political Flame Wars Rage," World Economic Forum, January 2020, https://www.weforum.org/press/2020/01/burning-planet-climate-fires-andpolitical-flame-wars-rage.

86 "Our house is still on fire and you're fuelling the flames, World Economic Forum Agenda, January 2020, https://www.weforum.org/agenda/2020/01/greta-speech-our-house-isstill-on-fire-davos-2020/.

CHAPTER 03 아시아의 부상

1 "Top 5 Tech Giants Who Shape Shenzhen, 'China's Silicon Valley,'" South China Morning Post, April 2015, https://www.scmp.com/lifestyle/technology/enterprises/article/1765430/top-5-tech-giants-who-shape-shenzhen-chinas-silicon.

2 피터 반햄과 류궈훙과의 인터뷰, 중국 선전, 2019년 6월.

3 Nanyang Commercial Bank, https://www.ncb.com.hk/nanyang_bank/eng/html/111.html.

4 "First Land Auction Since 1949 Planned in Key China Area," Los Angeles Times/Reuters, June 1987, https://www.latimes.com/archives/la-xpm-1987-06-28-mn-374-story.html.

5 "The Silicon Valley of Hardware," Wired, https://www.wired.co.uk/video/shenzhenepisode-1.

6 "Exclusive: Apple Supplier Foxconn to Invest $1 Billion in India, Sources Say," Reuters, July 2020, https://www.reuters.com/article/us-foxconn-india-apple-exclusive/exclusive-applesupplier-foxconn-to-invest-1-billion-in-india-sources-say-idUSKBN24B2GH.

7 "Global 500: Ping An Insurance," Fortune, https://fortune.com/global500/2019/ping-aninsurance.

8 "The World's Biggest Electric Vehicle Company Looks Nothing Like Tesla,"

Bloomberg, April 2019, https://www.bloomberg.com/news/features/2019-04-16/the-world-s-biggestelectric-vehicle-company-looks-nothing-like-tesla.

9   "How Shenzhen Battles Congestion and Climate Change," Chia Jie Lin, GovInsider, July 2018, https://govinsider.asia/security/exclusive-shenzhen-battles-congestion-climatechange/.

10 "China's Debt Threat: Time to Rein in the Lending Boom," Martin Wolf, Financial Times, July 2018 https://www.ft.com/content/0c7ecae2-8cfb-11e8-bb8f-a6a2f7bca546.

11 "China's Debt-to-GDP Ratio Surges to 317 Percent," The Street, May 2020, https://www.thestreet.com/mishtalk/economics/chinas-debt-to-gdp-ratio-hits-317-percent.

12 "Climate Change: Xi Jinping Makes Bold Pledge for China to Be Carbon Neutral by 2060," South China Morning Post, September 2020, https://www.scmp.com/news/china/diplomacy/article/3102761/climate-change-xi-jinping-makes-bold-pledge-china-be-carbon.

13 "Current Direction for Renewable Energy in China," Anders Hove, The Oxford Institute for Energy Studies, June 2019, https://www.oxfordenergy.org/wpcms/wp-content/uploads/2020/06/Current-direction-for-renewable-energy-in-China.pdf.

14 "Everyone around the World is Ditching Coal-Except Asia," Bloomberg, June 2020, https://www.bloomberg.com/news/articles/2020-06-09/the-pandemic-has-everyoneditching-coal-quicker-except-asia.

15 "Statistical Review of World Energy 2020," BP, https://www.bp.com/en/global/corporate/energy-economics/statistical-review-of-world-energy.html.

16 "World Integrated Trade Solution," World Bank, 2018, https://wits.worldbank.org/CountryProfile/en/Country/CHN/Year/LTST/TradeFlow/Import/Partner/by-country/Product/Total#.

17 "China Imports," Comtrade, UN, 2018, https://comtrade.un.org/labs/data-explorer/.

18 "Does Investing in Emerging Markets Still Make Sense?" Jonathan Wheatley, The Financial Times, July 2019, https://www.ft.com/content/0bd159f2-937b-11e9-aea1-2b1d33ac3271.

19 The Great Convergence, Richard Baldwin, Harvard University Press, https://www.hup.harvard.edu/catalog.php?isbn=9780674660489.

20 "Member States," ASEAN, https://asean.org/asean/asean-member-states/.

21 "Total Population of the ASEAN countries," Statista, https://www.statista.com/statistics/796222/total-population-of-the-asean-countries/.

22 "Economic Outlook for Southeast Asia, China and India 2019," OECD, https://www.oecd.org/development/asia-pacific/01_SAEO2019_Overview_WEB.pdf.

23 "World Economic Outlook: Latest World Economic Outlook Growth Projections," International Monetary Fund, October 2020, https://www.imf.org/en/Publications/WEO/Issues/2020/09/30/world-economic-outlook-october-2020.

24 "Vietnam Emerges a Key Winner from the US-China Trade War," Channel News Asia, https://www.channelnewsasia.com/news/commentary/us-china-trade-war-winners-losers-countries-vietnam-hanoi-saigon-11690308.

25 "Southeast Asia Churns Out Billion-Dollar Start-Ups," Bain, https://www.bain.com/insights/southeast-asia-churns-out-billion-dollar-start-ups-snap-chart/

26 "India's Economic Reform Agenda (2014–2019), a Scorecard," Center for Strategic and International Studies, https://indiareforms.csis.org/2014reforms.

27 "World Economic Outlook," International Monetary Fund, October 2020, Chapter 1, p. 9, https://www.imf.org/en/Publications/WEO/Issues/2020/09/30/world-economicoutlook-october-2020.

28 "India's Harsh Covid-19 Lockdown Displaced at Least 10 Million Migrants," Niharika Sharma, Quartz India, September 2020, https://qz.com/india/1903018/indias-covid-19-lockdown-displaced-at-least-10-million-migrants/.

29 "International Literacy Day 2020: Kerala, Most Literate State in India, Check Rank-Wise List," The Hindustan Times, September 2020, https://www.hindustantimes.com/education/international-literacy-day-2020-kerala-most-literate-state-in-india-check-rank-wise-list/story-IodNVGgy5hc7PjEXUBKnIO.html.

30 "Chinese Investments in Africa," Brookings Institution, https://www.brookings.edu/blog/africa-in-focus/2018/09/06/figures-of-the-week-chinese-investment-in-africa/.

31 "Global Economic Prospects, Sub-Saharan Africa," The World Bank, January 2019, http://pubdocs.worldbank.org/en/307811542818500671/Global-Economic-Prospects-Jan-2019-Sub-Saharan-Africa-analysis.pdf.

32 "The Asian Century Is Set to Begin," Financial Times, March 2019, https://www.ft.com/content/520cb6f6-2958-11e9-a5ab-ff8ef2b976c7.

33 "World Economic Outlook: Latest World Economic Outlook Growth Projections," International Monetary Fund, October 2020, https://www.imf.org/en/Publications/WEO/Issues/2020/09/30/world-economic-outlook-october-2020.

34 "Air Pollution," World Health Organization, https://www.who.int/airpollution/en/.

35 "World Inequality Report 2018: Income Inequality in India," World Inequality Lab, https://wir2018.wid.world/.

CHAPTER 04 분열된 사회

1 "Rede von US-Präsident John F. Kennedy vor dem Rathaus Schöneberg am 26. Juni 1963", City of Berlin, https://www.berlin.de/berlin-im-ueberblick/geschichte/artikel.453085.php.

2 "Ronald Reagan, Remarks at Brandenburg Gate, 1987", University of Bochum, https://www.ruhr-uni-bochum.de/gna/Quellensammlung/11/11_reaganbrandenburggate_1987.htm.

3 "A Partner in Shaping History, The First 40 Years," The World Economic Forum, http://www3.weforum.org/docs/WEF_First40Years_Book_2010.pdf.

4 "A Partner in Shaping History, German Reunification and the New Europe," World Economic Forum, p. 108, http://www3.weforum.org/docs/WEF_A_Partner_in_Shaping_History.pdf.

5 "Germany Shocked by Cologne New Year Gang Assaults on Women," BBC, January 2016, https://www.bbc.com/news/world-europe-35231046.

6 "Reality Check: Are Migrants Driving Crime in Germany?" BBC News, September 2018, https://www.bbc.com/news/world-europe-45419466.

7 "Why Italy's Technocratic Prime Minister Is So Popular," The Economist, June 2020, https://www.economist.com/europe/2020/06/25/why-italys-technocratic-

prime-minister-isso-popular.

8　"Start Taking the Backlash Against Globalization Seriously," Klaus Schwab and
Claude Smadja, The International New York Times, February 1996, https://
www.nytimes.com/1996/02/01/opinion/IHT-start-taking-the-backlash-against-
globalization-seriously.html.

9　"Italy Hit by Wave of Pitchfork Protests as Austerity Unites Disparate Groups,"
Lizzie Davies, The Guardian, December 2013, https://www.theguardian.com/
world/2013/dec/13/italypitchfork-protests-austerity-unites-groups.

10　"Clashes with fans as Pitchfork protests enter third day," ANSA, December
2013, http://www.ansa.it/web/notizie/rubriche/english/2013/12/11/Clashes-fans-
Pitchfork-protestsenter-third-day_9763655.html.

11　예를 들어 캐나다에서 이 운동은 이민, 다문화주의, 엘리트 권력자에 반대하는 사람들
을 집합시키면서 온라인에서 큰 관심을 얻었다.

12　다양한 국가와 전 세계의 불평등 상태에 대한 자세한 논의는 브랑코 밀라노비치의 훌륭
한 책 《Global Inequality: A New Approach for the Age of Globalization》을 참고했
다. 그는 소득, 부, 기회의 불평등 상태와 진행에 대해 세계적이고 역사적인 맥락에서 논
의하고 여러 단서를 다뤘는데, 나는 간결함과 명확성을 위해 분석에서 생략했다.

PART II 경제 시스템의 발전과 퇴보의 역사

CHAPTER 05 세계화의 변천사

1　피터 반햄의 윈스턴과 윌리엄 우토모와의 인터뷰, 인도네시아 자카르타, 2019년 10월

2　IDN Times, IDN Media, consulted October 2020, https://www.idn.media/
products/idntimes.

3　이어지는 본문은 피터 반햄의 세계경제포럼 어젠다 기사 "Why Indonesians Fight
like Avengers for Globalization," https://www.weforum.org/agenda/2018/12/why-
indonesians-fight-like-avengers-for-globalization/에서 수정 및 업데이트된 것이다.

4　위와 같은 출처.

5　"Indonesia Maintains Steady Economic Growth in 2019," World Bank's
June 2019 Economic Quarterly, https://www.worldbank.org/en/news/press-
release/2019/07/01/indonesiamaintains-steady-economic-growth-in-2019.

6 이 부분은 피터 반햄, "How Glbalization 4.0 Fits into the History of Globalization," Wolrd Economic Forum Agenda, 2019년 1월을 개정한 것이다.

7 "The Belt and Road Initiative," Permanent Mission of the People's Republic of China to the United Nations Office at Geneva and other International Organizations in Switzerland, http://www.china-un.ch/eng/zywjyjh/t1675564. htm.

8 유럽인이 그들과 아시아 사이에 대륙이 존재한다는 사실을 인식하기 훨씬 전에 원주민이 아메리카 대륙에 정착해 살고 있었기 때문에 우리는 '발견'이라는 용어를 피하고 '대항해'라고 한다. 또한 바이킹 레이프 에릭슨(Leif Erikson)이 콜럼버스보다 먼저 아메리카에 도달했다는 사실이 널리 알려지고 받아들여지고 있다. 레이프 에릭슨은 유럽에서 아메리카로 여행한 최초의 인물로 인정받고 있다. 앞서 확인한 요인들과 그에 대한 최근 몇 년간의 성과에 대해 다시 살펴보도록 하자.

9 http://www.bbc.co.uk/history/british/victorians/victorian_technology_01.shtml.

10 https://ourworldindata.org/international-trade.

11 https://edatos.consorciomadrono.es/file.xhtml?persistentId=doi:10.21950/BBZVBN/U54JIA&version=1.0.

12 "John Maynard Keynes, The Economic Consequences of the Peace, 1919, quote can be found at https://www.theglobalist.com/global-man-circa-1913/".

13 "The Industrial Revolution," Khan Academy, https://www.khanacademy.org/humanities/big-history-project/acceleration/bhp-acceleration/a/the-industrial-revolution.

14 "India in the Rise of Britain and Europe: A Contribution to the Convergence and Great Divergence Debates," Bhattacharya, Prabir Heriot-Watt University, May 2019, https://mpra.ub.uni-muenchen.de/97457/1/MPRA_paper_97457.pdf.

15 "Top Wealth Shares in the UK, 1895-013, Figure 4.6.1," World Inequality Lab, https://wir2018.wid.world/part-4.html.

16 https://www.wto.org/english/res_e/booksp_e/anrep_e/world_trade_report11_e.pdf.

17 https://edatos.consorciomadrono.es/file.xhtml?persistentId=doi:10.21950/BBZVBN/U54JIA&version=1.0.

18 "Trade in the Digital Era," OECD, March 2019, https://www.oecd.org/going-digital/trade-in-the-digital-era.pdf.

19 As the UK Centre for Ecology and Hydrology explained: "Tropical rainforests are often called the 'lungs of the planet' because they generally draw in carbon dioxide and breathe out oxygen," https://www.ceh.ac.uk/news-and-media/news/tropical-rainforests-lungs-planetreveal-true-sensitivity-global-warming.

20 "The Globalization Paradox: Democracy and the Future of the World Economy, Dani Rodrik, W.W. Norton, 2011, https://drodrik.scholar.harvard.edu/publications/globalization-paradox-democracy-and-future-world-economy"

21 "The End of History and the Last Man, Francis Fukuyama, Penguin Books, 1993".

22 "The Rise and Fall of Hungary," Zsolt Darvas, The Guardian, October 2008, https://www.theguardian.com/business/blog/2008/oct/29/hungary-imf.

23 "How Rotterdam Is Using Blockchain to Reinvent Global Trade," Port of Rotterdam, September 2019, https://www.portofrotterdam.com/en/news-and-press-releases/howrotterdam-is-using-blockchain-to-reinvent-global-trade.

24 피터 반햄의 윌리엄과 윈스턴 우토모와 인터뷰, 인도네시아 자카르타, 2020년 10월 16일.

CHAPTER 06 기술의 진화

1 ≪Danmark i verdens robot top-10≫, Dansk Metal, January 2018, https://www.danskmetal.dk/Nyheder/pressemeddelelser/Sider/Danmark-i-verdens-robot-top-10.aspx.

2 "Why American Workers Need to Be Protected From Automation," Bill de Blasio, Wired, September 2019, https://www.wired.com/story/why-american-workers-need-to-beprotected-from-automation/.

3 "Robots Are the Ultimate Job Stealers. Blame Them, Not Immigrants," Arlie Hochschild, The Guardian, February 2018, https://www.theguardian.com/commentisfree/2018/feb/14/resentment-robots-job-stealers-arlie-hochschild.

4 The Fourth Industrial Revolution, Klaus Schwab, Penguin Random House, January 2017, https://www.penguinrandomhouse.com/books/551710/the-fourth-industrial-revolutionby-klaus-schwab/.

5 "The Future of Employment: How Susceptible Are Jobs to Computerization?" Carl Frey and Michael Osborne, Oxford University, September 2013, https://www.oxfordmartin.ox.ac.uk/downloads/academic/The_Future_of_Employment.

pdf.

6   The Technology Trap: Capital, Labor, and Power in the Age of Automation, Carl Frey, Princeton University Press, June 2019, ttps://press.princeton.edu/books/hardcover/9780691172798/the-technology-trap.

7   "If Robots and AI Steal Our Jobs, a Universal Basic Income Could Help", Peter H. Diamandis, Singularity Hub, December 2016, https://singularityhub.com/2016/12/13/ifrobots-steal-our-jobs-a-universal-basic-income-could-help/.

8   2019년 5월 피터 반햄이 클라우스 얀센과 한 인터뷰 내용.

9   더 이상 인간이 아니라 로봇에 의해 선박이 건조되었을 때 그랬듯이 산업의 한 부분에서 일자리가 사라지더라도 변화에 대한 장기적인 비전이 그가 긍정적이고 건설적인 전망을 유지하는 데 도움이 되었다. 건조 공정을 감독하고, 엔진을 수리하며, 모든 부품이 잘 맞는지 확인하는 것은 여전히 사람이 해야 했다. 덴마크 노동자들이 세계 최고라면 덴마크는 선박 건조와 수리 부문에서 세계의 중심지로 남을 수 있을 것이다. 그러한 긍정적인 관점은 그의 노조의 DNA에 있었다. "우리 노조는 1888년에 설립되었는데 초대 위원장님이 오늘 제가 했던 말을 똑같이 했습니다"라고 그는 말했다. "우리의 기술은 바뀌었지만 생각은 바뀌지 않았죠."

10 피터 반햄의 로빈 뢰프만과의 인터뷰, 코펜하겐, 2019년 11월.

11 피터 반햄의 토마스 쇠비와의 인터뷰, 코펜하겐, 2019년 11월.

12 Unemployment, Statistics Denmark, consulted in October 2020, https://www.dst.dk/en/Statistik/emner/arbejde-indkomst-og-formue/arbejdsloeshed.

13 "Inequality in Denmark through the Looking Glass," Orsetta Causa, Mikkel Hermansen, Nicolas Ruiz, Caroline Klein, Zuzana Smidova, OECD Economics, November 2016, https://read.oecd-ilibrary.org/economics/inequality-in-denmark-through-the-lookingglass_5jln041vm6tg-en#page3.

14 "How Many US Manufacturing Jobs Were Lost to Globalisation?" Matthew C. Klein, Financial Times, December 2016, https://ftalphaville.ft.com/2016/12/06/2180771/howmany-us-manufacturing-jobs-were-lost-to-globalisation/.

15 Trading Economics, United States Labor Force Participation Rate, with numbers supplied by the US Bureau of Labor Statistics, https://tradingeconomics.com/united-states/laborforce-participation-rate.

16 Trading Economics, Denmark Labor Force Participation Rate, https://

tradingeconomics. com/denmark/labor-force-participation-rate.

17 Interview with Thomas Søby by Peter Vanham, Copenhagen, November 2019.

18 OECD, Directorate for Employment, Labour and Social Affairs, Employment Policies and Data, Skills and Work dashboard, http://www.oecd.org/els/emp/skills-and-work/xkljljosedifjsldfk. htm.

19 피터 반햄의 헤더 롱과의 인터뷰, 워싱턴 DC, 2019년 4월.

20 위와 같은 출처.

21 피터 반햄의 토마스 쇠비와의 인터뷰, 코펜하겐, 2019년 11월.

22 "How Today's Union Help Working People: Giving Workers the Power to Improve Their Jobs and Unrig the Economy," Josh Bivens et al., Economic Policy Institute, August 2017, https://www.epi.org/publication/how-todays-unions-help-working-people-givingworkers-the-power-to-improve-their-jobs-and-unrig-the-economy/.

23 "Singapore Society Still Largely Conservative but Becoming More Liberal on Gay Rights: IPS Survey," The Straits Times, May 2019, https://www.straitstimes.com/politics/singaporesociety-still-largely-conservative-but-becoming-more-liberal-on-gay-rights-ips.

24 "Singapore: Crazy Rich but Still Behind on Gay Rights," The Diplomat, October 2018, https://thediplomat.com/2018/10/singapore-crazy-rich-but-still-behind-on-gay-rights/.

25 피터 반햄의 타르만 샨무가라트남 부총리와의 인터뷰, 2019년 7월.

26 "Singapore's Economic Transformation," Gundy Cahyadi, Barbara Kursten, Dr. Marc Weiss, and Guang Yang, Global Urban Development, June 2004, http://www.globalurban.org/GUD%20Singapore%20MES%20Report.pdf.

27 "An Economic History of Singapore-965–065," Ravi Menon, Bank for International Settlements, August 2015, https://www.bis.org/review/r150807b. htm.

28 "Singapore's Economic Transformation," Gundy Cahyadi, Barbara Kursten, Dr. Marc Weiss, and Guang Yang, Global Urban Development, June 2004, http://www.globalurban.org/GUD%20Singapore%20MES%20Report.pdf.

29 "Singapore Faces Biggest Reskilling Challenge in Southeast Asia," Justina Lee,

Nikkei Asian Review, December 2018, https://asia.nikkei.com/Economy/
Singapore-faces-biggestreskilling-challenge-in-Southeast-Asia.

30 "PwC's Hopes and Fears Survey," p. 4, PwC, September 2019, https://www.pwc.
com/sg/en/publications/assets/new-world-new-skills-2020.pdf.

31 피터 반햄의 팀 우와의 인터뷰, 뉴욕, 2019년 10월.

32 "The 100 Largest Companies by Market Capitalization in 2020," Statista,
consulted in October 2020, https://www.statista.com/statistics/263264/top-
companies-in-the-worldby-market-capitalization.

33 Amazon's Antitrust Paradox, Lina M. Kahn, The Yale Law Journal, January 2017

34 "Big Tech Has Too Much Monopoly Power-t's Right to Take It On,"
Kenneth Rogoff, The Guardian, April 2019, https://www.theguardian.com/
technology/2019/apr/02/bigtech-monopoly-power-elizabeth-warren-technology;
Quote: "Here are titles of some recent articles: Paul Krugman's "Monopoly
Capitalism Is Killing US Economy," Joseph Stiglitz's "America Has a Monopoly
Problem-nd It's Huge," and Kenneth Rogoff's "Big Tech Is a Big Problem"; "The
Rise of Corporate Monopoly Power," Zia Qureshi, Brookings, May 2019, https://
www.brookings.edu/blog/up-front/2019/05/21/the-rise-of-corporatemarket-
power/.

35 "Steve Wozniak Says Apple Should've Split Up a Long Time Ago, Big Tech
Is Too Big," Bloomberg, August 2019, https://www.bloomberg.com/news/
videos/2019-08-27/stevewozniak-says-apple-should-ve-split-up-a-long-time-ago-
big-tech-is-too-big-video.

36 일부 학자들은 이 생각에 이의를 제기한다. 예를 들어 유발 노아 하라리는 농업혁명이
사람들의 식량 공급의 질과 양에 미치는 영향에 대해 훨씬 덜 긍정적이다.

37 A Tale of Two Cities, Charles Dickens, Chapman & Hall, 1859.

38 "The Emma Goldman Papers," Henry Clay Frick et al., University of California
Press, 2003, https://www.lib.berkeley.edu/goldman/PublicationsoftheEmmaGold
manPapers/sample biographiesfromthedirectoryofindividuals.html.

39 "Historical Background and Development Of Social Security," Social Security
Administration, https://www.ssa.gov/history/briefhistory3.html.

40 "Standard Ogre," The Economist, December 1999, https://www.economist.com/
business/1999/12/23/standard-ogre.

41 "The Presidents of the United States of America": Lyndon B. Johnson, Frank Freidel and Hugh Sidey, White House Historical Association, 2006, https://www.whitehouse.gov/about-the-white-house/presidents/lyndon-b-johnson/

42 이는 Joseph Schumpeter, 《Capitalism, Socialism, and Democracy》, harper Brothers, 1950(초판 1942)에서 쓰인 용어다.

43 "A Friedman Doctrine-he Social Responsibility Of Business Is to Increase Its Profits," Milton Friedman, The New York Times, September 1970, https://www.nytimes.com/1970/09/13/archives/a-friedman-doctrine-the-social-responsibility-of-business-is-to.html.

44 Global Income Distribution From the Fall of the Berlin Wall to the Great Recession, Christoph Lakner and Branko Milanovic, World Bank, December 2013, http://documents.worldbank.org/curated/en/914431468162277879/pdf/WPS6719.pdf

45 "Deconstructing Branko Milanovic's 'Elephant Chart': Does It Show What Everyone Thinks?" Caroline Freund, PIIE, November 2016, https://www.piie.com/blogs/realtimeeconomic-issues-watch/deconstructing-branko-milanovics-elephant-chart-does-it-show.

46 US District Court for the District of Columbia — 97 F. Supp. 2d 59 (D.D.C. 2000), June 7, 2000, https://law.justia.com/cases/federal/district-courts/FSupp2/97/59/2339529/.

47 Commission Decision of May 24, 2004 relating to a proceeding pursuant to Article 82 of the EC Treaty and Article 54 of the EEA Agreement against Microsoft Corporation, Eur-Lex, https://eur-lex.europa.eu/legal-content/EN/ALL/?uri=CELEX:32007D0053.

48 "Big Business Is Overcharging You $5,000 a Year," David Leonhardt, The New York Times, November 2019, https://www.nytimes.com/2019/11/10/opinion/big-business-consumerprices.html.

49 위와 같은 출처.

50 "The 7 Biggest Fines the EU Have Ever Imposed against Giant Companies," Ana Zarzalejos, Business Insider, July 2018, https://www.businessinsider.com/the-7-biggest-fines-theeu-has-ever-imposed-against-giant-corporations-2018-7.

51 Antitrust: Commission fines Google $1.49 billion for abusive practices in

online advertising, European Commission, March 2019, https://ec.europa.eu/commission/presscorner/detail/en/IP_19_1770.

52 Antitrust: Commission fines truck producers $ 2.93 billion for participating in a cartel, European Commission, July 2016, https://ec.europa.eu/commission/presscorner/detail/es/IP_16_2582.

53 Cartel Statistics, European Commission, Period 2015–2019, https://ec.europa.eu/competition/cartels/statistics/statistics.pdf.

54 Merger Statistics, European Commission, https://ec.europa.eu/competition/mergers/statistics.pdf.

55 "Vestager Warns Big Tech She Will Move beyond Competition Fines," Javier Espinoza, Financial Times, October 2019, https://www.ft.com/content/dd3df1e8-e9ee-11e9-85f4-d00e5018f061.

56 https://www.nytimes.com/2019/11/10/opinion/big-business-consumer-prices.html.

57 "The Alstom-Siemens Merger and the Need for European Champions," Konstantinos Efstathiou, Bruegel Institute, March 2019, https://www.bruegel.org/2019/03/the-alstomsiemens-merger-and-the-need-for-european-champions/.

58 The Fourth Industrial Revolution, Klaus Schwab, January 2016.

59 "Unpacking the AI-Productivity Paradox," Eric Brynjolfsson, Daniel Rock and Chad Syverson, MIT Sloan Management Review, January 2018, https://sloanreview.mit.edu/article/unpacking-the-ai-productivity-paradox/.

60 Centre for the Fourth Industrial Revolution, World Economic Forum, https://www.weforum.org/centre-for-the-fourth-industrial-revolution.

61 피터 반햄의 팀 우와의 인터뷰, 뉴욕, 2019년 10월.

62 The Value of Everything, Mariana Mazzucato, Penguin, April 2019, https://www.penguin.co.uk/books/280466/the-value-of-everything/9780141980768.html.

63 "One of the World's Most Influential Economists Is on a Mission to Save Capitalism from Itself," Eshe Nelson, Quartz, July 2019, https://qz.com/1669346/mariana-mazzucatos-planto-use-governments-to-save-capitalism-from-itself/.

CHAPTER 07 사람과 지구

1   그레타 툰베리, 2019년 1월 스위스, 다보스에서 개최된 세계경제포럼 연차총회. 이 연설의 수정본은 "'Our house if on fire': Greta Yhunberg 16, Urges Leaders to Act on Climate"라는 제목으로 2019년 1월 〈가디언〉지의 http://www.theguardian.com/environment/2019/jan/25/our-house-is-on-fire-greta-thunberg16-urges-leaders-to-act-on-climate에서 찾아볼 수 있다.

2   위와 같은 출처.

3   "School Strike for Climate-ave the World by Changing the Rules," Greta Thunberg, TEDxStockholm, December 2018, https://www.youtube.com/watch?v=EAmmUIEsN9A&t=1m46s.

4   Asperger Syndrome, National Autistic Society, United Kingdom, https://www.autism.org.uk/about/what-is/asperger.aspx.

5   Greta Thunberg, Twitter, August 2019, https://twitter.com/GretaThunberg/status/1167916636394754049.

6   "Greta Thunberg: How One Teenager Became the Voice of the Planet," Amelia Tait, Wired, June 2019, https://www.wired.co.uk/article/greta-thunberg-climate-crisis.

7   "Summary for Policymakers of IPCC Special Report on Global Warming of 1.5ºC, Approved by Governments," IPCC, October 2018, https://www.ipcc.ch/site/assets/uploads/sites/2/2019/05/pr_181008_P48_spm_en.pdf.

8   "The Limits to Growth," The Club of Rome, 1972, https://www.clubofrome.org/report/the-limits-to-growth/.

9   "A Partner in Shaping History," World Economic Forum, p. 55, http://www3.weforum.org/docs/WEF_First40Years_Book_2010.pdf.

10 "These 79 CEOs believe in global climate action", World Economic Forum, November 2015, https://www.weforum.org/agenda/2015/11/open-letter-from-ceos-to-world-leaders-urging-climate-action/.

11 "Global Emissions Have Not Yet Peaked," Our World in Data, August 2020, https://ourworldindata.org/co2-and-other-greenhouse-gas-emissions#global-emissions-have-notyet-peaked.

12 "A Breath of Fresh Air from an Alpine Village," Swissinfo, https://www.

swissinfo.ch/eng/tuberculosis-and-davos_a-breath-of-fresh-air-for-an-alpine-village/41896580.

13 "Global Warming Has Begun, Expert Tells Senate," The New York Times, June 1988, https://www.nytimes.com/1988/06/24/us/global-warming-has-begun-expert-tells-senate.html.

14 "What Is the UNFCCC," United Nations Climate Change, https://unfccc.int/processand-meetings/the-convention/what-is-the-united-nations-framework-convention-onclimate-change.

15 "Global Extreme Poverty," Our World in Data, https://ourworldindata.org/extreme-poverty.

16 "Ethiopia Secures Over $140 Million USD Export Revenue from Industrial Parks," Ethiopian Investment Commission, October 2019, http://www.investethiopia.gov.et/index.php/information-center/news-and-events/868-ethiopia-secures-over-$−140-millionusd-export-revenue-from-industrial-parks.html.

17 2019년 9월, 에티오피아, 아와사에서 피터 반햄의 세네트 소르사와의 인터뷰에 기초한 진술.

18 피터 반햄의 세네트 소르사와의 인터뷰, 에티오피아 아와사, 2019년 9월.

19 "GDP Growth (annual %), Ethiopia," World Bank, https://data.worldbank.org/indicator/NY.GDP.MKTP.KD.ZG?locations=ET.

20 "GDP, Constant 2010 US$, Ethiopia," World Bank, https://data.worldbank.org/indicator/NY.GDP.MKTP.KD?locations=ET.

21 "GDP per Capita, Constant 2010 $, Ethiopia," World Bank, https://data.worldbank.org/indicator/NY.GDP.PCAP.KD?locations=ET.

22 "Deforestation, Did Ethiopia Plant 350 Million Trees in One Day?" BBC, August 2019, https://www.bbc.com/news/world-africa-49266983.

23 "Ethiopia Plants over 350 Million Trees in a Day, Setting New World Record," UNEP, August 2019, https://www.unenvironment.org/news-and-stories/story/ethiopia-plantsover-350-million-trees-day-setting-new-world-record.

24 "Ethiopia," IEA, https://www.iea.org/countries/Ethiopia.

25 "Indonesia's leader says sinking Jakarta needs giant sea wall, Associated Press, July

2019, https://apnews.com/article/8409fd8291ce43509bd3165b609de98c.

26 "Fin du mois, fin du monde : meme combat?", France Culture, November 2019, https://www.franceculture.fr/emissions/linvite-des-matins/fin-du-mois-fin-du-monde-memecombat.

27 "Per Capita Emissions, Navigating the Numbers: Greenhouse Gas Data and International Climate Policy," World Resources Institute, http://pdf.wri.org/navigating_numbers_chapter4.pdf.

28 "Palau Climate Change Policy for Climate and Disaster Resilient Low Emissions Development," Government of Palau, 2015, p.22-23, https://www.pacificclimatechange.net/sites/default/files/documents/PalauCCPolicy_WebVersion-FinanceCorrections_HighQualityUPDATED%2011182015Compressed.pdf.

29 "Urbanization," Our World in Data, November 2019, https://ourworldindata.org/urbanization.

30 "68% of the World Population Projected to Live in Urban Areas by 2050, Says UN," UN Department of Economic and Social Affairs, May 2018, https://www.un.org/development/desa/en/news/population/2018-revision-of-world-urbanization-prospects.html.

31 "Global Gridded Model of Carbon Footprints (GGMCF)," http://citycarbonfootprints.info/.

32 "Sizing Up the Carbon Footprint of Cities," NASA Earth Observatory, April 2019, https://earthobservatory.nasa.gov/images/144807/sizing-up-the-carbon-footprint-of-cities.

33 "Why a Car Is an Extravagance in Singapore," CNN, October 2017, https://edition.cnn.com/2017/10/31/asia/singapore-cars/index.html.

34 "World Population Growth," Our World in Data, May 2019, https://ourworldindata.org/world-population-growth

35 "Russia's Natural Population Decline to Hit 11-Year Record in 2019," The Moscow Times, https://www.themoscowtimes.com/2019/12/13/russias-natural-population-decline-hit-11-year-record-2019-a68612.

36 "Fertility Rate, Total (Births per Woman)—ndia," World Bank, https://data.worldbank.org/indicator/SP.DYN.TFRT.IN?locations=IN.

37 "The Carbon Footprint of Bitcoin," Christian Stoll, Lena Klaaßen, Ulrich Gallersdorfer, Joule, July 2019, https://www.cell.com/joule/fulltext/S2542-4351(19)30255-7.

38 "Firms Must Justify Investment in Fossil Fuels, Warns Mark Carney," Andrew Sparrow, The Guardian, December 2019, https://www.theguardian.com/business/2019/dec/30/firms-must-justify-investment-in-fossil-fuels-warns-mark-carney.

39 "The Net-Zero Challenge: Fast-Forward to Decisive Climate Action," World Economic Forum, January 2020, https://www.weforum.org/reports/the-net-zero-challenge-fastforward-to-decisive-climate-action.

40 "German Air Travel Slump Points to Spread of Flight Shame," William Wilkes and Richard Weiss, Bloomberg, December 2019, https://www.bloomberg.com/news/articles/2019-12-19/german-air-travel-slump-points-to-spread-of-flight-shame?sref=61mHmpU4.

41 "How Greta Thunberg and 'Flygskam' Are Shaking the Global Airline Industry," Nicole Lyn Pesce, MarketWatch, December 2019, https://www.marketwatch.com/story/flygskamis-the-swedish-travel-trend-that-could-shake-the-global-airline-industry-2019-06-20.

42 "This Is What Peak Car Looks Like," Keith Naughton and David Welch, Bloomberg Businessweek, February 2019, https://www.bloomberg.com/news/features/2019-02-28/this-iswhat-peak-car-looks-like.

43 "COVID-19 Made Cities More Bike-Friendly-ere's How to Keep Them That Way," Sandra Caballero and Philippe Rapin, World Economic Forum Agenda, June 2020, https://www.weforum.org/agenda/2020/06/covid-19-made-cities-more-bike-friendly-here-show-to-keep-them-that-way/.

44 "Germany Calls for a New Trans Europe Express TEE 2.0 Network," International Railway Journal, September 2020, https://www.railjournal.com/passenger/main-line/germany-callsfor-a-new-trans-europe-express-tee-2-0-network/.

45 ESG는 친환경(Environment), 사회적 책임 경영(Social), 지배 구조 개선(Governance)을 의미한다.

46 "EU Emissions Trading System (EU ETS)," European Commission, https://ec.europa.eu/clima/policies/ets_en.

47 "The European Union Emissions Trading System Reduced CO2 Emissions Despite Low Prices," Patrick Bayer and Michael Aklin, PNAS Proceedings of the National Academy of Sciences of the United States of America, April 2020, https://www.pnas.org/content/117/16/8804.

48 Alliance of CEO Climate Leaders, World Economic Forum, https://www.weforum.org/projects/alliance-of-ceo-climate-leaders.

49 "The Net-Zero Challenge: Fast-Forward to Decisive Climate Action," World Economic Forum and Boston Consulting Group, January 2020, http://www3.weforum.org/docs/WEF_The_Net_Zero_Challenge.pdf.

50 Greta Thunberg, World Economic Forum Annual Meeting, held in Davos, Switzerland, January 2019. An edited version of this speech can be found under the title "'Our house is on fire': Greta Thunberg, 16, Urges Leaders to Act on Climate," The Guardian, January 2019, https://www.theguardian.com/environment/2019/jan/25/our-house-is-on-fire-gretathunberg16-urges-leaders-to-act-on-climate.

PART III 이해관계자 자본주의: 미래 세대를 위한 시스템 개혁

CHAPTER 08 이해관계자 자본주의의 개념

1 "What Kind of Capitalism Do We Want?", Klaus Schwab, TIME Magazine, December 2019, https://time.com/5742066/klaus-schwab-stakeholder-capitalism-davos/.

2 "What is Capitalism," Sarwat Jahan and Ahmed Saber Mahmud, Finance & Development, International Monetary Fund, June 2015, https://www.imf.org/external/pubs/ft/fandd/2015/06/basics.htm.

3 중국은 이러한 체제를 "새로운 시대를 위한 중국적 성격의 사회주의"라고 설명한다.

4 Modern Company Management in Mechanical Engineering, Klaus Schwab, Hein Kroos, Verein Deutscher Maschinenbau-Anstalten, 1971, http://www3.weforum.org/docs/WEF_KSC_CompanyStrategy_Presentation_2014.pdf.

5 "'Locust-19' set to ravage crops across east Africa", David Pilling and Emiko Terazono, Financial Times, April 2020, https://www.ft.com/content/b93293d4-3d73-42bc-b8b7-2d3e7939490e.

6   "The Locust Plague in East Africa Is Sending Us a Message, And It's Not Good News," Carly Casella, Science Alert, July 2020, https://www.sciencealert.com/the-locust-plaguesin-east-africa-are-sending-us-a-message-and-it-s-not-a-good-one.

7   "The World is On the Move as Never Before," Bloomberg, October 2019, https://www.bloomberg.com/graphics/2019-how-migration-is-changing-our-world/.

8   우리가 본 것처럼 이러한 상호연결성은 언제나 현실이었다. 그럼에도 불구하고 최근 수십 년 동안의 기술 발전으로 인해 이해관계자들의 상호연결성이 증폭되고 강화되었으므로 새로운 이해관계자 모델에서 특별한 관심을 받을 만하다. 현대 기술은 전 세계 사람들을 연결했듯이 기업의 세계 무역과 국가 간 경쟁을 가능하게 했다. 사실 상반되는 지표와 이런 추세를 막기 위한 정책에도 불구하고 세계는 그 어느 때보다 세계화되고 있다. 공정하게 말하면 다국적 기업 간의 물리적인 무역은 약 10년 전부터 세계 경제 전체보다 느린 속도로 성장하고 있으며, 정부의 보호무역주의는 다시 증가하고 있다. 그러나 디지털 무역은 여전히 빠른 속도로 증가하고 있어 물리적 무역의 추세인 세계화의 둔화, 《이코노미스트》가 썼던 용어로 하자면 "슬로벌라이제이션"(slowbaisation)을 이겨내고 있다. 그 결과는 모든 이해관계자 집단에서 느낄 수 있다. 예를 들어 이러한 디지털 세계화의 결과 소수의 빅테크 기업이 세계 시장을 지배하고 있으며 그중 일부 기업의 가치는 1조 달러가 넘는다. 이것은 왜 세계 기업의 불평등과 세계 시장 집중이 사상 최고점에 이르렀는지 부분적으로 설명해준다. 또한 (중국의 부상 덕분에) 세계 소득 불평등이 감소하는 추세에도 불구하고 왜 전 세계 개인들 사이의 부의 집중도가 그 어느 때보다 높은지도 설명해준다. (전 세계적인 빈민 구호 단체인 옥스팜 인터내셔널은 2019년 현재 세계에서 가장 부유한 2,000명이 세계에서 가장 가난한 46억 명보다 더 많은 부를 소유하고 있으며, 세계 최고 부자들의 부는 그들이 설립한 빅테크 회사에서 나온다고 보고했다.)

9   "Fact Sheets on the European Union: The Principle of Subsidiarity," European Parliament, http://www.europarl.europa.eu/factsheets/en/sheet/7/subsidiaritatsprinzip.

10 "Subsidiarity," Cambridge Dictionary, https://dictionary.cambridge.org/dictionary/english/subsidiarity.

11 "Chart of the Day: These Countries Create Most of the World's CO2 Emissions," World Economic Forum, June 2019, https://www.weforum.org/agenda/2019/06/chart-of-theday-these-countries-create-most-of-the-world-s-co2-emissions/.

12 "Connotations of Chinese Dream," China Daily, March 2014, https://www.chinadaily.com.cn/china/2014npcandcppcc/2014-03/05/content_17324203.htm.

13 "The Speech that Launched the Great Society," The Conversation, January 2015,

https://theconversation.com/the-speech-that-launched-the-great-society −35836.

14 이에 대한 논평은 다음을 참조. "Who Creates a Nation's Economic Value?" Martin Wolf, Financial Times, April 2018, https://www.ft.com/content/e00099f0-3c19-11e8-b9f9-de94fa33a81e.

15 "The Worldwide Uber Strike Is a Key Test for the Gig Economy," Alexia Fernandez Campbell, Vox, May 219, https://www.vox.com/2019/5/8/18535367/uber-drivers-strike-2019-cities.

16 "Uber Pre IPO, 8th May, 2019 Global Strike Results," RideShare Drivers United, May 2019, https://ridesharedriversunited.com/uber-pre-ipo-8th-may-2019-global-strike-results/.

17 "Worker or Independent Contractor? Uber Settles Driver Claims Before Disappointing IPO," Forbes, May 2019, https://www.forbes.com/sites/kellyphillipserb/2019/05/13/worker-or-independent-contractor-uber-settles-driver-claims-before-disappointingipo/#7a157b93f39f.

18 "Uber and Lyft Drivers in California Will Remain Contractors", Kate Conger, The New York Times, November 2020, https://www.nytimes.com/2020/11/04/technology/california-uber-lyft-prop-22.html.

19 "Are Political Parties in Trouble?" Patrick Liddiard, Wilson Center, December 2018, https://www.wilsoncenter.org/sites/default/files/media/documents/publication/happ_liddiard_are_political_parties_in_trouble_december_2018.pdf.

20 "A Deep Dive into Voter Turnout in Latin America," Holly Sunderland, Americas Society/Council of the Americas, June 2018, https://www.as-coa.org/articles/chart-deep-dive-voterturnout-latin-america.

21 "Historical Reported Voting Rates, Table A.1," United States Census Bureau, https://www.census.gov/data/tables/time-series/demo/voting-and-registration/voting-historical-timeseries.html.

22 "How to Correctly Understand the General Requirements of Recruiting Party Members?" Communist Party, April 2016, http://fuwu.12371.cn/2016/04/22/ARTI1461286650793416.shtml.

23 "Recruitment Trends in the Chinese Communist Party," Neil Thomas, Macro Polo, July 2020, https://macropolo.org/analysis/members-only-recruitment-trends-in-the-chinese-communistparty/.

24 이것이 수년 동안 세계경제포럼에서 청년의 목소리든, 문화 지도자나 시민사회, 학계의 목소리든, 모든 이해관계자가 회의에 참석할 수 있도록 각별한 노력을 기울여온 이유다.

25 "Ending Short-Termism by Keeping Score," Klaus Schwab, Project Syndicate, October 2019, https://www.weforum.org/agenda/2019/10/how-we-can-end-short-termism-bykeeping-score/.

26 "Better Life Index," OECD, http://www.oecdbetterlifeindex.org/#/11111111111.

27 The Global Competitiveness Report 2019, World Economic Forum, p. 27, http://www3.weforum.org/docs/WEF_TheGlobalCompetitivenessReport2019.pdf.

28 위와 같은 출처

29 "What Is Natural Capital?" World Forum on Natural Capital, https://naturalcapitalforum.com/about/.

30 https://www.weforum.org/reports/the-inclusive-development-index-2018.

31 https://climateactiontracker.org/.

32 "Changing how we measure economic progress, The Wealth Project, https://www.wealtheconomics.org/about/.

33 "Davos Manifesto 2020," Klaus Schwab, World Economic Forum, December 2019, https://www.weforum.org/agenda/2019/12/davos-manifesto-2020-the-universal-purpose-of-acompany-in-the-fourth-industrial-revolution/.

34 그리고 여기서 덧붙일 점은 이러한 요소들이 2020 다보스 선언을 2019년 미국 비즈니스 라운드 테이블(Business Roundtable, 미국 200대 대기업 협의체 – 옮긴이)의 기업 목적 성명서와 차이점을 만든다는 것이다. 그 성명서에는 기업이 가치 제공을 약속해야 하는 유사한 이해관계자 집합이 나열된다. 그러나 공정한 경쟁의 장, 공정한 세금 납부, 공정한 임원의 보수까지 나아가지는 못한다. 출처: https://www.businessroundtable.org/business-roundtable-redefines-the-purpose-of-acorporation-to-promote-an-economy-that-serves-all-americans.

35 "Measuring Stakeholder Capitalism: World's Largest Companies Support Developing Core Set of Universal ESG Disclosures," World Economic Forum, January 2020, https://www.weforum.org/press/2020/01/measuring-stakeholder-capitalism-world-s-largest-companies-support-developing-core-set-of-universal-esg-disclosures/.

36 "A Better World Starts at Home," Klaus Schwab, Project Syndicate, December

2019, https://www.project-syndicate.org/onpoint/citizen-assemblies-to-end-polarization-byklaus-schwab-2019-12.

37 위와 같은 출처.

38 위와 같은 출처.

39 "Key Findings about Americans' Declining Trust in Government and Each Other," Pew Research Center, July 2019, https://www.pewresearch.org/fact-tank/2019/07/22/keyfindings-about-americans-declining-trust-in-government-and-each-other/.

40 "Digital globalization: The new era of global flows", McKinsey Global Institute, February 2016, and "Globalization in Transition: the future of trade and value chains", McKinsey Global Institute, January 2019.

41 "The impact of digitalisation on trade", OECD, https://www.oecd.org/trade/topics/digital-trade/.

42 "5 things to know about Option V", Universal Postal Union, October 2019, https://www.upu.int/en/Publications/Factsheets-backgrounders/5-things-to-know-about-Option-V.

CHAPTER 09 기업이 가야 할 방향

1 "Mærsk Hails Growth in Global Trade," Financial Times, November 2013, https://www.ft.com/content/35b9748e-4c55-11e3-923d-00144feabdc0.

2 "Emission Reduction Targets for International Aviation and Shipping," Director General for Internal Studies, European Parliament, November 2015, http://www.europarl.europa.eu/RegData/etudes/STUD/2015/569964/IPOL_STU(2015)569964_EN.pdf.

3 피터 반햄의 짐 스나베와의 인터뷰, 2019년 8월.

4 Trailblazer: The Power of Business as the Greatest Platform for Change, Marc Benioff, Random House, October 2019, p. 12.

5 "Dreams and Details", Jim Snabe and Mikael Trolle, Spintype, 2018, p. 128.

6 Dreams and Details, Jim Snabe and Mikael Trolle, Spintype, 2018, pp. 128−129.

7 피터 반햄의 짐 스나베와의 인터뷰, 2019년 8월.

8   "SAP's Global Revenue from 2001 to 2018," Statista, March 2019, https://www.statista.com/statistics/263838/saps-global-revenue-since-2001/.

9   "SAP Integrated Report: 2020 Targets Met Early," SAP, March 2018, https://news.sap.com/2018/03/sap-integrated-report-2020-targets-met-early/.

10 "The Values Are Constant in a Complex World," Mærsk, June 2019, https://www.Mærsk.com/news/articles/2018/06/29/the-values-are-constant-in-a-complex-world.

11 "Tax Principles," Mærsk, https://www.maersk.com/about/tax-principles.

12 "A New Bar for Responsible Tax," The B Team, https://bteam.org/assets/reports/A-New-Bar-for-Responsible-Tax.pdf.

13 Sustainability Report 2019, Maersk, https://www.maersk.com/about/sustainability/reports

14 2017: Sale of Mærsk Tankers, 2018: Sale of Mærsk Oil, 2019: Mærsk Drilling listed on the Copenhagen stock exchange, https://www.Mærsk.com/about/our-history/explore-our-history.

15 피터 반햄의 짐 스나베와의 인터뷰, 2019년 8월.

16 A.P. Moller – Mærsk, Sustainability Report 2018, February 2019, pp.18–19.

17 "Facebook Strategy Revealed: Move Fast And Break Things!", Henry Blodget, Business Insider, March 2010, https://www.businessinsider.com/henry-blodget-innovation-highlights-2010-2?r=US&IR=T

18 "Want to Succeed in Life? Ask for Forgiveness, Not Permission", Bill Murphy, Inc. January 2016, https://www.inc.com/bill-murphy-jr/9-words-to-live-by-its-always-better-to-begforgiveness-than-ask-permission.html

19 "Competition Is for Losers," Peter Thiel, Wall Street Journal, September 2014, https://www.wsj.com/articles/peter-thiel-competition-is-for-losers-1410535536.

20 "Antitrust Procedures in Abuse of Dominance," European Commission, August 2013, https://ec.europa.eu/competition/antitrust/procedures_102_en.html.

21 "If You Want to Know What a US Tech Crackdown May Look Like, Check Out What Europe Did," Elizabeth Schulze, CNBC, June 2019, https://www.cnbc.com/2019/06/07/how-google-facebook-amazon-and-apple-faced-eu-tech-antitrust-rules.html.

22 "Why San Francisco's Homeless Population Keeps Increasing," Associated Press, May 2019, https://www.marketwatch.com/story/the-homeless-population-in-san-francisco-isskyrocketing-2019-05-17.

23 "A Decade of Homelessness: Thousands in S.F. Remain in Crisis," Heather Knight, San Francisco Chronicle, 2014, https://www.sfchronicle.com/archive/item/A-decade-of-homelessness-Thousands-in-S-F-30431.php.

24 Trailblazer, Marc Benioff, October 2019, pp. 12-13.

25 "Marc Benioff Says Companies Buy Each Other for the Data, and the Government Isn't Doing Anything about It," April Glaser, Recode., November 2016, https://www.vox.com/2016/11/15/13631938/benioff-salesforce-data-government-federal-trade-commission-ftc-linkedin-microsoft.

26 Trailblazer, Marc Benioff, October 2019, pp. 12-13.

27 "You Deserve Privacy Online. Here's How You Could Actually Get It," Tim Cook, TIME Magazine, January 2019, https://time.com/collection/davos-2019/5502591/timcook-data-privacy/.

28 "Big Tech Needs More Regulation," Mark Zuckerberg, Financial Times, February 2020, https://www.ft.com/content/602ec7ec-4f18-11ea-95a0-43d18ec715f5.

29 "Benioff Comes Out Strong for Homeless Initiative, although Salesforce Would Pay Big," Kevin Fagan, San Francisco Chronicle, October 2018, https://www.sfchronicle.com/bayarea/article/Benioff-comes-out-strong-for-homeless-initiative-13291392.php.

30 "The Social Responsibility of Business," Marc Benioff, The New York Times, October 2018, https://www.nytimes.com/2018/10/24/opinion/business-social-responsibility-proposition-c.html.

31 "We can now measure the progress of stakeholder capitalism. Here's how", Brian T. Moynihan, World Economic Forum, October 2020, https://www.weforum.org/agenda/2020/10/measure-progress-stakeholder-capitalism-brian-moynihan/

32 Measuring Stakeholder Capitalism, White Paper, World Economic Forum, September 2020, http://www3.weforum.org/docs/WEF_IBC_Measuring_Stakeholder_Capitalism_Report_2020.pdf

33 "BlackRock's Message: Contribute to Society, or Risk Losing Our Support," Andrew Ross Sorkin, New York Times, January 2018, https://www.nytimes.

com/2018/01/15/business/dealbook/blackrock-laurence-fink-letter.html.

34 위와 같은 출처.

35 One thing Fink's letter certainly did was take the wind out of the sails of those who believed that companies were legally bound to chase short-term profits, because of their "fiduciary duty" to shareholders. Here was one major shareholder who said that he saw the fiduciary duty rather in the long term, not on a quarter-by-quarter basis.

36 "The Battle over Green Investment Is Hotting Up," Gillian Tett, Financial Times, December 2019, https://www.ft.com/content/bacefd80-175e-11ea-9ee4-11f260415385.

37 "BlackRock Seeks to Regain Lost Ground in Climate Fight," Attracta Mooney and Owen Walker, Financial Times, January 2020, https://www.ft.com/content/36282d86-36e4-11eaa6d3-9a26f8c3cba4.

38 "BlackRock Accused of Climate Change Hypocrisy," Attracta Mooney, Financial Times, May 2020, https://www.ft.com/content/0e489444-2783-4f6e-a006-aa8126d2ff46.

39 "BlackRock Punishes 53 Companies over Climate Inaction," Attracta Mooney, Financial Times, July 2020, https://www.ft.com/content/8809032d-47a1-47c3-ae88-ef3c182134c0.

40 피터 반햄의 래리 핑크와의 인터뷰, 2019년 11월.

41 엔론의 성공과 추락에 관한 간략한 요약은 다음 참조: "Enron scandal", Peter Bondarenko, Encyclopedia Brittanica, February 2016, https://www.britannica.com/event/Enron-scandal.

42 "See what happened to key players in Enron scandal", The Houston Chronicle, August 2018, https://www.houstonchronicle.com/business/article/Jeffrey-Skillings-release-to-halfway-house-13196786.php

43 "Enron Opens Up Bidding On 12 of Its Major Assets", Kathryn Kranhold, The Wall Street Journal, August 2002, https://www.wsj.com/articles/SB1030487405721514155

44 "A Natural Gas Transportation Leader", Northern Natural Gas, Berkshire Hathaway Energy, https://www.brkenergy.com/our-businesses/northern-natural-gas

CHAPTER 10 공동체의 역할

1 "Why New Zealand Decided to Go for Full Elimination of the Coronavirus," Alice Klein, New Scientist, June 2020, https://www.newscientist.com/article/2246858-why-new-zealand-decided-to-go-for-full-elimination-of-the-coronavirus/#ixzz6T1rYuK5U.

2 "New Zealand Isn't Just Flattening the Curve. It's Squashing It," Anna Fifield, The Washington Post, April 2020, https://www.washingtonpost.com/world/asia_pacific/new-zealand-isntjust-flattening-the-curve-its-squashing-it/2020/04/07/6cab3a4a-7822-11ea-a311-adb1344719a9_story.html.

3 "Why New Zealand Decided to Go for Full Elimination of the Coronavirus," Alice Klein, New Scientist, June 2020, https://www.newscientist.com/article/2246858-why-new-zealanddecided-to-go-for-full-elimination-of-the-coronavirus/#ixzz6T1rYuK5U.

4 PM Jacinda Ardern's full lockdown speech, Newsroom, March 2020, https://www.newsroom.co.nz/2020/03/23/1096999/pm-jacinda-arderns-full-lockdown-speech.

5 "The World's Youngest Female Leader Takes Over in New Zealand," The Economist, October 2017, https://www.economist.com/asia/2017/10/26/the-worlds-youngest-female-leadertakes-over-in-new-zealand.

6 "New Zealand Isn't Just Flattening the Curve. It's Squashing It," Anna Fifield, The Washington Post, April 2020, https://www.washingtonpost.com/world/asia_pacific/new-zealand-isntjust-flattening-the-curve-its-squashing-it/2020/04/07/6cab3a4a-7822-11ea-a311-adb1344719a9_story.html.

7 "Coronavirus: New Zealand Records Biggest GDP Quarterly Fall in 29 years — Top Kiwi Economist, Newshub, July 2020, https://www.newshub.co.nz/home/money/2020/07/coronavirus-new-zealand-records-biggest-gdp-quarterly-fall-in-29-years-top-kiwieconomist.html.

8 "World Economic Outlook," International Monetary Fund, October 2020, Chapter 1, p. 56, https://www.imf.org/en/Publications/WEO/Issues/2020/09/30/world-economicoutlook-october-2020.

9 "New Zealand Beat Covid-19 by Trusting Leaders and Following Advice-tudy," Eleanor Ainge Roy, The Guardian, July 2020, https://www.theguardian.com/

world/2020/jul/24/new-zealand-beat-covid-19-by-trusting-leaders-and-following-advice-study.

10 위와 같은 출처.

11 "New Zealand Beat the Virus Once. Can It Do It Again?" The New York Times, August 2020, https://www.nytimes.com/2020/08/13/world/asia/new-zealand-coronavirus-lockdownelimination.html.

12 "Leading the Fight Against the Pandemic: Does Gender 'Really' Matter?" Supriya Garikipati (University of Liverpool), Uma Kambhampati (University of Reading), June 2020 https://papers.ssrn.com/sol3/papers.cfm?abstract_id=3617953.

13 "Do Countries with Female Leaders Truly Fare Better with Covid-19?" Alexandra Ossola, Quartz, July 2020, https://qz.com/1877836/do-countries-with-female-leaders-truly-farebetter-with-covid-19/.

14 위와 같은 출처.

15 The World Health Organization calls this a "whole-of-government" or "whole-of-society" approach, see: https://www.who.int/global-coordination-mechanism/dialogues/glossarywhole-of-govt-multisectoral.pdf.

16 Biography Bai Chong-En, Tsinghua University, People's Republic of China, http://crm.sem.tsinghua.edu.cn/psc/CRMPRD/EMPLOYEE/CRM/s/WEBLIB_SPE_ISCT.TZ_SETSPE_ISCRIPT.FieldFormula.IScript_SpecialPages?TZ_SPE_ID=251.

17 피터 반햄과 바이 총엔과의 인터뷰, 2019년 9월, 베이징.

18 "Redlining," Encyclopedia Britannica, https://www.britannica.com/topic/redlining.

19 "Key Facts about the Uninsured Population," Kaiser Family Foundation, December 2019, https://www.kff.org/uninsured/issue-brief/key-facts-about-the-uninsured-population/.

20 "53% of Americans Say the Internet Has Been Essential During the COVID-19 Outbreak," Pew Research Center, April 2020, https://www.pewresearch.org/internet/2020/04/30/53-of-americans-say-the-internet-has-been-essential-during-the-covid-19-outbreak/.

21 "59% of US Parents with Lower Incomes Say Their Child May Face Digital

Obstacles in Schoolwork," Pew Research Center, September 2020, https://www.pewresearch.org/fact-tank/2020/09/10/59-of-u-s-parents-with-lower-incomes-say-their-child-may-facedigital-obstacles-in-schoolwork/.

22 "Is a Successful Contact Tracing App Possible? These Countries Think So," MIT Technology Review, August 2020, https://www.technologyreview.com/2020/08/10/1006174/covidcontract-tracing-app-germany-ireland-success/.

23 "Why Singapore Has One of the Highest Home Ownership Rates," Adam Majendie, Bloomberg City Lab, July 2020, https://www.bloomberg.com/news/articles/2020-07-08/behind-the-design-of-singapore-s-low-cost-housing.

24 "HDB's Ethnic Integration Policy: Why It Still Matters," Singapore Government, April 2020, https://www.gov.sg/article/hdbs-ethnic-integration-policy-why-it-still-matters.

25 위와 같은 출처.

26 "Why Singapore Has One of the Highest Home Ownership Rates," Adam Majendie, Bloomberg City Lab, July 2020, https://www.bloomberg.com/news/articles/2020-07-08/behind-the-design-of-singapore-s-low-cost-housing.

27 "Singapore Remains the 2nd Most Expensive Housing Market in the World after Hong Kong," CBRE, April 2019, https://www.cbre.com/singapore/about/media-centre/singaporeremains-the-2nd-most-expensive-housing-market-in-the-world-after-hong-kong.

28 "What Other Countries Can Learn from Singapore's Schools," The Economist, August 2018, https://www.economist.com/leaders/2018/08/30/what-other-countries-can-learn-fromsingapores-schools.

29 "What Other Countries Can Learn from Singapore's Schools," The Economist, August 2018, https://www.economist.com/leaders/2018/08/30/what-other-countries-can-learn-fromsingapores-schools.

30 "Education System Designed to Bring Out Best in Every Student: PM," The Straits Times, January 2020, https://www.straitstimes.com/singapore/education-system-designed-to-bringout-best-in-every-student-pm.

31 "The Healthiest Countries to Live In," BBC, April 2020, http://www.bbc.com/travel/story/20200419-coronavirus-five-countries-with-the-best-healthcare-systems. 레가툼 지수는 "건강 결과, 건강 시스템, 질병 및 위험 요인, 사망률 등, 각 국

가 국민들의 건강 상태와 건강을 유지하는 데 필요한 서비스에 접근할 수 있는 정도를 측정한다."

32 "What Can the US Health System Learn From Singapore?" Aaron E. Carroll, The New York Times, April 2019, https://www.nytimes.com/2019/04/22/upshot/singapore-healthsystem-lessons.html.

33 "Is Singapore's 'Miracle' Health Care System the Answer for America?" Ezra Klein, Vox, April 2017, https://www.vox.com/policy-and-politics/2017/4/25/15356118/singaporehealth-care-system-explained.

34 "What Can the US Health System Learn From Singapore?" Aaron E. Carroll, The New York Times, April 2019, https://www.nytimes.com/2019/04/22/upshot/singapore-healthsystem-lessons.html.

35 "Smart Nation: The Way Forward," Government of Singapore, November 2018, https://www.smartnation.gov.sg/docs/default-source/default-document-library/smart-nationstrategy_nov2018.pdf?sfvrsn=3f5c2af8_2.

36 "Transforming Singapore Through Technology," Smart Nation Singapore, accessed October 2020, https://www.smartnation.gov.sg/why-Smart-Nation/transforming-singapore.

37 "Surge in Covid Cases Shows Up Singapore's Blind Spots over Migrant Workers," Stefania Palma, Financial Times, June 2020, https://www.ft.com/content/0fdb770a-a57a-11ea-92e2-cbd9b7e28ee6.

38 "Singapore's 'democratic dawn'? Parties Adapt to New Landscape," Nikkei Asian Review, July 2020, https://asia.nikkei.com/Spotlight/Asia-Insight/Singapore-s-democratic-dawn-Parties-adapt-to-new-landscape.

39 몇 가지 결함은 쉽게 알 수 있다. 석유나 석탄을 생산하고 소비하면 GDP가 올라가지만 사람들이 자동차를 타지 않고 자전거나 대중교통을 이용하면 (자동차가 더 비싸다고 가정할 때) GDP가 내려간다. 은행이 금융 수익을 올릴 때는 GDP가 올라가지만 우리 삶을 편리하게 해주는 디지털 혁신 기술이 도입될 때는 GDP가 정체 상태를 유지한다.

40 "The Treasury's Living Standards Framework," New Zealand Government, December 2019, https://treasury.govt.nz/sites/default/files/2019-12/lsf-dashboard-update-dec19.pdf.

41 "New Zealand's Ardern Wins 2nd Term in Election Landslide," Associated Press, October 2020, https://apnews.com/article/virus-outbreak-new-zealand-mosque-

attacks-aucklandelections-new-zealand-b1ab788954f23f948d8b6c3258c02634.

42 "Uber and Lyft Drivers Guild Wins Historic Pay Rules," Independent Drivers Guild, December 2018, https://drivingguild.org/uber-and-lyft-drivers-guild-wins-historic-pay-rules/.

43 I'm a New York City Uber Driver. The Pandemic Shows That My Industry Needs Fundamental Change or Drivers Will Never Recover," Aziz Bah, Business Insider, July 2020, https://www.businessinsider.com/uber-lyft-drivers-covid-19-pandemic-virus-economyright-bargain-2020-7?r=US&IR=T.

44 Humanity Forward, https://movehumanityforward.com/.

45 Data as a Property Right, Humanity Forward, https://movehumanityforward.com/dataproperty-right.

46 "Andrew Yang Is Pushing Big Tech to Pay Users for Data," The Verge, June 2020, https://www.theverge.com/2020/6/22/21298919/andrew-yang-big-tech-data-dividend-projectfacebook-google-ubi.

47 "A Modern Union for the Modern Economy," Jeffrey M. Hirsch and Joseph A. Seiner, Fordham Law Review, Volume 86, Issue 4, 2018, https://ir.lawnet.fordham.edu/cgi/viewcontent.cgi?article=5483&context=flr.

48 "Sixth Annual 'Freelancing in America' Study Finds That More People Than Ever See Freelancing as a Long-Term Career Path," Upwork, October 2019, https://www.upwork.com/press/2019/10/03/freelancing-in-america-2019/.

49 "The New Balkan Dream Is a $2,000 Per Month Telecommute," Sandra Maksimovic, Deutsche Welle, August 2018, https://www.dw.com/en/the-new-balkan-dream-is-a-2000-per-month-telecommute/a-45258826.

50 "About Us, Gig Workers Rising," https://gigworkersrising.org/get-informed.

51 "Court Orders Uber, Lyft to Reclassify Drivers as Employees in California," Sara Ashley O'Brien, CNN, August 2020, https://edition.cnn.com/2020/08/10/tech/uber-lyft-california-preliminary-injunction/index.html.

52 위와 같은 출처.

53 "Human Capital: The gig economy in a post-Prop 22 world", Megan Rose Dickey, TechCrunch, November 2020, https://techcrunch.com/2020/11/07/human-capital-thegig-economy-in-a-post-prop-22-world/.

54 "The Government's Good Work Plan Leaves the Gig Economy Behind," Sanjana Varghese, Wired Magazine UK, December 2018, https://www.wired.co.uk/article/good-work-planuk-gig-economy.

55 "This New Program Aims to Train the Growing Freelance Workforce," Yuki Noguchi, NPR, January 2019, https://www.npr.org/2019/01/04/681807327/this-new-programaims-to-train-the-growing-freelance-workforce?t=1597649731065.

56 "The Freelance Isn't Free Law," Freelancers Union, https://www.freelancersunion.org/get-involved/freelance-isnt-free/.

57 "A Union of One," Ari Paul, Jacobin Magazine, October 2014.

58 "Gig Economy: EU Law to Improve Workers' Rights," European Parliament, April 2019, https://www.europarl.europa.eu/news/en/headlines/society/20190404STO35070/gigeconomy-eu-law-to-improve-workers-rights-infographic.

59 위와 같은 출처.

60 "Gig Economy Protections: Did the EU Get It Right?" Knowledge at Wharton, May 2019, https://knowledge.wharton.upenn.edu/article/eu-gig-economy-law/.

61 "Want More Diversity? Some Experts Say Reward C.E.O.s for It," Peter Eavis, The New York Times, July 2020, https://www.nytimes.com/2020/07/14/business/economy/corporatediversity-pay-compensation.html.

62 "Starbucks Ties Executive Pay to 2025 Diversity Targets," Heather Haddon, The Wall Street Journal, October 2020, https://www.wsj.com/articles/starbucks-ties-executive-pay-to-2025-diversity-targets-11602680401.

63 "Black Lives Matter-or Pakistan's Sheedi Community Too," Zahra Bhaiwala, Neekta Hamidi, Sikander Bizenjo, World Economic Forum Agenda, August 2020, https://www.weforum.org/agenda/2020/08/black-lives-matter-for-pakistans-sheedi-community-too/.

64 Global Shapers Community, World Economic Forum, https://www.globalshapers.org/.

65 "Meet the First African-Pakistani Lawmaker," The Diplomat, September 2018, https://thediplomat.com/2018/09/meet-the-first-african-pakistani-lawmaker/.

66 "Black Lives Matter-or Pakistan's Sheedi Community Too," Zahra Bhaiwala,

Neekta Hamidi, Sikander Bizenjo, World Economic Forum Agenda, August 2020, https://www.weforum.org/agenda/2020/08/black-lives-matter-for-pakistans-sheedi-community-too/.

맺음말

1   "US, Germany and UK could start Covid vaccinations as early as December", Helen Sullivan, The Guardian, November 2020, https://www.theguardian.com/world/2020/nov/23/us-germany-and-uk-could-start-covid-vaccinations-as-early-as-december.

2   "World Economic Forum Aims to Make ESG Reporting Mainstream", Amanda Iacone, Bloomberg Tax, September 2020, https://news.bloombergtax.com/financial-accounting/world-economic-forum-aims-to-make-esg-reporting-mainstream.

옮긴이 | 김미정

서울대학교 사회교육과에서 학사 및 석사 학위를 받았으며 미국 일리노이대학교에서 교육심리학 박사과정을 수료했다. 10년 이상 영상번역가로 활동했으며 현재 바른번역에 소속되어 활동 중이다. 옮긴 책으로는 《그릿 GRIT》, 《습관의 디테일》, 《마지막 몰입》, 《최고의 변화는 어떻게 만들어지는가》, 《변화의 시작 5AM 클럽》 등이 있다.

자본주의 대예측

초판 1쇄 인쇄 2022년 4월 21일
초판 1쇄 발행 2022년 4월 30일

지은이 클라우스 슈밥, 피터 반햄
옮긴이 김미정
발행인 손은진
개발책임 조현주
개발 김민정
제작 이성재 장병미
디자인 이정숙 윤인아
발행처 메가스터디(주)
출판등록 제2015-000159호
주소 서울시 서초구 효령로 304 국제전자센터 24층
전화 1661-5431 팩스 02-6984-6999
홈페이지 http://www.megastudybooks.com
출간제안/원고투고 writer@megastudy.net

ISBN 979-11-297-0894-6 03320

메가스터디BOOKS

'메가스터디북스'는 메가스터디㈜의 출판 전문 브랜드입니다.
유아/초등 학습서, 중고등 수능/내신 참고서는 물론, 지식, 교양, 인문 분야에서 다양한 도서를 출간하고 있습니다.